ヨーロッパ文明批判序説

植民地・共和国・オリエンタリズム［増補新装版］

工藤庸子――［著］

東京大学出版会

Prologue à une Critique de la Civilisation européenne
Yoko KUDO
University of Tokyo Press, 2003 & 2017
ISBN 978-4-13-010133-2

はしがき

一九六〇年代に、わたしは文学部仏文科に進学したのだが、その年の新入生歓迎会では、フランスの国歌「ラ・マルセイエーズ」が歌われた。フランスにおけるフランス文学研究を特権的モデルとみなす制度であることの証しだった。

今わたしの所属する地域文化研究専攻という組織において、日常的に交流をもつ同僚たちは、イスラームやアジアの研究者であったり、新約聖書学の専門家であったりする。フランス語系の学生たちにも、「国民文学」や「現代思想」だけでなく、「移民問題」や「カリブ文学」や「ベトナム植民地史」を専攻する者がいる。修士論文の審査では、『ドン・キホーテ』論からオスマン・トルコ研究にまで参加する。いや何よりも、数年まえ、大学院の制度改革が本格化したときに、わたしは自分と同じ文学好きの学生たちに向かい、文学研究をより広い学問の文脈に開いてゆこうと語りかけたのだった。

この書物は、新しい学問共同体のなかで、今現在もつづけられている試みの、とりあえずの報告である。今日の大学に「文明論」という名の講座はめずらしくないけれど、これに対応するディシプリンは存在していない。したがって参照すべき先行論文や書誌、尊重すべき学問的な作法(マナー)が定められているわけではない。伝統ある文学研究とは異なって、議論を展開するための先例もないのである。まことに茫漠としたテーマであり、可能性をさぐるという意味で多様な切り口を模索してみたが、その際の基本方針と全体の展望を略述しておきたい。

考察の素材とするのは、近代フランスを中心とした小説作品や旅行記、歴史学・宗教史・民族誌などの領域の著作や論文、それに同時代の大辞典などである。

各章の論述は、かならずしも年代記的(クロノロジック)ではないが、三部構成は、大きな流れとしては時間的な順列に対応する。第Ⅰ部は、フランスの「古い植民地」である遠隔の島々を視野に入れ、十九世紀半ばの奴隷制廃止までを論じている。第Ⅱ部は、フランス革命以降、「国民」の名において、共和主義的な教育が徐々に浸透し、広範な読者層を獲得した歴史や文学が制度的にも立ち上げられ、これと並行してヨーロッパの内部で、近代的なネイションの意識が形成されてゆく過程を見る。第Ⅲ部は、地中海とアフリカ・アジア地域にかかわる「新しい植民地」の拡張期において、ヨーロッパ的価値の普遍性を証明するために、オリエントやイスラーム世界が、いかにして負の対蹠地として記述されるかを、歴史をふりかえりつつ問いなおす。

その間に、「文明」の意味するところは、「自然」や「野蛮」と対立する概念から、「進歩」と「停滞」という時間軸の発想へ、さらには制度的な非宗教性(ライシテ)と矛盾なく共存しうる「キリスト教文明」という了解へと、徐々に変貌してきたように思われる。いや変貌とは、じつは表向きの出来事であって、かりに「キリスト教文明」が光であるとすれば、これに対峙する世界の暗部が「野蛮」あるいは「後進性」と呼ばれることは、今も変わりがないだろう。それはそれとして、第三共和制が成立する一八七〇年代には、一定の歴史的経緯をへた「ヨーロッパ文明」の自己定義が、ほぼ完成していたのではないか。そして「自由・平等・友愛」を謳うフランス共和国が、きわめてナショナリスティックな国家として、おのずと植民地帝国建設を志向することになる必然性の一環は、この時点で成立した「文明のアイデンティティ」のなかに読みとれるのではないか。これが当面の作業仮説である。

欧米の原理が世界を席巻するグローバル化の時代にあって、その一元的な支配の淵源をさぐる——などといえば話は大袈裟になるけれど、一八七〇年代は、フランス語文献をよみながら「文明」について考える者が、たえず立ち返るべき基点の一つであると思われる。現代世界の危機を「文明の衝突」として捉えることは、今や常識的といえる見方になっており、そのなかで宗教の演じている(演じているとされる)役割には、計り知れぬものがある。しかしだからといって、全世界が「信仰」に回帰したというのではあるまい。むしろ近代ヨーロッパが、新しい宗教のありようを模索し発見していった、その経緯と結論が、地球規模の政治と宗教の関係を、今日にいたるまで規定しているのではないか。その宗教のありようを、ひとまず「文明のアイデンティティとしての宗教」と措定しておきたい。フランスの場合、一七八九年にはじまる大革命以降、カトリック教会の検閲からしだいに開放されてゆく知の営みのなかで、はじめて「信仰」の語彙ではなく、「文明論」あるいは「学問」の語彙により、自由に諸宗教を語ることが可能になった。イスラーム世界にかかわる文献やルナンの宗教史をめぐる考察に、多くのページを割いたのは、以上のような展望による。こうして本書は、いくたびも往復運動をくり返しながら、問題の一八七〇年代までのさまざまのレヴェルの言説を、歴史的に再構成しようとこころみる。本書が「序説」を名乗るゆえんである。

わたし個人の研究環境と適性から導かれた方針だが、基本的な作業は文献講読とその分析につきる。参照されたテクストについては、できるかぎり出典を記すという手続きを踏んだ。たとえば ethnie（民族）という語彙が辞書に登録されていない時代に、race（人種）という語彙がいかなる意味をにない、具体的な場面で機能していたか、という問いを立ててみよう。これを考えるためには、翻訳ではなく原典にあたることが必要であり、問題提起があらたなる議論を誘いだすことを期待するのであれば、出典をページ数まで明記しておくのが自然であろう。

しかしそれは、この書物が大学という制度のなか、専門性の閉鎖空間のなかで読まれることを前提としたからではない。反対に、「文明論」の専門研究者などはどこにもいないという意味で、わたし自身も「一般の読者」と同じ地平から、率直に、わかりやすい言葉で、個々の主題にアプローチしたつもりである。結果としてそれが、大学が社会に向けて開放されるための、ささやかな仕草となることを心から願っている。

フランス研究、ドイツ研究といったネイションごとの枠組みを消去した制度のなかで、特定の外国語の文献を読むことの意義は何か。異文化への同化を求めるのではなく、批判的な距離の導入をこころみることで、目の前になにか別の風景が見えてくるかもしれない。じつはわたしたち自身がそのなかに取り込まれている「ヨーロッパ文明」の視点を、他者の視点として相対化してみよう。ただし告発もしくは断罪の姿勢をとろうというのではない。「オリエンタリズム」について語るときには、大前提としてサイードの『オリエンタリズム』を正典（カノン）とみなすこと、というたぐいの標語にも疑問符をつけておきたい。かりに「キリスト教文明」と「イスラーム文明」の対立について語るとしたら、今、ここから、第三の視点を立ち上げようと努めることが、わたしたちのめざす「文明論」の姿勢であるだろう。

本書には『フランス植民地領土』（二二ページ参照）というコロニアリズムの結晶のような史料から二十葉ほどの図版が引かれている。出版は一九二九―三〇年、フランス政府の植民地化推進派の公式見解があからさまに露呈した、興味深い文献であり、「文明化」や「近代化」の成果を物語る同時代の写真とならび、何世紀も昔のエグゾティックな版画が膨大に、混然と掲載されている。大航海や探検や海外侵出の記録である古風な図版の数々は、両大戦間の新刊書に再録されて流通し、それに付随する教育的な物語がフランス国民の脳裏でたえず反芻されていたのである。本書では言及することのできなかった二十世紀前半の――かの「文明」が地球制覇をなしとげた時期の――ヨーロッパの世界観を、いわばページの余白に浮上させる仕掛けとして、それらの図版を導入した。自由に読み解いていただきたい。

v

目次

2　「ナショナル・ヒストリー」から「国民文学」へ

第Ⅰ部　島と植民地

1　一八七〇年代の地球儀とポリネシア幻想

北半球と観光旅行

一八七二年十月二日午前十一時、フィリアス・フォッグ氏は、ロンドンの邸宅で、あらたに雇うつもりの従僕を待ち受けていた。この厳格で孤独を好むイギリス紳士は、その夜クラブでふとしたことから賭をやり、八十日間という驚異的なスピードで世界を一周してみせると豪語して、新参の召使いとともに列車に乗り込むことになる。予定表は、次の通り。

ロンドン――スエズ間、モン＝スニ、ブリンディジ経由、鉄道及び客船を利用……七日
スエズ――ボンベイ間、客船を利用……十三日
ボンベイ――カルカッタ間、鉄道を利用……三日
カルカッタ――香港(中国)間、客船を利用……十三日
香港――横浜(日本)間、客船を利用……六日

横浜――サンフランシスコ間、客船を利用……二十二日
サンフランシスコ――ニューヨーク間、鉄道を利用……七日
ニューヨーク――ロンドン間、客船及び鉄道を利用……九日
計八十日。(1)

インドおよびアメリカ大陸の横断鉄道完成は最新のニュース、蒸気船と鉄道という機械化された交通機関をフルに使っての、北半球をほぼ輪切りにしたような旅程である。携えたのは『ブラッドショー大陸蒸気列車時刻表及び総合ガイド』だが、そこにはすべての情報が反映されているはずだ。ちなみに機械文明の先進国イギリスの貴族であるフォッグ氏は、迅速な空間移動だけをめざしている。すなわち文化的行為としての旅に興味はない、車窓の風景を眺めることすらないのである。結果として地球と人間の身体は、親密な交わりを断ち切って、空間の距離とこれを横切る速度という抽象的な関係に還元されている。(2) これは今日の移動の様式を予告する、画期的な旅だった。

ジュール・ヴェルヌ『八十日間世界一周』の幕開けのエピソードである。日刊紙『ル・タン』に連載されたのが、一八七二年の十一月と十二月、翌年にはエッツェル社から単行本となって出版された。つまり作品は、時間的にはほとんどずれのない同時代の世界を活写する。新聞で読む読者にしてみれば、地球上の行く先々から刻々と、現場のルポルタージュが送られてくるかのような具合だった。しかしこれが小説である以上、十九世紀レアリスム小説の作法にのっとって、どこかに証人ないしは視点人物が置かれているはずだ。旅先の興味津々たる風物を紹介するという役割を引き受けるのは、じっさい高速で移動する計測器のようなイギリス紳士ではなく、パスパルトゥー(合い鍵)という見え透いた綽名をもつフランス人の従僕であり、読者たるフランスの少年たちは、この身軽で軽率な三十男の眼をとおし、世界一周に同行することになる。

いずれ模範的なフランス国民となる愛国的な少年たちは、物語のなかで、さまざまのことを学ぶだろう。たとえば

英国警察の刑事であるフィックスは、フォッグ氏こそ謎の銀行強盗だと勘違いして、二人連れを追跡しているのだが、通過地のスエズ、インド、そして香港にいたるまで逮捕状を執行できる。つまり大英帝国の国家権力はユーラシア大陸の東端にまで及んでおり、いっぽう地球儀の裏側では、その兄弟分にあたるアメリカ合衆国が、広野に鉄道を貫通させ急ピッチで工業化を推進しているではないか。祖国フランスは、北半球において、アングロサクソンに完全に先をこされているのである。

刑事フィックスがフォッグ氏を待ち受けた第一の関門スエズでは、三年前の一八六九年、すでに運河が開通していた。

フランスは、レセップスのおかげで地中海交通の要衝を確保して、ナポレオンが偉大な足跡をのこしたエジプトとの紐帯も、今後いっそう強まるはずと期待したのだった。それも束の間、一八七五年にはイギリスがスエズ運河会社の株を密かに買収し、フランスはまたもや苦杯を嘗める。じつはずっと以前から、エジプトにおけるイギリス人の存在は、いささか目障りなものがあったのだ。

ネルヴァル、フローベールなど、とりあえずは植民地主義的な先入観がないと思われる文学者たちの旅行記を読んでみればわかることだ。一八四三年にカイロに三ヵ月滞在したネルヴァルの場合、たまたま雇った通訳兼ガイドのような人物に「普段はイギリスの方々のお世話をしております。位を落とすわけにはまいりません」とあからさまに格付けされて鼻白み、法外な値段のイギリスホテルのことを恨みがましく報告する。(3) そもそも近現代特有の旅の一形式である「観光」について、イギリスは圧倒的な先進国だった。英語のガイドブックが出版されたのが一八三五年。一八四三年にはイギリス領事が旅行客の大群の到来に苦情を述べたというのだから、一八四九年にフローベールがピラミッドに登ったとき、英語のイタズラ書きとイギリス人旅行客に出くわす可能性はきわめて高かった。

天才的な旅行業者トーマス・クックもイギリス人である。団体旅行の生みの親は、一八六九年、スエズ運河開通式見学ツアーを組織した。現地ポートサイドにはホテルもない時代のこと、参加者は船上に留まって祝典を見物する。

地中海とインド洋が結ばれたこの記念すべき年に、地球の反対側では全長二八六〇キロに及ぶアメリカ大陸横断鉄道が開通し、トーマス・クックは、あらたなる世界周遊ツアーの企画に胸をふくらませた。すでに三十年来、ツアー客をエルサレム、ファラオの地、アジア（オスマン帝国の首都イスタンブルの対岸は、すでにアジアである）、ギリシアへと送り出してきたトーマス・クックは、インド、中国、オーストラリア、カリフォルニアへとさらに遠隔の地を目標に入れる。そうして一世紀まえのクック、すなわちジェイムズ・クックが帆船によってなしとげた「世界周遊」を、蒸気船と鉄道をつなぐ観光産業として再編成しようと目論むのである。(4)

一八七二年に架空の「八十日間世界一周」が着想された背景には、以上のような経緯と諸条件があった。

ブラック・アフリカと探検家たち

オリエントを経由し、インド洋、北アメリカ、大西洋を環状にめぐるラインが、ヨーロッパにとって、迅速かつ快適な観光旅行の射程に入ろうとしていたとき、アフリカ大陸の大半は、いまだ探検時代のさなかにあった。ヨーロッパ諸国の植民地と北アメリカの奴隷制は、十九世紀半ばまではほぼ実質的に機能しており、少なからぬ数の黒人がアフリカから新大陸へと送られていた。しかし現地では、沿岸の部族が内陸の住民を捕らえてヨーロッパの商人に売りつけるという方法が一般的であったから、白人は密林や砂漠に踏みこむことなく、海岸で「貿易」に携わることができたのである。

一八五〇年、フローベールがナイル河を第二急湍ワディ・ハルハまで遡った時点では、エジプトを潤し地中海に注ぐ滔々たる大河の水源という古来の謎は、いまだ解き明かされてさえいなかった。オリエントにあこがれる知識人にとって、ベドウィンやエジプトの農民はある程度なじみやすいものであったかもしれないが、河を下ってくる黒いアフリカの種族、なかでも奴隷として売られる女子供などが、未来の作家の夢想をいたく刺激したのは、もっともなのである。アラビアの奴隷商人は、額に金貨をたらしたゴンダルの少女や、つんと澄ましたアビシニア女を運んでいたというのだから、フローベールの出会った船は、青ナイルを下ってきたものだろう。[5] 王国の栄えたエチオピアを貫通するこの支流は、じっさい十八世紀の末には、ジェイムズ・ブルースの旅行記によって知られていたのだが、[6] もう一方の白ナイルがヴィクトリア湖から流れ落ちていることは、数十年後の一八六二年七月、イギリス人スピークによってようやくつきとめられた。ちなみにスピークとバートンによるヴィクトリア湖の発見と命名は、一八五八年のこと。地元の、つまり本来の名称にしたがえば、ニアンザ湖ないしはウケレウェ湖と呼ぶべきアフリカ最大の湖である。[7]

その一八六二年のアフリカ大陸を舞台とした『気球に乗って五週間』[8] は、ジュール・ヴェルヌの出世作となった。一月十四日、ロンドン王立地理学協会は、サミュエル・ファーガソン博士の計画に沸き立っていた、という書き出しで、時代のもっともホットな話題を間髪入れず、まさに絶妙のタイミングで一八六三年に世に送った作品である。なにしろ小説刊行のわずか十ヵ月後、写真家のナダールが「巨人号」なる気球を打ち上げて、世間を驚かせたのである。空中から地形をパノラマとして捉えることにより、地理学は飛躍的な成果をあげる。これが探検に使われれば、「野蛮人」との危険な邂逅も、マラリアなどの恐ろしい病魔も難なくやりすごすことができる。鉄道とは異なる意味で、これも十九世紀後半において人間の身体と地球との新しい関係を創出した乗り物だった。

イギリス人の主人公と友人のスコットランド人と召使いの三人組が、空中からアフリカ大陸を調査するという設定だが、一見風まかせのファーガソンの空中旅行も、ちょうどフォッグ氏のコースが船の航路と鉄道の路線——つまり『ブラッドショー大陸蒸気列車時刻表及び総合ガイド』の情報そのもの——によって決定されていたのと同様に、いわば見えない拘束を受けている。つまり探検史と植民地化の前史によってアフリカの地図に書き込まれた諸条件を前提として、ヴェルヌの物語の骨組みがひとつひとつ立ち上げられてゆくのである。

まず気球の出発点ザンジバル島は、古くから象牙と奴隷の貿易で栄えた東アフリカの交易都市であり、すでに探検隊の拠点としての実績をもっていた。アラビア半島東端に位置するイスラームのオマーン国の植民地となっていたが、五六年イギリスの介入で独立した。イギリスにとってここは地中海とインド、そして南アフリカをつなぐ中継基地である。

気球に乗った一行は、アフリカ大陸を北にずれながら西進し、「野蛮」な「土人」たちの攻撃に悩まされ、無数の危機をかいくぐってセネガル河左岸を目前にするところまでたどりついたものの、あわや気球もろとも河に流されようとしたときに、奇跡的に救助される。[(9)] アフリカ西岸のセネガルは、早くからヨーロッパの影響にさらされており、十七世紀には、セネガル河口のサン＝ルイや三角貿易の基地ゴレ島(今日の首都ダカールの沖)などがフランスの支配下に入っていた。

こうしてジュール・ヴェルヌの創造した冒険家たちは、イギリス領事に見送られて宙に舞い上がり、最後にフランスの軍人たちの腕に抱きとめられることになる。

内陸のコースについては、ドイツ人のバルトが一八四九年に地中海沿岸トリポリから南下してチャド湖周辺を踏査した行程と、五七年にザンジバルからナイルの水源調査に向かったイギリス人バートンとスピークのその後の行程を確認し、両者が空白のままに残した奥地(緯度にして一二度)の上空を突っ切るような具合に物語が構成されているのである。すなわちファーガソン博士は、まだヴィクトリア湖という呼び名が定着していないウケレウェ湖のうえを飛び、実在の地上の探検家スピークより三ヵ月早く、六二年の四月にナイルの源流の発する滝を確認する。さらに一行は、痛めつけられ生け贄に捧げられる寸前のフランス人宣教師を救出し、気球のうえで息絶えたその文明人を埋葬するために、地図上の空白の中心に降り立った。そこは偶然にも豊かな金鉱のどまんなかだった。無尽蔵の地下資源というアフリカ神話、そして束の間の道連れではあるが、無私無欲なフランス人宣教師という教育的な主題が、ここでさりげなく導入されていることを確認しておこう。富の誘惑と清貧の教訓が対になり、同時に地理学の空白地帯を埋めるという時事的な興味を刺激する。こうしたドラマの構造は出来過ぎたもの、いいかえれば人工的に仕組まれたものだ。フィクションは一般に、旅行記などとは異なる文学ジャンルなのであり、現実の客観的な描写であるように見えるとしたら、そのふりをしているにすぎない。

『気球に乗って五週間』には、百名にはなろうかという探検家たちの名簿が記載されている。じじつ「行方不明になった旅行家たち」の噂は時代のトピックだった。『八十日間世界一周』でも、地理学に精通したフォッグ氏が、書斎にいながらにして、まるで千里眼のように、個々のケースの成り行きを推測する能力をもつと紹介されている。

一八七一年十一月十日、「行方不明の旅行家たち」のなかでも最大級の人物の安否がついにつきとめられて、欧米の新聞紙上をにぎわせた。スクープの仕掛け人は、アメリカのジャーナリスト。新聞社から巨額の資金援助を得て捜索隊を組織し、ザンジバルからタンガニーカ湖畔のウジジにまで首尾よく入りこみ、重い病に疲れたイギリスの宣教師のまえに、星条旗を掲げてうやうやしく進み出たのである。リヴィングストンは、一八四一年にロンドン伝道協会から派遣されてケープタウンに到着した。以来、布教のために、そして「文明化の使命」に燃えて、南アフリカに根を下ろし、一時は家族とともに、のちには単身で、未踏の砂漠や河川を踏破した。いわば旧世代の探検家の代表にあたる。これに対して資本家をパトロンにもつスタンリーは、当人の自覚はともかく、すくなくとも行動様式においては、探検が植民地建設に直結することを予感させる新世代だった。スピークとバートンも、王立地理学協会から任務を託された軍人であり、この頃から、探検には国旗がつきものとなる。かつてファーガソン博士は、人っ子ひとりいないナイルの源流でイギリスの旗を翻して満足したのだが、七〇年代からは、探検隊が現地の部族とのあいだに友好関係を結ぶにさいし、国旗を高々と掲揚することが慣例になった。その真意は現地人との盟約というより、むしろライバルのヨーロッパ列強に対する牽制にあったという(10)。

一八七〇年の時点では、アフリカ大陸における植民地は、各国がそれぞれに沿岸地方の拠点を押さえたという状態だった。これが猛烈な勢いで内陸へ、奥地へと拡大されてゆき、第一次世界大戦の前夜には大陸のほぼ全域が列強の支配下に入る。そして一九三六年、イタリアがエチオピアを獲得して、アフリカ全土の分割が完了するのである。

フランス植民地史に関する最小限のメモ

おおまかな見取り図ながら北半球とアフリカが視野に入ったところで、手元にある植民地史の基本書を参照し、時間軸に沿った簡略な展望を立てておく。

まずは書物のタイトルを確認すると、古典的なところでは、アンリ・ブランシュヴィク『フランス植民地帝国主義の神話と現実――一八七一―一九一四年』、フレデリック・モーロ『ヨーロッパの領土拡大――一六〇〇―一八七〇年』あたりは、一八七〇年を自明の区分とみなして構想された書物である。アルマン・コラン社から出ている『フランス植民地史』は、Ⅰ「征服」（起源から一八七〇年まで）、Ⅱ「最盛期」（一八七〇から一九三〇年まで）、Ⅲ「衰退」（一九三〇年から今日まで）という三巻の構成になっている。[11] 数少ない訳書のひとつ、グザヴィエ・ヤコノ『フランス植民地帝国の歴史』の場合、第二部「帝国主義の一世紀」を「新しい植民地」（一八三〇―七〇年）、「拡張期」（一八七〇―一九〇〇／一九〇四年）、「絶頂期」（一九〇四―三一年）の三章に分けて論じている。[12] いずれにせよ、一八七〇年が、植民地化の決定的な転換期にあたるという見方は、歴史学の共通理解なのである。その質的転換の内容を、とりあえず議論する力のないわたしとしては、一八七〇年にはじまる「拡張期」の時代的特性がおのずと浮上することを期待して、さしあたりイヴァン・G・パイヤール『西欧の拡大と世界の従属』第三部「西欧の世界支配」（一八七〇―一九一四年）の冒頭の章「西欧のベル・エポック」を小見出しだけでも訳出しておこう。[13]

西欧の変動と覇権

　第二次産業革命

　　古き列強と新しき列強

大航海時代のスペインとポルトガルにつづき、オランダ、そしてイギリスとフランスが覇権を争う「列強」となり、やがてドイツとイタリア、より周縁的なロシアとアメリカが「新しい列強」として名乗りをあげる。こうした全般的な流れのなかで、十九世紀フランスの海外侵出をポイントだけ確認しておけば、アフリカ大陸では一八三〇年のアルジェリア出兵につづくチュニジア、モロッコ、セネガルでの地盤の確保、アジアでは、一八五六年のアロー号事件に乗じた中国への出兵、一八五七年アンナン上陸にはじまるインドシナ半島の攻略、そしてアメリカ大陸については、決定的な誤算といわれる一八六一年のメキシコ遠征。ここでの失態がナポレオン三世の威光を翳らせ、ビスマルクの挑発に乗せられた普仏戦争で大敗を喫したフランスは、一八七〇年の第二帝政瓦解、七一年第三共和制への移行というドラマの節目を迎えることになる。

偉大なナポレオンの夢を追う第二帝政の皇帝が、外交政策における国威発揚に政治生命を賭け、メキシコにあらたなる「ラテン帝国」を築こうと計画したのは、筋書きとしてわからぬわけではない(14)。しかしフランス革命の理想をうけつぐはずの共和国が、「何故の植民地か?」という問いにたえず曝されながら、国策として植民地化の推進を図った背景は、きわめて複雑なものであったにちがいない。

第三共和制誕生より一世紀前、正確には一七六八年に、フランスはポリネシアとはじめての接触をもった。アフリカの黒人が大量に送りこまれたアンティル諸島などとちがい、この地域は「産業」や「資本」や「貿易」の活動とさほど関わりをもたぬまま、一見平穏にヨーロッパの文明を受け入れて今日にいたっている。今はフランスの海外領土となっている南太平洋の小さな島々は、コロニアリズムの歴史のなかで、いかなる意味を担ってきたのだろう。それを問うことが、本書の問題提起にあたるこの章の目標の一つなのだけれど、あえて遠回りをした。特定のトポスの文化的な意味は、地球上の他地域との差異を前提として、いわば相対化のシステムのなかで形成されてゆくと思われるからである。

地球儀のトポス

「拡張期」のコロニアリズムは、産業の発展に伴う資源と市場の確保、海外への移民の送り出し、ナショナリズムの排他的願望など、さまざまの政治経済的、イデオロギー的な要因をかかえていた。その一方で「エグゾティスム」と呼ばれる美的憧れや知的好奇心は、時代を問わず存在した。とりわけ近代ヨーロッパのそれは、曖昧な彼方への憧憬というにとどまらず、特定の地域に対する明確な価値づけを伴った姿勢であったと思われる。この価値づけが、植民地化の隠れた誘因になることは当然予想されるところだが、『ヨーロッパと世界征服』の著者ジャン・メイエールは、「見出された失楽園」と題した項で、次のように述べている。

宗教的なユートピアに拮抗するものとして、三種の神話が存在する。まずベルナルダン・ド・サン゠ピエールやボードレールが讃えた島の神話。『アタラ』が描きだした善き野蛮人の神話。中国の賢人という辛辣な味のある神話。アフリカとムスリムの神話は存在しない(例外はペルシアで、それも十八世紀の初頭にガランの翻訳による『千夜一夜』が人々を眩惑したわずかのあいだだけだった)。イスラームとアフリカ――はじめに「知られてしまった」国々――は反感を抱かせる二つの極となるのである。[15]

文学テクストに長く親しんできた者としては、これほど単純化してしまうことにはやや異論があるものの、「未知の国」だけが郷愁を誘うのだという指摘は示唆に富んでいる。アフリカの内陸が地図上は空白だった時代にも、そこが白人には耐えがたいほど苛酷な自然条件の土地、そして黒人奴隷の原産地であることは充分に認知されていた。イスラームの場合、むしろアンビヴァレントな感情が支配的であったと思われる。じっさい十字軍の時代からオスマン帝国の衰退にいたるまで、イスラーム勢力はキリスト教世界を脅かし、目前に立ちはだかる最強のライバルだった。本書の第Ⅲ部で検討する大きな主題の一つだが、ひとまず付言するならば、狭義の「オリエント」と呼ばれる東地中海一帯は、異なる宗教の支配する土地という状況にもかかわらず、西欧世界に隣接する古き文明のトポスとして、ある種の神話的な魅惑を及ぼしつづけてきた。ナポレオンがエジプトに遠征したのは、公式には対英政策において地歩を固めるためだったが、オリエント世界への憧憬も大きくはたらいていたという。一八七〇年をすぎた時点でも、フランスの読者は、ボスポラス海峡とイスタンブルを舞台としたピエール・ロティの『アジヤデ』(一八七九)に喝采を送ったのである。[16]

島とユートピアについても、章をあらためて考察しよう。ホメロス以来、中世を経過して近現代にいたるまで、島をめぐる夢想が、地球儀をとりまく文化的表象のなかで特権的な位置を占めてきたことは疑えない。とりわけフランスが大洋に乗り出してスペイン、オランダ、イギリスと競合するようになった啓蒙の世紀、人々は大航海の旅行記と『ロビンソン・クルーソー』(一七一九)と、そしてトーマス・モアの『ユートピア』(一五一五―一六)を愛読したのである。ルソーの『新エロイーズ』(一七六一)に描かれる理想の共同体は、「島を模倣」したものであり、ヴォルテールの『カンディード』（一七五九）では、新大陸の奥地に幻の黄金郷があるのだが、荒海に匹敵する険しい峡谷にかこまれたその小国が「陸の孤島」であることは念入りに強調されている。島であることは、「孤独」と「連帯」を保障する[17]。広大な陸地において、外敵の進入にさらされ脱出可能な空間に、持続する共同体を建設することはむずかしい。要するに、アフリカのような大陸は、その地形からしてユートピアたる条件を欠いていた。

一七七〇年代のポリネシア

わたしの手元にあるポケット版ブーガンヴィル『世界周航記』（一七七一）には、啓蒙思想研究の第一人者ジャック・プルーストの序文がついている。その冒頭の一節を以下に訳出する。

イギリスに負けたフランスは、パリ条約（一七六三年）により海外領土の大半を失った。シュワズルはこの損失の埋め合わせをしたいと願っていた。ブーガンヴィルはカナダで戦った経験をもち、少年のころには南方大陸を求めた探検家たちの物語に熱中したものだった。とりわけ好んだのは、一七四九年にはすでに仏訳の出たアンソン海軍提督の周航記であり、彼は一七六三年よりずっと以前から、イギリスがじきに太平洋にまで拡張政策をむけてくるはずで、そのときはスペインでさえ阻むことができないだろうと予見していたのである。そこで彼は、マルウィヌ諸島、今日のフォークランド諸島に、フランス船のための基地を作り、大西洋を北から南へと下った船が、そのあと新しい陸地を求めて太平洋を横断できるようにと計画を立てた。この計画は当時海軍大臣だったシュワズルの賛同を得ることになる[18]。

ここでいう「南方大陸」（terres australes）は複数形になっており、単数形であれば「南極大陸」と訳されるが、現在の世界地図に書き込まれた南極大陸に相当する地理的な実体ではない。南太平洋の海図が空白に近かった時代に、どこかに未知の大陸があるはずだと信じた人々がこうした呼び名を使っていたのである。[19]
ジョージ・アンスンは、イギリス海軍の船団を率い一七四〇年から四年をかけてスペインと闘いつつ世界周航をなしとげた人物。ちなみに『新エロイーズ』のなかで、ジュリとの仲を裂かれて絶望した主人公サン＝プルーは、イギリス人の友人に勧められ、ほかならぬアンスンの遠征に加わって出発したことになっている。『ブラッドショー大陸蒸気列車時刻表及び総合ガイド』を参照してフォッグ氏の旅程を決めたジュール・ヴェルヌと同じ手法で、ルソーは、アンスンの周航記を下敷きにして、サン＝プルーの旅を構想したのである。

植民地争奪戦の長い歴史のなかで、十八世紀後半の太平洋は、ちょうど十九世紀後半のアフリカ大陸と似通った力学の中心にあったと推測することができるだろう。正確にいえばブーガンヴィルは、二番目にタヒチに到着したヨーロッパ人であり、一番乗りのウォリスと三番手のジェイムズ・クックは、ともにイギリス人だった。ブーガンヴィルに数ヵ月先だち、ウォリスはタヒチを発見して五週間滞在し、そのウォリスが一七六九年のハレー彗星観察に最適の地点として推奨したこの島に、イギリス海軍はジェイムズ・クックを抜擢して派遣した。クックは博物学、天文学、動植物学の学者、画家などをひきつれて、同年四月から三ヵ月間、タヒチに滞在した。

さて、フリゲート艦ラ・ブードゥーズと改造輸送艦レトワールからなるブーガンヴィルの一行は、一七六七年末、マゼラン海峡をこえ、はじめてフランス国王の旗を太平洋に翻らせて西に進んだが、上陸を試みた島では住民の攻撃を受け、乗組員には壊血病の兆候が見えるなど、苦難をかさねて航海をつづけ、四月二日の朝、ようやく水平線に鋭い山影を認めたのだった。思いもかけぬことに、一行はおびただしい歓迎のカヌーにとりかこまれた。そして緑濃い島に上陸したヨーロッパの船乗りたちは、ここに自由で(とりわけ性的に自由で)平等な理想郷があるように感じたというのである。わずか九日間の滞在が、後世に鳴り響く神話的な物語を生みだしてしまったのは、なぜなのか。

ブーガンヴィルは、法服貴族の家柄に生まれ、アカデミー・フランセーズ会員となる兄の薫陶を受けて、早くからギリシア・ローマの古典について深い教養を身につけた。青年時代には百科全書派のダランベールなどの指導を受けて数学の論文を上梓したこともある。はじめて太平洋に乗り出したフランスの海軍大佐は、啓蒙の世紀が生んだ超エリート知識人なのであり、新鋭艦ラ・ブードゥーズは、よりすぐりのフランス文化、すなわちコメルソン(博物学)とヴェロン(天文学)という気鋭の科学的精神に加え、ブーガンヴィルの人文的素養と典雅な心性を積み込んでいた。

『世界周航記』の第二部「西の海への進入からフランス帰還までを含む」は、きわめて文学的に仕組まれたテクストである。冒頭には、ウェルギリウスの『アエネーイス』のなかで、カルタゴの女王が英雄を迎えて言う台詞をもじり、英雄的な船乗りたちが自ら名乗りをあげるという体裁のエピグラフが(当然ラテン語で)記されている。すなわち『アエネーイス』第一巻の最後で、カルタゴの女王ディードーは、「あなたは、陸と海を七年もさまよって、ここまでおいでになりました」と歓迎の辞を述べるのだが、ブーガンヴィルは、これを変奏して、「そして、われわれは、三つの季節のあいだ、あらゆる陸と海をさまよって、ここまで来たのです」と名乗りをあげるのだ。さらには第二部第三章にも『アエネーイス』からのエピグラフが掲げられ、書物全体をしめくくるページにも、ラティウムの地をめざす英雄を見送るディードーの言葉が引用されている——「船びとたちは嬉々として、船尾に花冠をかけました」。

じつをいえば、ここでポリネシア幻想のトポスは、完璧に特定されているのである。船乗りたちが新しい国の建設を志してトロイヤから出発した英雄であるとすれば、小さな島々を浮かべたポリネシアの海は地中海(とりわけ多島海と呼ばれたエーゲ海)、タヒチは麗しの女王が統べるアフリカ沿岸の国という見立てがおのずと浮上するからだ。女王ディードーはやがてアエネーイスに熱い想いを寄せるようになり、生涯の契りを交わした英雄に去られると、自害して果てる。

ヨーロッパの文明を代表する君主制国家と太平洋に浮かぶ未開の島の出会いは、このようにして、男と女のエロスの物語としてつむぎだされることになるのである。視界に入った最初の峰が「ブドワール」と名付けられたのは、それが高貴な婦人の居間兼寝室でもあるからにちがいない。そして海上で繰り広げられる名高い「性的歓待」の場面。

カヌーのうえで惜しみなく裸身をさらす女たちは、ギリシア神話の水の精に喩えられ、監視の眼をくぐりぬけて不意に甲板に姿をあらわした一人の娘は、さながら「フリギアの羊飼いの目の前に出現したウェヌス」のごとく、この世の者とは思われぬ肢体をもつという。半年のあいだ女にまみえたことのない「若き船乗りにしてフランスの男、四〇〇人」は、「魔法にかけられた」ようになってしまったが、「われわれの配慮で、なんとか自制させた」と語り手は報告し、「それ以前にまず、みずからについて平静を保ったふりをするのが容易であったとは言わないが」と洒脱なオチをつけるのである。

念のため言い添えるなら、ローマ神話のウェヌスにつらなるギリシア神話のアプロディーテーは、もともとアジア起源の神であり、「フリギアの羊飼い」の逸話は、ほかならぬトロイヤを舞台とする。この愛の女神が立ち寄ったといわれるイオニア海に浮かぶ島キュテイラ(ペロポネソス半島の東南端)を、フランス語でシテールと呼ぶのだが、この地をめぐり十七世紀宮廷文学の伝統なかで「愛の島」をめぐる夢想がはぐくまれた。ワットーの『シテールへの船出』(一七一七)を想いおこしていただきたい。

島の全景を、葉飾りに覆われたピラミッドになぞらえ、逞しい男たちを、ヘラクレスやマルスのモデルと褒めそやし、という具合に他にも傍証をあげることはできる。植民地獲得のための海外遠征と古代ローマの建国神話とを、これほどすっきり暗喩の関係におさめてしまう啓蒙の世紀の精神構造は、注目に値しよう。ギリシア・ローマとの紐帯を特権化するヨーロッパの歴史観は、革命後のネイションの意識のなかで解体するわけではむろんないのだが、それにしても、古代エジプトからアーリアの揺籃ガンジス河にまで拡大する十九世紀のオリエンタリズムのなかで、ヨーロッパの起源をめぐるさまざまの言説は、おのずと再編成を迫られるからである。

こうしてポリネシアというトポスに、ギリシア・ローマの古典から受け継いだ神話的形象と東地中海をかこむオリエント世界の表象が、あざやかに書き込まれた。タヒチ島には、新しい愛のユートピアを意味する「ヌーヴェル・シテール」という名があたえられた。地球の対蹠地にヨーロッパの起源を演出する黄金郷が見出されたのである。[20] ブー

タヒチ人の歓待を受けるブーガンヴィル．弓矢を携えた人物の横顔や衣装は，むしろギリシア神話の神々を思いおこさせる．「黄金郷」という読解を誘う図版の一例．フランス地理学協会のコレクションより，ルメールの版画．

ガンヴィルの『世界周航記』とクックの『太平洋探検記』を、とりわけ「性的自由」に関する記述について読み比べてみればわかることだが、ヨークシャの農夫の息子ジェイムズ・クックを海軍少佐として送り出したイギリスの場合、太平洋との出会いはむしろ「近代科学」の文脈で展開し、相対的には、こうした神話やファンタスムを醸成することは少なかったように思われる。

ディドロがこの『世界周航記』を受けて、『ブーガンヴィル航海記補遺』（一七七二あるいは一七七三執筆、死後一七九六出版）を著したことはよく知られている。先のジャン・メイエールからの引用で、ユートピアの条件として言及された「善き野蛮人」とは、十八世紀啓蒙思想がその文明論のなかで好んで考察した主題なのだが、ディドロは「タヒチ人」をその典型とみなし、著者一流の諧謔を交えて描出する。自然界の法則にしたがって生きるオルーなる人物の人生哲学は、ヨーロッパ文明の辛辣な批判ともなっており、これを「中国の賢人」の役どころとみなせば、「善き野蛮人」の住むこの島は、歴史家のいう「三種の神話」がそろったユートピアの見本のようなものとして立ちあらわれるだろう。

コロニアリズムと文明批判

ここでようやく話はふりだしの時点にもどる。

一八七二年、フランス海軍の青年士官ジュリアン・ヴィヨー（のちに作家となりピエール・ロティを名乗る）は、フリゲート艦ラ・フロールの乗員として、少年の頃から夢にまで見たタヒチに一月末から二ヵ月ほど滞在し、さらに六月末に数日間寄港した。ポリネシアは、海軍の外科医だった十四歳年上の兄がはじめて赴任して、現地の女性とのあいだに子供を儲けたといわれる土地であり、その兄は数年前にインド洋で没していた。

それから兄は金色の大きな本をプレゼントしてくれた。ほかならぬ『ポリネシアへの旅』という本で、沢山の挿し絵がついていた。じつは私が幼い頃に好きだったのは、この本だけなのだ。すぐに私はいそいそとページをめくってみた。口絵には、浅黒い、かなり綺麗な女性が葦の冠をかぶり、椰子の木陰でゆったりと座っているところが描かれていた。下には「ポマレ四世、タヒチの女王」という解説があった。先に進むと、頭に花を飾り胸をあらわにした美女が二人、海辺にいて、こう説明されていた――「浜辺のタヒチ娘」[21]。

こうして南半球の海への憧れをはぐくんだ八歳の少年は、長じてタヒチの女王ポマレ四世と親しい友人の間柄になる。長いとはいえぬ島の滞在の想い出は、一つの小説作品として実を結び、一八八〇年『ロティの結婚』という表題で匿名のまま上梓された。女王自身のとりもちで、まだ幼さの残る現地の娘と「タヒチ風の結婚」をした海軍士官の物語。青年が本国に帰還して、置き去りにされた娘は身を持ち崩し、結核に冒されて死んでゆく。植民地的といえばこの上なく植民地的な、赦しがたいほど紋切り型の筋書きだが、一九〇五年までに七十五版を重ねたというのだから、その成功は尋常のことではない。

まずはタヒチに対する潜在的な憧れが読者大衆のなかにあったから(少年ジュリヤンの場合はその一例といえる)、結果としてタヒチを舞台にした小説が売れたのか、たまたまタヒチを舞台にした小説が売れたから、タヒチ・ブームがまきおこることになったのか。むしろ相乗効果があったというべきかもしれないが、いずれにせよ植民地拡張期のフランスで、ポリネシアの海が特権化されていった経緯は検討に値する。豊富な地下資源のために熾烈な利権争いの舞台となったアフリカとは違い、それは政治経済的な動機に由来するものではないはずだ。

ララユは、ほかの誰にも似ていないという感じの小娘だった。とはいえ彼女は、ポリネシアの海に住みついた、世界で最も美しいといわれる「マオリ」の種族の完璧な典型である。それは他とは異なる神秘的な人種で、どこからやってきたのかも謎であるという。

ララユは錆色のかかった黒い眼をしていた。エグゾティックな倦怠感と甘ったれた優しさにあふれたその眼は、さながら愛撫されているときの仔猫のようだった。(22)

というわけで、『ロティの結婚』のなかには、まずは謎めいたヒロインがいる。第二に、女と同じように「神秘的」で「倦怠感」にあふれた「エグゾティック」な自然がある。さまざまの匂いにみちたロティの感覚的世界は、南の島の神話を語るにふさわしいものだった。第三の主題は文明批判である。

一八七〇年代、地球全体が列強による植民地化の暴力に曝されているときに、ポリネシアの海はひっそりと、最後の楽園のたたずまいを見せているかのように思われた。しかし、危険は迫っていた。首都のパペーテはすでに西欧文明の頽廃と中国商人の毒牙に汚されている。本当のタヒチを知りたかったら、島の反対側に向けて「黄金時代の旅」のように歩いてゆかなければならない。「太古の人種の生き残り」さながらに、沈滞のなかに生きるポリネシアの民は、こうして「文明化された人種」と接触するうちに、静かに滅びてゆくのだろう。新しい世紀が到来したときに、彼らはすでに消滅した民となっているのだろうか(23)。

植民地化の暴力に対する批判と、失われゆく黄金郷への切実な愛と共感は、じつはエグゾティスム文学の通奏低音のようなものであり、ピエール・ロティが、世紀末の文壇やサロンのご婦人方やスノッブのあいだでもてはやされた理由も、おそらくはそこにある。ジュール・ヴェルヌのいわゆる「帝国主義的」な姿勢は、天真爛漫に「文明化の使命」を信じる素朴な西欧中心主義に由来するのだが、それとは明らかに異質な何か。じっさいロティの場合、みずからが体現する西欧文明との、微妙に白けた関係が出発点にある。これがしばしば作家の「反植民地主義」という言葉で形容されてきたのだった。しかし、おそらく事態はそれほど単純ではない。コロニアリズムとは、異文化理解と人道主義の努力によって帳消しになるような、個人的な出来事ではないのだから。

『ロティの結婚』1898年版のために著者自身が描いたヒロインのイメージ.

あらためて言うまでもなく、海軍士官とはコロニアリズムの内部の人間なのである。名高い女王と青年士官との交友も、人間同士の共感となる以前に、フランスという強大な国民国家を背景としてはじまったのであり、すくなくとも以下の歴史的経緯は、記憶にとどめる必要がある。タヒチは一七六七年にイギリス人によって発見されて以来、英仏の争奪戦の舞台となっていたが、一八二七年から在位したポマレ四世は、一八四二年にフランスの保護領となることを受諾、このときマルキーズ諸島がタヒチに併合された。一八六〇年には、イギリスの宣教師に代わってパリ福音伝道協会が地盤を獲得する。その間、現地勢力が反旗をひるがえしたこともあったが、一八七七年に女王が没したのち一八八〇年に、タヒチはフランスに併合された(24)。

『ロティの結婚』は、ちょうどこの年に出版されて成功を博したのだった。ヨーロッパの青年と現地の娘との恋愛が、現地勢力の代表により、征服者に対する「性的歓待」として仕組まれたものであることは、すでに指摘した。青年士官がタヒチに滞在し、女王の宮廷に日参して優雅な社交に明け暮れているあいだ、沖合のフリゲート艦ラ・フロールは、フランスという国家の存在を主張しつつ示威運動を展開していたことになる。

半世紀後の公式見解

ポール・ゴーギャンにタヒチ行きを勧めたのは、『ロティの結婚』を読んだフィンセント・ファン・ゴッホだったのではないかと言われている(25)。一八九〇年、ゴーギャンは、オディロン・ルドンに書き送る――「マダガスカルは、やはり文明化した世界に近すぎる。ぼくはタヒチに行くつもりだ。そこで生涯を終えたいと思っている(26)」。インド洋の島と南太平洋の島が、選択肢として併記されていることは、次章への展望として記憶しておこう。爛熟した西欧文明からの逃避を願い、未開の世界への憧れを高らかに宣言したのは、ゴーギャンが初めてではないのである。天才画家が『ノアノア』で展開する文明批判は、先入観なしに読めば、思いのほかロティの詩的世界に近い。ロティと同じく海軍に身をおいたセガレン(ただし軍医)は、一九〇三年にタヒチに上陸してゴーギャンの足跡を訪ね、まもなく『エグゾティスムをめぐる試論』の構想を練りはじめる。ポリネシア幻想は、こうして画家や詩人によって変奏されながら二十世紀にうけつがれていった。

『フランス植民地領土』と題した四つ折り判の四巻本がある(27)。深緑の布表紙に金文字を配し、椰子と帆船を型押しした重厚な作りで、出版は植民地化の頂点とみなされる一九二九年から三〇年にかけて。植民地省、外務省などの関係各省、現地の政府機関など、公的な組織が後援として名を連ね、植民地政策の大立者リヨテー元帥が「序文」を担当する。といっても政府刊行の「白書」のようなものではなく、平易な内容からして、学校や一般家庭に置くための教育的な企画だろう。想定された読者は、ジュール・ヴェルヌを愛読する少年たちかもしれない。「ララユの国」の魅力は、こんな言葉で語られている。

黄昏時には、ココ椰子の皮を燃しながら、原住民がパンの木の実を焼いて夕餉の支度をし、螺旋に立ちのぼる煙が、闇のなかに散ってゆく。そして浜辺に集まりしゃがみこんだタヒチ人たちは、天空で輝きはじめた星々を夢見るように眺めている。そんなとき人は世界のはじまりの時点に引きもどされたような錯覚を、ふと覚えるにちがいない。(28)

次は植民地としての価値づけの項。

タヒチはおそらく、我が国のもつ最も美しい植民地であろう。たしかに自然は豊かであるけれど、繁栄しているとはいいがたい。毎年政府は、予算の帳尻を合わせるのに大層苦労するのである。その理由はどこにあるのだろう。フランス本土で、タヒチを贅沢品の植民地と考えるからいけない、という意見もある。タヒチ？　ああ、そう、魅惑の地、詩人たちに讃えられた土地ね……、それが、この島について人が抱いている見方だろう……これでは当然、経済的な視点から考えなおす必要などないということになる。

じっさいのところ、貿易では相当の成果をあげることができるはずのこの植民地に対し、発展を促す努力がなされたことは、あまりないのである。しかしある種の人々のように、フランスがアメリカ方式を採用しないことを残念がるのはやめておこう。

「ああ、タヒチがかりに合衆国のものだったら」と彼らはいうだろう。「どんな変化がおきることか！　農業はどんどん生産高をあげ、貿易は活発になり、入植者たちの懐にはざくざく金貨がころがりこむことだろう！」

それはわかっている……しかし、アメリカ人たちがハワイをどんなふうにしてしまったかを見れば充分ではないか。タヒチだけは、そのような運命をまぬがれるようにと切に祈らずにはいられない。そんなことになったら、あの美しさもおしまいだろうから……。(29)

そういえば、躍進するアメリカの機械文明と植民地政策への批判は、ジュール・ヴェルヌの『スクリュー島』（一八九五）の主題の一つだった。かの『海底二万マイル』（一八六九）のネモ船長の基地は、南太平洋のどこかに存在する。そして『神秘の島』（一八七四）は、アメリカから気球で脱出して遭難した現代のロビンソン・クルーソーたちが、地図にも書かれていない無人島に泳ぎ着き、共同生活を営むうちに、老いたネモ船長に邂逅する話である。『グラント船長の子供たち』（一八六七）では、健気な姉と弟が地球を一周したのちに、ついに行方不明の父親を発見するのだが、これも南太平洋の孤島が、感動の大団円の舞台だった。南太平洋においてフランスは、楽園の保存に貢献しなければならないというのが、要するにジュール・ヴェルヌの教育的なメッセージであったものと思われる。

少年文学と、航海記と、小説と、いずれも一見したところ非政治的な文芸の営みが、地球儀の軸のちょうど反対側に、人類の黄金時代の名残をとどめる楽園のイメージを書き込んできた。「最も美しい植民地」というコロニアリズムの公式見解は、植民地化された人間の視点を完全に黙殺しているがゆえに、西欧の赦しがたい倨傲であるにちがいないのだが——余所者に支配され、その無遠慮なまなざしにさらされた祖国が、どうして美しいはずがあろう——このさいイデオロギー論争は棚上げとする。

重要なのは次の点だ。文学的・芸術的な成果をふまえて定式化されてゆく文化国家フランスの自己イメージと、その植民地政策の具体的側面とのあいだにこそ、コロニアリズムのからくりが存在する。政治経済的にメリットはないが、まさにそれゆえに純粋に文化的な財産である楽園ポリネシアについて、文化的な宗主国フランスが、すすんで脱植民地化の提案をすることは、理論的にも想定できないのである。たとえば『フランス植民地領土』の引用ページでは、遅ればせながら、トーマス・クックの顰(ひそ)みに倣い「観光」によって自然と文化を商品化することが提案されている。タヒチは、サンフランシスコから「わずか十日」のところにあるのだから、「金持ちのアメリカ人」のために快適な施設をつくるべきなのだ、と。

これまで定義することなく使ってきた「コロニアリズム」という用語について確認しておきたい。初出は一九〇五年、社会主義者ポール・ルイの言葉で、(1)宗主国と植民地との経済的・政治的に不平等な関係によって特徴づけられる状況、(2)広義には、海外領土拡張を推進する陣営が説く綱領の総体、というのが、本来の定義である。ただし今日では、植民地拡張、植民地における諸現象、植民地化などの意味で、甚だしく濫用されている[30]。以上は、フランス語の用語辞典の引用だが、わたしが「植民地主義」という訳語に時に抵抗を覚えるのは、これが過度にイデオロギー的な響きをもつからだ。その結果、歴史的事実であるコロニアリズムの中核に関与しながら、いわば内部の良心派として植民地化の弊害を説く者に「反植民地主義」という肩書きを安易にあたえるという傾向が生じたりもするのである。ちなみに「コロニアリズム」を、ある種の抽象的な心性や差別主義的な人格に同定しようとする議論も、当面はわたしのかかわるところではない。

一七七四年、ジェイムズ・クックはタヒチの住人をおよそ二四万人と推定した。一八八七年の調査では、九〇〇〇人であった[31]。これもまた歴史的事実としての「コロニアリズム」の具体的な情報の一つである。

2　「絶海の孤島」から「愛の楽園」まで

海は毒物、船は汚物

八歳の少年ピエール・ロティは、『ポリネシアへの旅』のページをめくり、挿絵を見ながら植民地への憧れをはぐくんだ。海軍士官として生涯の大半を海上で過ごしたこの作家は、思いのほか海の魅力を語ることが少ないのだが、それにしても、渺茫たる大洋に隔てられているからこそ、植民地は夢想を馳せる「トポス」となっていたのではなかったか。近代ヨーロッパが培った「島の神話」とコロニアリズムとが、どこかで交錯していることはまちがいないとして、まずは彼方の島に行きつくためにわたらねばならぬ、果てしない海原の意味を考えてみよう。そもそも海は、いにしえから人間にとって憧憬にむすびつくものだったのか。

海は太古の時代から、民族の移動や王朝の盛衰などは知らぬかのように同じ相貌を見せていた。しかし人間は、海を解釈し、理解し、畏れ、馴致し、愛でるようになる。ギリシア神話のオケアノス、オデュッセウスの漂流譚、あるいはシェイクスピアの『テンペスト』。いや、そこまで時をさかのぼらずとも、十八世紀の海と十九世紀の海は、ヨーロッパの心性にとって、まったく異なる意味をになっていたはずだ。「鑑賞」の対象としての海という主題が、風景画などに先駆的な流行を見せながら、ようやく十九世紀の半ばに定着するという事実は、思いのほか重要かもしれない。うら若い人妻と初な青年が、初対面ながら意気投合し、こんな会話を交わしているところを想像していただきたい。


「散歩するところぐらいはこの辺にございまして？」とボヴァリー夫人は青年に話しかけた。「いいえ、それがほとんどないんです」と彼は答えた。「『放牧場』って呼ばれているところが丘の上の森のはずれにありますが、日曜日にはときどきそこへ行って、本を手に夕日の沈むのをながめたりします」

「わたし、夕日ほどすばらしいものはないと思いましてよ」と彼女は答えた。「でも、なんといっても夕日のいいのは海辺ですわ」

「ああ！　ぼくも海が大好きです」とレオン君が言った。

「それに、あなたはいかが？」とボヴァリー夫人は応じた。「わたしには、あの果てしない大海原こそはわたしたちの心をいっそう自由にさまよわせてくれるし、じっと見入るわたしたちの魂を高めてくれ、無限とか理想とかいう観念を与えてくれるように思いますわ」

「山の風景だって同じです」とレオンがひきとった。[32]

つづいて青年の口からはアルプスの山々、「湖の幽邃（ゆうすい）」「飛瀑のおもしろさ」「氷河の雄大なおもむき」などが列挙され、急流、山小屋、雲と谷といった風景が描かれて、さる音楽家が壮大な景観を求めて足をはこび、絶景を前にピアノ演奏をしたという馬鹿馬鹿しいエピソードがうやうやしく引かれたのち、男女の語らいはさらに佳境に入ってゆくのである。「散歩」「読書」（本を読むのではなく、手にもつポーズとして言及されている）「夕日」「海辺」（ボヴァリー夫人は、じつは海辺の夕日は見たことがないはず）「山渓」などは、シックな話題であり、作者はアイロニーたっぷりに、この対話を構成しているのである。ルイ・フィリップ王政下、田舎住まいの小市民にとって、スイス旅行などというのは手の届く娯楽ではない。そもそも「グランド・ツアー」というものが、夢に見るだけの先端的なエリート文化だった。

アラン・コルバン『浜辺の誕生』や山田登世子『リゾート世紀末』が解明したように、病を癒す健康な海という肯定的なイメージは、十九世紀の成熟したブルジョワ社会が発明したものだ。それは生活のゆとりと余暇をねらった「レジャー」という最新流行の産業とも結びつき、世紀末には浜辺こそ安らぎの場、海水は生命の源という了解が広くゆきわたる。(33)

しかし今、わたしの興味を誘うのは、障害として立ちはだかる海だ。十八世紀の海は、危険な空間だった。航海術が未熟であるための遭難や拷問のような船酔いの恐怖。しかしそれだけではない。

> 海そのものが腐っている。海の発散物に有害性があるとする考えは固定観念と化し、十七、十八世紀の新ヒッポクラテス派医学にこびりついている。大量の塩なら腐敗を抑えてくれるが、少量だと逆に腐敗は速く進む。海は毒気を含んだ水蒸気をあげており、そのため沿岸地帯は嫌な臭いをたてる。〔…〕大洋は強張り、海は粘りつき、おそらくは腐ってもいて、腐敗から生まれた生き物たちが所狭しとうごめきながらたかり、そして船は泥海に突っこんだように船足をとられ、航行は難渋に難渋を重ねる。(34)

ただでさえ気味の悪い海のイメージが拍車をかけたのだろう。恐るべき船酔いをめぐる症候群のようなものが、当時存在したように思われる。かのロビンソン・クルーソーも、はじめての船旅の経験を、死ぬほど辛い船酔いの思い出から書きはじめる。ところでコルバンによれば、まずは、船そのものが、およそ快適とは縁遠いものだった。

船がまず第一に、不安に駆られた衛生学者たちの分析の対象にえらばれる。「船内の空気は牢獄よりもはるかに劣悪である」とヘイルズは一七四四年に断言する。何年か後ド・モローグ子爵はこの複雑な臭いの絡み具合をほどこうとする。彼の目には、壊血病の激しい腐敗力を説明するにはこの臭いを解明するだけで充分だと映ったのである。

船は「浮かぶ沼地」である。外板の隙間から入りこんだ海水、雨や軽率な甲板洗いのあとで水溜まりとなって淀んだ淡水、さらには索具に浸みこみ、板を腐らせ、砲弾や重りの鉄を酸化させる淡水、こうしたものが黒っぽい有毒な泥を作り出す。さもなければ、ひどい悪臭を放つ液体が船底の垢溝に集まって、ありとあらゆる悪臭の混合体を形成する。この淡水と海水の混合物は有毒性という点で、見捨てられた塩田に匹敵し、ポンプでそれを汲み出そうとすると、悪臭は一層ひどくなる。〔…〕

それはまた発酵の中心地でもある。〔…〕船倉の食料庫では「つねに鼻の曲がるような熱い蒸気の臭いがする。それは繊細なひとなら気絶しかねない臭いである」。〔…〕船底は船の生命に絶えざる脅威をおよぼすが、同時に奇妙な魅力も放つ。アーサー・ゴードン・ピムの乗船、ドラキュラの航海、コンラッドの『闇の奥』の腐敗した積み荷などは、後代の文学作品であるとはいえ、こうした異臭を放つ船底に対する恐怖を反映したものである。〔…〕

船に乗せた家畜の堆肥と汗、鶏の糞、塩鱈のストック、鼠や昆虫の腐敗した死骸、箱の下に入り込んだり、人目につかない片すみに潜り込んでしまった汚物、こうしたものが腐敗臭の束を作り上げ、船員や乗客を腐らせる。暑い季節には、船首の便所、高級船員用の「便器」、小便用の容器などからの発散物が耐え難い臭いになる。(35)

尾籠な話の引用はこの辺でやめておこう。ひと言でいえば船旅とは、地獄のように苛酷な経験であったにちがいないのである。ボヴァリー夫人が執筆されたのは十九世紀の半ばだが、それに一世紀先立つ時代には、人間と海との関係が、かくも異なっていることを確認しておきたかった。ところで、現実の世界を反転させる「ユートピア小説」という仕掛けが好まれたのは、相対的には安全な陸と御しがたく危険な海という対立が、厳然と存在した十八世紀までのことである。魔性の自然界への恐怖がうすらいだ十九世紀は、文学史的な区分では「レアリスム小説」の時代となる。

カリブ海のロビンソン

すでに述べたようにユートピアはしばしば島にあり、そうでなければ島とのアナロジーで語られる。日常生活のくりひろげられる今、此処という空間に隣接したあたりに、地続きで出入り自由な「別世界」があろうはずはない。非人間的な空間である無限大の海、そこにぽつんと浮かぶ「絶海の孤島」あるいは「ロビンソン」という主題が、ここでおのずと見えてくる。

実在のロビンソン・クルーソー島なるものがどこにあるか、ご存じだろうか。チリはサンチアゴの沖、ファン・フェルナンデス諸島のなかで、いちばん陸地寄りの小さな島がそれなのだが、この名で呼ばれるようになったのは、ごく最近の一九六六年、アレグザンダー・セルカークなる人物を記念してのことである。スコットランド出身の船乗りセルカークは、小説のロビンソンのモデルとなる人物。船長との諍いから無人島に置き去りにされ、一七〇四年からほぼ四年間、ここで生活した。いっぽう小説のロビンソンは、二十八年の長きにわたり孤島で暮らして、一六八七年、イギリスに帰還した。滞留の期間がちがうだけでなく、物語の舞台も、太平洋からカリブ海に移されている。しかし、なぜカリブなのか？

絶海の孤島に漂着したロビンソンは合理的な行動と敬神の念を武器に、独り営々として生活を切りひらいてゆく。この物語がいまも魅力的であるのは、単にその主人公がイギリス十八世紀の人間像を見事に形象化したものとなっているばかりでなく、現代に生きるわれわれ自身の人間性のもっとも中核的なものにもかたく結びついているからである。

岩波文庫『ロビンソン・クルーソー』[36]の訳者、平井正穂の「はしがき」をもとにカヴァーに印刷された文章の全体である。サバイバル・ストーリーとしてのロビンソンという解釈は、子供向けリライト版などにも親しいものだが、この翻訳が出版されてから、すでに三十年以上が経過する。その間に読解の実績が積み上げられ、主人公の肖像もいくたびか塗り替えられてきた。特記すべきは、ポストコロニアル批評に一石を投じたピーター・ヒューム『征服の修辞学』、その訳者たちによる延長上の成果である、岩尾龍太郎『ロビンソンの砦』や正木恒夫『植民地幻想』などだろう。これらの批評書を開いてみれば、大きな流れは一目でわかる[37]。植民地と島という二つの主題が、これほどくっきりと交錯し造形された小説はまたとないのである。

十八世紀においてロビンソンは、母国イギリスよりむしろフランス啓蒙思想のなかでもてはやされたといわれている。あたりまえのことだが、ヨーロッパの知識人の読書経験には、国籍による排除システムなど存在しないのである。はじめてのフランス人として太平洋に乗り出したブーガンヴィルも、インド洋上のフランス島(現在のモーリシャス島)を舞台に『ポールとヴィルジニー』(一七八八)を書いたベルナルダン・ド・サン＝ピエールも、ロビンソン物語の熱烈な読者だった。それゆえ本書でも、「ポリネシア幻想」からインド洋の「愛の楽園」へと移行するまえに、カリブ海に浮かぶ無人島の意味を問うことから始めたい。

「絶海の孤島」のサバイバル・ストーリーとなる以前にまず、『ロビンソン・クルーソー』は「海の冒険」の物語である。父親に反抗して船に乗りこんだロビンソンは、外海に出るやいなや船酔いに苦しみ、大嵐におそわれて難破する。二度目の航海では、アフリカの西海岸ギニアでの「商取引」に成功するのだが、その方法は、四〇ポンドほどの

「がらくた」を買い込んで現地で売りさばき、その代金で買った砂金をイギリスで換金すると三〇〇ポンドになるというものだった。ベルナルダン・ド・サン＝ピエールの小説でも、思春期のポールとヴィルジニーの仲を心配した隣人が、一財産つくるために「がらくた」を積んでインドへわたることを青年に勧めている。[38]「がらくた」と訳したのは、フランス語では pacotille だが、歴史的な用語としては、船員や乗客が無料で船に積み込み目的地で売却することを許された安価な商品をさす。作者ベルナルダン自身は、自分がフランス島に赴いたときには、pacotiller（今では辞書にない動詞だが、「がらくた商売をやる」とでも訳しておこう）の余裕すらなかったと回想している。[39]

十八世紀の大洋には、国家の栄光をかけて――ありていに言えば、植民地化を目標として――未知の地球を探検するブーガンヴィルのようなエリート海軍士官もいたが、一旗揚げるために単身冒険にのりだす市民階級の子弟も、少なからずいた。後者の典型であるロビンソンは、順調に財産を殖やしてブラジルに農園を構え、労働力の不足をおぎなうために、黒人奴隷の闇取引を計画する。[40]そして南アメリカ東海岸からアフリカ西海岸に向けて出帆したとき、遭難したのだった。ちなみにアフリカから新世界へと海上を搬送された黒人の数は、四世紀のあいだに千二百万とも千五百万ともいわれるが、[41]啓蒙の世紀の大洋を渡航した最大数の集団が、息詰まる船倉に閉じこめられた奴隷であったことは、まちがいない。近代ヨーロッパの旅行記や小説が、海をわたった黒人たちをいかようにテクストに登場させ、描出しているか。それは本書でも追々問われることになるだろう。

さてプランテーションの経営者ロビンソンは、以上のような経緯で遭難したのだから、「絶海の孤島」が南アメリカ西海岸、チリの沖合にあるはずはなかった。悪名高き三角貿易を思いだしていただきたい。羊毛、綿、酒、火薬、武器、あるいは「がらくた」など、ヨーロッパの産物をアフリカの沿岸で奴隷と交換し、次に奴隷を新大陸で売ってコーヒー、砂糖、煙草、ココアなどの熱帯産物を購入し、ヨーロッパに帰還し売却する。その三角形をなす航路の拠点の一つ、カリブ海のどこかにロビンソンの島は存在する。

島の正確なロケーションについては、作品中に実在の地名が記されているわけではない以上、推定するしかないのだが、じつは「絶海の孤島」と呼ばれつづける島は、オリノコ河の河口にあって、大陸は目と鼻の先、晴れた日に見える陸影が「トリニダード島」であることが、フライデイの証言から判明する。(42)

言説としての食人妄想

食人妄想については、すでに多くが語られているけれど、地球儀の大きな見取り図をつくるためには、ふれぬわけにはゆかない。なにしろカリブ海域に住むカリブ族は「カニバリズム」の記号と密接にむすびついている。しかも『ロビンソン・クルーソー』とは、無人島に漂着したヨーロッパの人間が、サバイバルに成功したのちに、食人種である先住民を「文明化」してしまう物語なのである。(43) 地理的な必然性という意味でも、「カニバリズム」の本場という意味でも、ロビンソンが遭難する海は、カリブ海でなければならなかった。

新大陸の食人の風習をめぐる言説あるいは伝説は、歴史的にはコロンブスに始まるといわれるが、フランス国民のあいだでは、どのようにうけつがれていったのか。まずは綴りも今日とは異なる十七世紀末の辞典から。

食人 antropophage――人間を食べる者。西方のインディアン (Indiens Occidentaux) のほとんどは食人の民 (peuples) である。この国民 (nation) は食人種である。宣教師たちは食人種の住むところに福音を伝えにゆく。(44)

辞書の言語的パフォーマンスについての解説が必要かもしれない。冒頭のみが定義であり、ならんだ三つの文章は典型的な用例にあたるのだが、なおのこと、時代の集合的ファンタスムが透けて見えるのではないか。「新大陸のインディアン」と訳すべきかもしれない「西方のインディアン」という呼び名にも、素朴な違和感を表明しておこう。カリブに到達したコロンブスが、アジアの東の果てにあると伝えられた黄金の国「ジパング」を発見したと信じて以来、西のインド（西インド諸島）と東のインドは、ヨーロッパの世界観のなかで、ときには奇妙な具合に混同され、ときには対をなす場として位置づけられるようになってゆく。その意味でも『ロビンソン・クルーソー』と『ポールとヴィルジニー』を向き合わせてみることで、地球儀を色分けする大きな「トポス」を視野に入れることができるだろうと予測されるのだ。

次は『十九世紀ラルース大辞典』(45)より、長大な解説のほんの一部を訳出する。大判四段組十五巻に補遺二巻のついたこの巨大な辞典が出版されたのは、一八六六年から一八七九年にかけて。そのイデオロギーは、いずれ詳しく検討することになるが、植民地史の転換期一八七〇年代におけるフランスの良心派知識人を代表する言説と考えてよい。

食人の慣習 Coutume anthropophagique――人間が人間を食らうことが慣習として認められ、さらにはいわば制度として認められるという状況は、多くの野蛮な民のあいだでかつて存在し、また今でも存在しているのである。南北アメリカの原住民に接触した探検家や宣教師が異口同音に証言するところによれば、この慣習は新世界のあらゆるところで衰えを見せずにつづいていたという。ヒューロン、イロコイ、カリブの食人行為（カニバリズム）は周知のことだ。シャルルヴォアはアカディア族が食人種ではないと報告するが、それと同時にこの民はアメリカ・インディアンのなかでは例外であるとしている。現代の船乗りは、ニュージーランドおよびポリネシア全域で食人を確認している。マレーシア諸島、アフリカの奥地、そしてインドにおいてさえ、それは観察されたのである。

辞書の編者ピエール・ラルースが特殊な妄想にとらわれていたわけではない。多くのポストコロニアル批評がくり返し指摘していることを、今一度反復するならば、「文明化の使命」をふりかざすコロニアリズムにとって、「食人」こそ「野蛮」がもっとも過激に具体化された行為なのであり、遍在する蛮習の撲滅という大義名分は、植民地化の正当性を保証してくれる格好の話題になっていた。

『地球の発見史』より．解説によれば「カリブ族の戦士の踊り．魔術師でもある神官が，タバコの煙を吹きかけて士気を盛り上げる」．

ジュール・ヴェルヌの例を引くなら、『グラント船長の子供たち』は、遭難したスコットランド人の船長を捜索するために子供たちが南緯三七度一一分の海をぐるりと一周する話であり、『八十日間世界一周』とほぼ同時代、同主題の南半球版といってもよいのだが、クライマックスで、ニュージーランドの人食い人種が登場する。『ロティの結婚』においても、主人公の青年が美しいタヒチ娘のがっしりした歯にこだわるところなど、あからさまな食人妄想が読みとれる。さらに時代をくだって両大戦間の一九三八年に出版された『地球の発見史』[46]という書物を手にとってみよう。すでに紹介した『フランス植民地領土』とよく似た深緑の大型豪華本で、植民地化の絶頂期におけるヨーロッパの文明観が露骨なまでにあらわれている。そのなかで食人伝説の占める役割は、決して小さくはない。しかも「カリブ族」を解説するページは、見え透いたプロパガンダを構成する。まずはカリブの先住民が「戦士」としていかに勇猛であるか指摘し、一種の共産社会が成立していることを称えたのち、文章は唐突な展開を見せる。

これらの男たちは、「堂々たる体軀で、均斉のとれた胴体をもち、肉付きがよく、強靭で、力強く、逞しく、おまけに比類なく健康であり、百歳、百二十歳にもなって、寄る年波に背を丸くすることさえ知らぬ老人がめずらしくもないというほど」――引用はデュテルトル――なのだが、ただし、このカリブ族は、下卑た人食い人種で、その面構えは「皮を剝いだ豚の鼻面」のように見える。(47)

といった具合にカリブ族の「醜悪」な容姿の詳細な描写がつづき、さらに男たちが闘いに勝って自分たちのものにしたアラワク族の無気力な女たちの描写があり、スペイン人たち、とりわけドミニコ会の宣教師がいかなる判断を下したかが報告される。

彼らは、人肉を食らう。彼らは同性愛者である。彼らは愛も処女性も尊重しない。酒に酔うことを自慢にする。彼らにおいては、息子が父に従うということがまったくない。裏切り者で、残酷で、復讐心が強く、怠惰で、盗人であり、卑しい人間である彼らは、信仰も法も守ろうとしない。嘘つきで、迷信深く、野兎のように臆病で、彼らは虱や蜘蛛や虫を、生のまま食べる。人間が身につけるべき技術や生業は、なにひとつ彼らのあいだには存在しない。これほどの悪徳と獣性に染まった人種を神はかつて創造したことがなかった。インディアンは、驢馬よりも愚かである。

以上は先住民が「自由に値しなかった理由」として述べられたことがらである。これで運命の定まったアンティル諸島の先住民たちは、鉱山労働に従事することになったのだが、疲労あるいは労働拒否のための集団自殺により、急速に人口が減少した。そのため、ハイチの鉱山には、アフリカの黒人の労働力が投入されることになった――という物語が、一つの教訓話のように提示されている。フランスの誇る「ラルース」という名の大出版社から世に送られた『地球の発見史』は、『フランス植民地領土』と同じく、図書館や一般家庭向きの啓蒙書なのである。こうした文章は、歴史上の出来事の必然的な連鎖を説きながら、過去の物語を反芻する。そうして執拗に、二十世紀における食人妄想をかき立てる。語られた事件は昔のことであっても、「カニバリズム」の言説は現時点の産物であり、二十世紀の読者をしかるべく教育する効果が期待されていた。

ところでフランス語の場合、**cannibale, cannibalisme** という語彙は、先に引用した十七世紀の辞書には登録すらされていない。十九世紀の『ラルース大辞典』でも、扱いはきわめて小さく「カリブ族」との結びつきは、**anthropophagie** の項でひと言示唆されるだけなのだが、二十世紀の辞書では一様に、**cannibale** の語源が「アンティル諸島のカリブ族」(Caraïbes antillais) にあるらしいと明記されている。「カリブ゠カニバリズム」という主題そのものが、新大陸発見の物語を反芻する帝国主義時代の言説のなかで復活し、一斉に繁茂したのではないかと想像されるのだ。

無人島の支配者が社会性に目覚めるとき

食人の習慣をめぐる妄想そのものは、古代からヨーロッパの内部に存在したのだが、十五世紀末、新世界が発見されるにおよび、カリブ海とこれを抱く南北アメリカ大陸が、食人言説の生みだされる特権的な舞台となった。ロビンソン自身も、自分の住む無人島がじつは陸に近いのかもしれないと悟ったとたんに、この「妄想」におそわれる。そして外敵が侵入する可能性のある浜辺を危険地帯とみなして、島の奥に蟄居するのである。

おそらくどの時代にも「他者恐怖」の一形態として存在したはずの食人妄想が、ロビンソンにおいてはどのような語彙によって語られ、どのようなイメージによって表象されるのか。そこに十八世紀という時代性を認めることができるのか。⑴陸の領有と植民地化(権力の樹立)、⑵海からくる他者との闘争とその支配(社会の形成)という二つのテーマを立てて、物語の展開を追ってみる。引用文の括弧内は岩波文庫上巻のページ数。

漂着してまだ一年にもならぬころ、果樹の生い茂る美しい谷間を散策しながら、谷間をみわたしていると、あの胸を圧するような苦しみと妙にからみあった、なんともいえないひそやかな喜びの情がふつふつとわいてきた。これはみなわたしのものだ、わたしはこの国の侵すべからざる王であり支配者なのだ、わたしの所有権は誰がなんといおうと絶対なものだ、という思いがした。そしてまた、もしこの島が自分の財産とすることができるものなら、イギリスの荘園の領主と同じく、わたしもまたこれを相続財産として完全に子孫に伝えることができるのだが、とも思うのであった。（一三八）

農業を営み、生活必需品をつくり、まさにサバイバル活動のさなかにあるロビンソンが、快晴の日に水平線に陸地を発見し、ただちに考えたことは、

もしあの陸地がスペイン領であるならば、いつかは船がこのあたりを行き来するのに出逢うはずだとも思った。もし船が見えないとすれば、このあたりはスペイン領とブラジルの中間の蓄地ということになる。ということは、蛮人のなかでももっとも兇悪な種族のいる土地だということを意味する。彼らはつかまえた人間は一人残らず殺して、その死体を食べなければ承知しない、恐ろしい食人種であった。（一四九—一五〇）

その直後、ロビンソンはふと思いついて鸚鵡を捕らえ、長い時間をかけて、言葉をおぼえさせることに成功する。それはさながら、食人妄想におそわれた瞬間に、ロビンソンは孤独と社会性という一対の主題を意識化し、行動を起こしたかのような具合なのである。他者が極限的な暴力としてあらわれるかもしれないという危惧が、食人妄想に結実するように、鸚鵡は絶対的な孤立からの脱出を意味している。

自分が要するに絶海の孤島に、いわば大洋という永遠の牢門によって、救われるあてもなく閉じこめられている囚人にすぎないという思いが浮かびあがってくるとき、私は生きた心地もなく沈みきったものだった。（一五五）

「絶海の孤島」とは海によって絶対的に隔てられた島という意味であり、水平線に陸地が見えたからといって、コミュニケーションの可能性が生じるわけではない[48]。サバイバルのための条件がととのうにつれ、人の住む陸地にわたりたいという願望と蛮人の恐怖がないまぜになって、ますますロビンソンの心を悩ませる。ついに意を決してボートを作ってみたりするのだが、この計画は失敗におわり、そのあと、ちょうど上巻のまんなかあたりに、これまでの経緯を総括するようなページがつづく。そして「全領土の領主」であり「敵もいなければ、競争者もいない、主権を争い指導権を奪い合う相手もいない」という状態は、果たして満足すべきものかと自問しつつ、やはり神の摂理に感謝すべきことではあるのだという結論あるいは諦念にいたる。このあと「五年くらい」はなにごともなく過ぎて、後半は「社会性」——ホッブスの衣鉢をつぐ啓蒙思想家たちが好んで議論した「ソシアビリテ」(sociabilité)——の問題が一つの核となる。他者の存在を怖れかつ求めるアンビヴァレントな感情が、以前にもまして異様に昂じてゆくのだが、それと見合うかのように、生活の基盤には、これまでの農業に加えて、野生の山羊の捕獲にはじまる牧畜業と犬猫などの愛玩動物が組み込まれる。

小舟で「小王国の一周旅行」に出かけて危うく遭難の憂き目に遭いかけたが、かろうじて陸にもどり、疲労のあまり眠りこんだところを鸚鵡のポルに自分の名を呼ばれて目がさめた[49]、というエピソードが紹介されてからまもなく、こんな記述がある。

わずかながらわが家の家族の者とともに私が正餐の食卓につくのをみる者があったら、おそらくはストイックな人でも微笑を禁じえなかったであろうと思われる。食卓の首座に臨席されているのは全島を支配する主君である陛下、つまりかく申す私であった。私は全ての臣下の生命にたいする絶対権をもっていた。絞首刑にしろ、八つ裂きにしろ、自由をあたえるにしろ奪うにしろ、それは私の思いのままであった。しかも全臣下のうち、一人の謀反人もいなかったのだ。

家臣にかしずかれてただ独り、堂々と王者のように食事をとる私の姿！　鸚鵡のポルは私の寵臣でもあるかのように、私にものをいうことを許されている唯一の家臣であった。すでに老いぼれてしまい、種族の繁栄のために子を生ませる相手にもついにめぐり会わなかった忠犬は、いつも私の右手に坐っていた。そして二匹の猫は、おのおの食卓の一方に席をしめて、特別の恩恵として私の御手からいただく一と切れの食べものを物欲しげにまっていた。（二〇二）

ロビンソンの無人島とは国民のいない国家であり、ロビンソンは動物たちを臣下に見立てて王様ごっこをやっているのである。その後まもなくのことだ、人の足跡が浜辺で発見されるのは。

ロビンソンは、「どうしてここにこんなものがあるのか理解」できず、「心の底まで怯え切って」「とりとめのない妄想が次から次へと頭をかすめ」という具合にすっかりとりみだし、その夜はまんじりともしない。そして、足跡の主は「悪魔よりもっと危険な存在」つまり「大陸からこちらにやってきた野蛮人」にちがいない、という確信にいたる。不安に怯えながら、住居の防衛や食糧確保につとめ、二年が経過。今度は浜辺に散乱する髑髏や手足の骨を発見して愕然とする。野蛮人を攻撃し殺害する権利があるか、と自問するページでは、スペインの残酷な植民地支配という話題がもちだされる。十八世紀には、これがイギリス、フランスなど、一足おくれて海にのりだした国家の好むゴシップになっていた[50]。あまり読まれることのない『ロビンソン・クルーソー』の下巻において、ロビンソンの所有する島は、スペイン式の旧弊な植民地政策とイギリス式の開明的な植民地政策の比較実験の場となることも言い添えておこう。

さて、さらに時がたち、漂着してから二十三年の長きが経過して、はじめてロビンソンは生身の野蛮人と食人行為の現場を見るのである。その後、遭難船が打ち寄せられて少年の屍体を目にしたり、あらたに生きた犬を手に入れたり、ますます人間や動物の気配は濃厚になってゆき、やがて「蛮人を一人手に入れて奴隷にする」という欲望にとりつかれたロビンソンは、まことしやかな夢まで見る。それから一年半がすぎて夢が正夢になり、ようやく蛮人たちが到来し、ついにフライデイの救出という周知の事件が語られる。

このような次第で、フライデイの登場は無人島に漂着して二十四年目のこと、脱出するのは二十七年目であるから、野蛮人の文明化というプロセスは、ごく無造作に語られているのである。その三年間、記述としてはわずか三〇ページのあいだに、フライデイは人肉を食らう習慣を捨て、英語を習得し、「文明」と「野蛮」の対立を理解し、ロビンソン以上の「善きキリスト教徒」になる。そしてロビンソンが試みに、フライデイ一人を故郷に返そうと提案すると、いっそ殺してほしいと迫るほどに、揺らぎない忠実な愛情を「主人」に対していだくようになったというのである。フライデイによれば、「旦那はいいことをたくさんする。土人たちを教えて、立派なまじめなおとなしい人間にする。旦那は、神を知り神に祈り新しいくらしにはいれ、とみんなにいう」ことがで

1868年，フランス語版『ロビンソン・クルーソー』のベイヤールによる挿絵．救出されたフライデイが「島の王」に忠誠を誓う場面．猫と山羊は，証人となる「臣下」という見立てだろう．

きるから、二人でともに大陸に渡るべきだというのだが、

「フライデイ、やはり一人で帰ってくれ。前と同じようにここで一人で暮らすから、わたしをそっとしておいて帰ってくれないか。」彼は私のこの言葉にけげんそうな顔をしたかと思うと、いつもは腰にぶらさげている例の手斧のところへ走っていってその一つを取りあげ、私のところへもどってきてその手斧を渡した。「これでどうしろというのか。」「旦那これでフライデイを殺す。」「なんのためにわたしがお前を殺さなければならないのだ。」私がこういうやいなや、彼はすぐにいった。「なんのために旦那はフライデイを追いはらう。これでフライデイを殺せ。フライデイを追い払うな。」こういっているときの彼の態度は真剣そのもので、その眼には涙さえあふれていた。これで彼がどのくらい私を深く愛しているか、その決意のほどがどのようなものであるか、私にはもうはっきりした。(三〇三)

「美談」のクライマックス、「文明化」の完了を言祝(ことほ)ぐ逸話は、恥ずかしいほど執拗に記述されている。しかも「人食い人種」から「善き野蛮人」あるいは「模範的な奴隷」への変貌は、あまりに迅速で安易で理想的であり、胡散臭いとしかいいようがない。だが、なおのこと、「善き野蛮人」とは「食人種」と同様、ヨーロッパの内部で醸成されたファンタスムであるという見解が、異論の余地なきものになるだろう。

『ロビンソン・クルーソー』ほどの小説であれば、解釈の可能性は無限に開かれており[51]、これも、そのささやかな一例にすぎないのだが、それにしても人間は社会的な存在であるというテーゼを、これほど巧みに描出した小説はまれだろう。今日の読者にとって「冗長」に思われる哲学的、人間学的考察こそが、十八世紀という時代を端的に指し示す貴重な断章なのだ。極限的に異質な他者である食人種さえ効率よく同化してしまうという意味で、ロビンソンの島は、いささか楽天的な「ソシアビリテ」の実験室と呼ばれるにふさわしい。

ポールとヴィルジニーの「小さな社会」

限られた空間に複雑な構造と多様性を内包するときに、島は「世界の縮図」となるだろう。その代表格はトマス・モアの『ユートピア』だが、一方には、むしろ構成要素や主題が単純化されているために「実験の場」として機能する島がある。後者の範疇に入るものとして、ロビンソンの「絶海の孤島」、ガリヴァーの「巨人の島」、H・G・ウェールズの『モロー博士の島』、そして、これから読解を試みる『ポールとヴィルジニー』などを挙げておこう。インド洋上に浮かぶ「愛の島」は、フィクションのレヴェルでは、きわめて意図的・人為的に構成された「ソシアビリテ」の空間なのである。[52] 楽園のような自然のなかで無垢な青年と乙女が愛しあうにいたるまでの経緯はこうだ。

『ポールとヴィルジニー』1792年版の扉絵は，これが「小さな社会」の物語であることを暗示する．

主要登場人物は七名。ノルマンディの貴族で未亡人のラ・トゥール夫人とその娘ヴィルジニー、ブルターニュの農民の出で未婚の母であるマルグリットとその息子ポール、奴隷の男女ドマングとマリ、親しい隣人としてドラマの一部始終に立ち会った老人(出来事の語り手)。これに、登場人物ではないが、島を訪れてこの老人から物語を聞きとった仲介者

(読者とのあいだに立つ第二の語り手)を加えれば作品が成立する。

一七二六年、青年ラ・トゥールが周囲の反対をおしきって結婚した若い妻を伴い、新天地を求めてフランス島にやってきたところから、物語ははじまっている。ブラジルにおけるロビンソンの場合もそうだが、この時代の植民者(コロン)とは、奴隷を買って農場を経営する者をいう。ラ・トゥール氏もマダガスカルに奴隷を買いにゆくのだが、熱病にかかってあっけなく死去。召使いの黒人女とともに残された身重の夫人は、しかし理想的な女友達に恵まれる。マルグリットは、乳飲み子をかかえ一人の黒人奴隷に土地を耕作させて健気(けなげ)に生きていた。まもなく女児が誕生すると、二人の幼子は同じ寝床で眠り、母たちの愛に守られて、神と自然の教えだけを学んで成長する。

ところでインド洋に浮かぶマスカレーニュ諸島の一つ(53)、この実在の島におかれた小説の舞台は、二重の障壁によって外界から隔てられ、理想的な閉鎖空間となっているのである。

女性たちの故郷ノルマンディとブルターニュは、ともに外海に向かって開かれた地方である。しかし、すでに見たように十八世紀の大洋は荒々しく、船は肉体を蝕んだ。成長したヴィルジニーをフランスの親族が呼びもどそうとしたとき、病身のラ・トゥール夫人がもはや航海には耐えられないからと、帰国をあきらめるのはもっともなのだ。喜望峰をまわってフランス島にいたる航路は、作者ベルナルダン・ド・サン゠ピエールが一七六八年に乗った直行便の帆船でも、四ヵ月と十二日かかっている(54)。もともとフランス島はインドや東アジアの富と産物にアクセスするための中継地として、ヨーロッパ諸国が無人島に人を送りこんだ植民地だが、島からインドまでは「六週間しか」かからない、というのが、ポールに一旗あげさせようという心積もりの隣人の台詞だった(55)。ロビンソンがアフリカ西岸でポルトガルの奴隷船に救われて、はじめてブラジルにわたったとき、わずか二十二日で順調に大西洋を横断したことを考え合わせるなら、アフリカ大陸の南端を迂回してアジアに向かう航路が、気の遠くなるほど遠いものであったことが実感できる。

ロビンソンの島は、その位置関係からしてトリニダード・トバコ島あたりと同定できるとしても、現場に赴いたことのない作者は、乏しい資料を想像力によって補ったはずであり、これがフィクションの空間であることに変わりはない。一方、フランス島は現実に存在する島であり、作者はフランス海軍に所属する工兵士官として二年と四ヵ月ここに滞在し、旅行記まで上梓した。地形や地名も地図で確認することができる。舞台となった窪地は、山間の岩だらけの土地であり、それぞれに悲しい過去をもつ女二人は、「隠れ家」を求めて不毛な谷に住みついたのである。ベルナルダン『フランス島への旅』の記述によれば、窪地の奥まったところ、山頂に近いあたりには、清浄な水をたたえた小川が走る広々とした樹林があり、町からそこまで登るのは、そもそも容易ではないのだが、いっぽう山の反対斜面は「黒人か猿でなければよじ登れない」ほどの険しさであるという。「旅行記」の著者は、結語として言い添える、食糧を補給した兵士四百人をここに配備すれば、島の守りは万全である、と。[56]

海によって祖国と隔てられ、地形によって町の住人と隔てられた二組の母子は、蛮人の襲来を恐れて島の奥に「砦」をつくったロビンソンに、どこか似ていはしないだろうか。著者ベルナルダン・ド・サン＝ピエールは、工兵士官として地形を値踏みしたときには要塞に見立てた殺風景な窪地に、愛の楽園を設定したのだということも、記憶にとどめておこう。

日常の生活でも、窪地の外の植民者たちとの交際を避けるというやり方で、窪地の住人たちは孤独を守っている。そこで二組の母子と男女の奴隷、族長のように彼らを見守る隣人からなる集団を、「小さな社会」(petite société) と呼ぶことにしよう。ヴォルテールの『カンディード』では、物語の結末で「自分の畑を耕す」ことを学んだ人々が、そしてルソーの『新エロイーズ』ではクラランの住人たちが、やはり理想の共同体を営むための「小さな社会」を形成するのであり、これも十八世紀フランスならではの主題といえる。[57] ベルナルダンが『ポールとヴィルジニー』を執筆したといわれる一七七〇年代(出版は一七八八年)、彼は啓蒙主義の思想家たち、とりわけルソーと親しく交わっていた。それゆえラ・トゥール夫人とマルグリットの教育方針が、『エミール』の精神を鏡のように反映していたとしても、不思議はない。

彼らの学習すべきことは、おたがいに心を遣い助けあうことに尽きていました。それに、彼らはクレオールの人々がそうであるように[58]、無知なままであり、読み書きも知りませんでした。自分たちから遠い、はるか昔の時代におきたことなど、彼らにはどうでもよかったのです。彼らの関心は、この山のむこうにまでひろがることはありませんでした。世界は島のおわるところでおわると彼らは信じていました。自分たちの住んでいないところに、なにか好ましきものがあろうなどとは考えてもみませんでした。おたがいの情愛と母親たちの情愛が、心の動きのすべてを占めていたのです。無意味な知識のつめこみのために涙を流すこともなく、辛気くさい道徳を説かれてうんざりすることもありません。盗みはいけないということも知りませんでした。彼らのところではすべてが共有されていたからです。暴食はいけないということも知りませんでした。簡素な食物が欲しいだけ手に入ったからです。嘘はいけないということも知りませんでした。真実を隠す必要などなかったからです[59]。

島の生活に真の幸福を見出している子供たちに、「読み書き」の習得が強制されることはない。この点においても、ベルナルダンはルソーの教育論を踏襲するのだが、ちなみに、原則として読書の効用を認めない『エミール』のなかで、例外とみなされる唯一の推薦図書は『ロビンソン・クルーソー』である。その根拠、すなわちルソーによる読解のレヴェルは、むろんコロニアリズムでもなく、サバイバル・ストーリーというのとも、ややちがう。ルソーは、人間が孤独に自然と向きあうとき自然は最良の教師であるという教訓を、ロビンソンの物語に読みとった。小説『ポールとヴィルジニー』においても、自然は麗しき純愛物語に調和する舞台背景というにとどまらず、固有の哲学的な意味を帯びているように思われる。

ただしここで確認しておくならば、人間に生きる知恵を授けてくれる自然とは、海ではなく陸だった。それはヴィルジニーが家族団欒の場面で、「田園生活の幸福と船乗りの不幸」を歌うところからも推察されて、荒れ狂う海に欲に駆られて乗り出す商人と平和な農業に従事する者との対比には、著者ベルナルダンの思想が反映されているという。ロビンソンも、物語の冒頭で、出奔して海上の時化に苦しんだとき、まっ先に「父の家を捨て義務をすっぽぬかしたために天罰がてきめんにくだった」と考える[60]。話を単純にしてしまうなら、海洋は艱難と罪悪感にむすびつき、田園は美徳と安らぎをはぐくむという「自然観」が存在した。

風景式庭園のはぐくむ美徳について

ポールとヴィルジニーは、「文明」の頽廃に染まらぬ「自然児」として成長してゆくのだが、上記引用においても顕揚されていた「無知」「純潔」「内的充足」といった精神の価値ゆえに、この閉鎖空間は、おのずと「エデンの園」を想起させるものとなっている。

> 主なる神は、東の方のエデンに園を設け、自ら形づくった人をそこに置かれた。主なる神は、見るからに好ましく、食べるに良いものをもたらすあらゆる木を地に生えいでさせ、また園の中央には、命の木と善悪と知識の木を生えいでさせられた[61]。

「創世記」によれば、神が人間にあたえた「楽園」は、たんに豊かな自然環境ではなく、まずは樹木を植えた園なのであり、そこに一筋の川が流れて四つの支流となり、野の獣、空の鳥が棲みついたのち、はじめてアダムの伴侶が不足していることが実感されて女が創られ、ようやく「愛の楽園」が完成する。

ポールとヴィルジニーの「愛の楽園」は、いかに描かれるか。いずれパリの植物園の園長となるベルナルダンは、植物学、博物学の学者でもあり、みずからフィールド調査した島の話なのだから、腕に縒りをかけて、問題の数ページを執筆したにちがいない[62]。

それはまさしく「造園」と呼ばれるにふさわしい営みだった。

十二歳になったポールは、奴隷のドマングが「耕作」しただけの土地を「美化」するのである。まず「檸檬の木」「オレンジの木」など緑が映えて実のなる樹木を窪地の周囲に植える。「ペルシャ・ライラック」などと呼ばれる低木や、列柱のような「パパイア」を、その手前に配す。さらに「バダミエ」「マンゴー」「アボガド」「ゴヤヴィエ」「パンの木」「ジャムローズ」などは、じきに木陰をつくり、果実をつけるようになった――紹介したのは冒頭部分のほんの一部だが、こんなふうに片端から説明もなく植物名を並べたテクストから、当時の読者がどのくらいイメージを具体化できたのか、疑問はのこる。しかし見慣れぬ言葉はそれだけで、まさに見慣れぬ物と同質の異国情趣をもたらすだろう。これは「エグゾティスム文学」の正統的な手法である。

庭園の記述は延々とつづく――窪地の荒れた土壌には、「アロエ」「ラケット」(サボテンの仲間で黄色に赤い斑点のついた花を咲かせる)「シエルジュ」(蠟燭という意味、これもサボテンの仲間で蛇のように見えるという)等々が植えられて、黒く突き出た岩のあいだから、てんでに背伸びをする。その様子は、崖から垂れ下がる青や真紅の花をつけた蔦のたぐいに、手をとどかせようとするかのようだった。こうした植物群は、一目で視野におさめることができるように工夫されていた。つまり窪地の中央から周縁にむけて、草木、灌木、大きな樹木が順次植えられているために、葉叢と果実と花々におおわれた円形劇場のような空間ができあがり、その懐に、菜園や牧草地の縁や米と麦の畑などが抱え込まれているような具合なのである。人間の意図のとおり植物を植えるといっても、自然の意図に逆らうようなことはしなかった。種子が遠くへ飛ぶものは高いところへ、種子が水にはこばれるものは水辺へ、という配慮をしたおかげで、それぞれの場所を飾るに適した植物が豊かに茂ることになった。岩山の頂上から流れおちる水流は、谷のあちこちで、ときには湧き水となり、あるいは鏡のような水面となって花咲く木々や、岩や、青空を映しだしていた。

土地はでこぼこだったが、おおかたの植物は目に見えるだけでなく、手でふれることもできるのだった。窪地の周縁をぐるりとめぐる道のほかに、中心とをむすぶ小径もいくつかあって、そぞろ歩きができる。園芸植物と野生の植物が調和を見せ、この島にごろごろしている大きな石は、ピラミッド型に積み上げられて、まわりに岩場を好む植物が植えられた。陰気なピラミッドは、やがて緑と華麗な花々におおわれた。古木が枝をかしげている狭い谷は、屋根を葺いた地下の室(むろ)のようであり、日中にはここで涼むことができる。野生の木の茂みが防風林となって、そのなかに果樹がたわわに実をつけていることもある。こんなふうに小径をあちこち散策すると、収穫をまつ畑や、家や、険しい山の頂が目に入る。しかし蔦のからんだ「タタマカ」の樹林のなかでは、昼も暗いのだった。山から突きだした岩場に立てば、窪地全体が見渡せるだけでなく、遠くには海があり、ときおりヨーロッパとのあいだをつなぐ船が沖合に姿を見せることもあった。夕暮れには、この岩場に家族があつまり、さわやかな空気、花の香り、泉のささやき、光と影の妙なる調和を静かに味わうのである。

こんなふうに文章を追ってゆくと、わたしにも実感がわくのだが、ベルナルダン・ド・サン゠ピエールは要塞の建設に適した荒涼たる窪地に、ペンの力によって、どこにも存在しない楽園を出現させた。この長く克明な記述は、じつはレアリスム小説の風景描写とは明らかに異なって[63]、むしろ「造園術」の手引きに近い。キース・トマスの名著『人間と自然界』によれば、十八世紀のイギリスで、樹木や草花を植えた庭園を散策することが、はじめて文化的仕草として認知され、上流階級の流行となる[64]。そしてフランスにも、城壁に囲まれた幾何学的な「整形式庭園」にまさるものとして、周囲の風景に溶けこむイギリス式庭園を愛でる心性が、ただちに伝播していった。それぞれに遠隔の植民地をもつヨーロッパ諸国では、はるかな異国の花々や灌木を自分の庭園で栽培することが、熱狂的な蒐集家たちの活動となってゆく。幻の珍種を求め、世界の果てまで「植物探検家」が赴いた時代なのである[65]。

そうしたわけで、インド洋上の孤島に出現した幻の楽園は、創世記を源泉とする一方で、「風景式庭園」と呼ばれるヨーロッパの最新流行を、贅沢に反映する文化空間ともなるのである。さらに植樹された草木の無類の豊かさという意味で、ポールの植物園は、いずれベルナルダンが管理することになる「知の庭園」を、先取りしたともいえるだ

マスカレーニュ諸島の１つ，レユニオン島の風景画(1800年).

ろう。今日の「ガーデニング」にくらべれば、それは明らかに博物学的な志向に導かれた流行だった。現代の読者には正直なところ冗長な数ページを、同時代の人々は、熱い憧れとともにむさぼり読んだにちがいない。

ポールとヴィルジニーの所属する「小さな社会」において、ロビンソンの「サバイバル活動」に相当する土地の「耕作」は、奴隷のドマングにまかされている。これに対して「造園」は、その労力たるや並大抵ではないはずなのに、少年ポールにふさわしい仕事とみなされているらしい。もとよりフランス島の住人は、飢餓や外敵を恐れなくてよいのだけれど、それですべてが解明されるわけではないのである。

キース・トマスの著作の副題にもある言葉だが、おそらくは「自然観の変遷」が、こうしたことの背景となっている。さらにこの点に関し、安西信一『イギリス風景式庭園の美学』には、近代ヨーロッパにおいて、樹木を植える行為が、「一種の美徳」(Moral Virtue) となったという興味深い指摘がある。ジャーナリストとして十八世紀前半のイギリスで活躍したアディソンは、新聞というメディアをとおし新しい市民階級に向けて、革新的な「庭園美学」を説きつづけた。そのアディソンは、植林の精神的効用を以下のように定義する。

たしかに〔植林の与える快は〕若者のたぎる心を満たす騒々しいものではない。しかし荒々しくはなくとも、持続的である。自分の手になる将来を楽しみ、自分の勤勉が育てた木陰を歩くことほど喜ばしいことはない。この種の楽しみは、精神を落ち着かせ、魂に不快なあらゆる情念を静める。しかもその本性によって、善良な想念をはらませ、称賛すべきおもいへとむかわせる。(66)

安西氏の解説によれば、ここでは「英雄的・政治的・軍事的行動」などの活動的な徳とは異質の新しい徳目、すなわち「熱狂を抑制し、個人の内面を改良する」という意味でのブルジョワ的美徳が顕揚されているという。冒険者であるロビンソンに欠けていたのは、この「造園」という発想だ。じつは「エデンの園」に匹敵するものは、無人島に漂着して一年後、すでに発見されているのである。

ゆきつくところまでいってみると、急にひらけたところにでて、そこから西のほうへは坂になっているようであった。清らかな小さな泉が私の立っているすぐわきの山際から湧きでていて、それが反対の側、つまり真東の方角へ流れていた。みわたすかぎりなにもかも春の萌(も)えるような緑色にぬりつぶされていて、その光景は新鮮な生命にみちあふれていた。まるで植込みの茂った庭園のようであった。(67)

問題はその直後、この「気持のよい谷間」をまえにして、ロビンソンは誰にともなく「所有権」を宣言し――すでに紹介した展開だが――「イギリスの荘園の領主」のように、島を世襲財産にしたいと夢想する。ダニエル・デフォーが作品を出版した一七一九年、アディソンに代表される新世代のブルジョワ的な自然観はすでに芽生えつつあったはずだ。しかし土地をまえにしたロビンソンの心性は、むしろ封建制の時代のものといえる。

アディソンの「庭園美学」はこのように、植林という行為に哲学的な意味を付与するという点で、画期的なものだった。ただし、同じく安西信一氏の指摘するところによれば、労働者など下層の人々の参画を拒むという点では、平等主義とはほど遠い[68]。これは「小さな社会」の秩序にも共通することであり、奴隷のドマングは「造園」に主体的にかかわることはない。

さて、楽園の植樹がおわったところで、アダムが地上と空の動物を名づけたように、それぞれの場に名があたえられてゆく。たとえば子供たちが踊る芝生は「和合」、母親たちが不幸な身の上を打ち明けた木陰は「ぬぐわれた涙」、そして「ブルターニュ」「ノルマンディ」と呼ばれる畑もあった。とりわけ見晴らし台の根方にある泉は「ヴィルジニーの安らぎ」と呼ばれ、ポールの誕生とヴィルジニーの誕生を記念するココ椰子の木が二本、子供たちの身長に合わせて、わずかな差をたもちながらすくすくと育ち、大きな葉をからめあっていた。泉の周囲に自生する絢爛豪華な植物、香草、垂れ幕のような蔦、深い静けさに誘われて飛来する海鳥についてはもう逐一紹介はするまい。青年が山からもちかえる小鳥の巣によって、あたりはますますにぎやかになり、焰やエメラルドを思わせる南国の小鳥たちが舞い踊った。乙女が水浴びをする泉は、こうして楽園の「聖域」となる。

読み書きを知らぬ子供たちの「徳育」は、もっぱらヴィルジニーの母による聖書の朗読によってなされていた。

　時折、ラ・トゥール夫人は皆のまえで旧約や新約聖書の感動的な物語を何か読むことにしていました。聖なる書物について彼らがあれこれ理屈を考えることはほとんどありませんでした。それというのも彼らの神学は、自然の神学がそうであるように、もっぱら感情からなっており、彼らの道徳は、福音書の道徳がそうであるように、もっぱら行動からなっていたからです。〔…〕毎日が彼らにとっては祝祭であり、彼らを取り囲むものすべてが聖なる寺院でした。たえず彼らは、そこに全能にして人間の友である無限の「叡智」を感じ敬っていたようです[69]。

こうした教義を伴わぬ信仰が、聖職者も礼拝も教会も必要とせず、実態においては『エミール』第四篇「サヴォアの助任司祭の信仰告白」に開陳される「自然神学」に近いということは、原注においても指摘されている。[70] カトリック、プロテスタント両派から断罪され、かまびすしい議論の的となっていた宗教上の主題を中心に据えることにより、インド洋の孤島は、キリスト教信仰のレヴェルにおいても、同時代のトピックの実験場となるのである。

愛と死と聖書

エデンの園を模した楽園に芽生えた愛が、聖書の引用によってはぐくまれるのは、理にかなっている。子供たちは、ラ・トゥール夫人の聞かせてくれた物語のなかから、気に入りの場面をえらび、みずから演じるのだが、その選択には、当然のことながら小説論的な解釈への誘いが秘められていよう。第一のエピソードは、「出エジプト記」の第二章、成人したモーセが、ファラオのもとから出奔し、とある井戸のかたわらで、羊飼いの男たちの嫌がらせを受けている娘たちを救い、その父親ミディアンの祭司により、七人の娘の一人ツィポラを妻にあたえられる。第二のエピソードは「ルツ記」の表題にもなった健気な女の話。姑をやしなうために落ち穂拾いをする若い未亡人を族長ボアズが見初め、身分の違いにもかかわらず正妻として迎えるという美談である。[71] 青年と乙女、老人と寡婦という組み合わせで、婚姻の主題が反覆されていることはいうまでもない。ポールとヴィルジニーの演技はあまりに真に迫っていたので、見る者は、シリアやパレスティナの野辺にはこばれたかのようだった、と語り手は報告する。キリスト教文明の内部において、恋愛という主題が、しばしば聖書的な伝統と切り結ぶのは、考えてみれば当然なのである。

すでに話題にしたブーガンヴィルの航海記の場合、ポリネシアという地理的空間が、『アエネーイス』の引用をとおし、ローマの建国神話を喚起していたのだが、これに対してフランス島を舞台とするベルナルダンの小説は、同じ地中海世界でも、旧約聖書を引用し、ヘブライの起源と創世記的な神話の空間にみずからを位置づける。偶然に生じた対比ではないだろう。プシケとアモールを二人が演じるという設定を、ベルナルダンは草稿に書きながら、最後には捨てたという事実も指摘しておきたい[72]。異教的な主題を夾雑物とみなしたからにちがいない。追求されているのは、主題の一貫性と純粋さによる造形美、いわゆる古典的な美であるからだ。

そうしたわけで、ポールとヴィルジニーの恋愛は、レアリスム小説が追求する心理的必然性や「本当らしさ」とは無縁な地平で進展する。

二人の自然児は、こうして成長してゆきました。いかなる気苦労も彼らの額に皺を刻むことはなく、いかなる不摂生も彼らの血を濁らせることはなく、いかなる不幸な情熱も彼らの心を堕落させることはありませんでした。愛と清純と敬虔が、日毎に彼らの魂の美をはぐくんでゆき、えもいわれぬ優美となって、彼らの顔立ち、素振り、物腰にまであらわれていました。人生の曙にあって、彼らは曙の瑞々しさをたたえていました。神の御手から生まれたばかりのわれらの祖先が、エデンの園に姿をあらわしたときのように、二人はお互いの姿を認め、近づき、語り合ったのです。まずは兄と妹さながらに。ヴィルジニーは優しく控え目で人を信じることイヴのようでありましたし、ポールはアダムに似ており、一人前の男の体軀をもちながら、子供のように純朴でした[73]。

つづくページは、ポールとヴィルジニーの愛の相聞歌なのだが、これも十代の子供たちが交わす恋愛のディスクールとしては、あまりにも美文で様式的に完成されており、現実味を欠いている。編者ジャン゠ミシェル・ラコーの指摘するように、「雅歌」の引用と考えてさしつかえあるまい[74]。聖書は信仰への導きの書というだけでなく、サロメをはじめ、あまたの神話的なヒロインが懐胎され、愛や冒険や試練の物語がつむぎだされた文学世界なのである。これを典雅な書物として読むという伝統は、西欧世界のアイデンティティの根幹を潤す潮流の一つとさえいえる。もっとも、そうした言い古された話に、ふと新鮮な興味を覚えたりするのは、わたし自身がキリスト教の外部に身をおいて

「文明」の問題を考えてみようとしているからにほかならない。

ちなみにこの章で比較の素材としているカリブ海の島、ロビンソンの砦でも、聖書は読まれるのだろうか。元来フィクションとは仕組まれたものをいうのだから、サバイバルのための物資を難破船から引き揚げるロビンソンが、偶然に聖書を発見するのは、フィクションのレヴェルでは、まぎれもない必然のはずである。それはそれとして、ロビンソンが持ち帰った「三冊の立派な聖書」が、日常の信仰生活の支えとなった形跡はない。もとより彼は、父親の懇切な導きによって学んだことを、「ふしだらな船乗り稼業」のなかで捨て去っていたと自認する人間ではあった。ロビンソンが、はじめて聖書を手に取るのは、命があやぶまれるほどの大病をしたとき、自分の半生をふりかえり、後悔の念にとらわれてのことだ。ひょっとして煙草が薬草として効くかもしれないと考えて開けた箱のなかに、偶然聖書を見つけ、偶然開いたページには、次のように書かれていた。

それから、わたしを呼ぶがよい。
苦難の日、わたしはお前を救おう。
そのことによって
　お前はわたしの栄光を輝かすであろう。(75)

こうしてロビンソンは、肉体の死をまぬがれると同時に、魂の救済への手掛かりを得る。旧約の「詩編」第五〇章第一五節は、のちに蛮人への恐怖にとらわれたときに反芻する言葉でもあり、ロビンソンと聖書の関係を、ほぼ要約するといってよい。いくたびか引かれる聖書の句は、「詩編」のほかは「使徒言行録」「福音書」などであり、もっぱら艱難と不幸のどん底にあって救い主を呼び求めるという文脈のものだ。奇妙なことに、ロビンソンが平常心のまま「熱心に聖書を読むようになった」のは、つまりキリスト教を「信仰」の語彙で理解しようと努めるようになったのは、フライデイとの共同生活がはじまって、「文明」が「野蛮」を教育するという課題が生じたときだった(76)。

ロビンソンとは反対に、フランス島の「小さな社会」のメンバーは、不幸ではなく幸福であるがゆえに、自然のなかで神を崇拝することを学ぶ。「信仰」の実践として村の教会に通いはしたものの、そこで新たなる啓示を得たようには思われない。ところがヴィルジニーが痛ましい事故死を遂げたとき、その埋葬の儀式は、いささか唐突に島全体の公式行事となり、聖女崇拝の様相を帯びる。

ラ・トゥール夫人の伯母にあたる富裕だが冷酷な貴婦人のもとにヴィルジニーが身を寄せたのは、パリでみずからを磨くというよりむしろ、老いた親族の世話をしたのち当然の報酬である遺産を故郷にもちかえるためだった。しかし文明になじめぬ乙女は空しく帰路に着き、島を目前にして遭難する。フランス島の総督ラ・ブルドネーは、そもそもヴィルジニーをフランスに送りとどけるために一役買ったという経緯もあり、彼女の死に負い目を感じていた。また彼女は、貧しい住民たちへの慈善と黒人奴隷に対する善行で知られていた。要するに島でいちばん評判のよい、清らかで美しい乙女の死を、身分の上下、人種の違いをこえてすべての住民が嘆くのは、当然ではあった。それにしてもテクストには、徳高きヴィルジニーの柩に触れることで、その徳にあやかろうと娘たちが馳せ参じ、「聖女のようにその名を唱えて加護を祈り」(l'invoquant comme une sainte)と、はっきり書かれている。さらに、

> それほどまでに、愛すべき女性(ひと)の死は、すべての民(nations)の心を捉え、またそれほどまでに、不幸な美徳のおよぼす力は大きいのです。彼女はみずからの墓のまわりに、こうしてさまざまの宗教すべてを参集させてしまったのですから(77)！

この引用より少しまえには、港の船が葬儀のあいだ、半旗を掲げて空砲を鳴らし、柩は喪章をつけた兵士たちに先導され、これにつきしたがうのは、身分の高い八人の娘、と描写されている。娘たちは、それぞれが手に棕櫚の木を

捧げもっているのだが、キリスト教の伝統において、この木はほかでもない「殉教者」「正しき者」の象徴である。ヴィルジニーを偲んで墓穴に身を投げようとする貧しい娘たちを押しとどめるために、周囲に番人をおかねばならぬほどだった、という結語まで、すべては、国葬と聖女の埋葬を掛け合わせたかのような具合に進行するのである。

ヒロインの昇天

ヴィルジニーの死が、聖なるものの顕現という趣を帯びていることはたしかだが、埋葬の場面において情景そのものは聖書的な文脈を離れ、むしろ民衆の聖女信仰の様相を帯びている。しかし、以前にいかなる経緯があって、そのようなことになったのか？　尋常とは思えぬヒロイン崇拝が、同時代の読者を白けさせるどころか、圧倒的な支持を得たとすれば、そこには人々の心性に訴え、関心を刺激し、感動を誘う主題が盛りこまれていたからにちがいない。

冷酷な親戚の貴婦人は、社交界に馴染まぬヴィルジニーを植民地に送り返すとき、わざわざ嵐の季節をえらんだのだった。海が不吉な空間であった十八世紀、海難は今日では想像しがたいほどの恐怖の的であったろう。さらに嵐という自然現象は、風景画家ターナーを予告する時代的感性のなかで、畏怖と同時に美的感興を誘うものとして、すでに芸術の源泉とみなされ始めていたのかもしれない。ベルナルダンが「サン゠ジェラン」と呼ばれる帆船の事故について数ページにわたり、辣腕をふるってピトレスクな描写をこころみるのは、それなりの意図があってのはずだ。おそらくは、作品の冒頭に近い造園のエピソードと対をなす見せ場なのであり、北半球の寒々とした高緯度の地方に住む読者たちは、南半球の島の楽園と海の嵐をまえにして、それぞれ別様のエグゾティスムの醍醐味を味わったものと思われる。

不気味に風は凪いでいるのに、森の木の葉がざわめいて、天空にかかる雲は、中心がどす黒く縁は赤銅色に染まっている。色鮮やかな海鳥が鋭い鳴き声をあげながら、いっせいに陸をめざし、薄暗い空中を飛んでくる。午前九時ご

ジョゼフ・ヴェルネ『嵐』

ろ突然に、落雷と急流が入り交じったような轟音が沖合で響き、ハリケーンの襲来を告げた。突風で霧が晴れ、サン＝ジェランが忽然と姿をあらわした。彼方のアンブル島とフランス島の浅瀬のあいだに錨を降ろしているのだが、狭い水路に沖から大波が押し寄せるたびに、舳先は高々と宙に浮き、艫（とも）は海中に没してしまうのだ。大風が船を陸へと押しやるが、危険な岩礁が船と岸辺を隔てている。浅い入り江に唸り声をあげて波が侵入し、運んできた小石をころがして、しゃがれ声のような騒音とともに引いてゆく。水位は刻一刻と高くなる。手前の岸とアンブル島のあいだは、水路が真っ白な泡の平面となり、ところどころに黒く深い波が刻まれている。入り江の奥に吹き寄せた水泡（みなわ）が人の丈ほどに積もり、風にあおられて陸地を半里の向こうまで運ばれてゆく。山の麓に吹きつけた白い波の花は、海から生まれた雪さながらに見えた。水平線では嵐が静まる気配もなく、空と海とが溶け合ったあたりから、奇怪な形の雲が矢継ぎ早に生まれ出て、鳥のように天空を飛翔してくるのだが、一方には巨大な岩のように微動だにしない雲もある。青い空は片鱗も見えず、鈍色の弱い光が地上と海と空を照らしていた。

この世の終わりのような光景のなか、岸辺には救助に駆けつけた島民の一団が空しく佇み、なかにはポールと隣人（語り手）もいた。危惧したように、ついに舳先の碇綱が切れ、波に追われた船は、岸辺から目と鼻の先（おそらくは一〇〇メートルほど）の岩場に座礁した。ポールは周囲の制止も聞かず、救いにゆこうと海中に身を投げる。その身体には命綱がつけられ、隣人と奴隷のドマングが必死にこれをつかんでいる。

そのとき、永遠の憐憫に値するものが目に入りました。うら若き令嬢が、艫の欄干のあたりにあらわれて、彼女のもとに辿りつこうとあがいている青年のほうに手を差し延べたのです。ヴィルジニーでした。命知らずの行動に、愛しい人の姿を認めたのです。かくも麗しき女性が、恐るべき危険にさらされているのを見て、わたしたちは悲しみと絶望にとらわれました。ところがヴィルジニーは、気高く落ちついた風情のまま、永遠の別れを告げるかのように、わたしたちに手で合図を送ったのです。すでに水夫たちは、われがちに海に飛び込んでいました。甲板に残っているのは一人だけ、ヘラクレスのように屈強で、全裸の男でした。彼はうやうやしくヴィルジニーに近づきました。その膝元に男が跪き、衣服を脱がせようと試みるのが見えました。しかし彼女は、気品をもって男をしりぞけ、視線をそむけました。それを観ていた者たちが、声をかぎりに叫ぶのが聞こえました。「その人を救え！　その人を救え！　離れるんじゃないぞ！」しかしそのとき、恐ろしく巨大な波の山がアンブル島と岸のあいだに押し寄せて、唸り声をあげながら前進し、黒い腹と泡立つ波頭を見せながら今にも船に襲いかかろうとしたのです。この凄まじい光景を見て、水夫は一人で海に飛び込みました。そしてヴィルジニーは、もはや死は逃れられぬも

P.-P. プルードン『サン＝ジェラン号のヴィルジニー』

のと悟り、片方の手を衣服の上におき、もう一方の手を胸において、晴れやかなまなざしで天を仰ぎ見たのですが、その姿はさながら天国に向けて飛び立とうとする天使のようであったのです[78]。

これが詩に歌われ、絵画に描かれ、舞台のクライマックスとなる名高い断章である。すでに「天使の昇天」という比喩のなかには、この世ならざる者への変身が暗示されていよう。しかしこれで生身のヴィルジニーの姿がかき消えるわけではない。

フィクションにおいて、ヒロインの屍体を描くか否か、そして描くとすればいかに描くかは、ジェンダーをめぐる心性の歴史という観点からしても、きわめて重大な問題なのである。

インド洋の航路に「サン゠ジェラン」という船はじっさいに存在し、一七四四年の八月に操舵の誤りから人知れず沈没したのだが、ベルナルダンは、日付を同年十二月のクリスマス・イヴに移動して、事故の現場もアンブル島の沖合(その後「サン゠ジェランの水路」と名づけられた)から、陸の目前の水路へと変更した。天使は聖なる日に衆人環視のなかで昇天しなければならないからだ。

船が波にさらわれたあと、ややあって、絶望に打ちひしがれた語り手は帰途につき、偶然、浜に打ち上げられたヴィルジニーを眼にすることになる。そのロケーションは、地図をたどってみると「墓場の入り江」という実名をもつ浜であることがわかる。遺体は徒歩の人間を追い越す勢いで「不幸の岬」を迂回して島の反対側に漂着したのである！　こんな細部の齟齬に同時代のフランスの読者が気づいたかどうかは別として、片や寓意的な設定と片や「本当らしさ」がせめぎ合う、独特の力学に注目しなければ、この作品の面白みはわからない。それほどにヴィルジニーの亡骸は、唐突に、そして暦のうえでも地理的にも完璧な象徴性をたたえて出現するのである。

彼女は半分ほど砂に埋もれていましたが、わたしたちが眼にした最期のときと同じような姿勢をしていました。

顔つきにはほとんど変わったところはないようです。眼は閉じられていましたが、額には晴れやかなものが残っておりました。ただ、うっすらとした死の菫色が、羞じらいの薔薇色と、頰のうえで混じり合っていたのです。片方の手は衣服のうえにおかれ、もう一方の胸に押しつけた手は、きつく握られて硬直していました。その手から、わたしは苦労して小さな箱をとりだしました。それがポールの肖像であるとわかったときの、わたしの驚きはいかばかりであったことか！　それは、生きているかぎり手放さないと彼女が彼に約束した品でした。[79]

「ポールの肖像」と訳したのは、じつは守護聖人パウロのお守りであり、ヴィルジニーは、どことなく持ち主に似ているその肖像を、ポールから譲り受けてフランスに出発したのだった。こうして人々の目前で「変わらぬ愛」と「貞節」の証しを立てるため、ヴィルジニーの亡骸は――小説論的には必然といえる動機から――現実にはありえぬ遠隔の浜辺に打ち上げられることになる。

ヒロインは処女・貞女・聖女の総合的な化身と言えようか。じっさい凡百の日常生活に不意に割り込んでくる肉体の死からは、かぎりなく遠いところで、まさに超自然的な存在の昇天として、ドラマの大詰めは演じられている。「ヴィルジニテ」すなわち処女性を含意するヒロインの名前から、成就することなき愛という結末は、おのずと予想されたはずなのだ。

聖書の伝統につらなる主題系は、ほかにもある。たとえば禁断の木の実を食べたアダムとイヴが、裸身を羞じらうことを知ったとき、楽園を追放されたことを思いおこそう。その意味で、着衣のヴィルジニーは、すでに楽園の外にいて、「文明」を体現する女性なのである。それにまた、人類の子孫は、楽園を追放されたのちの男女によって生み育てられた。見方を変えれば、「エデンの園」とは、通常の結婚生活を排除するトポスともいえる。ラ・トゥール夫人は未亡人、マルグリットは未婚の母であり、ポールとヴィルジニーは、さながら単性生殖で生まれたかのような具合なのだ。しかも幼い二人は、同じ寝床で休み、同じ泉で水浴びをして、兄と妹のように戯れながら大きくなった。

近親相姦のタブーをふくめ、禁忌の壁は二重三重にはりめぐらされている。大陸で教育されたヒロインに対し、島の楽園がふたたび開かれるという展開は、物語の内的必然性からして、絶対にありえなかった。

羞恥とヴェール

ヴィルジニーが楽園への帰還を阻まれるのは当然としても、遭難の状況はさまざまに想像できる。なにゆえ、脱衣を拒んだことによって命を失わなければならないか。そこが現代の読者にとっては納得しにくいところであって、ヒロインが「羞恥」という尊き感情に殉じるエピソードとして、この大団円が構成されていることに、注意を促しておかなければならない。

ジャン・クロード・ボローニュ『羞恥の歴史』[80]によれば、男性の羞恥は、泣く、愚痴る、赤面する、祈る等「感情の領域」に傾き、これに対して女性は「身体的羞恥」に優先権をあたえてきたという。十七世紀、あるジェズイット会士は「女性にとって羞恥心ほど自然なものはない」と明言した。「それは女性が買うことはなく、作るのに一銭もかからないヴェールである。それは女性とともに生まれ、次第に形成され、成長していく。髪はこのヴェールができたあとにしか生えず、髪が脱け落ちたあともまだそれは女性に残る。それはあらゆる国、あらゆる季節、あらゆる身分、あらゆる年齢に共通している」[81]。羞恥の歴史はいうまでもなく、古代世界にまで遡るのだが[82]、わたしたちが今興味を惹かれるのは、羞恥心と身体を覆う物との主題的連関である。

ヴィルジニーが脱衣を拒むことは、女性の最も高貴な徳を、命を賭けて守りぬくという宣言であり、だからこそ、悲壮であり、大向こうの感動を誘いもした。死後もしっかり衣服をつかんでいる彼女は、勝利を誇示しているとさえいえる。とすれば、屍体が砂浜に打ち上げられなければならなかった第二の理由は、貞淑に加えて羞恥という主題を造形するためであったと推定される。ただし、「うっすらとした死の菫色が、羞じらいの薔薇色と、頰のうえで混じり合って」砂浜に横たわる乙女の姿が、語り手や読者の視線にさらされていること自体は、まちがいのない事実であり、ここには秘められた闘いの痕跡を視線によって陵辱するという深層の主題が透けて見える。拒む力が大きいほどに、侵犯者の快楽は増すのである。

さてジェズイット会士の発言の眼目は、女性の羞恥心を「自然」なものと断定していることにあった。十八世紀には、まさにこの点、すなわち「自然か否か」が、論争の焦点となっていた。ヴィルジニーの死の断章において、ベルナルダンがどちらの仮説に賛同しているか、じつは判断することはむずかしい。かりにヒロインが、フランスという文明の地で身につけた儀礼としての羞恥にこだわって、そのために死んだとすれば、馴染むことのできなかった文明のために生贄になるという筋書きには、一抹のアイロニー、いや、もっと辛辣な批判さえ見てとれるかもしれない。いずれにしても「エデンの園」がはぐくむ自然で無垢な心性が、ヴェールによる隠蔽の仕草に背反するという定式は、ゆらぐことがないだろう。ルソーの弟子としてのベルナルダンがえらんだのは、女性にとって羞恥とは本質的な徳性であるという認識を大前提として、それが先天的か後天的かは問わないという立場だったのかもしれない。

ヴィルジニー以上に名高いヒロインの死が同時代の文学史にあるとすれば、それは『新エロイーズ』に描かれた水難事故による死の話だろう。ルソーの場合も臨終のドラマは、あまりに教訓的で不自然だ。人々に愛され尊敬されているジュリは、事故のあと家族に別れを告げ、自分の死後のことを思いやり、何日もかけて、ゆっくりと聖女のように死んでゆくのである。あまりに神々しい亡骸を前にして、召使いたちが「奥さまは亡くなったんじゃない」と言いはじめ、「奇蹟というものが好きな民衆」のあいだにあっという間に噂が広まった[83]。ジュリを甦生させるために、人々は言葉をかけ、アルコールをふりかけ、脈をはかってみる。「こんなしどけない有様で男たちに取り巻かれて」いる主人を見て、女の召使いたちが憤慨する。埋葬にいたるまでの残された時間に、無力な死者になりかわって女性の「羞恥心」を全うさせる神聖な務めは、ジュリの従姉妹で親友でもあるドルブ夫人(クレール)によって果たされる。こうした経緯は、ジュリの夫ヴォルマールが後日、亡き妻に真摯な愛を捧げつづけた不在の恋人サン＝プルーに

書き送った手紙に報告されているのだが、

　あの方〔クレール〕はわたしの意を察し、一言も言わずに諦めをつけて部屋を出てゆきました。直ぐに戻ってきたあの方は、あなたがインドからあの方に持ってこられた真珠の縁取りのある金糸のヴェールを手に持っていました。それから寝床に近寄って、ヴェールに口づけし、泣きながらそれで友の顔を覆い、そして響き渡るような声で、このヴェールを擱(かか)げようとする恥ずべき手は呪われよ、この面変わりした顔を見ようとする不敬な眼は呪われよ！　と叫びました。

死者の顔を覆うヴェールは、これに先立ちサン＝プルーが見た悪夢にもあらわれて、不吉な前触れとなっていた[84]。しかし、すでに多くが語られたにちがいない主題に立ち帰ることは、わたしの意図ではない。ただ、あまりにも厳かで昂揚したクレールの言葉を支える了解の重さを推し量るために、この「呪い」の言葉を、あらためて引用してみたまでである。死の尊厳と侵すべからざる女体は、相互に補完する暗喩となっている。その前提にあるのは、女の羞恥は死後にまで存続するというジェズイット会士の認識にほかなるまい。

それは「自然」か「文明」か？

　そもそもジュリという人物は、性差が「自然」なものだと信じているという点で、十八世紀後半からロマン主義の時代にかけてのジェンダー意識を模範的に代弁する女性なのである。彼女がサン＝プルーを愛するようになってまもない頃の手紙に、それは明快に述べられている。「両性の精神的差異」について彼女が抱く信念とは、「攻撃と防御、男の大胆と女の羞恥」は「哲学者たちが思うように因襲」ではなくて、「自然の制度」だというのである[85]。ヒロインの口を通して、ルソーはディドロなど啓蒙哲学の論客に反旗を翻したといえよう。

「羞恥」とは人間の本性に自然にそなわっているものではなく、人為的な「文明の制度」にほかならないと喝破したのが『ブーガンヴィル航海記補遺』の作者であった。ディドロの作品は、ブーガンヴィルの旅行記の後日譚を装った、純粋なフィクションである。第二章がタヒチ島の長老格の老人による別れの言葉、第三章、第四章が住民の良識を代弁するオルーとブーガンヴィルに同行した司祭の会話、これらをかこむようにして、第一章と第五章は、AとBという匿名のヨーロッパ人が、これも対話形式でコメントをつける、という構造になっている。オルーによれば、この島では、少年は小さな鎖を腰に巻きつけ、少女は白いヴェールをかぶって外出し、性的に未熟であることを公言して歩く。しかし、父親が息子の鎖をはずし、母親が娘のヴェールをはずしてやった瞬間から、両性はおたがいに誘い、拒み、愛撫を受け入れることを許されるのだ。[86] 老人は、この美風が失われてゆくことを嘆く。


ほんのついこの間まで、タヒチの若い娘はタヒチの若者の抱擁に夢中になって身をまかせていた。母親は、娘が結婚してもよい年ごろになったと認めると、娘のヴェールをぬがせ、胸もとをあらわにしてやる。娘は、その時をじりじりしながら待っていた。娘は見知らぬ男や親類の若者や兄弟の欲望をかきたて、ほれぼれした視線で自分を見つめさせるのが自慢だった。娘は怖れもしなければ恥ずかしがりもせず、われわれみなの見ている前で、罪を知らぬタヒチ人のとりまくなかで、笛の音にあわせて、踊りと踊りとのあいまに男の愛撫に身をまかせていた。娘の若々しい心と官能のひそかなささやきが、この男を自分の相手として選びだしたのだ。[87]

ヨーロッパの文明は「罪という観念と病気の危険」を島にもたらした。以前は甘美であった愛の営みに「後悔と恐怖」がつきまとい、「若者はしりごみし、娘は顔を赤らめる」ようになった、と老人の批判はつづく。

ともあれ『ブーガンヴィル航海記補遺』は、論争の姿勢をつらぬく哲学的意図をもつと同時に、陽性の笑いを誘う効果もねらった風刺文学であることを忘れてはなるまい。それはたとえば、客へのもてなしとしてオルーが差し出した三人の裸の娘たちと妻の性的歓待を、ヨーロッパ人の司祭が「でも、わたしの宗教が、でも、わたしの身分が」と叫びながら、でもなぜか、受け入れてしまうなどという際どいエピソードにあらわれている。[88]「キリスト教文明における男女の性的関係にたいする抑圧の欺瞞が徹底的にあばかれる」[89]のはたしかとしても、それだけの、つまり高尚な論争だけを目論んだ書物では到底ないのである。

ブーガンヴィルの『世界周航記』は、一七七一年に出版された。ディドロの『補遺』は七二年から七三年にかけて執筆され、刊行されたのは一七九六年。ベルナルダンの小説は、おそらく一七七七年頃には初稿が書かれていたはずだが、『自然の研究』第二版の増補部分として、ようやく一七八八年に日の目を見た。羞恥とは自然な感情か否か、羞恥は崇高な感情か否か、むしろ羞恥を知る以前にこそ真の幸福があったのではないか、といった議論に参与した作品群である。

こうした文学の営みが醸成するファンタスムのおかげで、フランスは、南半球に、すくなくとも二つの「愛の島」をもつことになった。フランス島のヒロインは、白人の女性であり、キリスト教の伝統が称揚する処女性を体現する。ポリネシアでは、現地の多産な女性が惜しみなく裸身をさらし、ギリシア・ローマの異教的な美神たちを喚起する。ヨーロッパの起源にかかわる複数の神話的系譜のなかで、東地中海をはさんで対峙する二つの古代文明が、こうして南半球の二つのトポスに割りふられ、書き込まれたのである。その経緯には偶然の要素も大きく働いていようけれど、ベルナルダンが『ポールとヴィルジニー』を執筆したときに、ブーガンヴィルへの対抗意識が出発点にあったことはまちがいない。初版の「はしがき」にいわく、

美的感覚に恵まれた探検家たちが、南の海の島々について魅惑あふれる描写をもたらしたことは、わたしもよく知っている。しかし島の住人たちの風習が、また島に上陸したヨーロッパ人たちの風習はなおのこと、島の風景

【上】タヒチの伝統的な踊りヘイヴァ．画家ジョン・ウェバーは，ジェイムズ・クックの第3回航海に同行しており，クック航海誌の校訂版(1955–67年)にも収録されたオリジナルの挿絵である．他の2枚は『フランス植民地領土』(1929–30年)に掲載された昔の図版．【左下】羞恥心とないまぜの雅(みやび)な媚態を含むもの，【右下】ブーガンヴィルの記述を反映したらしい肌もあらわな服装など，趣向は異なるが，こうした「翻案」の図版がおびただしく流通した．それらを年代順に並べてみれば，植民地幻想の内部で「羞恥とヴェール」という主題が徐々に構築されてゆくプロセスを確認できるだろう．

をしばしば台なしにするようなものだった。[90]

『ポールとヴィルジニー』は、こうして同時代の読者の琴線にふれた。生まれた男の子と女の子をポールとヴィルジニーと名づけることが流行し、ベルナルダン本人も率先して、その流行にならう。[91] 一世紀後には、晩年のフローベールが短篇『純な心』のなかで、女中フェリシテが宝物のように慈しむ奉公先の子供たちに、この対になった名前をあたえることになる。一八〇六年にベルナルダンが、豪華本の出版のために起草した長い序文には、登場人物のモデル探しや「関係者」の出現をめぐる話が面白可笑しく紹介されており、なかにはサン＝ジェラン（つまり船の名）の親戚を名乗る青年もいたという。[92] 悪戯好きのプロスペル・メリメが、あるとき、さるご婦人に、モーリシャス島出身の男を「ポールとヴィルジニーの息子」として紹介したところ、「ポールとヴィルジニーですって？　もちろん、知らない人はいませんわ」と慇懃な応対が返ってきたという話もある。[93] これらが実話であるかどうかは問わぬとして、要するに、十九世紀の前半、『ポールとヴィルジニー』は、読んでいなくとも知っているふりをしなくてはならぬ小説だった。[94]

エンマ・ボヴァリーは、その『ポールとヴィルジニー』を夢中になって読んだ。そして、これが、純愛の「神話」ではなく「現実」であると信じてしまったために、凡庸な日常生活が連綿とつらなる結婚に幻滅するのである。

エンマはかつて『ポールとヴィルジニー』を読んで、竹造りの小屋や黒ん坊のドマンゴや忠犬フィデールを夢見たことがあった。しかし、とりわけ彼女の夢を誘ったのは、鐘楼よりも高い木によじのぼって赤い木の実を取ってくれたり、砂浜をはだしで走っては鳥の巣を持って来てくれる優しい兄さんの心暖まる友情だった。[95]

十八世紀を代表する純愛物語から生まれた姦通小説？　文学の歴史に、こうした話はさほど異例ではないのかもしれない。ともかくエンマにとって、愛の理想郷は、どこかフランス島を思わせる遠い海辺の村なのであり、ロドルフとの駆け落ちを夢見るときも、「二人がついに足をとめて暮らす」のは「入り江の奥の海辺の棕櫚の木陰」にある「平屋根の低い家」でなければならないのだった(96)。

しかし十九世紀へと視点を移すのはまだ早い。それというのも、わたしたちはまだ「愛の島」のなかの閉ざされた庭園しか見ていない。ひとたび窪地の外に眼をやれば、そこはプランテーションによって経済をささえられた植民地なのであり、そこから再度ふり返ってみれば、そもそも閉鎖的で自給自足の「小さな社会」というものが、ドマングとマリという忠実な黒人奴隷の夫婦を構成員としているからこそ、成り立っていたのである。

3　黒人奴隷と植民地

侘しき愛の島

『ポールとヴィルジニー』のなかには、少なからぬ地名が出てくるが、それらは原則として実名である。例外は「小さな社会」の住民たちの領土であり、「ぬぐわれた涙」「ヴィルジニーの安らぎ」などという名は、むろん架空だが、窪地を一歩出れば、すでに紹介した「不幸の岬」「墓場の入り江」などという縁起でもない地名や、「黒い河」とか「司祭の谷」とか、なんとも芸のない名称が並んでいる。島の北西に位置する港町ポール・ルイ(今日のモーリシャスの首都)の名は、ブルターニュのロリアンに近い港の名をそのままに借りたもの。アジアをめざす者たちは、この南洋の島を基地として、広大なインド洋に乗りだしていた。故郷や祖国にまつわる名を地球儀の裏側にまではこんでゆくヨーロッパ人の習性のおかげで、植民地化された広大な土地の名が、大方は書き換えられてしまったのである。もっともフランス島は、元来は無人島であったから、先住民がみずからの土地の名を剝奪されたというのではなかった。それでも「フランス島」と「ブルボン島」(今日のレユニオン島)という命名は、王権を背景とするコロニアリズムの時代をあからさまに指し示していよう。

ヨーロッパの視線が喜望峰の彼方に向けられたのは、十五世紀末だった。ポルトガルのジョアン二世の派遣したバルトロメオ・ディアスが、一四八八年にインド洋を目前にするところまで到達し、その十年後にはバスコ・ダ・ガマがアフリカ東海岸を経由してインドのカリカットにいたる。ちょうどおなじころ、コロンブスはカスティリア女王イザベラの支援を得て、大西洋の彼方にあるはずの「ジパング」をめざしていたわけであり、アフリカ西岸航路の開発に命運をかけたポルトガルと大国スペインとの植民地争奪戦は、すでにこの時点ではじまっている。喜望峰からインドをむすぶ線状に位置するマダガスカルは、そのポルトガルによって発見されて以来、フランス、イギリス、オランダなどの船乗りが立ち寄る中継地となった。遅ればせにインド航路に進出したフランスは、島というにはあまりに巨大なマダガスカルを植民地化しようという虚しい試みを、住民のねばりづよい抵抗に遭いながら、十七世紀の半ばからくり返していた。この時期にブルボン島を占拠し（一六三八）、さらに良好な港を求めて十八世紀初頭には、フランス島へと侵出した。[97]

こんなふうに年代記風に述べてみれば、フランスはインド洋で着々と実績をつくっていったかに見える。しかし歴史家によれば、マダガスカルの植民地化、南米北海岸にあるギュイヤヌ（仏領ギアナ）への固執[98]、そしてインドとの貿易は、絶対王政時代のフランス植民地政策の惨憺たる失敗にかぞえられるというのである。フランス島の状況はどうかといえば、オランダがこの島の経営から手を引いて、一七一五年、フランスの占有が確定するのだが、一七二二年の統計によれば、入植者の数はたったの一〇〇名である！[99]　一七二六年、ヴィルジニーの両親であるラ・トゥール夫妻が島にやってきたときの孤独と侘びしさが想像できよう。もっとも『ポールとヴィルジニー』に、十九世紀小説の歴史考証を求めることはまちがっている。描かれた島の状況はむしろ、作者ベルナルダンが滞在した六〇年代末の風景を反映していると考えるのが、おそらくは正しいだろう。その間に、フランス島はラ・ブルドネーという辣腕の総督を得て、港湾の整備とプランテーションの開発にそれなりの実績をあげていた。すでに見たように『ポールとヴィルジニー』にも、島の権力者として実名で登場した人物である。

J.-B.-V. デュラン『セネガル旅行記』(1802 年) より.「文明化された黒人」の表象であろう.『フランス植民地領土』に再録された図版.

フランス島の一七六六年における住民数は、およその数で白人二〇〇〇人、奴隷一万八〇〇〇人、つまり白人の九倍の黒人がいたことになる[100]。ポールとヴィルジニーの住む「愛の島」とは、現実には「奴隷の島」だった。じっさい白人の主人公たちの生計は、農業と家事に従事する男女の黒人奴隷によってささえられている。男の奴隷ドマングは民族的にはヨロフで、セネガルの出身である。アフリカ西端に位置するこの国は、十五世紀からポルトガルと交流をもち、十八世紀にはフランスの支配権が強まって、大陸のなかでは相対的に「文明化」の進んだ土地の一つとみなされていた。それに博物学者ビュフォンの保証するところによれば、セネガル人は黒人のなかで「最も美しく見場がよい」ことになっている[101]。フランスの貞淑なご婦人たちに仕えるのだから、身体的条件も読者の想像力を逆撫でしないようでなくては困るのであろう。女の奴隷マリは、マダガスカル生まれであり、この土地の住人は、手仕事が器用なことで知られていた。マスカレーニュ諸島の奴隷は、マダガスカルと西アフリカが、主たる供給地であったことを確認し、さらにヨロフの男は農業に向いているという通説まで参照すると、フィクションのなかで奴隷の「人種」が、まるで家畜を選ぶときのように、周到な配慮によって決められていることがわかるのである[102]。

ところで『ポールとヴィルジニー』には、少年少女の心根の優しさを証明するエピソードとして、逃亡奴隷を助けるいきさつが事細かに述べられている。ただし、すでに紹介した楽園の植樹の直前におかれたこの出来事は、一読しただけで、首をかしげたくなるほど杜撰な話なのだ。

ある朝、ヴィルジニーが一人で食事の支度をしているところに、やせこけた逃亡奴隷の女が助けを求めてやってくる。娘はあわれに思い、食べ物をあたえたのち、奴隷の主人から赦しを得てあげようと、山の背後のプランテーションまでポールとともに足をはこぶ。注によれば「サド侯爵の登場人物を思わせる(103)」強欲な主人は、まだ乙女にはなりきらぬ清らかな少女の姿に魅せられて、思わず赦しをあたえるが、定石どおりそのあとで、逃亡に対する罰として女を半死半生の目に遭わせたのだった。やがて日が暮れ帰途で道に迷ったポールとヴィルジニーは、子供たちのゆくえをたずねて問題のプランテーションまで赴いた奴隷のドマングとようやく巡り会い、その場で女奴隷の処罰の経緯を聞かされる。少女は「善いことをするのは、本当にむずかしいのね！」と溜息をつく。そんなこともあって疲労のあまり山中で動けなくなってしまったヴィルジニーをまえに、ドマングとポールが途方に暮れていると、どこからか逃亡奴隷の一団があらわれて、「善き白人」を即席の籠にのせ、意気揚々と――ロビンフッドさながらに――窪地のわが家まで送りとどけてくれるのだ。そこでヴィルジニーあらためていわく、「神さまは、善行にはかならず報いてくださるものなのね」。こうして無事に帰宅したポールも、母から「立派な行いをしたのだね」と褒められる。

エピソードには注がつけられて、善行の報いという話は独りよがりだし、逃亡奴隷の一団の登場が荒唐無稽なことに、戸惑いをおぼえると指摘されている。ここでもまた、ベルナルダンの小説が、レアリスムの時代の合理主義とは異なる原理に導かれていることを確認できるのだが、それにしてもこの無邪気に理想化された、いささか脳天気な博愛主義は、いかなる現実を粉飾ないしは反転させたところから導かれたものなのか。

旅行記の書き方

一七三七年に生まれたベルナルダン・ド・サン゠ピエールは、名前からして貴族の称号をもつかのようだが、じつは小市民の階級の出身で、土木学校を出たものの、うだつが上がらず、海軍の工兵士官となってフランス島に二年間滞在していたときも、上官と折り合いがわるくて不遇をかこつ身であった。帰国したのち一七七三年に上梓した『フランス島への旅』は、祖国の友人に宛てた書簡という体裁の旅行記だが、これもいっこうに評判にならなかった。華やかな文人のブーガンヴィルとは対照的な境遇である。ベルナルダンは、しかし植物学と動物学をおさめ、海を博物学の観点から記述し、陸地を地理学的に調査し、プランテーションの入植者や奴隷についても、冷静な観察をおこたらなかった。そうして彼は、十八世紀において先駆的な奴隷制批判の論陣を張った人物とまでみなされるようになる。ただし、それは『ポールとヴィルジニー』という小説からは予想もできぬアプローチによってだった。

当時フランス島には、およそ八百人の奴隷がプランテーションから脱走して隠れ住んでいたという[104]。したがって、小説のなかで黒人の集団が森のなかから不意にあらわれること自体、不自然ではない。しかしベルナルダン自身は、島の調査旅行をしたときに、ちょうどヴィルジニーと同じあたりで夜中に道に迷い（つまり、このときの経験が小説の逸話の起源となるわけだが）、遠目に火が燃えるのを見て、「逃亡奴隷たちの会合であるかもしれないという危惧」から、ただちにピストルを構えるのである[105]。

「小説」と「旅行記」は、一つの主題をめぐって、正反対の風景を描く。しかし考えてみれば「善き白人」の子供たちを保護する「善き野蛮人」という存在自体が、文明と野蛮をめぐる近代ヨーロッパの思考が生んだファンタスムなのではなかったか。小説のなかでは、その形象化として、不意に黒人のロビンフッドが出現するのである。これも「女性の羞恥」や「楽園の植樹」などと並ぶ問題構成の一つだと考えれば、エピソードの欺瞞に目くじらを立てる必要はもとよりないのである。その一方で『フランス島への旅』の著者は、ためらわずにピストルを構える軍人なのであり、奴隷のおかれた状況について、淡々と以下のような記録を書きのこしている。

黒人たちが自分の運命に耐えられなくなると、絶望に身をまかせる。首を吊る者もいるし、毒をあおる者もおり、他の者たちは小舟に乗って、帆布も食糧も磁石もないのに、大胆にもマダガスカルまで二百海里[106]を漕ぎわたろうとすることもあります。無事にわたりきる者もないわけではありません。ただし、彼らは捕らえられ、もとの主人に返されるのです。

通常、彼らは森に逃げ込みますが、彼らを狩りだすために、兵士と黒人と犬の一団が派遣されるのです。これを娯楽とみなしている農場主(habitant)[107]たちもいます。野生の動物のように彼らを追い立てるわけです。捕らえることができなければ、銃で撃ち殺し、首を斬り、これを棒の先にぶらさげて、意気揚々と町に帰還します。これは、わたしが毎週のように眼にする光景です。

逃亡奴隷を捕らえたときは、耳を斬り、笞で打つ。二度目の逃亡であれば、笞打ちのあと、ひかがみを斬り、鎖につなぎます。三度目の逃亡になると、絞首刑です[108]。

処罰に関して補足するなら、これは一六八五年にルイ十四世が発布した「黒人法」なるものに従った、合法的行為なのである。本来、カトリック布教の奨励を目的として制定されたこの法律は、衣食の保証などの条項もふくみ、十八世紀においてさえ、人道的な見地から黒人の権利を守るものとみなされていた。その第三十八条にいわく——「一ヵ月間逃亡していた奴隷は、耳を切り、ユリをかたどった焼印を肩につけよ。再犯を犯し、さらに一ヵ月逃げていた者は、ひかがみを切り、もう片方の肩にユリ印を刻むべし、三回逃亡を企てたら死罪とすべし[109]」。

「奴隷狩り」についてのベルナルダンの報告も、スキャンダルの暴露というよりは、控え目な告発である。「鹿狩り」に匹敵するらしいこの「娯楽」には、白人女性が参加することもあるという。著者は別のページで、その実績を誇るご婦人に出逢ったことを書きとめている(110)。

ところでヨーロッパ人たちが黒人のおかれた状況に同情を見せると、農場主たちは、あなたがたは黒人というものを知らないと反論する(111)。おそらくは入植者(コロン)とその他の白人たちとを隔てる溝が、島の内部には存在したのだろう。ベルナルダンは、帰るべき祖国をその「ヨーロッパ」にもつ人間なのであり、植民地に骨を埋める白人にとっては、外からの視線を体現する者だった。そのことを充分に自覚していたからこそ、彼の「旅行記」には、冷静な品位、そして学問的なアプローチと呼ぶこともできる知的客観性がそなわっている。奴隷についての記述も基本の姿勢はむしろ、ビュフォンに代表される黎明期の民族学や人類学に近いものだった。たとえば第十二の手紙は、島に住む「黒人」(Noirs)について、これをインド人とニグロ(Nègres)に二分して解説したものであり、人種の描写という意味で、一つの典型とみなしうる。まずインド東南の港町ポンディシェリからやってくる人間は、大半は職人つまり自由人であり、白人の家に召使いとして雇われることもある、いわば良質の野蛮人である。

> 本物のニグロであるマダガスカルの島民に比べると、この民〔インド西南のマラバル海岸の住民〕は肌の色がくすんでいます。しかし顔立ちはヨーロッパ人の顔のように端整であり、髪は縮れていません。彼らは飲食をつつしみ、たいそう倹約家で、また女好きであります(112)。

農業に従事する奴隷は、マダガスカルから供給されており、ベルナルダンの用語では「ニグロ」と呼ばれている(113)。

> この民(nation)はギニアのニグロのようなぺしゃんこの鼻と真っ黒な肌の色をもってはいません。褐色でしか

ない者さえいます。バラムブーのように、髪の長い者もいます。ブロンドや赤毛の者さえ、わたしは見たことがあります。彼らは器用で、頭がよく、名誉と感謝の念を人一倍感じるようです[114]。

ついで家族の絆を重んじること、固有の技術をもっており、とりわけ女たちの織る布地は上質であること、髪の結い上げ方はきわめて複雑であること、踊りと音楽を好み、タムタムと呼ばれる楽器に合わせ集会で娘たちが愛の歌を歌い踊ること、旅人を大切にもてなすこと、等々が語られる。このような技芸と習慣をもつ民が、奴隷としてフランス島につれてこられ、市場で売りさばかれ、絶望の涙を流しながら、親兄弟が離散してゆくのである。

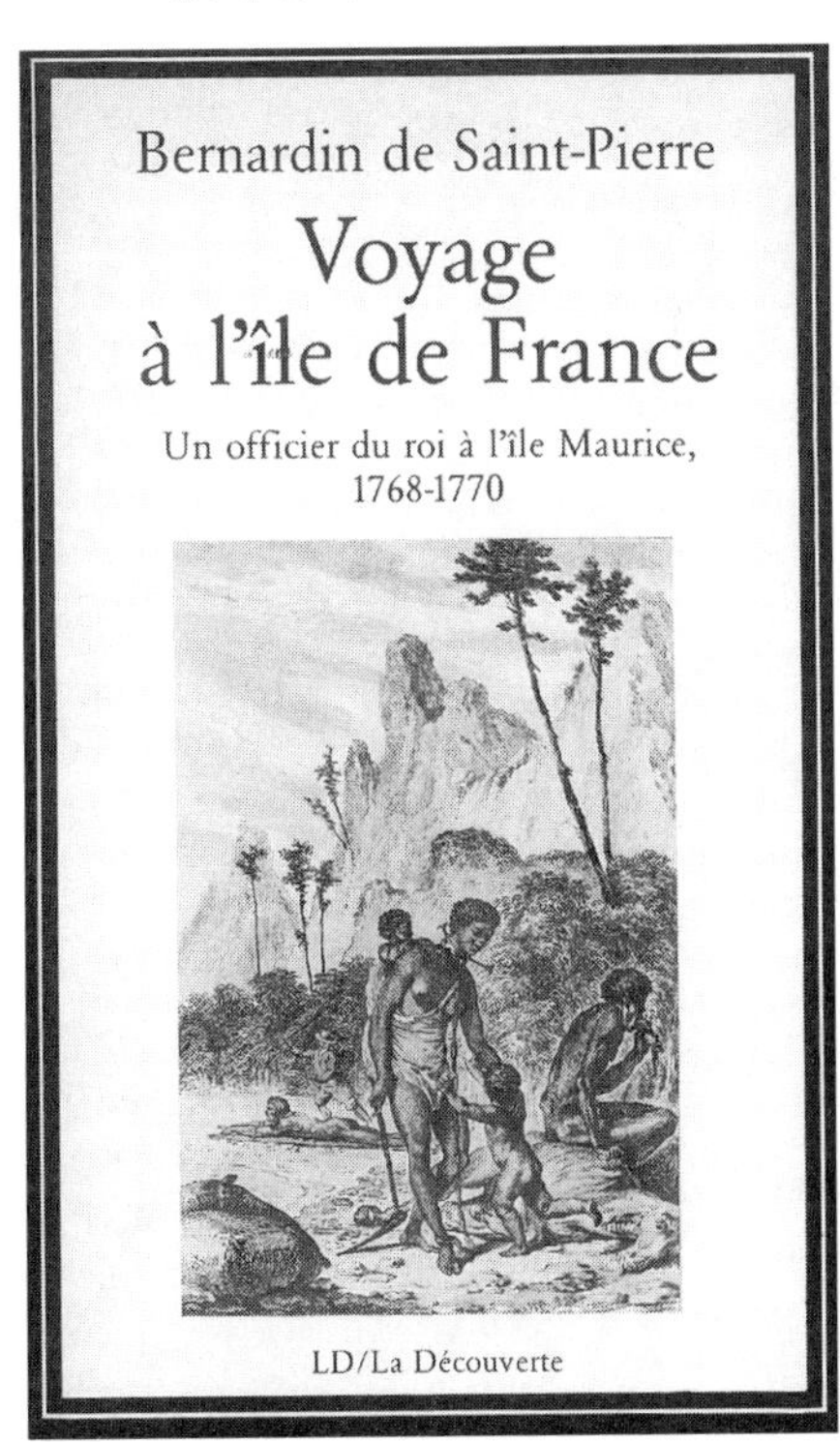

1983年に再版された『フランス島への旅』には，奴隷制批判の旗手ベルナルダンという読解を誘う表紙がつけられている．長い鉤のついた女性の首枷は脱走を妨げるための道具．

彼らは白人が自分たちを食べると思っています。自分たちの血で赤ワインを作り、自分たちの骨で大砲の火薬を作っていると思っているのです[115]。

さらにプランテーションで農業に従事する奴隷の日常生活の記述があり、つづく指摘は、すでに話題にした寛大な「黒人法」に関するものだ。「この保護法は、処罰のさいに笞打ちの回数は三十回以内、日曜は休日、毎週肉を、毎年着る物を与えること、等を定めて」いる。しかし「じっさいには守られていない」というのである。そして「あなたがた〔ヨーロッパ人〕は黒人というものを知らない」という、上記、農場主の台詞の引用へといたる。

ヨーロッパが、白人以外の人種を定義するときには、ほぼ例外なく「女好き」という項目が立てられること、肯定的要素としては「家族の絆」「歓待の掟」が挙げられ、身体の美醜は、ヨーロッパ人を頂点として、そこからの距離によって測られること、とりわけ「ギニアの黒人」は、フランス人にとって対極的な、つまり否定的モデルとして参照される人種であったらしいことを記憶にとどめておこう。

クレオール幻想の誕生

砂糖黍やコーヒーのプランテーションが広がり、そこで黒人奴隷が働く島は、ヨーロッパから来た工兵士官の目にいかように映っていたか。

食器を割ったとか扉を閉め忘れたとかという程度で、男や女が笞打たれるのを、わたしは毎日のように見てきました。治療と称して血だらけの身体に酢や塩をすり込むのも見てきました。〔…〕このような残虐行為を書きつらねることに、わたしのペンは倦み疲れ、わたしの目はそうしたものを見ることに、わたしの耳はそうしたものを聞くことに、疲れ果てています。なんとあなたがたは仕合わせなことか！　都会のもたらす害悪に疲弊したときには、あなたがたは田園に逃げればよいのです。そこには美しい平野、丘、村落、穀物の収穫、葡萄の取り入れがあり、踊り歌う民がいます。すくなくとも幸福のイメージがあります！　ここでは、背中に裸の子をはりつかせ、鋤のうえにかがんだ黒人女、わたしのまえを震えながら横切る黒人がいるばかりです。遠くから、彼らの太鼓の音が聞こえることもないわけではありません。しかしより頻繁に聞こえてくるのは、ピストルのように空気を劈く笞の音、そして心をかきむしる叫び声なのです……「お慈悲です、だんな！……お赦しを！」人気のない島の奥に逃げこめば、岩がにょきにょきと突き出たでこぼこの土地、人の足では登れぬ頂が雲を突き出てそびえる山々、深淵に落下する急流が目に入るばかり。この荒々しい谷間には風が囂々と唸り、海辺の断崖では大波が鈍い音を立てて砕け、広大な海原は、人が訪れたこともない未知の世界へと果てしなく広がってゆく。すべてがわたしを悲哀に突きおとし、ここが流謫と遺棄の地であるという思いへと、魂は否応なく誘われてゆくのです[116]。

ポールとヴィルジニーの住む楽園と、この荒涼たる島の風景のあいだには、途方もない落差がある。念のためにくり返せば、小説は、南半球の小島を舞台に借りて、十八世紀後半のフランス人が夢想する理想郷を描いている。これがヨーロッパ最新流行の「風景庭園」や、あるいは都市の膨張に伴い新しい価値をもちはじめた「田園」の魅力を投影する場として造形されており、そこが「ソシアビリテ」「教育と徳目」「女性の羞恥」「自然宗教」などの概念を実験的に検証する場となることに、本質的な矛盾はない。フィクションが生の現実からかけ離れているという議論は、もともと無意味なのである。むしろフィクションはフィクション固有のやり方で、みずからの時代について語る。そこにフィクションの存在理由がある。その事実にこそ思いを致すべきであり、十八世紀思想史にとって、「旅行記」より「小説」のほうが資料的価値に乏しいとはいえない。

それにしても『フランス島への旅』が提供する入植者関連の情報は、植民地史の一次文献とみなすに足るものだ。そもそもフランス島は、ブルボン島で農業を営んでいた素朴な人々が最初に入植した島であったのだが、東インド会社の貿易商や海軍の関係者、宣教師、あまり羽振りのよくない商人などが住みつき、そこに戦闘のつづくインドから逃げてきた破産した連中、ヨーロッパから送りこまれたいかがわしい連中も加わって、しだいに吹き溜まりのようになっていった。植民地とは、雑多な職種と階級の人々が、いがみ合い、すさんだ生活を送るところなのであり、「まっとうな精神の幸福に役立つようなことがらについては、極端な無関心が支配して」いるのだった。「文芸や芸術への嗜好」などまったく存在しなかったし、「自然な感情が頽廃して」いるためか、「祖国を懐かしがるとしたら、それはオペラと娼婦のため」だった[117]。

ところで、ポールやヴィルジニーもその一員である「クレオール」とは何か。今日では、「クレオール」といえば、カリブ海域の混血人種や混成言語やハイブリッドな文化を思いおこすのが定石だろうけれど、インド洋のマスカレーニュ諸島も、まったく同様の意味で、徐々に変貌を重ねてきた「クレオール世界」である。すでに十八世紀から東のインド洋と西インド諸島は、同じ植民地用語を分かち合っていたのであり、その典型が、ほかならぬ「クレオール」という語彙だった。ただし、今日のような「クレオール世界」が形成される以前、言葉は同じであっても、その指し示す現象は異なっていた。ベルナルダンがフランス島に滞在した時期の一般的な用法は、「植民地生まれの白人」という意味なのだが、さらにマスカレーニュ諸島には固有の用法があり、人種的なアイデンティティに関係なく、ときには黒人奴隷まで含め、「現地生まれ」と「外来者」を区別するために使われることもあったという[118]。『ポールとヴィルジニー』の編者によれば、ベルナルダンが、どの程度意識してこの語彙を用いているかは、確定できないという。いずれにせよ、この時点において「クレオール」という語彙が、異国情趣ただよう流行の用語でなかったことは、ほぼまちがいないのである。

「旅行記」に記録されたクレオールの女たちは、身体は健やかだが、教育を受けていないため、きわめて無知で、文字を読めぬ者もめずらしくない。小説においては、ルソーの教育論へ目配せを送りつつ、無知は美徳であると示唆されているが、「旅行記」の作者にとって、教養の欠如はたんなる欠陥である。白人の男は容易に手に入る黒人の女たちを愛人にするから、結婚生活はおしなべて不幸であり、既婚婦人はときにサディズムの傾向を示す。そうしたわけで外来者たるヨーロッパ人の女たちは、クレオールを見下すが、地元の女からすれば、外来者は大方が流れ者のい

数奇な運命を辿った 2 人のクレオール女性は，ともに 1763 年前後にマルティニークで誕生した．【左】ボアルネー子爵に嫁ぎ，ボナパルト将軍に見初められ，ついに玉座にまで登りつめたジョゼフィーヌ．【右】『フランス植民地領土』の解説によれば，島で一番の素封家に生まれたエメ・デュビュック・ド・リヴリは，フランスで教育を受けて故郷に帰る途中，船が沈没し，スペイン船に救助されるが，アルジェリアの海賊につかまり，コンスタンティノープルに送られてスルタンの後宮に捧げられた．オスマン帝国の改革者マフムート 2 世の母であるという．

かがわしい女だろうということになる[119]。ヴィルジニーというヒロインが誕生したことによって、フランスにおける「クレオール幻想」は、おそらく強力なプロト・タイプ（原型）を得たのである。これはたしかに、ベルナルダンが対抗心を燃やしたブーガンヴィルの「ポリネシア幻想」に匹敵する成果だった。その後、ナポレオン・ボナパルトの妻となったジョゼフィーヌ・ド・ボアルネーが、たまたまカリブ海のマルティニーク出身であったことなどもきっかけとなり、クレオール・ブームに拍車がかけられて、初代の純潔な乙女とは異なる新種のタイプも定着した。

とりわけ、椰子の木陰で物憂げにハンモックに横たわる琥珀色の肌の女は、南国の海辺の疼くような官能という夢想をかきたてた。十九世紀の後半、フローベールは、俗に「ロマンチックな恋愛」

と呼ばれるものの紋切り型を収集しながら恋愛小説を書いたのだが、そのなかでは『感情教育』（一八六九）の冒頭で、クレオール幻想が主人公の頭を一瞬よぎる。船上でセーヌ川の光る水面を背景に出現したアルヌー夫人に眩惑されたフレデリックは、「クレオールの女」だろうか、女中の黒人女は植民地の島々から来たのだろうか、と自問するのである。一方「ヨーロッパの女」であるジョルジュ・サンドは、この種のファンタスムの構図に直接くみこまれてはいないはずなのだが、出世作『アンディアナ』（一八三二）のヒロインをブルボン島生まれのクレオールにした。それが確実に読者を惹きつける設定であることを知っていたからにちがいない。

地球を博物学的に記述する

『フランス島への旅』の「まえがき」[120]を参照しつつ、ベルナルダンの意図を要約すれば以下のようになる。まず、それぞれの土地に自然に生育する植物と生息する動物、ついで気候風土と自然のままの土地の状況を記述する。これは、人間の生活を描くさいの背景となるものだ。次に住民の特徴や習俗など紹介し、これに航海日誌を添えたものがほぼ全体である。自分は「博物学者」ではないが、と謙遜してみせることによって、著者はいかなる学問分野に参画するつもりかを、あらかじめ述べているのである。ヨーロッパの外部にまで遠征する旅の場合、こうした書き方は、啓蒙の世紀に多少とも共通する特色だった。つまり「博物学的旅行記」とでも呼ぶことのできそうなジャンルが興隆を見るのだが、十九世紀に入ると、未踏の地であるアフリカの探検記などを別として、この種のスタイル自体がすたれてゆく。そして「国民国家」の立ち上げと意識化に貢献するヨーロッパ内部の旅の記録、あるいはヨーロッパ文明の起源をさぐるオリエント旅行記など、もっぱら人文的あるいは文学的な旅行記のジャンルが開花するのである。

そこで大洋を越えて見知らぬ土地へ、という仕草が、十八世紀のヨーロッパ人にとっていかなる意味をもちえたか、もう一度考えてみることにしたい。ベルナルダンは、晩年の『自然の研究』では、「美や道徳の観点から海岸の価値を測るということに膨大な精力を傾ける」はずであり、アラン・コルバンの保証するところによれば、海を捉える感性という意味で、時代に先んじた思想家であったという(121)。おそらくは、その兆しといえるものを、『フランス島への旅』に認めることができる。じっさいロリアンの港を出てからフランス島に到着するまでの「航海日誌」には、船の位置、風、海の状態など、通常の航海記録だけでなく、「海で働く人の風習についての観察所見」「海と魚についての観察所見」「空と風と鳥についての観察所見」「壊血病についての観察所見」などのタイトルをつけた断章がならんでいる。

大海のただ中にあるときの視界ほど殺風景なものはありません。果てしなく円の中心にいて、決して円周に辿りつくことがないのですから、じきに苛立ちを覚えるようになります。だが、そこには興味深い光景もないわけではありません。

嵐のことだけをいおうとしているのではないのです。海が凪いでいれば、そしてとりわけ暑い気候のところで夜になると、海はきらきら光るのであります(122)。

「興味深い光景」の筆頭に「嵐」が挙げられていることを確認しておこう。この引用のあと、ガラスに入れて観察した夜光虫らしきもの、海に生息する不思議な動物や海上に浮かんで見える貝類、まぐろ、さめ、くじら、等々、わたしたちにとっては馴染みの動物まで、数ページにわたり、決して退屈ではない描写がつづき、結語として、

こうした細部があなた方を退屈させたとしたら、わたしの楽しみとやらがどの程度か、ご想像いただきたいものです。〔海のうえでは〕人間にとって楽しみなどあろうはずがない。そもそも人間に無縁な物質のうえにいて、そこに住む生物は自分となんの関係もないのですから(123)。

海が生命の源、万物の母とみなされ、その神秘が、たとえばミシュレのような思想家を魅惑するようになるまで、道程(みちのり)はまだ遠い。啓蒙の世紀の自然観に導かれた知的関心が、人間には疎ましい海を通りこし、大陸へ、島へ、陸上の動植物へと惹きつけられるのは、おそらく当然なのである。

すでに述べたようにヨーロッパでは造園ブームとエグゾティスムが重なって、異国の植物を移植することが高尚な贅沢とみなされていた。またパリの植物園は、博物学者ビュフォンが園長を務めた一七三九年から八八年のあいだに、急速な発展を遂げていた。一七九二年に植物園の責任者となったベルナルダンは、温室を作り、国立自然史博物館を設置し、いわゆる「メナジュリー」を内部に組み込んだ。歴史的には王侯貴族が異国の珍しい動物の数々を飼育する私的なコレクションが、この名で呼ばれていたのだが、「自然史[124]」という学問の場に位置づけられ、さらに一般市民に公開されたとき、それは近代的な意味での「動物園」となる。この空間に「水族館」が出現するのは、十九世紀の後半である。『十九世紀ラルース大辞典』の記述から察するに、ささやかなプールのようであったらしい水槽が、開設当時に呼び物となった様子はない。

地球のうえの、とりあえずは陸地で生育する動植物を、文明の中心であるパリに移植し、展示するという営みは、博物学の支えでもあり目標でもあった。博物館という閉鎖空間で、ドラマティックに浮上し、脚光を浴びるのは、地球上の各地域を特徴づける気候風土(クリマ)という概念だった。遠い異国の、想像を絶するほど奇怪な形態の動植物をはぐくんだのは、温暖なフランスとは異なる特殊な自然環境である。そう確信する決定論的な思考は、植物から動物へと生物の位階を上昇し、人類をも巻き込んでゆくことになる。

ビュフォンの人種論

ビュフォンの『博物誌』に内包される「人類学」について体系的に語る力など、わたしにはもとよりないのだが、この学問書がルソーの『新エロイーズ』に劣らぬほどの売れ行きを見せたとすれば[125]、一般の人々の人種をめぐる了解に深い影響を与え、ある種のスタンダードとして通用していたはずなのだから、ビュフォンは知らぬといってすますわけにもゆかない。「人類の変種（ヴァリエテ）」と題した章から、まず人種論の基本にかかわる部分を引用する。

　わたしはしたがって、三つの要因を認めたい。三つがそれぞれに、地球上に住むさまざまの民のあいだにわれわれが認める変種（ヴァリエテ）を生み出す要因となっているものだ。第一に気候風土の影響。第二は食糧であり、これは第一の要因に大きくかかわっている。第三は習俗であり、これはおそらく第一、第二の要因にいっそう大きくかかわっている[126]。

　このあと、黒人（ニグロ）の分布について、アフリカ大陸においては、北緯一七あるいは一八度から南緯一八あるいは二〇度までが、本当に黒い人種の住むところであるとの指摘がつづく。ビュフォンの人種論は、緯度にしたがって地球を帯状の「ゾーン」に分割し、同じ緯度に住む人種には共通の形態的な特徴が認められるはずだという前提から出発する。したがって、セネガル、ギニア、アンゴラに相当する新大陸のゾーン、すなわちアンティル諸島、メキシコ、ギュイヤヌ、ペルーにかけては、同種の黒人（ニグロ）がいるはずで、もしそうでないとすれば、その原因は何か、あらためて問われなければならないのである[127]。

　いずれにせよ地球上の「黒い肌」の分布を確定することは、文明から遠い人種の布置を見定めることに匹敵するわけであり、人類学的な世界把握の基礎作業とみなされていたことはまちがいない。

　気候が暑いことは、黒い色の主たる要因である。セネガルやギニアのように、暑さが極端である場合、人間は完全に黒い。アフリカ東岸のように、暑さがやや緩和されている場合、人間の黒さも少しやわらぐ。バルバリア、ムガル〔インド〕、アラビア等、幾分か温暖になりはじめると、人間はたんに褐色なだけである。さらにヨーロッパやアジアなど、完全に温暖なところでは、人間は白い。たしかに、ここにもいくつかの変種（ヴァリエテ）が存在するが、それは生活様式の違いからくるにすぎない。たとえばタタール人はおしなべて赤銅色だが、同じ緯度に住むヨーロッパの住民は白い。私の考えるところでは、タタール人が常に外気にさらされており、都市も定住地も持たず、地面に寝て、辛く野蛮な生活を送っていることから、この相違が生じている。それだけが原因で、彼らの場合、ヨーロッパの住民にくらべると、皮膚の白さは減じるのである。なにしろヨーロッパ人は、生活を安楽にするために何一つ不足していないのだから。なにゆえ中国人は、タタール人に顔立ちがそっくりであるのに、色はもっと白いのだろうか？　中国人は、都市に住んでいるのであり、文明化されており、外気と大地の荒々しさから身を守る術を知っている。これに対して、タタール人はたえずその猛威にさらされているからである(128)。

つづく段落は、寒さもまた極端な場合には、酷暑と似た影響を及ぼすという話題である。サモイエド人（シベリア、ツンドラ地帯の住民）、ラップ人（スカンジナビア北部の住民）、グリーンランド人が赤銅色なのはそのためであり、とりわけグリーンランドには、アフリカの住民のように黒い人間もいるという情報が明かされる。寒さと暑さは、乾燥した空気という共通性をもち、皮膚に同じ種類の刺激をあたえるからである。さらに極寒の地では、すべてが収縮するので、人間は小さくなる。ラップ人は、気候風土が人体に与える影響の好例であり、北極圏の環状の地域に、この種の人間が住んでいる。以上のことが示されたのち、不意に議論は方向を変え、「美しい人間」はどこに住むかという問いが立てられる。

最も温暖な気候は四〇度から五〇度に至るところである……。そしてまた、このゾーンに、最も美しく姿も整った人間が住んでいる。この気候風土のもとに、人間の本当に自然な色という概念を見出すべきなのだ。またここに、規範あるいは同一性（ユニテ）のようなものを見出して、皮膚の色や美しさに関する他のさまざまのニュアンスを、これと関連づけることが必要である。極端なものはいずれも、真（le vrai）と美から隔たっている。このゾーンに位置する文明化した国とは、グルジア、チェルケス、ウクライナ、ヨーロッパのトルコ〔オスマン帝国のうち、イスタンブル以西、ヨーロッパ側の領土〕、ハンガリア、ドイツ南部、イタリア、スイス、フランス、そしてスペイン北部である。これらの住民は、地球上で最も美しく、最も姿が整っている(129)。

こうして白人の身体は、「美」と「真」と「自然」を体現し、唯一の規範として文明の頂点に立つことになる。そこから限りなく遠い黒い身体と、両者の中間に、規範からの逸脱ないしは偏差という認識のもとに位置づけられる変種（ヴァリエテ）の数々と……。自然界のヒエラルキーのなかに、おびただしい数の「人種」がものの見事に配分されてゆくさまが、目に見えるようではないか。こうした議論は、客観的な「学問」の営みとして展開される一方で、人種をめぐるファンタスムの懐胎される場として機能しているのである。奴隷制そのものを否定するわけではない人道主義者たちも(130)、あるいは異国の美女に憧れる小説家たちも、じつはビュフォンの人種論が提示する地球儀の表象を、無意識のうちに踏襲し、多少ともそれに依拠しているはずなのである。

ここで記憶にとどめておこう、ユーラシア大陸の北緯四〇度から五〇度のゾーンにおいて、ほどよくヨーロッパから隔たった土地、つまりグルジアとチェルケスのあたりは、十八世紀半ばにおいて、すでにエグゾティスムの対象であったということを。いずれ詳しく検討するジャン・シャルダンの『ペルシア紀行』（一六八六）が、情報の出所かもしれない(131)。この世で最も美しい女の産地という通説が、百五十年後にも定説であったらしいことは、ピエール・ロティ『アジヤデ』のヒロインの生地が、まさにこのあたりであることからも、確認できる。

妄想としての類人猿

美女の話にかぎらず、ビュフォンの博物学は、他人が書いた旅行記のたぐいを情報源にして成り立っている。それというのも、著者自身は世界を股に掛けて旅したわけではないのだし、パリの植物園には近代的な温室はまだ存在しなかった。異国の生きた動物がコレクションに組み込まれるのは、すでに触れたように十八世紀末のことであり、動植物の標本を収集する作業が着々と進められたといっても、標本は所詮、自然状態の生き物ではない。さらに異国の動物ではなく人間の生活風景が、パリで大々的に展示されるのは、十九世紀後半、万国博覧会が国威をかけて推進されるようになってからである。

ヨーロッパにとって未知の地域の住民が、「生きた見本」としてフランスにまで運ばれてきたことが、十八世紀になかったわけではない。わけてもブーガンヴィルがタヒチから連れ帰った男性アオトゥールーは名高い例であり、この社交的な人物はフランス語の片言を覚え、パリの上流社会の寵児となって、十一ヵ月首都に滞在した。一七七〇年三月、帰途についたが、天然痘に感染し、インド洋上で病没する[132]。ベルナルダン・ド・サン＝ピエールは当時、そのアオトゥールーが経由したフランス島におり、こんな証言を残している。

出発の何日か前、わたしはアオトゥールーに再会しました。例のタヒチの島民ですが、ヨーロッパの風習を学ばせたあと、故郷に連れ帰るところだったのです。［フランスに向けての］往路で出会ったときには、彼は率直で、快活で、いささか好色であるように見えました。帰路において再会したときには、控え目で、慇懃で、気取った人物に見えました。彼はパリのオペラがたいそう気に入っており、その歌や踊りを真似てみせるのです。腕時計も持っており、時間により何をやることになっているか、説明してくれます。文字板のうえで、起床、食事、オペラ座に行く、散歩、等々を示すのです。この男は、じつに頭の回転がよい。身振りで言いたいことのすべてを表現していました(133)。

あるときベルナルダンは、牢屋のまえで気遣わしげに考えこんでいるアオトゥールーの姿を見かけたのだった。そこには首に重い鎖をつけた黒人奴隷の姿があった。タヒチの人間は、奴隷を見たことがない。パリでの歓待ぶりを思えば、白人が自分のような黒人をこのように扱うということ自体が、アオトゥールーには理解しにくかったにちがいない。「ヨーロッパの倫理は熱帯を越えないものなのだ」と、ベルナルダンは啓蒙の申し子らしい諧謔精神を見せながら、文章を締めくくっている。

こうした現場の証人とちがって、ビュフォンはブルゴーニュ地方モンバールの塔にこもって人生の五十年を過ごしたと自称する書斎の学者だった。文献を渉猟し議論を立ち上げる能力はたぐいまれであり、『博物誌』一七七七年の増補には、南太平洋の島々についての最新情報が、サミュエル・ウォリス、ブーガンヴィル、ジェイムズ・クックなどの旅行記の引用とともに、手際よく紹介されている。つまり、考えようによっては、ビュフォンの学問は、検証のプロセスを抜きにした引用、あるいは剽窃の断片によって織り上げられたものともいえる。

あるいはむしろ、時代が共有した知の集約と呼ぶほうがあたっているかもしれない。わたしたちは『博物誌』において、ビュフォン個人に帰属する知見は何かと問うより、彼のテクストがどれほど貴重な資料の集成であり、どれほど明確に同時代の世界観を浮上させるかを考証すればよいのである。この時代を特徴づける『百科全書（アンシクロペディ）』という知の営み自体が、いわば執筆者の固有名を宙吊りにする仕掛けであって、今日の百科事典と異なり、各項目の文責は明示されないのが原則である。他人の仮説や見解が素知らぬ顔で引き写されている可能性も大いにある。『博物誌』も、そのようにして書かれた百科事典風の書物として参照することにしよう。

関連して一つだけ指摘しておくなら、黒人を底辺に、白人を頂点におく人種のヒエラルキーという見取り図は、ビュフォンの独創ではないし、ましてやここで彼個人の人種差別的な偏見を告発することには意味がない。人間はつねに、自己を「真」「善」「美」のモデルとし、規範との差異をヒエラルキーの階梯に換算して他者を位置づけてきた。その事実が、ビュフォンにおいては「学問」の言説として明文化されているのである。じじつビュフォンより半世紀も早く、フライデイと出会った瞬間のロビンソンは、ビュフォンの見取り図と変種(ヴァリエテ)の概念を、そうとは知らずに駆使しているようにさえ見える。フライデイは「顔立ちが立派」で、「体格もいい恰好」であると指摘したあと、

まるでヨーロッパ人のようなやさしさ、柔和さがその顔立ちにみなぎっていた。髪の毛は羊毛みたいにちりちりではなく、長く黒かった。〔…〕皮膚の色はまっ黒というわけではなくむしろ濃い黄褐色であったが、だからといってブラジル人やヴァージニア人、その他のアメリカの土人たちによくみかける、黄色がかった気持の悪くなるような黄褐色ともちがっていた。ちょっと説明しにくいがなかなか好ましいところのある、あざやかな焦げ茶がかったオリーヴ色とでもいうべきものであった。顔の形は丸くふくよかであった。鼻は黒ん坊のようにぺちゃんこではなくて小さく、口の恰好も立派だし唇も薄かった。象牙のようにまっ白な歯がじつにきれいに並んでいた。(134)

コロニアリズム全盛時代の図像を思い出していただけばおわかりのように、ヨーロッパの伝統のなかには、黒人の身体の図像学的定義のようなものが存在する。その特徴は、まっ黒な皮膚、縮れた髪、広がった鼻、厚い唇である。だとすれば、髪が縮れておらず、鼻が広がっておらず、唇が分厚くもないフライデイの身体は、底辺からの離脱と上昇志向という記号として読み解ける。彼はのっけから「文明化」の素地をもつ、優良な野蛮人として姿をあらわした。この地域の住民が、アフリカの同じ緯度に住む「ニグロ」と呼ばれる人々と外見が異なることは、すでに触れたように、本来は形質人類学的な事実であるのだが、その差異に注目し、そこにプラスの価値を与えるヨーロッパ人の

心性が、この描写文には透けて見えるのである。

ところで、頂点の白人から無数の変種(ヴァリエテ)を経由しながら徐々に下降して、底辺の黒人にまで至るとして、それより下位に位置づけられるものは何か。そもそも人間とそれ以外の動物とのあいだに画然と境界線は引けるのか。公式にはヒエラルキー的な人種概念を放棄したはずの今日においてさえ、人間に似て人間ならざるものへの恐怖とファンタスムは、解消されるどころではない。それは『キング・コング』や『猿の惑星』などの映画を思いおこせば納得がゆく。十九世紀であれば、フローベールが少年時代に書いた短篇が参考になるだろう。あるフランス人の青年が、ブラジルからの帰途、美しい黒人の女奴隷と美しい雄のオラン・ウータンとの強制的な「掛け合わせ」を試みて、実験が成功した結果、この世に生まれ落ちてしまった醜悪な混血児の物語だ。分類学的な境界線を逸脱する、あるいはむしろ、境界線という発想そのものに違反する「怪物」という主題が、ここで浮き彫りになる[135]。

これに先立つ啓蒙の世紀には、分類学的な境界線そのものの存在や、その確定をめぐる根拠の妥当性が、もっぱら議論の中心となっていた。リンネの『自然の体系』ではヒト属がサルと同じ「プリマテス」（生物学でいう「霊長類」）に分類され[136]、これは当時としては驚異的に大胆な発想だったこと、一方でビュフォンは、人間と動物のあいだに越えがたい距離を想定していたことを、とりあえず確認しておこう。猿と人間の形態上の類似と、魂、社会性、言語など人間のみに与えられたとみなされる能力をめぐり、十八世紀においては、結論は出ぬままに論争がつづいていた。

すでに何度か参照したヴォルテールの『カンディード』には、おあつらえむきのエピソードがある。スペインからパラグアイに渡った主人公とカカンボは、森のなかで、二人の裸の娘が叫び声をあげながら逃げまどい、二匹の猿がその娘たちの尻に嚙みついているのを見かけ、義侠心から猿を撃ち殺す。娘たちは命の恩人カンディードに感謝するかと思いきや、猿の死骸にすがりついて、よよと泣き崩れる。叫び声は、苦痛ではなく快楽のためだったのだ。アメリカ大陸の先住民は、人間離れしているという伝聞あるいは妄想と、人間と猿の中間的な形態をもつ生物がいるかもしれないという推論を素材にした、いささか棘のある悲喜劇である[137]。ちなみに主人公たちはこの直後、食人の習慣を

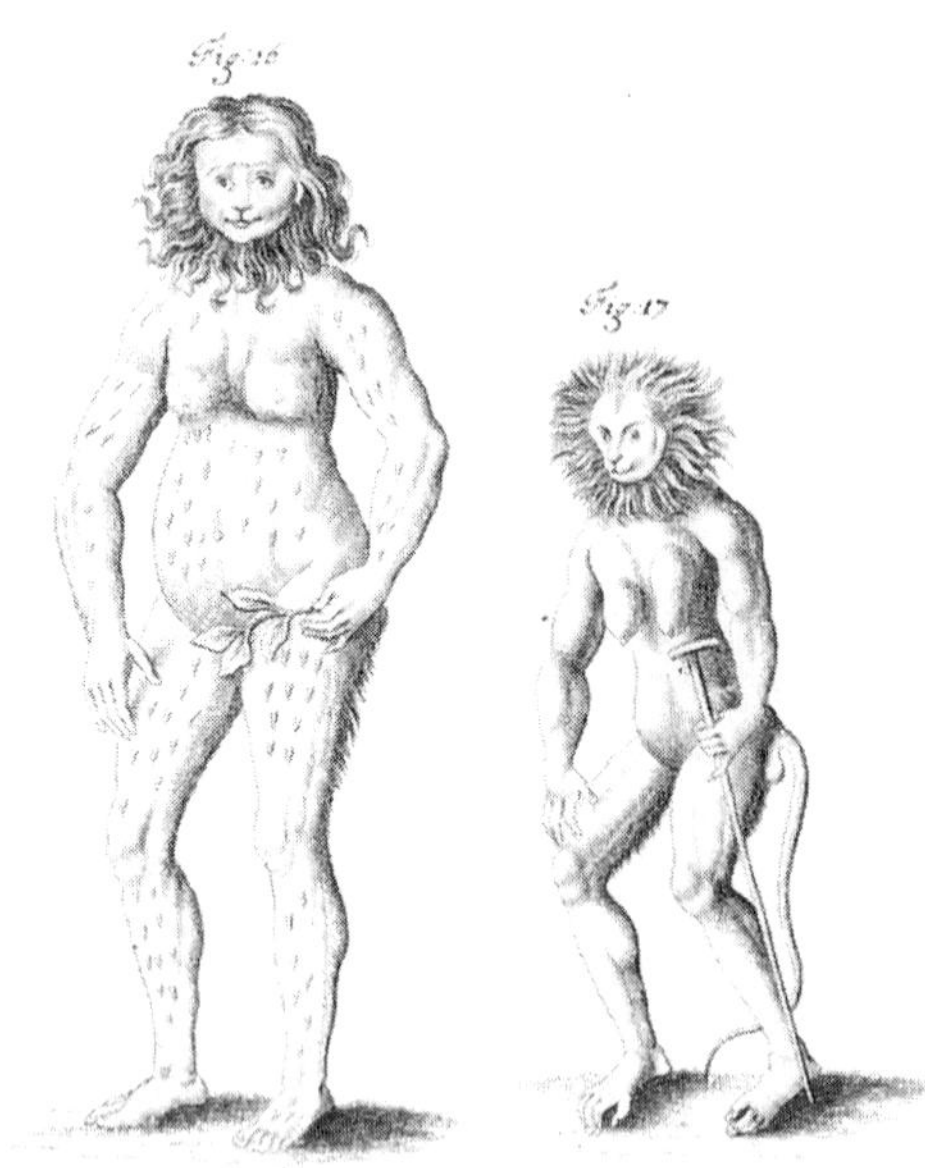

【右】ニコラス・トゥルプ博士の『医学所見』(オランダ，1641年）の新版(1672年)に掲載された「森の人」(Orang Outang Sive Homo Silvestris) は，アンゴラから送られた実物の観察に基づいている.【左】同時代のエドワード・タイソン卿が発表した図版(ロンドン，1699年)は,「動物学の父」といわれる16世紀の博物学者コンラート・ゲスナーによるもの. 憂いを湛えた表情，羞恥心を象徴する手の仕草から，啓蒙の世紀に受けつがれる「類人猿妄想」の一端をうかがうことができる.

もつ先住民につかまってしまう。男たちは、丸裸で弓矢や石棒や石斧で武装して、大釜に湯を沸かしたり、金串をふりまわしたりしながら、「上等の肉」を賞味しようと騒ぐ。

旧大陸で、猿にもっとも近いとみなされていたのは、ビュフォンが「ホッテントット」という名称で大まかに呼ぶ南アフリカ一帯の住民である。いわゆる「ニグロ」とも、マダガスカルやモザンビークの住民とも異なり、肌の色はやや薄いが、奇怪な風習と醜悪な姿ゆえに、人間と動物の境界線近くに位置づけられるという。それでも、彼らは社会生活を営み、言語をもっているのだから、完成の域に達したオラン・ウータンではない、とビュフォンは結論するのである[138]。

オラン・ウータンらしきものの存在は、古代から知られていたが、十七世紀に東南アジアの島々を訪れた探検家たちが話題にして、「類人猿」という概念そのものを体現したこの動物が、あらたに注目を浴びた。何千年かまえには人間であった者たちが、森に逃げ込み怠惰な生活を送るうちに、人間のような猿に化したという伝承は、『十九世紀ラルース大辞典』でも、まっ先に紹介されている。啓蒙の世紀には、二足歩行のできる身体の構造が人間に近いという解剖学的な事実が強調されたが、それ以前から、図像のレベルでは、奇妙に幻想的な歪曲が引き起こされている。物思いに沈む「森のヒト」は、身体を隠そうとする手の仕草によって、ヴィルジニーの「羞恥心」を分かち合う心性の持ち主であることを告げているようにさえ思われる。

そうしたわけで、「博物学」という営みのなかで、人間とサルのあいだの境界線は、水も漏らさぬ防御壁ではないのかもしれないという漠然とした予感がはぐくまれていたことは、ほぼ確実であるようだ。黒人とサルが連続する変種（ヴァリエテ）であるとしたら、という曖昧な不安が、対象との距離感をもたらして、奴隷状態にある人間への切実な共感をさまたげた可能性はあるだろう。客観的な知を自称する学問の実績と、こうした感性の問題は、容易に切り離せるものではないからだ。

4　フランス共和国の奴隷制廃止派たち

いくつかの前提となる事項

フランスは、一九九四年に奴隷解放宣言から二百周年、その四年後の一九九八年には実質的な廃止から百五十周年にあたる年を迎えていた。この問題をめぐる国際シンポジウムが旧植民地や本国の研究機関で開催され、ひきつづき上梓された論文集や著書も少なからずある。あらためて言うまでもないが、アフリカから新大陸に向けた黒人の集団的強制移住は、過ぎ去った時代の忌まわしい事件などではない。いわゆる南北問題も、移民問題も、そしてクレオール文学の隆盛も、すべて、この強制移住を原点として、その後の不可避的な歴史の連鎖のなかから生じたものだ。地球儀を回してみれば、今日の人口の付置が、表向きは二百年前に終焉したはずの制度によって、深く刻印を受けたままであることがわかる。そして二十一世紀の幕開けに、新しい風景が開けたとすれば、それは奴隷制とその廃止をめぐる歴史学的な分析に、ようやく「奴隷の子孫」の視点が生かされる時代になったということだろう。

むろん、文学史においては、両大戦間にサンゴールやエメ・セゼールが先導した「ネグリチュード」の運動がある。アフリカ的な精神を顕揚し、人種差別と植民地主義に対する抗議と闘争を呼びかけた、黒人作家たちによる芸術運動は、たしかにめざましい成果をあげた。しかもそうした潮流は、今日も衰えを見せてはいない。「カラード」や「クレオール」などと呼ばれる人々の活力を排除してしまったら、英語圏とフランス語圏の、いや全世界の創造性、美的生産性は、一挙に凋落してしまうだろう。

それはそれとして、疎外された者の自己認識や、これを背景とした異議申し立てとは少し異なる歴史的レヴェルの問題にわたしはふみこんでみたい。これはフランス語圏でも今後の成果が期待される研究テーマなのだ。創元社のジャン・メイエール『奴隷と奴隷商人』は、入門書とはいえ、数少ない翻訳文献として軽視はできないが、それ自体は、ソルボンヌの教授にしてフランス植民地史の泰斗が、人道的見地からフランスの過去を清算するという姿勢の著作である。この邦訳の巻末にある「参考文献」のページには、もっぱらアメリカ史の関係の研究書がならんでいる。一方、フランス旧植民地における、かつての非植民者側からの「奴隷制研究」は、ようやく国際的な場で発言の機会を得たところであり、その意味では新鮮な学問的アクチュアリティに事欠かない。

さて、歴史的事実としての「奴隷制」とは、人身売買と強制労働を許容する法と政治の問題である。これと不可分のものとして、プランテーションを基盤とする経済システムが存在する。しかしそれだけでなく、この非人間的な制度を黙認あるいは正当化するメンタリティまでを射程に入れるなら、「黒人」と呼ばれる「人種」を定義した博物学や人類学、人種間の優劣を問う哲学的思考、黒人と白人の「混血」をめぐる禁忌、そしてまた学問的探求と不即不離の領域ではぐくまれる、匿名かつ集合的なファンタスムまでが考察の対象となるだろう。

欧米諸国の推進した奴隷制は、イスラーム諸国のそれと大きく異なっている。新大陸発見につづく絶対君主制時代の海外進出に、これが構造的に組み込まれ、ヨーロッパの奴隷制は、国王の名による植民地建設に伴って成立した。ブラジルで農園を経営するロビンソン・クルーソーが「黒人奴隷の闇取引」に手を出したのは、それが法により禁じられていたからではない。そうではなく、合法的な制度である奴隷の売買が、国家により独占されていたからだ(139)。

その一方で、奴隷制の廃止という出来事は、とりわけフランスの場合、「自由・平等・友愛」を説く共和国精神の輝かしき実績であるとみなされている。しかしながら、事はさほど単純ではないはずだ。奴隷制の制度的な終焉が植民地化推進の歯止めにすらならなかったことは、その後の歴史的経緯が証している。フランスが本格的に帝国の建設にとり組んだのは、十九世紀半ば、実質的奴隷解放の直後から第三共和制にかけての時代である。奴隷制と植民地主義と共和制の関係は、じつのところ曖昧にして複雑といわねばならない。

いずれ、この章の後半と第Ⅲ部第四章「ネルヴァルの文献学と時事問題」の項でもあらためて考えることになるが、十九世紀の地中海世界では、奴隷制批判のイデオロギーと植民地主義が、奇妙な具合に結託する。前置きとしてひと言ふれるなら、イスラームの伝統において、奴隷は社会に内在するものであり、コーランもそのことを前提として寛容と喜捨を説いている。そもそもプランテーションの黒人奴隷制とイスラーム社会の奴隷制とは、まったく別物だということを、まずは認識すべきだろう。

マムルークとは、「奴隷」を意味するアラビア語である。「奴隷」というと、私たちはまずアメリカ社会の黒人奴隷を思いうかべる。人格を否定され、足に重い鎖をひきずりながら過酷な農業労働に従事する者たち、というのが一般的なイメージであろう。しかし、イスラム社会の奴隷について考える場合には、このような奴隷観をいったんとり払っておかなければならない。むろんイスラム社会の奴隷も主人の所有物であり、戦争捕虜や略奪による奴隷も数多く存在したが、彼らのなかには軍人として社会的な成功を収める者もあれば、商人の代理として遠隔地での取引に活躍する者も少なくなかった。また、歌舞音曲にすぐれた才能を発揮するばかりでなく、法学や神学などのイスラム諸学を身につけた女奴隷も珍しくはなかった。(140)

イスラームと欧米諸国の相違だけが問題となるわけではない。イギリスやフランスの場合、プランテーションの黒人は遠い植民地にいて、アメリカ合衆国のように、日々の生活空間で奴隷を目の当たりにする国家とも事情はちがっている。しかも、奴隷制廃止という人道的な課題は、欧米の経済利権にからみ、複雑なイデオロギー闘争と、国家間の微妙な駆け引きのなかで追求されていた。なおのこと、グローバルな視点からの記述が求められる主題といえる。植民地時代の奴隷制に深く関与したという意味で、フランスが英米につづく国家であることは、いずれにせよ、まちがいないのである。

一七九四年と一八四八年

フランス革命のさなかの一七九四年二月四日、国民公会が、カリブ海の植民地サン゠ドマング（サント゠ドミンゴ）選出の議員たちの熱意に応え、「人権宣言」の精神に則って、共和国の領土全体における奴隷制廃止を宣言したときに、ダントンはこう叫んだと伝えられている。「これまでのところ、われわれはエゴイストとして自分たちだけのために、自由を布告してきたにすぎない。今日、われわれは全世界に向かって宣言する。未来の世代は、この政令に自らの栄光を見いだすであろう。われわれは全世界の自由を宣言するのである」(141)。人も知るように、この「宣言」は「宣言」にすぎなかった。政令がいつ施行されるのか、奴隷所有者が政府の決定にしたがって奴隷を解放したときに、いかなる経済的補償を得られるのか、といった初歩的な法的措置さえ伴わなかったために、いたずらに混乱を招いたといわれている(142)。じっさいサン゠ドマングの場合をはじめ、解放を求める奴隷の運動や反乱は治まるどころか、逆に燃え盛った。しかしこれを「混乱」と呼ぶのは、制度的な視点からそうなのであって、解放運動そのものは、本国と植民地の各地で再編成され、力強く継続されてゆく(143)。「宣言」が空しい茶番だったといいたいわけではない。

一八〇二年五月二十日、ナポレオン一世は、植民地の一部において一七八九年以前の法を復活し、奴隷貿易についても同様の措置をとるとした。解放の実績ができてしまったところは容認するが、植民者側の既得権には、なるべく手を着けまいとする政策だった(144)。結果としてサン゠ドマングのような例外をのぞき、ルイ十四世治下の一六八五年に

1815年10月20日，ウィーン会議で奴隷貿易廃止の条約が締結されたことを喜ぶアフリカの人々．当時の色刷り版画．『フランス植民地領土』より．

定められた悪名高き「黒人法」が、フランス革命をへた近代国家でふたたび実効をもつことになる。「一ヵ月間逃亡していた奴隷は、耳を切り、ユリをかたどった焼印を肩につけよ。再犯を犯し、さらに一ヵ月逃げていた者は、ひかがみを切り、もう片方の肩にユリ印を刻むべし。三回逃亡を企てたら死罪とすべし」という条項が、合法性をもって復活したのである。

黒人を対象とする強制労働と人身売買とは、次元の異なる問題であり、供給が絶たれれば、おのずと制度が滅びるという見方もあった。そこでとりあえずは、取引の禁止が課題となった。まず一八〇七年に奴隷貿易を廃止したイギリスが、奴隷解放の先進国として名乗りをあげた。ナポレオンの第一帝政崩壊後、一八一五年のウィーン会議で奴隷貿易の禁止が宣言されて、敗戦国フランスは、一八一七年、条約を批准する。これ以降、奴隷船の存在そのものが、フランスの国内においてもヨーロッパの国際法に照らしても、違法なのである。にもかかわらず、あるいはむしろ、非合法であるがゆえに、フランスのかかわる奴隷貿易の実態は悪化したといわれている。イギリスが奴隷制そのものの廃止に踏み切るのは、一八三三年だが、そこには人道的理由だけでなく、フランスの植民地経済を封鎖するという政治的な思惑があったことはまちがいない。ともかくこの時期に、猖獗をきわめる奴隷貿易という実績を残してしまったのは、人権の国フランスであり、奴隷船の取り締まりに活躍したのは、制海権を握るイギリスの巡視艇だった[145]。

一八四八年、二月革命によって第二共和制が成立した直後、好機到来とばかりに、四月二十七日の政令を起草して、制度的廃止の足固めをしてしまった最大の功労者は、ヴィクトル・シェルシェールである。イギリスに一足遅れはしたものの、奴隷解放の機は熟しつつあった。しかし、誕生したばかりの共和制の混乱のなかで、手をこまねいて憲法制定議会の選挙と召集を待っていたら、すべては水泡に帰していたかもしれない。「いや、いかなる疑問の余地もない、秩序・所有権・宗教という標語が四つ辻ごとに立てられて、すべてを停止させたにちがいない」と喝破しているのは、エメ・セゼール、両大戦間のパリで教育を受けたマルティニーク出身の論客であり、文学史ではシュールレアリスムの詩人にして上記「ネグリチュード」の運動家として知られている[146]。

いっさいの議論ぬきで、奴隷制廃止の宣言を採択してしまった国民公会の場合もそうなのだが、国会の審議をへて可決される「法律」と異なり、大統領ないしは首相の署名による行政当局の執行決定である「政令」には、何よりも即効性があった[147]。

フランス国民の名において、
臨時政府は、
奴隷制が人間の尊厳に対する侵害であり、
人間の自由意思を破壊することにより、権利と義務の自然原則を否定するものであり、
自由・平等・友愛という共和制の信条に対する明白な違反であることに鑑み[148]［…］。

この格調高い前文の精神にしたがって、奴隷制の「全面的な廃止」が決定された。今回は補償問題を含む施行の手続きが整えられ、ただちに実行に移された。共和制の夢は、ルイ・ナポレオンの登場によって、あえなく潰えるが、たしかにこれは百五十年後に記念するに足る、歴史的成果だった。

世界史の年譜

フランスが「共和制」という政体を長期にわたり堅持するにいたったのは、一八七一年に第三共和制が成立して以来のことである。これに先立つ一世紀、つまり奴隷制の実質的な廃止が懸案になっていた時期に、多くの政策決定を行ったのは、帝政あるいは王政の立法行政機関だったことになる。

しかし、たとえ個々の共和制が短命であったとしても、それらは「国民的記憶のたんなる断片」ではない、という指摘に耳を傾けよう。ピエール・ノラ編集『記憶の場』は、二十世紀フランス歴史学の集大成といってよい論文集であり、この先、わたしたちも頻繁に参照することになるのだが、その第一部は、La République と題されている。そしてピエール・ノラ自身が全体の「はしがき」で、「共和制」とは「国民的記憶のたんなる断片」ではなく「その総合的再定義、その到達点」であると断じているのである[149]。いいかえれば、第三共和制にいたるまでの長い道程（みちのり）として、フランス革命以降を連続した相のもとに捉えることができるだろう。奴隷解放運動を共和制の問題として考えるという立場も、そうした歴史観に沿っている。じじつ前項で見たように、これは「フランス共和国」の解決すべき課題として、すでに大革命のプログラムに記載されていたのである。

このように定義された「共和制」は、帝政、王政などとならび、選択されうる任意の政体という次元をはるかに超えて、国民国家のアイデンティティにかかわる概念となっている。とりわけフランスは、君主制の時代からつづく伝統のなかで、自らが普遍的な価値を体現すると自任しつつ、全世界に相対してきた国家である。共和国が「エゴイスト」ではないこと、「自由・平等・友愛」が人類のための決意であることを、ダントンが感慨深げに確認するのには、それなりの歴史的背景がある。運動に携わる者たちにとって奴隷制廃止は、共和主義の進展を裏づけ、その理念の普遍性を「全世界に向かって」証明するための試金石ともいえた。

奴隷解放は、あまりにも正当で、異論の余地のない大義である。しかしまさにそれゆえに、フランス本国の良心派と利権にこだわる植民者という二極構造のなかでこれを記述することは、不毛なのである。この大義名分はしばしば政治キャンペーンとなり、国際関係の力学にかかわってきた。フランスと世界をつなぐ歴史の結節点を確認し、いくつかのトピックをおりこんだ、簡略な年譜をここで作成しておきたい。

一七七一年　マサチューセッツの植民地議会が奴隷の輸入を禁止。イギリス総督の介入によって決定がくつがえされる。
一七八〇年　クエーカー教徒の多いペンシルヴァニア州で、黒人の漸進的解放に向けての法律制定。
一七八七年　イギリスにおいて、クエーカー教徒トーマス・クラークソン、メソジストのウィリアム・ウィルバーフォースなどの協力のもとに、ヨーロッパではじめて奴隷貿易廃止のための協会設立。
一七八八年　フランスで「黒人友の会」設立。会長はコンドルセ。会員にミラボー、ラ・ファイエットなど。一七九〇年、グレゴワール神父が会長に就任。
一七九一年　フランスの植民地サン゠ドマングで奴隷の反乱がはじまる。
一七九二年　イギリス下院で奴隷貿易廃止法案を可決。一七九三年、上院で否決。
一七九三年　八月、国民公会の委員会でサン゠ドマングの奴隷制廃止決定。
一七九四年　二月四日、国民公会、フランスの植民地すべてにおける奴隷制廃止を宣言。
一八〇二年　ボナパルトが、サン゠ドマング、グアドループ、ギュイヤヌをのぞくフランスの植民地において奴隷制維持を宣言。サン＝ドマングとグアドループに軍隊を派遣。サン＝ドマング反乱の首謀者トゥーサン・ルーヴェルチュールを逮捕。

一八〇四年　サン＝ドマング独立宣言。国名をハイチとする。

一八〇七年　イギリスとデンマーク、奴隷貿易を禁止。

一八一五年　ウィーン会議において、奴隷貿易を禁止。スペイン、ポルトガル、フランスは、禁止条約を一八一七年に批准。オランダは一八一八年、ブラジルは一八二六年に批准。

一八二二年　政治的には自由主義的であったアカデミー・フランセーズが、詩のコンクールの課題に「奴隷貿易廃止」を出題。

一八二九年　メキシコで奴隷制廃止。

一八三一年　グレゴワール神父による懸賞論文の課題の一つとして「アフリカ人や混血有色人に対する白人の不当にして粗暴な偏見を根絶するための方法を問う」という出題がなされた。

一八三二年　フランスで奴隷解放の法的手続きを簡略化、解放に対する課税を廃止。

一八三三年　フランスにおいて反抗奴隷に対する手足の切断、焼き鏝などを禁止(上記「黒人法」の適用を制限)。有色自由人に市民権を与える。八月、イギリス議会で奴隷解放令可決、一八三八年までに有償方式で漸次解放を実現。

一八三四年　フランスで「奴隷制廃止協会」結成。会長はブログリー公爵。

一八三九年　ローマ教皇グレゴリウス十六世、奴隷貿易を断罪。カトリック教会が奴隷制について守ってきた長い沈黙を破る。

一八四〇年　ロンドンにおいて、奴隷制反対世界大会開催。基調演説はトーマス・クラークソン。

一八四〇―四三年　フランスの植民地における奴隷制関係の法律改訂を目的とした委員会。議長はブログリー公爵。

一八四八年　四月二十七日、フランス、奴隷制廃止。政令の施行は五月二十三日にグアドループ、五月二十七日にギュイヤヌ、八月十日にレユニオン島(ただし、植民地が本国の指示を待たずに、自主的に「宣言」を出した場合もあり、日付については、混乱が見られる)。デンマークも奴隷制廃止。

一八五〇年　アメリカ合衆国、一七九三年の「逃亡奴隷法」を修正強化。南部奴隷所有者が逃亡奴隷を北部においても追跡することが容易になる。

一八五二年　ハリエット・ビーチャー・ストー『アンクル・トムの小屋』。

一八五九年　白人のジョン・ブラウン、ヴァージニア州で黒人奴隷に反抗を呼びかけるが成功せず、絞首刑になる。ヴィクトル・ユゴー「アメリカ合衆国への手紙」を発表。

一八六一年　エイブラハム・リンカーン、合衆国大統領となる。四月、南北戦争勃発。

一八六二年　九月、合衆国でリンカーン大統領が奴隷解放を宣言。

一八六五年　合衆国憲法改正によって奴隷制廃止(一月提案、十二月可決)。四月、南北戦争の終結、リンカーン暗殺。

一八七〇年　スペイン、奴隷制廃止。

一八八八年　ブラジル、奴隷制廃止。

一八九〇年　アフリカの奴隷制を討議するための第二回ベルリン会議。

一九四八年　国際連合で「世界人権宣言」第四条を採択、奴隷制と奴隷貿易を禁止する。四十八ヵ国が賛成、八ヵ国が棄権。

一九六三年　サウジアラビアで奴隷制廃止。

一九八〇年　モーリタニア・イスラーム共和国で奴隷制廃止(150)。

一点だけ確認しておこう。奴隷解放の実績をあげた国家ないし国民は、他国に「人道的配慮」を名目に圧力をかける。イギリスからフランスへ、両国からアメリカへ、欧米諸国からイスラーム諸国へ、という具合なのだ。道義に与する国家は国際世論において強者であるが、その判断が正義感によってのみ導かれるとは限らない。イギリスの福音主義者やクエーカーの功績がいかに大きくとも、一八二〇年代に、英領カリブ海域のプランテーションが、すでに「瀕死」の状態になかったら、国会が潔い決断をくだしたはずはないのである[151]。これに対してアメリカ合衆国の直面した政治・経済・社会的な障害は、比較にならぬほど複雑で大きかった。北部の州で世界に先がけて、アボリシオニスムが社会運動として形成されてから、合衆国憲法改正までに、ちょうど一世紀がたっていた。

批判の先駆者たち

ベルナルダンの『フランス島への旅』は、奴隷制の実態について、生々しい現場の証言をもたらして、その後コンドルセお墨付きの参考文献となった[152]。しかし啓蒙思想の領域では、おそらく著者の知名度も手伝って、最も頻繁に引用されるのは、モンテスキューの『法の精神』（一七四八）とヴォルテールの『カンディード』である。

まずは馴染みの小説から。カンディードと連れのカカンボが黄金郷を後にして旅をつづけていたとき、オランダ領スリナムで、道ばたにころがっている黒人に出会う。見ると右脚と左手がない。理由をたずねると、「これがしきたりなんでさ。おいらは着るものといったら、年に二度布の下ばきをもらうだけなんで。砂糖工場で働いていて、臼に指をくわえられたら手を切られる、逃げようとすりゃ脚を切られる。おいら、こいつを両方ともやられたんだ。そのおかげで旦那方はヨーロッパで砂糖が食えるんですぜ」という返事が返ってきた。主人公たちの新大陸滞在をしめくくるこの部分では、オランダの植民地であることが強調されるのだが、宗主国の苛酷な植民地政策への当てこすりというねらいがあったのか、あるいはむしろ、フランスに対する批判ではないというアリバイのためか。いずれにせよエピソードそのものは、このあと奴隷の口をとおして語られる宣教師への恨み言をふくめ、全体として、残酷な刑罰と保護者的な身振りがないまぜになった「黒人法」の条文の、痛烈なパロディになっているのである(153)。

モンテスキュー『法の精神』第十五篇、第五章の黒人奴隷についての論述は、あまりに過激なアイロニーゆえに、真意が測りにくい。「もし、かりに私が、黒人を奴隷にする権利をもつことの妥当性を説明しなければならないとしたら(大過去)、わたしは次のように言うだろう(条件法現在)」という導入を無視してしまえば、つづく文章は、たしかに典型的な奴隷制擁護の論陣である(154)。しかしその議論が滑稽なまでに自己中心的であることを、行間に露呈させることが、おそらくモンテスキューのねらいであった。以下は、そのニュアンスを生かした試訳。

なにせヨーロッパの民は、アメリカの民を根絶やしにしてしまったのだから、あの広大な土地を開墾するためには、アフリカの民を奴隷にするほか、やりようがなかったのだ。

かりに砂糖を産出する植物を、奴隷によって加工させなければ、砂糖は値の張りすぎるものになってしまうだろう。

問題になっているのは、頭のてっぺんから爪先まで、まっ黒な連中である。鼻はぺしゃんこで、あれでは同情しろと言われても、まず無理というものだ。

神様は賢いお方であるからして、あんな黒々とした身体に魂を、それも善良な魂をお入れになったとは、どう考えても納得できない(155)。

つまり「世間の人はこう言うけれど……」というのが、モンテスキューの立場であろう。ある時代のある環境に流通する言説をふまえて、こうした論争は展開される。そして距離をおいた引用は、すでに批判であり、ときには間接的な否定ともなるのである。

これに対して『フランス島への旅』の著者は、「奴隷制についての考察」と題した断章で、同じ論争の流れをふまえ、ただしアイロニーぬきにして実直な提言をこころみる。

ヨーロッパの幸福のためにはコーヒーと砂糖が不可欠であるのかどうか、わたしは知りません。しかしこの二種類の植物のために、世界の二つの部分に不幸がもたらされたことを、わたしは知っています。これらの植物を植える土地を手に入れるために、アメリカでは住人を根こそぎにしました。これらの植物を栽培する民を手に入れるために、アフリカでも住民を根こそぎにしたのです。

人の言うところでは、われわれに必要となった物産は、隣国から買うのではなく、みずから栽培することが、われわれの利益になるそうです。しかし考えてみれば、大工や、屋根葺き職人や、石工や、その他のヨーロッパ人の職人が、ここでは炎天下で働いています。どうして白人に畑を耕せぬわけがありましょう！　だが、現在のプランテーション所有者たちはどうなるか、というのですね？　彼らはもっと金持ちになるはずです。二十人の小作人を抱えた農場主は裕福ですが、二十人の奴隷を抱えた農場主は貧乏です。ここには二万人の奴隷がいますが、毎年、その十八分の一を新しい奴隷に入れ替えなければなりません。こうなると、植民地が外部から供給なしに放っておかれた場合、十八年後に、その植民地は滅びてしまいます。それほどに、自由と財産権のない人間は定着しないということです。また、正義に悖(もと)る判断は、経営方針としても実入りが悪いということです(156)。

ベルナルダンの証言は、これが「クレオール」の生活を目の当たりにした「ヨーロッパ人」の視点から書かれているという意味で、貴重なのである。じっさい啓蒙思想家たちの大方は、植民地の現場を知らずして、人道主義という倫理的観点から事を論じていた。とりわけベルナルダンの主張する、白人小作人の導入という発想は、経済原理によって必要悪を黙認しようとする議論を、正面から突き崩そうとする姿勢において、先駆的なものだったといわれている。

奴隷制批判は、植民地政策という政治の課題、そして倫理的・哲学的な問題であるだけでなく、サロンのご婦人向きの流行の話題でもあった。『フランス島への旅』を執筆したときに、ベルナルダンは、島の長官だったピエール・ポワーヴルの妻に原稿を見せ、奴隷制にふれた部分に手を加えているし[157]、上記引用の「奴隷制についての考察」は、次のように締めくくられている。

我が国のご婦人方が身にまとっておられる美しき薔薇色や炎の色、スカートに膨らみをつける綿、砂糖、コーヒー、朝食のココア、白い肌を引き立たせる紅、そうしたものすべてを、ご婦人方のために作っているのは、気の毒な黒人たちなのです。心優しきご婦人方よ、貴女方は、悲劇を観れば涙をお流しになるが、貴女方の愉しみは、人の涙に濡れ、その血に染まったものなのです[158]。

ジェンダー役割からしても、「心優しきご婦人方」がこの問題に関心をもち、心を痛めるのは不自然ではないはずだった。いわゆる「奴隷文学」の頂点をきわめ、三十二ヵ国語に翻訳されて世論を動かした『アンクル・トムの小屋』（一八五二）の作者、ビーチャー・ストー夫人は奴隷制廃止派（アボリシオニスト）の牧師一家に育った物静かな女性である。フランスではこれに先んじて、デュラス公爵夫人の『ウーリカ』（一八二四）が、フランス人の青年を愛した美しいセネガル娘の悲運を描き、これは奴隷制というよりはむしろ、黒人と白人を隔てる人種の壁を告発したものではあるけれど、ともかくゲーテの賛辞に飾られて、ヨーロッパ的な成功をおさめていた[159]。革命以前、君主制の時代においてさえ、直接的な政策批判でないかぎり、当局が奴隷制や黒人差別をめぐる議論を封じようとした気配はない。ベルナルダンの旅行記で、検閲によって削除を求められたのは、全体とすれば充分に過激に見える奴隷制告発のアピールではなく、マスカレーニュ諸島の防衛にかかわる細部だった[160]。

メリメの描いた「中間航路」

ベルナルダン・ド・サン゠ピエールの『フランス島への旅』に遅れること半世紀、パリの文壇を離れたことのない二十六歳のプロスペル・メリメが、個人的に、奴隷を主人公にした短篇を書かねばならぬ切迫した理由を抱えていたとは思われない。コルシカを舞台にした父と子の物語『マテオ・ファルコーネ』（一八二九）、社交界における嫉妬のドラマ『エトルリアの壺』（一八三〇）、そして『カルメン』（一八四五）というふうに、メリメはその都度テーマを求めて作品を書くタイプの作家だった。『タマンゴ』（一八二九）も同様に、徹底した資料調査をふまえて構想されたフィクションなのである。

第一帝政以降のフランスは、奴隷制についてやや屈折した姿勢をとっていたものの、世論が問題に無関心だったわけではない。年譜にも示したように、アカデミー・フランセーズは一八二二年、懸賞つきの詩のコンクールで「黒人貿易廃止」というテーマを掲げたほどだった[161]。同じく年譜に登場するグレゴワール神父は、革命期から奴隷制廃止運動に携わり、王政復古の時代にも自由主義の論客として活躍した人物だが、その神父が序論を書いて、いくたびか版を重ねた英語からの翻訳文献がある。トーマス・クラークソン著『黒人貿易と呼ばれる人間殺しの取引の歴史、あるいは抑圧者ヨーロッパ人に対するアフリカ人の叫び』は、一八二一年に奴隷船の図版つきでフランス語版が出版されており、その詳細な記述は、メリメも参照し、広く読まれていた[162]。そうしたわけで、奴隷貿易という主題をメリメがえらんだのは、いずれ第二帝政の模範的高級官僚となるブルジョワの知識人に、「時代のトピック」を捉える直感のようなものがそなわっていたからにちがいない[163]。彼は奴隷制廃止をめざす団体や運動家と交流をもち、一八四八年の立て役者ヴィクトル・シェルシェールとも、おそらくは親交があった。

『タマンゴ』の舞台はセネガル西海岸ダカールの近く。内陸から送られてきた奴隷を蓄え、白人との取引にあたる黒人のボスが主人公である。伍長の軍服らしい寸詰まりの古着を着こみ、イギリス製の立派な銃を抱えて、気取ったつもりの大男は、強欲なことにかけては、奴隷船の白人船長にひけをとらない。が、奇妙な物々交換の取引交渉の果てに、アルコールの誘惑に負け、酔った勢いで気に入りの女房まで売り飛ばしてしまう。後悔して船を追いかけたタマンゴは、見事な体軀を値踏みされて捕らえられ、他の奴隷たちとともに船倉につながれる。航海中にタマンゴは、周到な準備ののち反乱を起こし、白人の船員を一人残らず片づける。しかし黒人たちのなかに、大砲と羅針盤を備えた二本マストの近代船を操れる者はいなかった。幽霊船のように漂流する船に、イギリスのフリゲート艦が遭遇したとき、発見されたのはミイラのように痩せこけた反乱の首領と、かたわらの女房の死骸だけだった。

エスペランス（希望）という名の奴隷船の船長であるルドゥー（優しい人）という名の暴力的な白人と、心性においてはどこかヨーロッパ的な洗練さえうかがわせる美しい黒人女アイシェ、そして野蛮の表象そのものであるタマンゴ。三角関係の人物配置は、いささか類型的といえようが、類型的とは、大衆のファンタスムに応え、これに適合したイメージにほかならない。サン゠ドマングの反乱を最後まで柔軟に導いた名高い黒人トゥーサン・ルーヴェルチュールの図像などが流通していた時代である。たとえば古着の軍服を着込んだタマンゴの身体描写も、読者にとって期待どおりのものであったろう。しかしここで着目するのは、アフリカ大陸から植民地へと大西洋をわたる奴隷船を舞台にした小説であるという点にかぎる。

船長ルドゥーは、かつてトラファルガーの対英海戦に参加したが、負傷して軍籍をはなれ、私掠船の船長となり(164)、ついで「イギリス人の鼻を明かす」ために、奴隷貿易に身を投じた人物である。他方、餓死寸前にイギリスの巡洋艦に発見されたタマンゴは、手厚い看護を受け、イギリス植民地ジャマイカに運ばれる。そこでは「フランス人しか殺していない」ことで情状を酌量され、通常の拿捕された奴隷船の黒人と同様の処遇を受ける。つまり奴隷の身分から解放され、お上から給料をもらって働く身となるのである。ナポレオン退位後のウィーン体制において、イギリスの制海権は、地球を覆っていた。すでに違法とみなされた奴隷貿易に手を出すフランス人にとって、恐るべき敵は本国ではなくイギリスの官憲だった。

小説の冒頭近く、ルドゥーの人物紹介のあとには、彼が奴隷船をいかに改造したかについて、直接話法と自由間接話法を交えた長く克明な報告がある。要約すれば、奴隷が詰め込まれる中甲板の高さは一メートル八センチ、一人あたりの面積は縦一六二センチ×横六五センチ。「ニグロも要するに白人と同じ人間だってことよ」などという、下品な冗談を交えた台詞のなかで、商品である黒人に対する暴虐が、無造作に暴露されてゆく。闇の商売であるがゆえに、奴隷貿易は苛酷さを増していた。この文学テクストを通じ、「心優しい読者」の脳裏には、強烈で具体的なイメージが植えつけられることだろう。そうした心情的なものが、いずれ「世論」の曖昧な力学に貢献する可能性はあった。一方メリメ自身が、奴隷制廃止を目的として『タマンゴ』を書いたか否かという設問には、あまり意味があるとは思われない。

プレイヤード版メリメ全集に記載された史料によれば、一八二六年、ナントを母港とする奴隷船だけで、一一〇隻、フランス全体で一五〇隻という記録があるという[165]。この時点で、すでに奴隷船の「艤装」自体が違法行為であるのだが、ナントにはその種のもぐりの業者が少なからずいて、身体を拘束する鎖や首枷などが大量に生産されていた[166]。奴隷の搬送に伴う最大の問題は、空間の効率であり、最悪の記録としては、屈強な男を仰向けではなく脇腹を下に寝かせることを前提に、一人あたりの幅二五センチ(！)というものがある[167]。航行中に嵐に襲われれば、船のハッチは閉ざされるから、死者が続出し、目的地に着いたとき犠牲者が十分の一以下ということは稀であったという。最終段階に入った奴隷制の惨状が露呈するのは、陸のプランテーション以上に、大西洋という海のうえの「ミドル・パッセージ」(中間航路)であったという見方は、今日では定説となっている。

黒人奴隷の闇取引が大きな災厄をもたらす以前から、陸のプランテーションでは、騒擾と反乱がはじまっていた。

奴隷の「反乱」か「革命」か

サン＝ドマングの奴隷の大反乱は革命史のうちでもっとも人をとまどわせ、またもっとも知られることの少ない事件の一つである。この植民地反対の反応という劇的で神話的な事件は最初、自由な黒人から生まれ、ついで奴隷の共感を呼び、国民公会の法令とともに発展して、トゥーサン・ルーヴェルチュールが指導者になるとともに制度的な運動に変わる。これは革命のなかの革命である。一七八九年の後裔であるサン＝ドマングの諸事件はフランス革命と平行して展開した。これらの事件は熱狂、矛盾、高揚、緊張の低下をフランス革命とともにし、同じ恐怖政治と死を経験した。これらの事件は、われわれが今なおとらわれている中心と周辺の関係の根本的な変化を解き明かすうえで貴重な事件である(168)。

フランソワ・フュレ、モナ・オズーフ編『フランス革命事典』の指摘である。一七九〇年のサン＝ドマングは、あらゆる時代のヨーロッパ植民地のなかでもまれに見る繁栄をきわめ、世界の砂糖生産の四分の三をフランスにもたらし、その対外交易の三分の一を供給していたという。

当時、このフランス植民地の社会構造は、きわめて複雑だった。一七八八年の史料によれば、まず二万七七〇〇人の白人がいたが、その三分の一は、奴隷を持つ農場主とは利害の対立する無産階級で、「プティ・ブラン」(Petits Blancs)と呼ばれる人々であり、一方、最も富裕な人々は、フランス本土で暮らしていた。「混血」(Mulâtres)に分類される人口は、二万二〇〇〇人で、「有色人」(Gens de couleur)と「自由人」(Libres)もこの範疇に入る。調査の公

サン＝ドマングにおける奴隷の反乱.

式の結果と異なり、実態においては、「混血」は「白人」より数において優っていたといわれる。さらに四〇万五〇〇〇人の奴隷が登録されていたが、この数は五分の一上乗せすべきであるという(169)。以上のような人口構成からなるカリブの島において、地球の反対側の宗主国で起きた革命と奴隷解放宣言という激動は、どのような底知れぬ地響きとなって伝わってくるか。

「白人」の富裕な階層には、王殺しの大罪を犯すことになる本国の革命政府とは縁を切り、プランテーションの奴隷制を温存することを希望する者もいた。「混血」(170)の自由人は、ある程度は「黒人法」によって保護されており、島の五分の一にあたる財産を所有していたから、既得権ないしはそれ以上の権利が保障されるか否か、疑心暗鬼で様子をうかがって

反乱の指導者トゥーサン・ルーヴェルチュール.

いた。さらに「白人」と「混血」が「平等」になるのか、という大問題もあった。こうして「白人」と「混血」がそれぞれに、四分五裂して対立抗争をくり返し、その混乱に乗じた「奴隷の反乱」が成功した。複数の首領のなかで、最終的に黒人の自治区を維持するところまでの実績をあげたのは、すでに名を挙げたトゥーサン・ルーヴェルチュールである。教育を受けた解放奴隷であり、自ら奴隷を使って小規模なプランテーションを経営するようになっていたこの人物は、カリスマ的な魅力をもっていたらしい。暴徒を「制度的な運動」に再編成し、スペイン、イギリス、フランスの植民地勢力との戦略的駆け引きを怠らず、ともかく生き延びることに成功した。[171] 一八〇二年にナポレオンが派遣した軍隊に取り押さえられるまで、十年におよぶ経歴は、ルーヴェルチュールが傑出した政治家でもあったことを物語っている。

二十世紀を代表するマルティニークの作家、エメ・セゼールやエドゥアール・グリッサンが、この時点にカリブ世界の覚醒を見てとり、反乱の首領たちの名を冠した作品を書いているのは、理由のないことではない。[172]

ユゴーの処女小説に見る混血の脅威

事件の余韻が醒めやらぬころのフランスで、一人の文学少年が、この奴隷の反乱に、いたく夢想を誘われた。『ビュグ゠ジャルガル』[173]は、ヴィクトル・ユゴー自身の証言を信じるなら、一八一八年、十六歳の著者が二週間で書きあげた処女作である。一八二〇年に印刷されて少数が出回ったが、書肆の呼びかけに応えて、大幅に手を加えた再版が一八二六年に世に問われた。このときには、事件の現場を知る植民者や官吏から話を聞いて加筆したというのだから、二〇〇ページをこえる中篇小説は、荒唐無稽な子供だましではないのである。メリメの『タマンゴ』にも、ユゴーに触発された部分が少なからずあるといわれている。

『ビュグ゠ジャルガル』には、反乱を導いた実在の人物も何人か登場し、ルーヴェルチュールの名も引かれるが、ドラマの中心となるのは架空の人物たちである。語りの時点は国民公会の恐怖政治のさなか。イギリス軍と対峙する野営地で、ドーヴェルネーという名前からして貴族であるらしい青年大尉が、さほど昔のことではない悲痛な体験を仲間たちに語って聞かせるという設定である。

フランスで生まれた青年が、サン＝ドマングの裕福な叔父のもとに身を寄せて、その娘である従妹との結婚を心待ちにする幸福な日々から、回想ははじまっている。思い返せば暴動の不穏な予兆はあったのだが、奇しくも結婚式の当夜、植民地全体が奴隷の襲撃により大混乱に陥った。暴徒は白人を皆殺しにしてプランテーションを焼き払う。家族の安否を気遣いながら軍務についていた青年は、ようやく帰宅して最悪の事態を確認する。叔父はベッドで事切れており、新妻マリの姿は消えていた。その後、青年自身が暴徒の手に落ちて、処刑の順番を待っていたときに、思いがけぬ人間があらわれた。叔父のプランテーションで仲間から慕われていた黒人奴隷なのだが、なぜか反乱軍のなかでも神のように崇拝されている。威風堂々たる黒人は、白人の青年の身柄をもらいうけ、深い森のなかに案内した。と、そこにはマリが無事に匿われていたのである。この黒人奴隷は、じつはマリに深い愛情を寄せており、以前にも彼女の命を救ったことがある。そのとき以来青年は、気位の高い黒人と、兄弟のちぎりを結んでいたのだが、暴動の夜にマリを連れ去ったのが彼であると知り、嫉妬の炎を燃やしていた。マリに再会して告げられたのは、この黒人奴隷こそ、寛大な首領として白人からも敬意をはらわれているビュグ＝ジャルガルその人だという事実だった。ふたたび敵の手中に落ちた青年をビュグ＝ジャルガルが助け、さらに、太宰治の『走れメロス』とまったく同じ仕掛けで、ただし一瞬の遅れが命取りになって、黒人の首領が処刑されてしまい、つづく混乱のなかでマリも落命し、青年はフランスに帰国したのである。

ここに語られたことの後日譚として、国民公会から反革命的な王党派であるとの嫌疑をかけられた青年が、呼び出しを受ける前日に、勇敢な戦死を遂げたことが明かされる。

さて三角関係の筋書きは、またもやという気がしないでもないが、まずは「高潔な黒人」の登場に注目しておきたい。無私無欲な献身という意味で、ビュグ゠ジャルガルは白人の青年にまさる人格者なのだ。正体を見破られぬように、夜の庭でマリにセレナーデを捧げていたときには、スペイン語の詩を口ずさんでいた。父親はカコンゴ（現在のギニアに相当する地方）の王であり、自分はスペイン人に教育を受けたが、騙されて奴隷船に乗せられたという身の上話が、すべてを説明する。怪傑ゾロのように神出鬼没、愛する女性にかしずき、仲間のために命を惜しまぬ騎士道精神の持ち主。ビュグ゠ジャルガルは、「純血の黒人」であり、王党派のフランス人貴族が対等の信頼関係を結べる相手として描かれる。ところで奴隷となったアフリカの王子という人物設定は、奇想天外なものではなく、植民地を舞台とした大衆文学で、一定の成功をおさめていたらしい[174]。したがって物語の構造そのものは、早熟な文学少年の夢想にふさわしい童話的なものといえなくもない。

読んで不穏な印象を受けるのは、白人でも黒人でもない「混血」の登場人物にまつわるファンタスムなのである。ドラマの冒頭、人物描写にあたる部分に、作者ユゴーは注をつけ、肌の色にしたがって人種を分類する手法を、詳しく紹介してみせる。参照された文献の著者モロー・ド・サン゠メリーは、ルイ十六世からナポレオンの時代まで、カリブ海域の植民地問題に通じた政治家、文筆家として政変をくぐりぬけ、それなりの活動をつづけた人物である。要は、身体の表層の色により、純血の白人と純血の黒人の中間とみなされる混血集団を分類する方法なのだが、黒人の血が濃いほうから薄いほうへ向かって、**sacatra, griffe, marabout, mulâtre, quarteron, métis, mameluco, quarteronné, sang-mêlé** と並列されたリストは、あまりにも微細な区分ゆえに、奇怪な妄想の産物のようにさえ見える[175]。

しかもこの人種論的な発想が、小説の登場人物の人格や物語の構成に、あからさまに反映されているのである。まずビュグ゠ジャルガルをひそかに妬む首領の一人ビアスー（実在の人物）が **sacatra** であることは、おぞましき相貌が描写されるたびに強調されている。その醜い顔は「ずる賢さと残酷さの世にも稀な混淆」を見せており、じっさいにサディストでもある証拠に、「市民将軍」(**citoyen-général**) を名乗る平民出の卑屈な軍人をさんざんにいたぶった挙げ句、仲間の白人を自分の手で処刑して、反乱軍への忠誠を示せと迫るのである。ここで犠牲になる仲間の白人は、

sang-mêlé ではないかという噂のある人物で、普段は断固として否定するのに、突然手のひらを返し、目には見えぬ黒人の血を盾に、見苦しい愁嘆場を演じて延命を謀ろうとする。しかしもっとも強烈な混血ファンタスムの形象は、語り手の叔父の気に入りだった、侏儒の道化に認めることができる。主人におもねり、語り手にとっては不快きわまる存在だったこの家内奴隷が、sacatra に隣接する griffe なのである。まやかしの占いをやって愚民を煽動し、想像を絶した残酷なやり方で語り手を処刑しようとつけ狙う謎の小男は、最後に頭巾をとって正体を明かし、暴徒を導き入れて主人を殺害したのは、この自分だと告げる。いずれ『レ・ミゼラブル』のなかで、テナルディエという人物を造形するときのような辣腕をふるい、若きユゴーは、griffe の怨念と邪悪を描き出す。

ひと言でいうなら、アイデンティティに矛盾を抱えた人間は、おおかたが裏切り者となる。信用できないのは、あるかなきかの黒人の血が入った白人であり、世にも恐ろしいのは、純血の黒人ではなく、わずかに白人の血が入った黒人なのだ。「ヨーロッパ人」の経験として捉えるなら、こうした漠然たる共通認識は、混血という現象そのものへの恐怖、あるいは今日的な用語としての「クレオール化」に対する根深い嫌悪と結びついている。

もともと王侯貴族とは、純血であることによってアイデンティティを保証される種族なのであり、青年ユゴーは、とりあえず血気盛んな王党派だった。じっさい『ビュグ゠ジャルガル』の語り手ドーヴェルネーは、卑しい平民根性を丸出しにする共和派と、権力に酔った混血の無頼漢たちを、同じ穴の狢とみなして断罪するのである。一例をあげるなら、sacatra のビアスーに嘲弄される革命派の白人がいる。その男は、虐げられた者の救済という革命の理念を信じる「市民」であると自称しながら、反乱奴隷を血祭りにあげるそのやり方において、黒人の側の「野蛮」をしのぐ残虐さを見せていた。しかも、黒人のまえに引き出されれば、「黒人好き」(négrophile) を称して這いつくばり、同胞を犠牲にすることも厭わない。国王の命によって国の守りについてきた貴族の青年にとって、「市民将軍」というステータスは、それ自体がアイデンティティの矛盾を孕む滑稽な存在であり、ある種の「混血」と見えたのかもしれない。

いずれにせよ、率直に作品を読めばわかることだが、奴隷制を制度として批判するという意図、つまり「アボリシオニスト」の心構えは、二十代のユゴーにはないだろう。それはそれとして、ここにヨーロッパと植民地との関係が、すでに啓蒙の時代とは異なる局面に入っていることの、明白な証左を見てとることはできる。「黒人とは何か」という問いに加えて、「人種の混淆とは何か」という不安にみちた問いが浮上する。若き作家が、いわゆる「人種主義者」であったかどうかは、問わぬことにしよう。ユゴーは、時代の精神を担う巨大な存在として、変貌をとげながら、第三共和制までを生きぬく人物である。すでに『ビュグ＝ジャルガル』の一八三二年の「序文」において、著者の思想は、新たな展開を見せている。そして世界史的な展望を、以下のように素描するのである――「一七九一年のサン＝ドマングにおける黒人の反乱、それは三つの世界が問題となる巨人の闘いであり、闘いの当事者はヨーロッパとアフリカ、闘いの場はアメリカだった[176]」。

奴隷制廃止と植民地帝国

王党派として出発したユゴーは、二月革命を転機として共和主義の信奉者となってゆくのだが、その経緯は縷説しない。一八五一年十二月二日、ルイ・ナポレオンのクーデタが成功し、第二共和制の存続が脅かされたとき、シェルシェールやルイ・ブランなど二月革命後の立て役者たちは、それぞれに国外に脱出し、ユゴーもイギリス海峡の島を亡命の地にえらぶ。そのことで「国民的な作家」の威光は一段と増し、失われた共和主義の理念を体現する人物とみなされて、祖国への彼の呼びかけは、人々に傾聴されていた。そのユゴーが、一八五九年、禍々しい事件を記念するかのように、十二月二日の日付で「アメリカ合衆国への手紙」を発表した。年譜の該当欄に示したように、ジョン・ブラウンの処刑に抗議する公開書簡であり、ヨーロッパの有力新聞の多くが、一斉にこれを掲載した。

ジョン・ブラウンという名のアボリシオニストの白人は、ヴァージニア州で奴隷と自由黒人の反乱を引き起こそう

L'esclavage aux Etats-Unis !

処刑直前のジョン・ブラウン——死刑廃止と奴隷制廃止のために論陣を張った国民作家の姿は，今日でも事あるごとに顕揚される．ユゴー生誕200周年記念の資料より．

と計画したのだが、襲撃事件の段階で捕らえられ、絞首刑の判決が下りていた[177]。偉大なるワシントンが建設した国に、奴隷が存在すること自体、言語道断な矛盾なのだ、という告発から、およそ三ページにおよぶユゴーの書簡ははじまっている。奴隷解放という崇高な人類の大儀に殉じたジョン・ブラウンは、キリストに仕える闘士、ローマを震撼させたスパルタクスと称えられ、「アメリカよ、このことを知り、かつ考えてもらいたい。アベルを殺すカインより、さらに恐るべきものがあるとすれば、それはスパルタクスを殺すワシントンである」というアピールで、全文がしめくくられている。「アメリカという共和国」にとって、なんたる恥辱であることか、いや「民主主義の象徴を共通の祖国とみなす我々すべて」にも、汚辱はおよぶ。「この国民こそ人類の栄光であり、フランスや、イギリスや、ドイツと同様に、文明の代弁者であるはずだったのに」と、激越な義憤をこめた文章である[178]。

あらかじめ確認しておこう、この文献が暗示する構図、すなわち「奴隷解放」と「共和制」と「文明」の三位一体は、植民地帝国フランスの大義を支えつづける神聖な価値となることを。

一八三一年から三二年にかけて、アレクシス・ド・トクヴィルは合衆国に滞在し、その後『アメリカの民主主義』(前編一八三四、後編一八四〇)を上梓した。いずれ歴史家、政治家として名をなす二十六歳の知識人は、七月革命の直後、共和制のモデルをつぶさに観察することを思い立って渡米したのである。やや意外に思われるかもしれないが、スイスなどの小国をのぞき、当時のヨーロッパには安定した共和制の国家は存在しない。十八世紀からの思想の潮流には、共和制は大きな国家を統治する政体には向かないとする見方もあった[179]。十九世紀を通じ、ヨーロッパの進歩的陣営が、アメリカという民主主義の先進国に抱いていた期待の大きさを想像したときに、はじめてユゴーの公開書簡の昂揚した論調と、その歴史的な意味が理解できる。

トクヴィルは、視察旅行のあいだに、奴隷制がアメリカの将来にとって「最大の足枷」になるとの直感を得たという[180]。帰国後、ルイ・フィリップの七月王政下では、奴隷解放を支持して議会内の委員会に名を連ね、活発な論陣を張っていた。しかもその一方で、一八四一年にアルジェリアを訪問し、すでに進みつつあった植民地化の強力な推進派になるのである。自由主義思想と植民地主義が、一つの誠実な知性のなかで同居しうるのか？　これは、トクヴィルの不可解な側面、あるいは矛盾として、しばしば指摘される問題なのである[181]。一八四七年、下院でのアルジェリアに関する議会報告には、「アフリカにおける奴隷制」と題した断章がある。フランスはアルジェリアの臣民として、自由人のみならず、黒人奴隷をかかえている、「マホメットの信者」のもとで、奴隷制はその厳しさを減じてきたとはいえ、やはり解放へ向けて慎重な策を検討すべきだろう、という提言である[182]。

この章の冒頭で引いた、イスラームの奴隷に関する解説を思いおこしていただきたい。トクヴィルの発言は、とりあえず冷静でまっとうなものといえよう。そこであらためて、奴隷制廃止と植民地拡張は本当に矛盾するのか、善と悪のように対立するのか、と問うてみよう。じつは、イスラーム世界とブラック・アフリカに関するかぎり、奴隷解放は、十九世紀後半の本格的な植民地主義を正当化する名目となってゆくのである。

宗教的には狂信、政治的には独裁、奴隷制を許容し、野蛮のはびこる世界。イスラームをこのように描く紋切り型は、すでにロマン派の時代から増殖されていた。とりわけアレクサンドル・デュマなどの小説は、奴隷制の告発とイスラーム蔑視の感情が、暗黙のうちに結びつくような仕掛けになっている(183)。ネルヴァルやフローベールが現地を訪れて見聞したオリエントの奴隷たちの風俗も、文明の立ち遅れを裏づける証拠とみなされたにちがいない(184)。

一八四五年、解放運動に挺身するシェルシェールは、ナイルの河畔を訪れて、開明的な君主を自称するムハンマド・アリーも所詮は「卑しい奴隷商人」にすぎないと批判する。一八四六年五月に「奴隷制廃止協会」がアルジェリアの奴隷解放を運動の課題として掲げたのは、そのシェルシェールの使嗾によるところが大きかった(185)。奴隷制を許容するイスラーム文明の告発と、ヨーロッパの担う「文明化の使命」という大義名分は、ごく自然な成り行きとして結託したのである。

ブラック・アフリカについても、奴隷解放運動と植民地化の推進は、矛盾なく合流した。『タマンゴ』の例にもあるように、ヨーロッパやイスラームに奴隷を供給したのは、アラブの商人でなければ、現地の黒人だったからである。それにまた、モーリタニアをはじめとして、アラブ世界に隣接する地域の黒人は、おおかたがイスラーム教徒だった。

あらためて確認するならば、フランスが十九世紀半ばから獲得した新しい植民地や保護領は、アジアの一角をのぞけば、地中海沿岸のイスラーム圏とその南に位置するブラック・アフリカ、そしてマダガスカルなどである。自国の抱える奴隷制という後ろめたさから解放された共和主義者たちは、アメリカをはじめ、奴隷制を許容する国々に、正々堂々と「自由・平等・友愛」の精神を説くことができた。

植民地化の成果を追認する公式のヴィジョンというものが存在する．豊富な写真によって構成された『帝国のイメージ』(1997 年) 第 1 章の扉ページと「文明化の使命」と題した章の図版.「フランスは立ち去る権利をもつのだろうか?　文明化の使命を放棄してよいのだろうか?」という問いが添えられている.

共和主義者シェルシェールの肖像

アンヌ・ジロレ『ヴィクトル・シェルシェール、奴隷制廃止派にして共和主義者』は、大判四〇〇ページにおよぶモノグラフィーであり、二〇〇〇年に出版された。法学部出身の著者は、膨大なシェルシェール関係の文献の資料的価値を活かす方向で、伝記的著作ではなく、テーマ分析という形式の研究書を上梓した。奴隷解放とは、イデオロギー的な背景をもつ理想や理念であると同時に、法に裏づけられた制度との対決を迫られる政治課題にほかならない。共和主義についても、まったく同様のことがいえて、それゆえジロレの学際的な手法は、いっそうの説得力を見せる。第一部と第二部は、共和主義者としての横顔を描くことに当てられており、第三部は、奴隷制廃止に向けての理論化、解放後の同化政策、平等主義の推進、等が分析の主題となり、第四部は、植民地化推進派としての具体的政策の提案と活動に焦点が当てられている。

シェルシェールは、第三共和制の大立者ジュール・フェリーにおとらぬ興味深い人物だといえる。なにしろ奴隷制廃止と共和主義と植民地主義と、そして公然たる無神論が、彼のなかには同居していた。いや同居していただけでなく、それが複合的な推進力となり、政治家でイデオローグでもある彼の活動の全体をささえ、国家に働きかけて歴史を動かすほどの威力を発揮したのである。高潔な人道主義者として、うやうやしく名前を紹介されるだけの人間に、ジロレの著書を参照しながら、表情をあたえてみたい。「趣味においては享楽的、習慣においては禁欲的。ニンジンの一皿で夕食をすませることもあるが、皿は銀でできている」と評された人物は、すくなくとも単純な理想主義者ではなかった。

じっさい有名な磁器製造業者の息子であるシェルシェールは、年金生活を送るブルジョワ、大金持ちで、いつも変わらぬ黒の長いフロックコートを着込み、外出するときには、かならず手袋をはめ、シルクハットをかぶり、稀少な木材を使ったステッキをついていた。芸術の愛好家であり、堂々たる書物のコレクション(一万二〇〇〇冊)の一部は豪華な特別製本をほどこされ、ほかにも芸術作品、家具、食器、手稿そして版画(九〇〇〇人の異なる版画作家による九〇〇〇点の版画作品!)などのコレクションをもっていた。(186)

豪華本のなかには、コレクター垂涎の『ノートル・ダム・ド・パリ』などもあり、海外から持ち帰ったおびただしい品々をふくめると、おそらく資産家の文化人というだけで、その横顔を描くに足る人物であるらしい。絵画評に始まる様々の分野の執筆活動から生まれた著作は、二〇冊ほど。パンフレットのたぐいが五〇冊、記事やエッセイは数知れない。百科事典のような物知りで、格調高い名文を駆使して法律の文案を起草した。風貌のせいもあり、プロテスタントだとみなされることが多く、母方がユダヤ系だという噂もあるが、じっさいにはカトリックの教育を受け、長じて無神論を標榜した。(187)

のちに詳しく見るように、第三共和制は脱宗教化(ライシザシオン)を標語にかかげるが、その一方で「キリスト教文明」というアイデンティティをむしろ強化した。そのことと植民地政策が無縁でないという意味で、無神論という内面の問題が、政治的意味合いを帯びる。一八八二年三月、シェルシェールは元老院でみずからが無神論者であることを公表した。義務教育の初等クラスから、無神論を標榜する教師を排除する法案が議されていたという事態のほうに、むしろわたしたちは意外の念をおぼえるが、それは十九世紀フランスにおけるカトリック勢力の隠然たる存在感が、想像しにくいからだろう。ともかくシェルシェールが「自分自身も無神論者であるゆえ、法案に反対する」と弁じたとき、議場は怒号につつまれた。(188)

一八〇四年生まれのヴィクトル・シェルシェールは、一八二八年、父の工場の共同経営者となりメキシコ、キューバ、アメリカ合衆国を訪れて奴隷制のおぞましさを痛感する。七月王政下では、共和主義者としての活動を展開し、しだいに奴隷制廃止の具体案を練る陣営の中核となってゆく。そしてカリブ世界や地中海世界、アフリカ西海岸へと足をはこび、現地調査にもとづいた記事やパンフレットを発表して世論を糾合する。二月革命が勃発したときには、セネガルにいた。短命な第二共和制において、シェルシェールの確固たる信念が、全植民地の奴隷解放を即時に実行するという決断を政府から引き出したというのは、まちがいのない事実だろう。ルイ・ナポレオンによるクーデタがおきると武器をとってバリケードに立てこもり、徹底抗戦を呼びかけるが、運動は敗退し、国外退去を命ぜられる。政界復帰は一八七〇年九月。一八七一年の選挙でグアドループ、マルティニークの両選挙区から選出されるが、後者の代表権をえらぶ。植民地化推進派の共和主義政治家シェルシェールの活躍は、ここから始まるのだが、その詳細は本書の射程をこえる。ジロレが著書の第四部、扉ページに付した梗概から、その大筋を展望することができよう。

シェルシェール神話のおかげで、彼のかかえる矛盾が見過ごされ、単純化された人間像ができあがってしまった。彼の仕事、彼の政治活動を導いた諸原則を逐一検討しなければ、植民地のステータスについての彼の考え方を理解することはできないはずなのだ。

シェルシェールは奴隷制廃止派（アボリシオニスト）であると同時に、同化政策推進派（アシミラシオニスト）であって、じつは同時代の植民地システムの枠内にとどまっている。彼はその植民地主義によって、同時代に合流するが、その一方で同化主義によって同時代から際立って見える。同化主義から彼が演繹する法的結論とは、要するに四つの古い植民地を海外県化することにつきる。シェルシェールは、憲法と法律のレベルでの同化政策と本国に匹敵する地方行政組織を要求する。しかしこの点についても、植民地はフランスの県に相当するという主張が、どの植民地が問題となるかによって、ゆらぎを見せるのである。[189]

ジロレの指摘によれば、ここでの「植民地主義」とは十九世紀的な意味、すなわち植民地の維持、ときには拡張を指す言葉であるという。つまり暴力的にヨーロッパの価値を浸透させようとする者への「植民地主義者（コロニアリスト）」という蔑称、を、シェルシェールに投げつけてみても始まらない。それというのも、奴隷の子孫をふくめた植民地の住民に、本国のフランス人と同様のステータスを与え、差別を撤廃し、被植民者の本国への「同化」を究極の目標に定めようという主張は、一見したところ抑圧的というより、道義にかなったものに見えるからだ。しかしそれは、制度的には今もって果たされぬ夢であり、文化的には個別的なアイデンティティを封殺する暴力となってゆく。また端的にいって、植民地独立の可能性を永遠に封じる道であることはまちがいない。

島の視点から

フランスの「新しい植民地」は第二次世界大戦後、あいついで宗主国からの離脱と独立を選択した。さらに、一世紀以上にわたって蹂躙された固有文化の再生を望み、たとえばマグリブ諸国では、言語や法制度の「アラビア化」を強力に押し進めた。これに対して、プランテーション・システムにより「奴隷の島」として形成された「古い植民地」の住人は、多くの議論があったにせよ、結果として、宗主国への統合という選択肢を拒みきれなかった。ＤＯＭ（海外県）と呼ばれている東と西のインド洋の島々は、脱植民地化時代の数々の難問を、今日もフランス共和国の内部からつきつけているのである。

すでに何度か本書で参照した『奴隷制廃止——人権のための闘い』の巻頭論文「パラドックスを孕む市民権——古い植民地の解放奴隷、被植民者、そして市民」は、その「古い植民地」の視点を優先した研究業績として、一読に値する[190]。

著者フランソワーズ・ヴェルジェスによれば、奴隷解放という事件は、「奴隷制と植民地化」「奴隷制と市民権」「奴隷制と人種主義」などの諸問題と関連づけながら、再検討すべきなのであり、そもそも解放の時点において、新たなる隷属の様式が兆していたというのである。それというのも、奴隷の解放は、白人が黒人にもたらした「恩恵」にほかならない。それは国家(共和制の臨時政府)の名においてなされた事業であり、黒人の側は勝ち取ったのではなく与えられた「自由」と制限つきの「平等」を、白人の管理下で享受することを運命づけられた。ひと言でいえば、十九世紀半ばまでは「奴隷」であり、第二次世界大戦終了までは「被植民者」であった者たちが、今日では旧宗主国のマージナルな「市民」になっている。その間に生じた「パラドックス」とは、いかなるものか。

一八四八年四月、ヴィクトル・シェルシェールは憲法制定議会の選挙演説で高らかに宣言した、「われわれの兄弟である黒人たちの解放を私は実現した。君主制の諸政体が奴隷身分に陥れたこの人種に、近々《共和国》が自由を与えることだろう」と。「君主制と奴隷制」に「共和制と奴隷解放」を対峙させるキャッチフレーズは、たしかに耳に心地よいものだった。解放された奴隷は労働者としての市民権を得て、二月革命を闘いぬいた本国の労働者と「連帯」を組むだろう。献身的な活動家たちは、こうして明るい未来を言祝ぎながら、その一方では、植民地拡張の努力を惜しまなかった。シェルシェールは、みずからの信念に照らして、アルジェリアにおいてはイスラームの蒙昧と闘うべきであると訴え、またギュイヤヌやセネガルにおけるフランスの「地歩」(présence)は、「労働の習慣」を教え、「社会の状況を改善」するために、不可欠であると主張した。このような状況のなかで、解放された黒人は、白人を模範とし、その指導を受け、しかるべく成長するという課題を与えられたのである。「友愛＝兄弟関係」(fraternité)が想定するのは、兄である白人と弟である黒人の、まぎれもなく「不平等」な関係であり、管理された社会には、もとより本当の「自由」などあろうはずがなかった。「自由・平等・友愛」という共和国精神は、この時点ですでに歪曲されていた。

次に引用するのは、現代フランスの歴史学、植民地史の公式見解の一つだが、一見客観的なこの記述も、被植民者側の視点からすれば、不当に簡略な「幕引き」の儀式と映るかもしれない。

二六万人の奴隷が、さしたる混乱もなく解放された。ただしギュイヤヌでは解放奴隷が逃亡したためにプランテーションが壊滅的な打撃を受けた。他のところでは、多くの者が、賃金労働者として土地所有者に雇用されることをえらんだ。あるいは、レユニオン島〔…〕のように、行政当局が実質的には解放奴隷を強制して、そのように事を運んだ場合もある。奴隷身分の象徴である「畑仕事」に対する彼らの嫌悪は、それほどに根強いものだった[191]。

世間は五〇万の奴隷がいると考えていたので、二六万二五六四人という解放奴隷の数は、予想外に少ないという印象を与えたらしい[192]。しかし、それまでに有償で解放されていた奴隷の子孫たち、奴隷の血の混じった自由人たちの存在を考えれば、これは「古い植民地」の土台そのものを揺るがす事件だった。また、すでに指摘したように、奴隷制廃止はドラマの終焉というより、新しい植民地主義のはじまりといったほうが当たっている。一八一五年から四八年までの「無計画な征服」から転じて、第二帝政の成立とともにフランスは「着実な拡張」の時期に入ってゆくのである[193]。

具体的には、どのように事がはこんだか。さまざまに異なっていたはずの地域的状況のなかから、ヴェルジェスは次の実例を挙げている。インド洋のマスカレーニュ諸島では、フランス島が一八一〇年以来イギリスの支配下に入ってモーリシャス島と名を変えており、残された植民地レユニオン島(かつてのブルボン島)で、一八四八年十二月二十日、奴隷解放の記念式典が行われた。それは宗教儀式からはじまり、政府の派遣した委員サルダ・ガリガは、祭壇のまえで次のような宣言を読み上げた。

　フランス国民の名において、
労働者諸君に告げる、

我が同胞たちよ、
共和国の政令は施行された。諸君は自由である。全員が法の前で平等である。諸君の回りには、兄弟のみがいる。

諸君も知っての通り、自由には義務が付随する。自由は、秩序と労働と不可分であることを、フランスと世界の前で明らかにして、自由にふさわしい人間であることを示してほしい。

諸君は私を父と呼んでいるが、私も諸君を我が子のように愛している。今後も私の忠告に耳を傾けてほしい。諸君に自由を与えたフランス共和国に永久(とわ)の感謝を！「神」と「フランス」と「労働」こそが、いつまでも諸君の信条であるように。

共和国万歳(194)！


奴隷労働から契約労働への移行が進歩であるなら、ここにはたしかに、一つの前進があった。しかし「自由・平等・友愛」を「神・フランス・労働」と置き換えたまやかしを見過ごしてはならないだろう。本章の冒頭近く「一七九四年と一八四八年」の項で引用したエメ・セゼールの言葉をふたたび引くなら、フランス本国において、植民地利権のために奴隷解放に歯止めをかけるのは「秩序・所有権・宗教」であると述べられていた。それにしても、なぜ「神」と「宗教」なのか。カトリック教会が表立って奴隷制廃止に反対したことはないのだから(年譜参照)、セゼールは別の次元に立って「宗教」が解放の妨げになると看破したのにちがいない。

文明批判とクレオール

「奴隷制廃止」から「植民地主義」への転換を追ってきたわたしたちは、ここで「宗教」と切り結ぶ「文明」の現場に逢着する。これは本書第Ⅲ部のテーマへと連なる問題なのだが、共和国フランスは、国内の制度については「非宗教性（ライシテ）」の原則をかかげ、しかも他方では「キリスト教文明」の一員というアイデンティティを全世界に向かって誇示してきたのである。レユニオン島における祭壇のまえでの解放宣言は、そうした意味でも象徴的なものに思われる。植民地の行政や教育の制度的な現場に、どのような形で宗教が参画していたかを、一般論として考察するだけの資料は、今、手元にないのだが、一八七九年に、シェルシェールは、コーチシナ（現在の南ベトナム）で公式行事のミサが廃止され、住民の犠牲を伴う伝道教会の土地所有が制限されたことに、満足の意を表明する。いいかえれば第三共和制の植民地では、本国と事情が異なり、政教分離の初歩的な原則さえ実行されていなかったことになる[195]。

ヨーロッパが「文明化の使命」を唱えるときに、自明のこととして「文明」とは「キリスト教文明」を指していた。その大きな流れにひと言だけふれておくならば、「狂信」と「独裁」と「野蛮」の温床であるイスラームという定式は、十九世紀初頭、ナポレオンのエジプト遠征あたりから、徐々に流通しはじめたものである。そのイスラームとの対比のなかで「キリスト教文明」は顕揚され、新しい人種イデオロギーと協同し、抵抗なく植民地主義的な言説に合体していった。今日の欧米諸国の帝国主義的な世界観も——「奴隷制を許容するイスラーム」というレッテルが、「テロリズムを許容するイスラーム」と書き換えられただけのことなのだから——本質において同じ構造をもっている。

J.-B.-V. デュラン『セネガル旅行記』の挿絵より．『フランス植民地領土』に再録された図版だが，キャプションには「黒人を捕らえて奴隷にするモール人」と記されている．「野蛮なイスラーム」のイメージは，こうして 20 世紀にも増殖されてゆく．

共和国フランスは、奴隷解放をふくむ植民地化のプロセスで、海外領土の現場において「キリスト教文明」というアイデンティティをどのように機能させたのか。これは、ミッションや教育など制度的な事実についてだけでなく、文献のテクスト分析も交え、言説の水準においても検証すべき問題であるといえるだろう。

自らは無神論者であり、徹底した「非宗教性」の原則を植民地政策においても適用しようとしたシェルシェールは、少数派というより、まれな例外だった。そうした事項もふくめ、奴隷制廃止から植民地化推進へと、なめらかに接続する彼の活動の全体を、共和国精神の典型の一つとして、つまり「共和制の歴史」という観点から、見なおすべきだという指摘はあたっている。具体的には、かつての奴隷の島に、できるかぎり白人入植者を送りこむというのが、シェルシェールの主張する植民地政策の基本だった。奴隷と主人という隔たりがなくなったとき、加速化されるであろう「人種の混交」という現象について、この人道的な政治家は、ユートピア的なヴィジョンを抱いていた。

かりに白人と黒人が二元性を構成するとしたら、あるいは、奇妙な言い方ではあるが、じっさいに言われているように、黒人と白人は人類の男女のようなものであるとするならば、そして両者の婚姻と固有の特質の和合により、二親の長所を合わせもつジャンルが創造されるはずだとするならば、西インドの島々から、世界を瞠目させる新しき驚異が出現するのを、いずれ人々は目の当たりにするかもしれないのである。(196)

白人が黒人にもたらす「文明」の絶対的優位を信じて疑わなかったフランス人が、遠い未来に目をやりながら、薔薇色の夢想にふけっただけのこと、と一笑に付すこともできる。しかし、異質なものを混交するのか分割するのか、という二者択一の発想は、西欧の思考に内在する中心的テーマであるように思われる。ヴィクトル・ユゴーの処女作に陰画のように描きこまれていたのは、まさに混血をめぐる悪夢であり、同時に、あの偏執的な人種論の暗示する、徹底した分類学的思考法だった。

そうした「キリスト教文明」の辺境にあって、カリブ海の島々は、シェルシェールの夢見た「和合」の地ではなく、西欧の原理に対する批判的言説の発信地となった。いずれにせよ旧植民地にとって、「奴隷制と植民地化」「奴隷制と市民権」「奴隷制と人種主義」などの諸問題は、現代史の領域に入る。

すでに何度か名をあげたエメ・セゼールは、第二次世界大戦後、『植民地主義論』（一九五〇）によって、臓腑を剔るような怒りを格調高い散文に結晶させる一方で、マルティニーク選出の国民議会議員として「同化政策」をおしすすめ、困難な政治家の道を歩むことになる。セゼールと同郷のフランツ・ファノンは、戦時下にフランスにわたって学業をおえ、『黒い皮膚・白い仮面』（一九五二）を出版、セゼールがアフリカ固有の価値を顕揚して唱えた「ネグリチュード」の思想に接近する。その後、アルジェリア独立戦争が勃発するとこれに身を投じ、『地に呪われたる者』（一九六一）を書きあげて、短い生涯を閉じた。エドゥアール・グリッサンが、マルティニークのフォール・ド・フランスの高校（ほかならぬシェルシェールの名を冠した高校である）で学びはじめたとき、教師にはエメ・セゼールが、そして先輩にはフランツ・ファノンがいた。そのグリッサンの著書『《関係》の詩学』（一九九〇）『全−世界論』（一九九七）などは、ヨーロッパ文明批判をめざす者、必読の書といえる。さらに、ジャン・ベルナベ、パトリック・シャモワゾー、ラファエル・コンフィアンの共著『クレオール礼賛』（一九八九）は、グリッサンを師と仰ぐ次世代のマニフェストとなった。

コロニアリズム告発のもっとも強力な論客たちを世に送ったのが、十七世紀以来のフランスの古い植民地、カリブ海の小さな島々であることに、新鮮な驚きを覚える率直さをもちたいと考える。先住民が絶滅し、アフリカの奴隷が大量に投入され、ついでインド、中国、中近東などの契約労働者が流れ込んだ、この「吹き溜まり」のような世界が、ヨーロッパ文明のアンチテーゼとして名乗りをあげた経緯は、クレオール作家たちがくりかえし、雄弁に語っている。しかし、彼らの声に耳を傾けるのは、別の機会にゆずり、ここではむしろ「反クレオール的」な西欧世界は、どのように構築されたのか、という新たな問いを立ててみよう。

ヨーロッパの「国民国家」は、とりあえずは「普遍的」とみなされるモデルであるがゆえに、つまり、わたしたち自身がその内部に取り込まれてしまっている何かであるがゆえに、大きな展望のなかに位置づけて、外側から記述することがむずかしいのかもしれない。これまでに見た海と島の論理も、じつは現地の人間のものではなく、大陸に住む者が外界に自己意識を投影しつつ構築したものにほかなるまい。大陸を国境線で区切ったヨーロッパ世界の特殊性を、海洋的な原理と対比させながら、浮上させることができるだろうか。まずヨーロッパの内部区分という問題にふれたうえで、「奴隷制廃止」の主体となった「共和国フランスの国民」は、いったいどこで誕生し、どのような環境で成長をとげ、一つの「人格」のごとくふるまうようになったかを考えてみたい。

第Ⅱ部　言説としての共和国

1　国境の修辞学——ミシュレの方へ

アジアの密林とアンドレ・マルロー

一八七二年十月、フィリアス・フォッグ氏が「八十日間世界一周」のためにロンドンを出発してから、ちょうど半世紀後のことである。

一九二三年の秋口、若い妻を伴ったフランス人の青年が、フォッグ氏と同様、スエズ、ジブチを経由して、仏領インドシナに向かった。アジア美術と考古学を学び、すでに批評や創作で頭角をあらわしていた宗主国の俊英は、植民地省から考古学調査の許可を得て、シャムとアンコールを結ぶ旧道の遺跡に赴いたのである。調査の一行は、アンコール・トムの北東二十キロにあるバンテアイ・スレイ寺院に到達し、壁面の女神像を剝ぎ取って、プノンペンまで戻ったが、盗掘の嫌疑で青年は逮捕されてしまった。『王道』（一九三〇）の著者となるアンドレ・マルローと、「東洋のモナ・リザ」と称えられる美しい女神像との出会いは、こうしてとりあえずは、植民地によくあるスキャンダルとして記録されたのである。(1)

これより二十年も前、海軍中佐ジュリアン・ヴィヨー（別名アカデミー・フランセーズ会員ピエール・ロティ）は、北京でのミッションを終えた帰途、憧れのアンコールに詣で、香り高い紀行文のなかで、ヨーロッパ人による無秩序な遺跡発掘を戒めていた(2)。

十八世紀からつづいたインドでの権益争いで、イギリスが勝利をおさめ、フランスがベトナム侵攻に転じたのが、十九世紀半ば。一八八七年には、ベトナム、ラオス、カンボジアにまたがるインドシナ連邦が成立してフランスのアジアにおける拠点となった。中華世界のなかで培われた阮（ぐえん）朝の雅（みやび）とクメールの神秘にみちた巨大遺跡を統合して支配下においたのだから、それだけでも宗主国フランスにとって、文化的な植民地というイメージを強調するに足る、堂々たる成果だった。一九三一年、植民地帝国フランスを華々しく演出したパリの国際植民地博覧会においても、最大のアトラクションは、三分の一のスケールで再現されたアンコール・ワットの模型だった。

ポストコロニアル批評ではつねにとりあげられるジョーゼフ・コンラッドの『闇の奥』（一九〇二）に匹敵する問題作として『王道』を読みなおすことはできないだろうか。なにしろこれは、アルジェリア問題解決のために政権に復帰したドゴール将軍のもとで、文化担当国務大臣をつとめた政治家の処女小説なのだ。中国では広東革命政府に関与し、世界大戦前夜に反ファシズムの闘いに身を投じ、共産党と親密な関係を保ち、スペイン内乱ではフランコ将軍への抵抗組織で実戦を組織し、戦時下ではレジスタンスの闘士であり……という「冒険者」としての経歴を見ただけでも圧倒されるのだが、そのマルローが二十歳になったばかりのときに、カンボジアの密林の困難な踏査を試みて、何を見、何を感じたのか。

西欧とアジアの出会いという大きな問題は、おいおい考察するとして、ここで想像してみたいのは、次のような経験である。わたしたちはすでに、十八世紀フランス海軍の工兵士官が、博物学の素養をもってインド洋の島の植民地を訪れたときの旅の記録と、同じ経験から生まれたユートピア小説を比較しながら読んでみた。これに対して『王道』は、二十世紀のレアリスム小説である。主人公は、作者の分身とおぼしきフランスの知識人。アジアの文化遺産に惹かれ、経済的な見返りも期待しながら、身の安全は保証されぬ陸の植民地を、たまたま行動を共にすることになった得体の知れぬ「冒険者」に誘われるままに、奥へ、奥へ、ラオスの高地の方へと進んでゆく。「不帰順地方」(pays dissident) と呼ばれる土地では、シャムやカンボジアの軍隊の存在も感じられるけれど、「未帰順部族」(tribu libre) や正体不明の「蛮族」(sauvage) といつ鉢合わせするか知れない。一方、フランス総督府の支配の及ぶ「帰順地方」(pays soumis) では、行動の自由が妨げられる。密林が不穏なのは、そこが境界線のない世界であり、いつ何時、安全地帯から危険区域へと踏み込むか、だれも予測できないからなのだ。しかも、乾燥した北国から来た主人公にとっては、湿潤な気候風土（クリマ）と森林そのものが、「精神を解体」させるほどの脅威となる。

ブリヤ・ストゥン寺院の四面仏塔．地理学者でデッサン画家でもあったルイ・ドラポルトの作品を版画にしたもの．『フランス植民地領土』の大きなページ全体を占める見事な図版は，その文化的な価値へのオマージュともなっている．

> 密林に入ってすでに四日。
>
> すでに四日も、森から生まれたような集落の近くでのキャンプ。集落の木彫りの仏像も、柔らかい土から出てきた虫の怪物のような小屋の棕櫚（しゅろ）ぶきの屋根も、森から生まれたのだ。そしてすでに四日、水族館の、厚い水をとおしてくるような光の中で、精神の解体がつづいている。彼ら〔主人公と友人の冒険者〕はもういくつか、くずれおちた小さな遺跡に出会っていた。木の根はその遺跡にからまって、まるで餌をおさえ

つける動物の足のように、地面にしっかりおさえつけていた。そのため、これらの建造物をつくったのは生きた人間ではなくて、視界のふさがれたこの生活に、この水底（みなそこ）の闇に慣れた死者たちだと思われるほどだった。(3)

地元の役人やガイドにつきそわれたピエール・ロティの公式訪問は、はるかに安全でこぎれいなものであり、なおのこと『王道』の記述には、胸のときめくものがある。地上の人間と死者、あるいは大地と水が相互に浸透し、動物と植物をかけあわせたような怪物じみた形象が繁茂する世界。この描写が「文学」たりえているのは、「境界」によって仕切られた西欧文明に安住してきた精神を「解体」させる力の猛威が、わずか数行で捉えられているからだ。「密林」の描写は、そのまま「インドシナ」と呼ばれる土地の暗喩であるといってもよい。フランスが、アジアの「陸の植民地」に対して抱く、やや屈折した熱意と嫌悪のような感情は、やはり歴史文献だけでなく文学を読み解くことにより、つきとめなければならないだろう。

海の論理・陸の論理

いささか唐突ながら、ここで「境界線」をめぐるアジア研究の側からの発言に耳を傾けてみたいと思う。参考文献は白石隆『海の帝国』(4)であり、そのなかから、まず三つの図版を引く。第一は、オリヴァー・ウォルタースの提案する「海のまんだら」「陸のまんだら」という概念を視覚化したものであるという。(5)近代国家は「国境」によって定義されるが、東アジアは本来、中心から放射状に発揮される磁力によって定義される政治システムによって成り立っていた。「大王」を中心とした磁場の勢力が強ければ、その秩序の及ぶ範囲を示す「まんだら」は大きくなる。その勢力が衰退すれば、「まんだら」は縮小し、消滅することもある。西欧による植民地化が破壊したのは、このようなシステムそのものであるという事実を、残る二つの図版は物語っている。十八世紀末の地図における「中核地域」「部

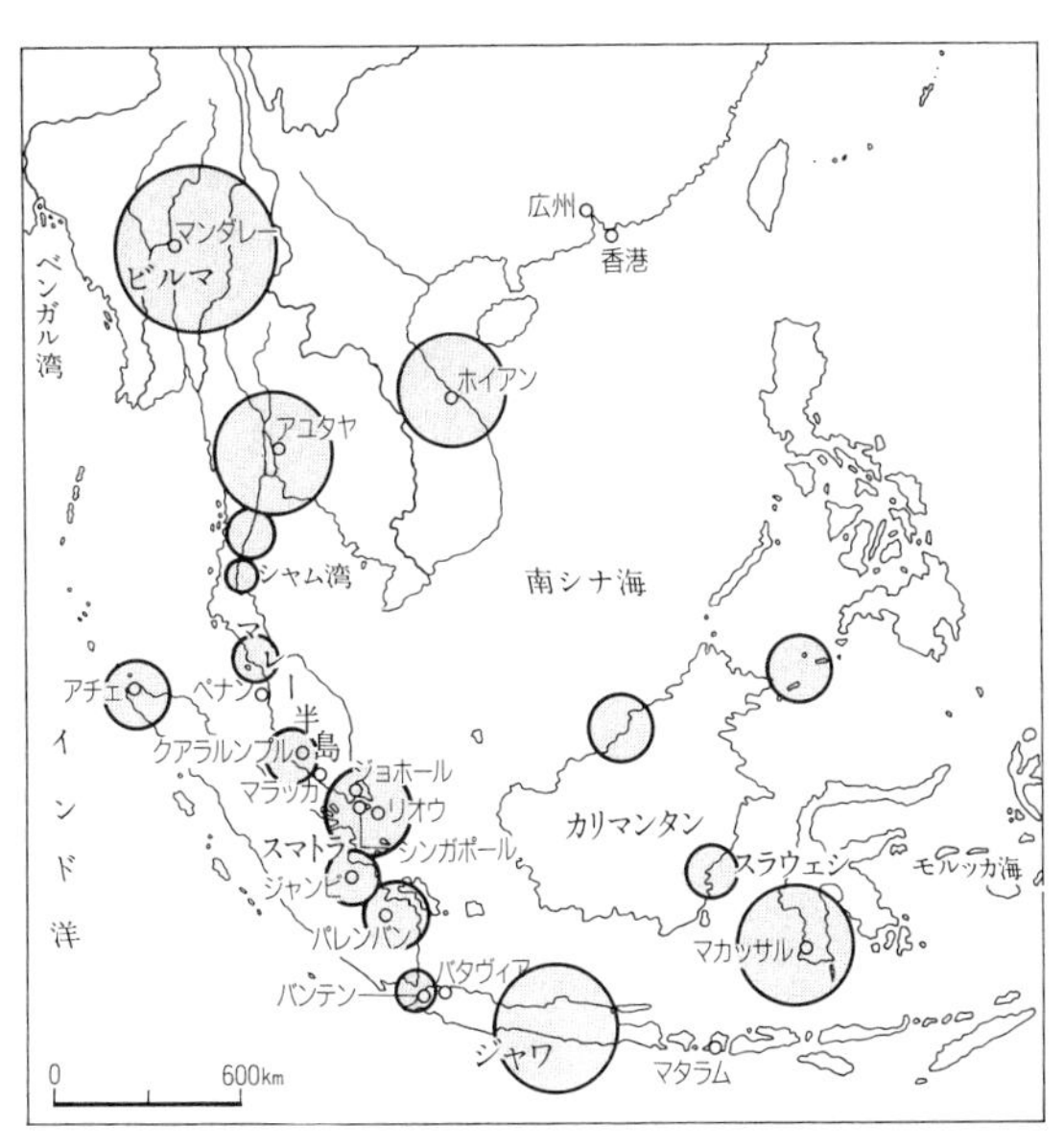

白石隆『海の帝国』より――東南アジア世界,「海のまんだら」と「陸のまんだら」(モデル).

分的支配地域」「周辺地域」「係争地域」という色分けが、「まんだら」的な力学を照らし出していることは、指摘するまでもない。その一世紀後には植民地列強により、西欧的な「国境線」が強引に引かれており、その結果、アジアは近代国家という怪物、著者によれば「リヴァイアサン」と向き合うことになったのである。

そうした経緯を簡略にまとめた三枚の見取り図が、マルローのテクストに照明をあてる。あるいはむしろ、マルローが見た陸の植民地の風景は、「まんだらシステム」と「リヴァイアサン」が、死闘をくりひろげる現場だった、したがって、そのようなものとして、『王道』の政治学を再読できるはずだ、といいかえてみよう。ベトナム、カンボジア、ラオスとシャムまでを含む、歴史も民族も異なる大集団、その内部に囲いこまれた少数民族や部族と呼ばれる小集団、等々が、やはり同様に「まんだら」の力学から「境界線」の力学への移行を迫られていたはずだ。一方、ヨーロッパ列強が書き込んだ太い「国境線」は、じつのところ、たとえばフランス植民地とイギリス植民地の「国境」にほかならないのだから、密林に住む人間に

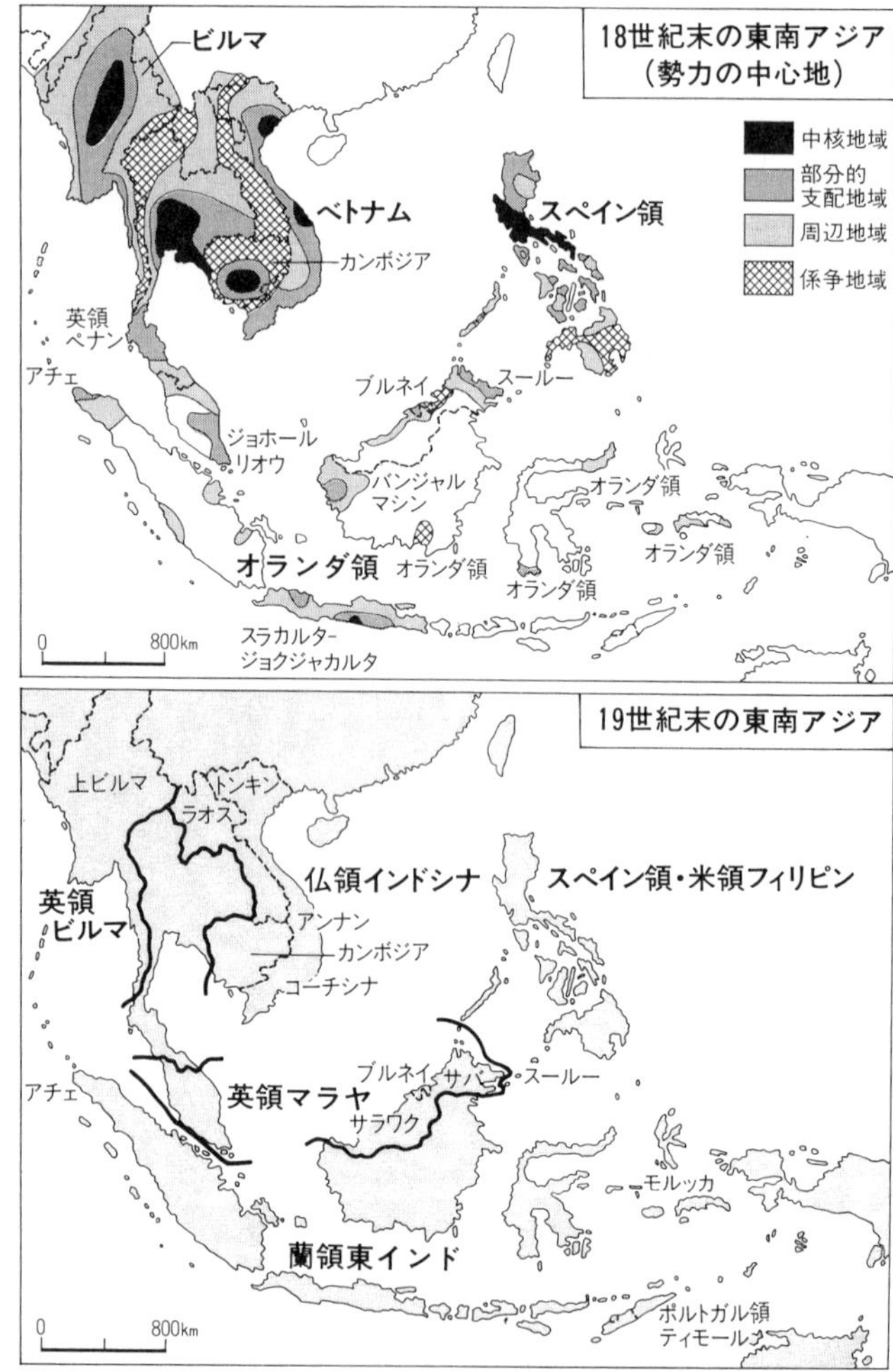

白石隆『海の帝国』より——2つの地図は，18世紀にはまだ生まれていなかったリヴァイアサンが19世紀には充分成長したことを示している．

とっては、必然性も現実性もない。一つの文明の破壊されつつある秩序を、外来者は秩序の不在として捉え、このカオスのなかに、自分だけの「王国」を築こうという夢を抱く。主人公の友人となる奇怪なまでに男性的（マッチョ）な「冒険者」は、まさにそうした人物なのであり、西欧の送り出した植民者の類型がいくつかあるとすれば、ここにその強烈な一典型を認めることができよう。

以上、『王道』のなかに明示的に語られていることを、語彙と視点を変えて述べたにすぎないのだが、視点を変えるという操作そのものについて、さらに考えてみたい。

太平洋とインド洋に向かって開かれたアジアが、すでに十五世紀頃には、マラッカを中心に活気あふれる海上交易の文明圏を形成していたという事実は、よく知られている。昨今のアジア学が夙に展開する刺激的な論点は、こうした歴史的事実の再確認というよりむしろ、概念操作の転換を意図していると思われる。

植民地化によってもちこまれた大陸文明の歴史観・歴史学により、海洋文明を裁断すれば、国境によって区切られた国民国家が存在しないこと自体が、たんに文明の不在ないしは遅れとみなされる。だとすれば「アジアからの視点」という問題提起は――「アジアを見る」のではなく、「アジアから見る」ことを提唱しているのだから――歴史を記述する基本概念ないしはパラダイムの再構築からはじめなければならないだろう。たとえば川勝平太『文明の海洋史観』は、海から世界を捉えることを提唱し、海によって島々をつなぐネットワークという解読格子を設定する。島々と海からなる「多島海」という暗喩を出発点に、世界史を語りなおそうというのである[6]。こうした試みの背後には、国民国家の歴史記述を基調とする西欧の歴史学そのものに、アジアの開かれた「海の歴史」を対峙させようという、大きな目論見が控えているはずである。

「海のアジア」と「陸のヨーロッパ」が、じじつ根本から異質な秩序を形成してきたとして、それを意識化することにより、本書のように、アジアの一角に身をおいたヨーロッパ文明批判の試みは、実りある議論を展開できるだろうか。いや、それほど大袈裟に身構えなくとも、所詮は大陸の世界観・歴史観にすぎない、とみずからに言い聞かせ

グアドループで発見されたカリブの碑銘.『フランス植民地領土』より.

ることにより、ヨーロッパという対象とのあいだに、健全な距離を導き入れることができるだろうか。

ためしに「島」に関するこれまでの考察を、次のように要約してみよう。伝統的にヨーロッパにとって、海はつなぐものではなく、隔てるものだった。荒ぶる海が、母なる大地に立ち向かい、否定的な相貌を見せて行く手をさえぎるからこそ、彼方のインド洋に、ユートピアの島が出現する。あるいはまた、祖国の大陸が暗鬱な現実を意味するからこそ、地球儀の対蹠地、南半球の海原に浮かぶポリネシアは、楽園の輝きをおびる。こうしたファンタスムをささえるのが、所詮は、陸の論理であることを、あらためて指摘する必要はあるまい。島は、特権化された陸の断片であり、海に囲まれ、孤立することによって、はじめて夢の空間であることを許される。くり返し見たように、島は閉鎖空間の理想郷なのだった。ロビンソン・クルーソーが「孤島」の奥に立てこもるのは、じつは島が否応もなく海＝外部＝他者に向かって開かれてしまっていることを、恐れとともに発見したからであり、彼は島に身をおきながら大陸の論理を全うしたという意味でも、希有な経験をしたといえる。

そのロビンソンの島を含むカリブ海は、地理的な現実という意味では、東南アジアと似ていなくもない「多島海」である。しかし新大陸の懐に抱かれた海では、五世紀にわたり、ヨーロッパの植民者たちがそれぞれに陸の世界観と国境線をもちこみ、宗主国の名において海を分断したから、固有のネットワークは生まれなかった。往古から文明の海として生きつづけた地中海と異なり、かつて植民地化以前に存在したかもしれぬ文明のネットワークは、とうに見失われてしまった。ヨーロッパの視点からすれば極限的な「野蛮」の発露である「食人」が、カリブの記号とみなされていたという事実だけでも、陸の論理の暴力性はおおうべくもない。たしかに暗喩としては麗しい、この「多島海」の風景のなかで、苦難にみちた歴史と現実を見据え、クレオール世界は新たなるアイデンティティを創出しつつある。たとえばエドゥアール・グリッサンのいう「アンティル性」は、波動を伝える海そのものが、文明の空間として蘇生することを祈念する、詩的で力強いマニフェストの中心概念であるのだが、その詳細にふれることは、本書の射程をこえる。(7)

「国境」の発明？

さてヨーロッパは、北から西までの海岸線において、荒々しい外海に対峙して構築された大陸の文明である。(8)そのヨーロッパにとって「国境」の存在は、つねに自明のものだったのだろうか、とナイーヴに問うてみよう。今、わたしの手元にある『フランスの国境――「空間」から「領土」へ、十六―十九世紀』は、大判で六百ページをこえる大著だが、「序論」の部分にも、国境の誕生をめぐる考察はない。(9)著者ダニエル・ノルマンがめざしているのは、副題からも知れるようにルネサンス以降、絶対王政をへて、フランス革命後の国民国家成立の経緯を追うことであり、タイトルにも「フランス」と謳っている以上、アフリカには「国境」があったのだろうか、などという突飛な疑問は、予想すらされていなくて当然なのである。それにしても東ヨーロッパや中央ヨーロッパの諸国と異なり、フランスの国境線は、この四、五世紀のあいだ劇的に塗り替えられたわけではない。しかし、だからこそ、隣接する諸国、とりわけドイツとの力関係のなかで「国境」を画定する作業は、つねに緊張をはらんでいたのだろうと想像することができる。国立科学研究センターの教授であるノルマンは、アカデミックな歴史学の手法で、時代と地域を指定しつつ、公文書や地理学などの史料を引いて具体的な記述を展開してゆくのだが、まず「目次」を開いてみれば、これだけ語ることがあるほどに「国境」をめぐる問題は、「陸の文明」にとって大きいのだと奇妙な感慨を覚えるのである。

ノルマンの大著から考えるヒントをもらうとすれば、まずは「境界線」(limite) と「国境」(frontière) は、発想が本質的に違うという話だろう。「国王たちは、王国間の境界線、境界地帯の調整を行うために特使を任命した」(Les Rois ont nommé des Commissaires pour régler les limites, les confins de leurs Royaumes) というのが、十七世紀末の辞典の用法であり、一八三五年には、「国境の画定」(délimitation des frontières) という表現が定着するという。(10) 王国の縁、そこまでは王の支配が及ぶとみなされるライン、あるいは地帯を「リミット」と呼ぶというときに、これは地政学的な概念として機能する。これに対して「フロンティエール」という語彙は、むろん十七世紀以前にも存在するけれど、とりわけ軍隊の用語であって、たとえば要塞や城などの防備の最前線に位置する場を指すが、固定した地上のラインではないのである。「リミット」から「フロンティエール」への移行を、ノルマンは十八世紀と考える。

「フロンティエール」という言葉が侵略の範疇に入るとすれば「リミット」は和平の範疇に入るといえる。十六世紀から十八世紀にいたるまで、一つの国家は「フロンティエール」を(隣接する公国や国家の犠牲のもとに)拡張した。ただし二国間では「リミット」を決定したのである。これらの語彙が同じページで使われているときには、区別は明確であった。(11)

引用は、浩瀚な歴史論文集『記憶の場』におさめられた同じ著者の先行論文「国家の境界線 (limites d'Etat) からネイションの国境 (frontières nationales) へ」によった。タイトルからも推測されるように、君主制国家においては、王を中心として、国土を一つの「空間」(espace) として囲いこむ「境界線」があればよかった。一方「ネイション」すなわち国民国家は、外部との抗争を予想しつつ占有を主張する「領土」の上に成り立っている。

ここで「領土」を保全する外枠としての「国境」が、突如、国民国家の存在の根幹にかかわる大問題として浮上するのである。国と国との境界を定める方式には、軍事的、経済的、法的、外交的、といった根拠があるだろう。それに山や河などの地形がおのずと定める現実的な境界線という了解は、いつの世にもある。しかし、これらの根拠とならんで、「自然が摂理として定めた国境」という議論がわきあがったのは、じっさいには十九世紀に入ってからだという。「自然国境」(frontières naturelles) という語彙は、一八四〇年前後、おそらくはライン河をはさむドイツとの睨み合いにも触発されながら、流通し、一般に定着したのである。[12]

この大問題については、「国境」をまず定義すべきなのか、画定された「国境」の内部である「領土」の必然性を主張すればよいのか、あるいはまた、これを定め占有する「国民国家」のアイデンティティを記述することが不可欠の課題というべきか。こうした優先順位は、じっさいには決めがたい。それはそれとして、十九世紀のヨーロッパは、知力を傾けて、その全体にかかわる理論構築に励むことになるのである。しかもここで立ち上げられた議論と操作概念は、同時代の国際情勢と密接な関わりをもち、二世紀をへた今日も、民族紛争のつづく東欧やバルカンやアフリカ・アジアの広大な地域において、「文明」の規範として参照されている。「国境」の問題は、一つのネイションについて論じるだけでなく、いずれはグローバルな視点から考察されるべきであり、しごく当然なこの配慮を、わたしたちは忘れてはならないだろう。

とりあえず、ささやかな越境を試みるなら、十九世紀の地球上で「フロンティエール」が国民的課題となっていたもう一つの地域は、いうまでもなくアメリカ合衆国である。西の「処女地」を開拓する者の「フロンティア精神」がアメリカの誇る自由で逞しい国民性と一致することは、すくなくとも十九世紀の欧米では共通の了解であったにちがいない。ジュール・ヴェルヌが『八十日間世界一周』で描いた、無骨で短気なアメリカ人たちは、そうした開拓者のカリカチュアだった。中央公論社『世界の歴史』二十三巻には、いみじくも『アメリカ合衆国の膨張』[13]というタイトルがつけられているのだが、その含意は一義的には、アメリカに定住した白人の居住空間、彼らが農業や鉄道や工業をもちこむことに成功した空間が、拡大膨張したということにある。しかしそれだけでなく、先住民族を「非文明」

18 世紀中葉にニュルンベルクで出版された最も古い言語地図の 1 つ.「主の祈り」の冒頭「天にまします我らの父よ……」の句が，それぞれの言語で記されている.

と見立てたうえでの、ヨーロッパの、そしてキリスト教文明の「最前線」というイメージが、人々の意識の中核に据えられていたはずだ。

「国境」とは、おのずと「外部」への圧力をはらむ概念であるのだが、老いたヨーロッパに「処女地」はない。近代国家の国境画定は、隣接する国家との差異という観点からなされるのであり、そのとき「内部」のアイデンティティを語ることが急務となる。そこで十九世紀フランスの国民的と呼ばれる作家や歴史家や思想家は、こぞって「国民性(ナシオナリテ)を語る」という責務を果たしたのである。ダニエル・ノルマンが「巨匠にふさわしい」と賛辞を惜しまぬ『タブロー・ド・ラ・フランス』(一八三三)の冒頭で、じっさい著者ジュール・ミシュレは、「国民国家のマニフェスト」を高らかに読み上げるかのような風情を見せる。

フランスの歴史はフランス語とともに始まる。言語は国民性の主たる表徴である。われわれの言語の最初の歴史的記念物(モニュメント)は、八四三年にシャルル禿頭王がその兄とのあいだで交わした誓約である。それまで曖昧模糊としたまとまりのなかで混じり合っていたフランス各地は、その後半世紀のあいだに、それぞれが封建王朝として個性をもつようになった。あれほど長いあいだ浮遊していた住民たちが、ようやく居場所を定め腰を落ち着けた。今やわれわれは、彼ら住民をどのように把握したらよいか、わかっている。そして住民たちは個別に存在し活動しているだけでなく、次第にひとつの声をもつようになった。それぞれが自らの歴史をもち、それぞれが自らを語り始めたのである[14]。

のちに詳しく見るように『タブロー・ド・ラ・フランス』は、フランス国内の各地方を地理学的・歴史学的に記述しようとする試みなのだが、ミシュレは、まずなによりも「フランス」というものを、さながら一つの人格(ペルソナ)のように捉えかつ定義しようと試みる。『フランス史』一八六九年版の「序文」の冒頭で、彼は作品を構想した当時をふり返りつつ、こう語る——「およそ四十年にわたり、精魂を傾けて書いたこの作品は、一瞬のうちに、七月の閃光のもとに懐胎された。あの記憶すべき日々に、大いなる光が差して、私はフランスをかいま見たのである[15]」。出版年からも推測されるように「七月の閃光」とは、一八三〇年の七月革命を指し、ナポレオン体制の崩壊後、王政復古の反動をへて、「閃光」のように共和国再建の夢が輝いた。それが瞬く間に潰(つい)え、ルイ・フィリップの七月王政に道をゆずったのだった。国民が主権を握る「ネイション」としてのフランスが、一瞬とはいえ姿をあらわした。『タブロー・ド・ラ・フランス』のもとになったのは、その翌々年の六月から七月にかけて、エコール・ノルマル(高等師範学校)で行った授業である[16]。少壮の歴史学教授は、学生たちを若々しい「国民」に育成することを念じつつ、彼らに語りかけていたはずだ。「豪華絢爛な文体、そのエネルギーと色彩[17]」が読む者を魅了してやまぬミシュレの文章は、教育の現場から生まれたのであり、見方を変えれば、このテクストは、国民の意識が立ち上がる現場ともいえる。

その読解は後にゆずり、ネイションの誕生と生成をめぐる基本的な了解を、この項のしめくくりとしておきたい。引用は、民族学と歴史学と文学とにまたがる学際的な発想の研究書、アンヌ゠マリ・ティエス『国民のアイデンティティの創出——十八—二十世紀のヨーロッパ』から。

近代のネイションは公式の歴史学が語っているのとは違ったやり方で立ち上げられた。国民の歴史が最初の何章かに描きだす、あのおぼろに霞んだ英雄時代にまで、ネイションの起源が遡り、あの太古の闇に包まれるというわけではないのである。征服や同盟のなりゆきに左右されながら領土が次第に固まってゆくことはあるが、これもネイションの生成を意味しない。それは公国や王国の波瀾にみちた歴史でしかないからだ。本当の意味でのネイションの誕生は、ほんの一握りの人間が、ネイションは存在すると宣言し、それを証明しようと行動を起こした時に位置づけられる。その最初の例は、十八世紀より前ではない。近代的な、すなわち政治的な意味でのネイションは、これ以前には存在しなかった。(18)

「ネイションは存在すると宣言し、それを証明しようと行動を起こした」人間たちの筆頭に、ミシュレの名をあげておこう。ほかに十九世紀フランスで活躍した「一握りの人間」を挙げるとすれば、ギゾー、オーギュスタン・ティエリ、トクヴィルなどの歴史家、文学者ではヴィクトル・ユゴー、思想家としてはルナンというところか。しかしフランス国民についての考察をはじめるまえに、ヨーロッパ全体の見取り図を作成しなければならない。

それぞれのホメロスを求めて

一七五八年、一人の貧しく野心家の青年が、エディンバラの旧家に家庭教師として雇われた。当主は、土地の芸術家たちと親交があり、なかの一人が、すでに詩作に手を染めていたその青年に、ハイランドの口承伝説について質問した。ゲール語の言い伝えをなにか翻訳してほしいという依頼に応え、マクファーソン青年は律儀にいくつかのテクストを提出し、これがエディンバラの知的なサロンで評判をとった。周囲の励ましと使嗾を受けて、彼は鋭意翻訳作業を続行し、一七六〇年、小冊子ではあるが『スコットランドのハイランド地方で収集され、ジェイムズ・マクファーソンによってゲール語あるいはエルス語から翻訳された、古代詩の断片』[19]と題した本が地元で出版された。

人々の期待はふくれる一方だった。十八世紀の知識人は、本物の叙事詩、古代の吟遊詩人が口にして、それが敬虔な庶民によって、口から口へ、記憶から記憶へと受け継がれてきた、そんな由緒ある叙事詩を探し求めていたのである。庶民の口にする言葉は、生半可な同時代の作家のペンが書きつける言葉より、真正(authentique)であるとみなされた。『古代詩の断片』には、修辞学の教授の「序文」がつけられて、これが地中海世界のホメロス詩篇に匹敵する、北欧叙事詩の「断片」であると喧伝されていた。教授は、収集されつつある「われわれの叙事詩」のおおまかな展望まで素描して、続編を約束する。相変わらず気乗りのしないマクファーソンは、説得され、資金援助を約束されて、調査旅行に赴き、古文書を漁り、民謡を集め、語り部を訪ね歩いた。そうして穴だらけの資料をつなぎ合わせる作業にとりかかったころ、地元では、大臣でもある何某卿の口添えにより、この「発掘された富」をロンドンで出版しようという話がもちあがる。一七六一年の末、こうして『フィンガル、古代叙事詩六巻、および、フィンガルの息子オシアンの創作になる詩、数編、ジェイムズ・マクファーソンによりゲール語より翻訳[20]』なる書物が、ついに日の目を見たのである。

エピグラフには「われらが祖先の偉業」とラテン語で謳われ、英雄フィンガルの数奇な運命を、勇者にして詩人である息子オシアンが語ったものが、伝説として今日にまで受け継がれた、という触れ込みだった。「序文」には、オシアンの叙事詩を生んだ古代ケルトについての考察があり、ハイランドの住人は、五世紀にアイルランドからやってきた侵略者たちの子孫ではなく、かつてローマ軍と勇敢に闘ったカレドニア人の子孫である、という論陣が張られていた。

その後マクファーソンは、夢見たように大詩人になることはなかったが、植民地政策の分野で健筆をふるったものらしく、フロリダ総督の秘書に雇われたのち、アメリカの反乱分子に対するイギリス政府側の弁論に貢献し、下院議員をつとめ、インド会社と軋轢を起こしたインドの王侯を助けて一財産を築き、流行のイタリア式ヴィラを故郷に建設し、五人の私生児をのこして一七九六年に他界した。

以上は、すでに引用したアンヌ＝マリ・ティエス『国民のアイデンティティの創出』の冒頭の章、皮切りのエピソードを要約したものである。(21) ただしスコットランドのハイランド地方のアイデンティティが、真偽のほども知れぬ一冊の書物から捏造されたというのが、話の眼目であるわけではない。マクファーソン青年が、たまたま身をおいた知的環境の期待と要望に応えたのは、浮き世のしがらみゆえであったかもしれない。その経緯はともかく、『フィンガル』と題した書物が出版された。そのことによって、起源の物語が創出された。その意義を予感したのは、おそらくマクファーソン自身よりむしろ、地方都市のマージナルな知識人たちだった。結果としてオシアンの叙事詩は、おのれのホメロスをもたぬヨーロッパ各地の住民にとって、羨むべき模範となったのである。

十八世紀のヨーロッパにおいて、圧倒的優位に立っていたのは、フランス語とフランス文学だった。それは同時に宮廷の文化であり、しかもヴェルサイユだけでなく、ヨーロッパ諸国の宮廷生活を支配する普遍的な文化だった。その一方には、国民の継続性を保証するのは、土地に定住した無名の民 (peuple) であり、婚姻や侵略によってヨーロッパ各地を渡り歩く王侯は、居候のようなものだ、という考え方がある。これは、つきつめれば革命の精神に通じる思想である。

こうした思想の流れを背景におくと、北ヨーロッパの住人が、北欧固有の文学を希求した理由、発掘された叙事詩が大成功をおさめた必然性が見えてくる。民間に伝わる伝承や民謡を収集する仕事は、一方では、普遍性を誇る文化のヘゲモニーへの挑戦という政治的意味をもち、他方では美意識の変革をもたらした。オシアン再発見とほぼ同時期に、スイスからドイツにかけても、地方の民衆文化に根ざした文芸復興の運動がおきていた。とりわけ一七五七年に『ニーベルンゲンの歌』の断片が出版されて、これがドイツ語圏のホメロスとして顕揚されることになる。ティエスの用語によれば、「フランスの文化帝国主義」[22]への抵抗として、国民文学黎明期の活動ははじまった。「国民」の自覚を促すためには、王国の盛衰の物語ではなく、建国の神話が必要だった。神話は出生証明書のようなものであり、これを復唱することは祖先を称える行為ともなるだろう。物言わぬ民衆は、プリミティヴであるがゆえに「生きた化石」のように偉大な先祖の精神を宿しているはずだ[23]。文化不在の空間とみなされてきた土地に、埋蔵された文化の古層を認めようとする運動は、十九世紀に引き継がれ、文学のみならず、言語学、考古学、民族学、地理学など、さまざまの知的探求が側面からかかわることになる。

ドイツ語圏において先駆者の偉業をなしとげたのは、一七四四年生まれのヨハン・ゴットフリート・ヘルダーである。ティエスが十ページを割いて論じているこの思想家について、さらに要約して語るのは容易ではないが、結論を先取りすれば、フランス文化の模倣を戒め、ドイツ固有の美と思想を追求すると同時に、そうした国民的な価値の顕揚そのものが、ヨーロッパ全域において普遍的な運動となり、新しい時代を築くだろうと予告したところに、ヘルダーの若々しさがある。

東プロイセンの小市民の家庭に生まれたヘルダーは、優秀な頭脳を見込まれて学問を志し、パリに赴いてディドロやダランベールと知己になったりはしたものの、無産階級の就職口は貴族の家庭教師しかなかった。しかし五歳年下のゲーテと知り合ったことがきっかけで、ヘルダーもワイマル公国の宮廷に仕えることになり、研究と執筆に勤しむ環境にようやく恵まれる。なかでも注目されるのは、言語論である。最初の人類が地球上に広がっていったとき、気候風土や生活習慣など物質的な条件の相違から、言語が多様化していった。したがって、それぞれの言語は、何世紀にもわたって形成されてきた民の精神の、生きた標本にほかならない。ドイツが国民としてのアイデンティティを確立するためには、民の言語の統一と普及を図るべきであり、「この一世紀、上流階級を自称する者たちが、まったくの外国語を採用し、召使いに話すときにしかドイツ語を用いない」ことは、なんとも嘆かわしい、とヘルダーは批判した。

一定の領土で使用される一つの言語によって、社会階級のすべてが同じ樹木のひこばえのように認知され、すべての住人が共通の言葉によって教育されなければ、「国民」という共同体は生まれない、という提言は、たしかに時代に先んじたものといえるだろう。(24) ヘルダーは、こうしてフランスの「言語帝国主義」に反旗をひるがえしたのである。

ここで強調しておきたいのは、「普遍言語」(langue universelle)を自任するフランスに対し、ドイツは「個別性」の指標のもとに「国民の言語」(langue nationale)を立ち上げようとしたという事実である。ヘルダーの活動が佳境に入ったちょうどそのころ、一七八四年に、リヴァロルの『フランス語の普遍性について』が出版された。「明晰ならざるものはフランス語にあらず」という命題をのぞいては、今では引かれることもない論考だが、もとはといえばベルリン・アカデミーの懸賞論文でこの課題が与えられ、めでたくリヴァロルが受賞したものだった。フリードリヒ二世(大王)のもとで、ベルリンはドイツ啓蒙思想の中心となっており、そのアカデミーがフランス語を顕揚するという現象は、すくなくとも一七八〇年前後には、唐突ではなかったものらしい。これもまた、ヘルダーの先駆性に、思わぬ方向から照明をあてる、興味深いエピソードではないか。

一つの国家・一つの言語

langue nationale という言葉に、そのまま対応する概念は、日本語には存在しない。通常であれば「国語」という訳語をあてるところだが、それではここで検討する「国民の言語」と「国家の言語」をめぐる対立と葛藤という主題が、すでに抜け落ちてしまう。わたしたちに決定的に欠けているのは、この問題の意識化と基礎知識である。まずは現代ヨーロッパの言語見取り図をつくることになるが、ここでは「国民語」という違和感のある言葉を、意図して使う。

ロシア以西の地域で、国名はあっても固有の「国民語」をもたない国家は、オーストリア、ベルギー、スイス、モルドヴァ共和国、ルクセンブルク、など。

国家の成立時期が際だって古く、十六世紀から十七世紀にかけて、すでに「国民語」が定着したのは、デンマーク、スペイン、フランス、イギリス、オランダ、ポルトガル、スウェーデン。これにイタリア語、ドイツ語、ロシア語を加えれば、ヨーロッパの主たる言語が並ぶことになるが、イタリアとドイツが一つの国家として統一されたのは、十八世紀から十九世紀にかけてのこと。ロシアの場合、成立は早いが安定したのは十九世紀以降である。

「国民語」が早くから定着していたにもかかわらず、国家の存続が一時中断していて十九世紀から二十世紀にかけて再建されたケースもある。たとえばアイルランド、リトアニア、ポーランド、ハンガリー、チェコ共和国。

「国民国家」として近代に誕生し、固有の「国民語」をもつにいたったものは、時代順に見れば、十九世紀にブルガリア、ノルウェー、ルーマニア、セルビア。二十世紀初頭にはフィンランド、ラトビア、エストニアが、二十世紀末にはウクライナ、ベラルーシ、クロアチア、スロヴェニア、モルドヴァ、スロヴァキアの諸国家が、成立した。

ギリシア語とトルコ語は、こうした分類から逸脱するケース。

以上、簡略にまとめたが、参照したのはダニエル・バッジオーニ『ヨーロッパの言語と国民』(25)である。フランス語を特化することなく、ヨーロッパ諸言語の成立事情を国民国家の形成と関連づけながら再構成した労作であり、「言語の政治学」に関心をもつ者にとって必読の書といえる。きわめて刺激的なこの著作の全貌については、立川健二『ポストナショナリズムの精神』(26)の行き届いた解説にゆずるとして、ここでは「国民国家」の基盤が、いかに「国民語」の確定と不可分であるかを実感するところまで、話を進めておきたい。

フランスは近代ヨーロッパにおいてまっ先に、無名の民、あるいは「人民」(peuple)が主権を握り、共和制の道を歩みはじめた大国の一つである。君主を廃位し、帝国のくびきを断ち切ろうとする運動においても、十九世紀をつうじて何度か範をもたらすことになる。世紀の初頭、ナポレオン退位後のウィーン体制は、外見においては著しく反動的なものであったが、その間にも「自由主義」と「ナショナリズム」は着々と成長をとげる。一八四八年の二月革命がもたらした共和制の夢はヨーロッパ各国に波及した。革命の主体であるフランスの「人民」は、政権を長期的に維持するにはいたらなかったものの、イタリア、ドイツなどでは、統一への願望が、強力な指導者によって実現されるだろう。その一方で、オーストリア帝国とオスマン帝国は、国民国家としての力を貯えた列強に包囲され、しだいに地歩が脅かされるのを感じていたはずだ。一八七〇年以降、ヨーロッパの状況は一見安定しているように見えるが、バルカン情勢、国制改革によって生まれたオーストリア＝ハンガリー帝国などに、不穏な要素がくすぶり、ロシア、ドイツが強大な新興勢力として立ち上がってくる。

こうした複雑な国際政治の推移のなかで、いくたびも政体が変わり、無造作に国境線が変更され、そのあおりを受けながら、国民としての意識が「国民語」を中心に育まれていくプロセスを、個別的に記述してゆかなければ、じつのところ「言語と国民」について語ったことにはならない。それはバッジオーニのような該博な専門知識をもつ研究者のみがなしうることだ。一つだけ、しばしば引かれる例であるが、フィンランド語のケースを見ておこう。

スウェーデンとロシアのあいだに位置するこの国は、大部分がフィン人からなるが、国家的な統一を果たさぬうちに、十三世紀、強国スウェーデンの支配下に入る。十八世紀の北方戦争により、東部カレリア地方がロシアに割譲され、さらにナポレオン戦争での敗北によって、全土がロシアに合併された。とはいえ、十八世紀からナショナリズムの運動があり、相対的には自立を保ちつづけたこのフィンランドにおいて、十九世紀初頭、スウェーデン語を使う人口は、全体の二〇パーセント、都市部の裕福なエリート層にかぎられていた。一方、フィンランド語を使うのは農民と、しだいに数を増しつつあった都市の労働者。フィンランド語は、制度的には貶められた言語であり、初等教育や教会での宣誓などを除けば、公的な場面で使われることはなかった。このような状況のなかで、スウェーデン系の知識人であるリョンロートが、カレリア地方を歩いて断片を収集した民間伝承を一大叙事詩に編纂し、一八三五年『カレワラ』と題して出版した。フィンランドも、ついにおのれのホメロスをもったのである。これはただちにヨーロッパの諸言語に翻訳され、フィンランド語の文化的な地位は一挙に上昇した。スウェーデン系の進歩的知識人たちは、フィンランド語の文学を出版するための協会を作り、この自由主義的・愛国的な集団が、農民大衆と結びついて、反体制とナショナリズムの陣営を形成し、同じスウェーデン系の旧勢力と対立することになる。スウェーデン語を使う人口は、もともと五分の一であったのに、減少の一途をたどり、この言葉を使うことは、保守派のブルジョワあるいは貴族の指標となった。しかし行政や高等教育での支配がゆらいだわけではなく、一八八〇年には、数においては圧倒的な優位に立つ反体制陣営から「支配的マイノリティによる言語政策の暴虐」が告発されるまでになる。

この間、十九世紀をつうじて、方言あるいは農民の口語を素材としてフィンランド語の文法を整備し、語彙を充実させる運動がつづけられた。一九一七年、ロシアから独立を果たしたのちも、外来語を排除するなど「国民語」としての改革は継続された。今日、スウェーデン系の人口は、およそ六パーセントだが、独立以来、二言語を公用語とする方針は変わっていない。ロシア大公国の支配百年に、その前のスウェーデンによる統治を入れれば、じつに七百五十年に及ぶ従属の歴史から解放されて、ようやく百年。若い国民国家フィンランドでは、『カレワラ』初版が出版された日を記念して、二月二十八日が国民的祝日となっている[27]。

フィンランドはしかし、特異なケースというわけでは決してない。この項のはじめに記した見取り図であらためて確認するなら、西ヨーロッパ数ヵ国とロシアなどの大国を除けば、この二世紀、多くの国民がおのれの「国民語」を創出するために、闘いと努力をかさねてきたのである。旧ユーゴスラヴィアの国土に住むスラブ系住民の統合を図るために、十九世紀半ば、学者たちの共同作業によって生み出されたセルボ＝クロアチア語などは、その典型といえる。一つの均質な「民族」とみなしうる共同体をはぐくむためには、共通の言語が求められる。しかし、セルビアとクロアチアのあいだに対立が生じれば、セルビア語とクロアチア語は袂を分かち、共有部分を排除した独立言語として成長をとげてゆくだろう。そうしたドラマは、今日もつづいている。ここで触れる余裕はないが、欧米諸国によって植民地化されたアジア、アフリカの広大な地域では、権力に直結した旧宗主国の言語と植民地化され貶められた住民の言語との二言語共存という状況が、いまだに越えがたい政治的格差、社会的不平等、文化摩擦を生んでいる。

「一つの国家・一つの言語」というスローガンが歴史的な流れとして、いかに正当で自然なものに思われようと、地球儀を回してみれば、これがユーラシア大陸の一角において生まれた稀少なモデル、例外的なケースであることは疑いようがない。

さらに確認しておきたいのだが、個人や集団の努力によって創造された新しい言語は、たとえ国家により認められ、「公用語」あるいは「国家の言語」になったとしても、それで自動的に全国民がこれを使うという状況は生まれない。初等教育や文学創作、とりわけ大衆への影響力をもつ演劇などが、普及運動に貢献することにより、ようやくゆっくりと、標準語が社会階級の壁をこえて浸透する。ヘルダーが願ったように、農民と知識人が同じドイツ語によって生活し、思考するようになって、はじめて「国民語」と呼ぶに値する言語が誕生したといえる。

「タブロー」として国土を見る

フランスの場合はどうか。標準語としてのフランス語は早くから存在し、ヨーロッパの特権階級の共通語となっていたが、革命勃発の直後、それは「国際語」ではあっても「国民語」ではなかった。ここで参照するのは、谷川稔『十字架と三色旗』だが、まずは引用を二つ。一方は、奴隷制廃止の論客としてすでに名をあげたグレゴワール神父が、国民公会議員として行った報告「方言の絶滅とフランス語普及の必要性およびその方法について」より。二つめは、同じく国民公会で活躍したベルトラン・バレールの演説である。いずれもジャコバン独裁が頂点に達した一七九四年のものであり、果敢な共和主義の理想に貫かれた文章とみなしてよい。

農村を中心とする六〇〇万人のフランス人が国語を知らない。またそれと同数の人びとが片言しかしゃべれない。……〔要するに〕フランス語を正しく話せるのは三〇〇万に満たない。正確に書けるのはそれよりはるかに少ない。

われわれは政府や習俗や思想を革命した。さらに言語も革命しよう。連邦主義と迷信はブルトン語を話す。亡命者と共和国への憎悪はドイツ語を話す。反革命はイタリア語を、狂信はバスク語を話す。これらの災いをもたらす誤謬の道具を打ち砕こうではないか。

グレゴワール神父は、すでに一七九〇年から地方の言語調査を行っていたが、その目的は、農民の口承言語の認知と復興という発想からは、かぎりなく遠かった。当時、フランスの人口は、約二八〇〇万人というから、調査結果の数字が、実態を正確に反映しているかどうかは定かでないにしても、いったん首都を離れれば、フランス語を使うのは地方都市の知識人、支配層だけだった。民衆に革命の何たるかを語るためには、ブルトン語や、ドイツ語の通訳が必要になるのだった。こうした事情があるために、地域文化のアイデンティティに固執する「連邦主義」は、反共和制、反革命の烙印を押されることになる。「単一にして不可分の共和国」をめざす運動は、初等教育の改革というプログラムとなり、十九世紀に引き継がれるのだが、これが軌道に乗るのは、一八三三年、歴史家でもあるギゾーにより本格的な制度改革が進められたときである(28)。

さて、前項に素描したヨーロッパ全域の複雑で大きな「国民語」の運動を背景におき、『タブロー・ド・ラ・フランス』の冒頭「フランスの歴史はフランス語とともにはじまる。言語は国民性の主たる表徴である」という文章を読みなおしてみよう。ミシュレにおいて、フランス語の顕揚という課題は、「国民性」という個別的なものの本質を探求する運動に結びついている。いいかえれば、リヴァロルの「普遍言語」の概念は、共和制の言語政策においては、とりあえず否定されるべきものとなるはずだ。いずれ詳しく検討するように、『十九世紀ラルース大辞典』は、共和主義的な精神の産物であり、しかも一見政治とは無縁の項目で、みずからの立脚するイデオロギーをあらわにするのだが、ほかならぬリヴァロルのアカデミー論文について、これは「才気走って無知な輩の書き物」だと高飛車に決めつけている。個人的な反感というだけではあるまい。絶対君主制から共和制へと移行したときに、フランス語そのものが言語として大きく変貌したわけではなかったが、その政治的な意味が逆転した。そして「明晰なるフランス語」という神話だけが生き残ったのである。

冒頭の一文からおのずと予想されるように、『タブロー・ド・ラ・フランス』（以下『タブロー』と略記）は、いわゆる「国民感情」(sentiment national) の育成を、強く意識した著作である。おそらくはそのために、十九世紀の終わりから二十世紀にかけて、ミシュレは革命史の大御所としてよりむしろ『タブロー』の著者として、とりわけ公教育のなかで読みつがれてゆくのである。[29] ただしこれは、もともと地理学の単行本ではない。『フランス史』と名づけられた大著、全十七巻の一部であって、一八三三年の末に上梓された第一巻と第二巻のうち、第二巻の前半を占める論述が、独立した著作のように読まれているという事実を忘れてはなるまい。ちなみに第一巻の前半「第一篇」は「ケルト人、イベリア人、ローマ人」、後半「第二篇」は「ドイツ人」と題されている。ケルトなど先住の民が住み、ローマ帝国の支配下にあったガリアの地に、ゲルマン系の民族が到来し、メロヴィング朝につづいてカロリング朝が誕生し、ほぼフランスの一体性が見えてきたところで、歴史記述を中断し、地理的な展望として『タブロー』を導入するというのが、ミシュレのねらいであり、壮大な全体構想なのである。

さて『タブロー』の冒頭のページには、「歴史とはまず、きわめて地理学的なものだ[30]」という定言がある。一つの国家は多様な相貌をもつ地方から構成されるゆえ、それぞれの地方の自然や習俗や伝統を知らねば、全体の歴史は語れない、と。それだけのことであれば、わざわざ指摘されるまでもない。ずっと後のことだが、一九〇三年から二二年にかけて、アカデミズムの歴史学の成果として全二十七巻という浩瀚な『フランス史』がエルネスト・ラヴィスを編者として刊行されたとき、第一巻には、地理学者ヴィダル・ド・ラ・ブラーシュによる『フランス地理学のタブロー』がおさめられていた。まずは空間を規定し、そこに時間を導入する。これは、地理学と歴史学との合意と協同による世界把握の方法であり、おそらくは、ヨーロッパの十九世紀を特徴づける世界認識の手法でもあった。レアリスム小説の典型的な技法が、まず舞台を設定し、そこに物語を導入するというやり方で、この手順を踏襲するのは偶然ではないのである。

じっさい「タブロー」[31]すなわち一枚の絵というメタファーは、一義的には時間ではなく空間の記述を含意するのだが、ミシュレの手法はきわめて個性的であり、のちにヴィダルの定式化することになる学問としての地理学からは大きく逸脱したものだった。著者自身の言葉によれば「われわれは、空間と時間のなかを旅しながら、歴史の出来事（クロノロジー）の順番にしたがって、地理を学ぶことになるだろう[32]」というのである。

フランスの国土は、よく知られているように、ほぼ正六角形をなしている。この幾何学的な調和が、いわば予定調和的な線引きへの願望を招き寄せ、正六角形の国境を守りたい、いや守らねばならぬというナショナリズムの主張を醸成することさえあるといわれている。この空間をどのように記述するか、むろん順番は無限に想定されようが、正多角形であるからなおのこと、「周遊（ツール）」という方式は自然なものに思われよう。のちに検討するように、期待どおりの道筋をなぞって国民の感動を誘ったのが、第三共和制のベストセラー少年文学『二人の子供のフランス巡歴（ツール）――義務と祖国』であり、さらに今日もすたれることなく熱狂を呼びおこしているのが、自転車競技「ツール・ド・フランス」なのである。ミシュレも、この周遊方式を採用した。

パリが中心とみなされるのは当然として、円を描くときに出発点を円周上のどこにおくか、また、時計回りにするか、逆回転にするか。ここで歴史家ミシュレは、六角形の国土における時間の堆積を、視野に入れるのである。フランス文明の古層にあたるケルトの遺跡からローマ帝国の栄華を偲ばせる地中海世界までを擁した南西部と、パリという心臓部を抱えて近代化・工業化の道を邁進する北東部。ごく自然な選択として、ミシュレは時間軸に沿って過去から未来へと歩む。これを空間に翻訳すれば、西から南、ついで東から北へと時計の逆方向の進行になる。

ところで、新旧のフランスというイメージそのものは、ミシュレの発明したものではない。ダニエル・ノルマンに

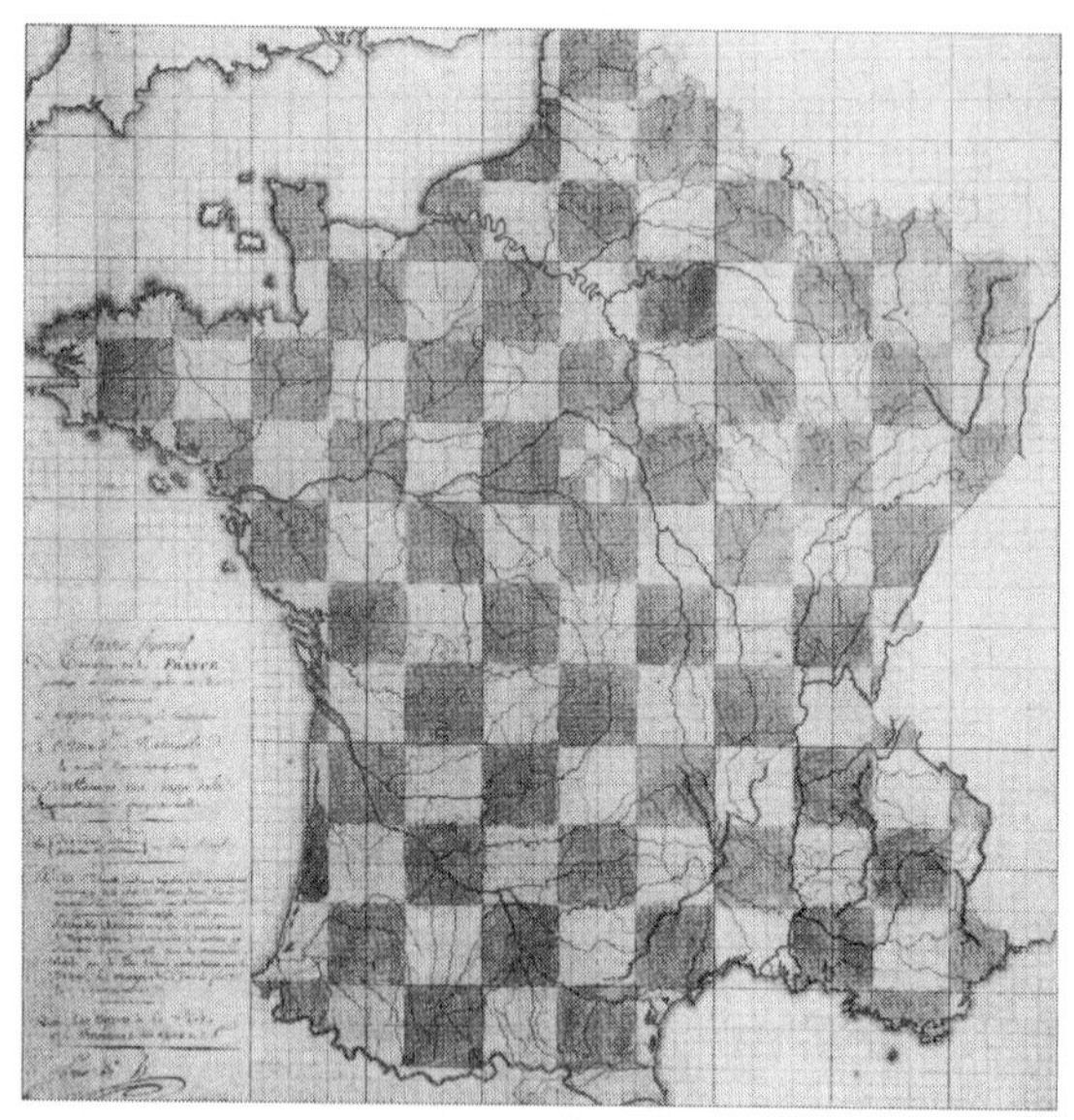

「単一にして不可分」のフランスを求める革命本来の精神は，国土の均質性と住民の平等を重んじるはずだった．1789 年 11 月 3 日に提出された「地理的発想」による県 (département) の設置案．直接選挙と行政にふさわしい 6500 平方キロを最小単位とする分割であるという．これに対して 19 世紀に展開される「地方性」の追求は，国土の差異化をめざす運動となる．

よる国境の理論の項でも参照した歴史論文集『記憶の場』のなかに、「サン・マロとジュネーヴの線」と題したロジェ・シャルティエの論考がおさめられている(33)。地図を一瞥すればわかるように、ブルターニュ半島のイギリス側の根もとにあるサン・マロとスイスのジュネーヴをつなげば、今述べた古く静的な南仏と新しく動的な北仏を「二つのフランス」に分断するラインが見えてくる。これを現実の客観的な描写とみなすべきか、それとも、ある種の心象地図とみなすべきか。そう問いかけることからはじめ、シャルティエは、こうした国土の把握自体が、統計資料などをつうじたフランスの自己分析、そして地方の特性を記述する膨大な作業のなかから、しだいに立ち上がってきた神話的イメージにほかならぬことを論証する。

　そうしたわけで、ミシュレの「空間と時間のなかの旅」は、巧みに構想された歴史地理学のガイドのようにも読めるのだが、それと同時に、シャルティエが俎上に載せた国土イメージをなぞり、これを強調し、結果として神話の定着に貢献した文献の一つともみなされよう。「ヴォージュ山脈かジュラ山脈の高いところ」に登って「アルプスを背に」フランスを眺めてみよう、という誘いから『タブロー』の旅ははじまっている。この高みから、ちょうど鳥瞰図を描くときのような視点を設定し、山岳地帯、平野、河の流れ、ついで周辺の国々を空間に配置する。それはコンピュータ・グラフィクスさながらの、動的で美しい文章なのである。

ドイツはフランスに対立するのではなく、むしろ並列するのである。ライン河、エルベ河、オーデル河は、ムーズ河、エスコ河〔スケルト河〕と同様に、北海に注いでいる。ドイツ的なフランスは、もともと母なるドイツに共感を寄せている。ローマ的な、あるいはイベリア的なフランスということになると、マルセイユやボルドーは、たしかに壮麗なものではあるけれど、アフリカないしはイタリアの古き世界しか眼中にない、あるいは漠たる大洋しか眼中にないのである。ピレネーの壁がわれわれをスペインから隔てる距離は、海がアフリカからスペインを隔てる距離にまさっている。雨と低く垂れ込めた雲海をつきぬけて、ヴェナスクの峠まで登り、おもむろにスペインのうえに視線を投げたとき、ヨーロッパは終わったと感じることだろう。新しい世界が開けている。目の前にあるのは、アフリカのぎらつく光、背後にあるのは、吹きやまぬ風に波打つ霧。(34)

こんなふうに『タブロー』の語り手は、アルプスを背にした高みから、縦横に視線を走らせておおまかな地形を捉え、最後に対角線上のイギリスと向き合った土地、最も遠いブルターニュの深い森に眼をとめる。「サン・マロとジュネーヴの線」にほぼ重なった斜めの線で、六角形を分割するという発想である。

国境地帯をいかに記述するか

ブルターニュを出発点とする旅の行程を、ミシュレは以下のように予告する。

> われわれはしかし、ここからフランス研究をはじめようと思うのだ。君主制の長女であり、ケルト縁（ゆかり）の地でもある、ここは最初の眼差しに値しようというものだ。ここからわれわれは、ケルトの積年の敵、バスクとイベリアの民のほうへと下ってゆこう。山岳に住む彼らは、荒野や沼地に住むケルトに、頑固一徹なことで劣らなかった。それからわれわれは、ローマの支配、ゲルマンの支配を経験した混淆の地帯へと進もう。こうしてわれわれは、空間と時間のなかを旅しながら、歴史の出来事の順番（クロノロジー）にしたがって、地理を学ぶことになるだろう(35)。

国家としてのフランスは、カトリックの傘下におかれた世俗の権力であるという意味で「教会の長女」と呼ばれることがある。これにならって、地方としてのブルターニュが「君主制の長女」であるというのは、ここが革命に最後まで抵抗した王党派の拠点になったところであることを示唆している。バルザックの『ふくろう党』（一八二九）が上梓されたばかりのころであり、それはまだ、誰にとっても生々しい記憶だった。

中央に対する逞しい抵抗精神をはぐくんできたこのブルターニュの先端、軍港のブレストでは、鎖につながれた徒刑囚が黙々と辛い労働に従事する。空中にみなぎる緊張感と人々の力業は、国境の外部から迫る「イギリスと自然」に挑戦するかのように思われる。

> この海岸線は端から端まで墓場である。毎年冬のあいだに、六十艘の船が難破する。海はその性向において、イ

ギリス的であり、フランス好きではないのである。海はわれわれの船を打ち砕き、われわれの港を砂で埋めてしまうのだ。

ブレストのこの海岸ほどに、陰気で凄まじい世界はない。それは古い世界の最果ての地、その先端、その舳先なのである。そこでは二つの敵、すなわち陸と海、人間と自然が向き合っている。荒れ狂う女のような自然が、いきり立ったとき、どんなに怪物的な大波が、サン゠マチウの先端に、五十尺、六十尺、八十尺と積み重なるか、これは目の当たりにしなければわからない。海の泡は吹き飛ばされて、母親たち、姉妹たちが祈りを捧げている教会にまで飛翔する。(36)

『ポールとヴィルジニー』の海の嵐を思い出された方もあろう。『タブロー』を執筆してから三十年近くたったころ、ミシュレは、その名も『海』と題した大著によって、命をはぐくむ母なる海、「万物の創始者」としての海を雄弁に語り、革新的な海のイメージを提示するのだが、ここでの海の風景は、むしろ十八世紀から引き継がれたロマン派的な色彩に染まっているように見える。

海はこの上ない自然国境なのだけれど、それだからといって「自然」が「中立」であるとはかぎらない。ミシュレはヴァーチャル・リアリティを一つのヴィジョンとして言語化する作家、文学の用語でいうなら「ヴィジオネール」(幻視者)である。「海はイギリス的」という形容は、詩的な異国情緒を語るというよりは、雄大な海洋風景が、切迫した他者性の相貌を帯びていることを暗示していよう。フランスは大洋の制海権を対岸の島国に掌握されているという地政学の実感と歴史認識があってこそ、敵意にみちた海を「イギリス的」と呼ぶ「国境の詩学」が醸成される。

ここブルターニュに住む人々、すなわち独自の言語をもち、単独の「国民性」(nationalité)を主張してきた「ケルトの人種」(race celtique)も、今日ではフランスになりつつある、と指摘して、語り手は南をめざす。どの道をとるか、ときに逡巡するかのように、いくつかの町の名をあげ、目的地をえらび、風景を描き、歴史を思いおこしながら、海岸沿いではなく、内陸をとおってトゥールーズにまでいたると、そこでは「高い響きの言葉が、まるでイタリアにいるような錯覚」を覚えさせる。「すくなくとも、裕福な階層の人間はフランス的だ。しかし庶民はまったく別物、おそらくスペイン的、モール的なのではないか」というのだが[37]、ひと言補足するなら、ここでの「モール」とは、スペインに住み着いたイスラームの子孫を指すのであろう。国境の近くとは、隣国の気配の漂うところなのである。

まさにそのために、二つの「国民性」が相互に浸潤する陸続きの国境地帯においてこそ、国境の理論が不可欠となる。『タブロー』に関していえば、その模範的な例は、スペインとフランスを分かつピレネー山脈の記述にあって、分水嶺を描くミシュレのペンは、こちら側にフランス的なるものを囲いこみ、あちらのスペイン的なるものに対峙させようとする気迫にみちている。折り重なる岩塊、万年雪、眼下にはほとばしる清流、千条の滝。そして、

> ここでフランスが終わる。あの高みに見えるのはガヴァルニの峠、嵐の吹きすさぶあの山道は、人の言う親知らず子知らずの難所。あれがスペインの入り口なのだ。雄渾な歴史の詩情が、二つの世界の境界線にたゆたっている。そこからは、もし遠目の利く人なら、トゥールーズとサラゴサが、意のままに見渡せる。山々を開く、三百尺のこの裂け目は、ロランが名刀デュランダルの二太刀で作ったと伝えられる。それは、フランスとスペインの果てしなき闘いの象徴であり、つまりはヨーロッパとアフリカの果てしなき闘いの象徴にほかならない。ロランは落命した、しかしフランスは勝った。二つの斜面を比較して見たまえ。われわれの斜面は、いかに優れていることか。スペインの斜面は、南に露出して、比べものにならぬほど険しく、乾燥し、野生のままである。フランス側は、なだらかな坂になっており、こんもりとして、美しい牧草に覆われ、スペインが必要とする牧畜の大方を提供する。なにせバルセロナは、われわれの牛で養われているのである[38]。

七七八年、シャルルマーニュ大帝がイスパニア遠征からの帰途、ピレネー山中でバスクの襲撃に遭い、勇将ロラン

の率いる殿軍が壊滅したという故事を引くことで、歴史の展望は大きく開かれよう。この山岳地帯に住むバスク人が、ヨーロッパ最古の誇り高き民族であることを確認し、ナヴァールはスペインとフランス両国のあいだで揺れ動き、十六世紀にはアンリ四世を宮廷に送った地であることなどを想起して、時間軸を立ててから、さらに、国土の周縁とは古い時間の堆積する空間であるとミシュレは説く。

これら古の人種、純粋なる人種、ケルトやバスク、ブルターニュとナヴァールは、混交した人種に、道を譲らなければならなかった、また国境は中心に、自然は文明に、道を譲らなければならなかった。ピレネーは、いたるところで古き世界の衰退を表している。そこでは古代は姿を消し、中世が死にかけている。(39)

「中心」は「文明」に重なり、「国境」は「非文明」としての「自然」に重なるという見取り図を、ここでしっかり記憶にとどめておくことにしよう。いずれ「歴史」や「文明」の概念を分析するときに、あらためて検討することになるのだが、「中心」とは未来への運動をはぐくむ頂点にほかならない。このような近代ヨーロッパ特有の世界観に、わたしたちがとりたてて違和感を覚えないとすれば、それは、現代日本の思考が、すでにその世界観の内部にあって、そこから脱却できずにいるからかもしれない。

さて、こんなふうにして、足早に国土を駆け抜けても、まだ周遊コースの三分の一ほどしか踏破したことにならない。ピレネーから東に折れて、アフリカの熱風にさらされたナルボンヌで地中海と出会い、ラングドックからプロヴァンスへと回りこむあたりで、つぎの一点を確認し、あとの地方は思い切って割愛しよう。

注目されるのは、一地方の「精髄」(génie)をいかに定義するかという問題。それは隣接する地域の「精髄」とは対立し、むしろ、その向こうの地域との類縁を見せるという地政学的な前提があるようだ。つまり、プロヴァンスは、ラングドックを飛び越えてガスコーニュに似る。オーストリアは、シュヴァーベンを飛び越えてバイエルンに似る。これが事実かどうかは問わぬとして、縞目のようなイメージそのものが結果的に、地方と地方、国と国を分かつ境界線を安定させることは、容易に察しがつくだろう。かりにプロヴァンスが隣接するラングドックとそっくりであるとしたら、これを分割する線は、どこに引こうと根拠が曖昧になる。国民と国民を隔てる国境線も、同じような機能をもつはずだという漠然たる期待があるのではないか。いいかえれば、ひとたび分割線を引いたからには、これが現に異質な存在を分かっているという証拠を見せなければならない。「国境の修辞学」に触発されながら「国民性」の物語をつむぎ出すという営みの、潜在的な動機はおそらくこんなところにも潜んでいる。

こうした了解が背景にあるために、地方や住民の特性を明示することが困難と見るや、ミシュレのペンは寡黙になる。「フランス語はロレーヌで終わる。私はその向こうまでは行かぬつもりだ。山を越え、アルザスを眺めるのはやめておこう。ゲルマン的な世界は、私には危険なのだ」[40]という述懐は、ドイツの危険な魅惑という話題につながってゆくのだから、一見したところ国粋主義的なものではない。しかし、歴史の事実として、ドイツとフランスは、アルザスの帰属をめぐって、果てしない係争をくり返してきたのである。簡単に復習をしておくなら、一六四八年のヴェストファリア条約によってフランス領となったアルザスは、ウィーン会議後、プロイセンに併合されていた。かりにライン河を「自然国境」とみなし、これを優先するという立場をとれば、アルザスは当然地続きのフランスの領土となる。しかし、フランスという「ネイション」のアイデンティティをフランス語に認めたミシュレとしては、いさぎよく、ここで引き返すしかない。上記の文章を、その意思表示と理解しておこう。

ところでずっとのち、普仏戦争のさなか、一八七一年一月に、ミシュレは『ヨーロッパを前にしたフランス』と題した政治的な論考を出版する。敗色の濃い祖国のために、近い将来を見越して、言語を根拠にした「国民性」の議論にあらかじめ楔を差しておこうという意図があからさまに見て取れる一文が、そのなかにある。

ひとたび国民性が問題になるときには、言語に何らかのささやかな共通性があるかどうかは、さして重要ではない。アルザスの住人は、ゲルマン語の方言（パトワ）を話すが、一里はなれたところで話されているドイツ語を理解できない、つまり彼らは全然ドイツ人ではないのである。そして、ドイツ的なあらゆる思考、あらゆる習慣に、潑剌たる〔フランス的な〕精神をまっこうから対立させる土地がこの世にあるとしたら、それは他ならぬロレーヌなのである。(41)

よく知られているように、ドイツとフランスの国境をめぐる論争と紛争は、つねにライン河沿いのこの地域を念頭におきながら、あるいはこの地域をはさんで戦火を交えながら、展開されてきたのである。国土が「君主」ではなく「国民」に帰属することになった時点から、ミシュレを典型的な例として、議論は営々と積み重ねられており、これがルナンの『国民とは何か』（一八八二）を準備する土壌ともなった。

『タブロー』に話をもどすなら、そのなかで首都パリは、周遊が終わったあとの最後の部分に登場し、割かれたページも多いとはいえない。にもかかわらずミシュレの思い描く国家像は、最終的にきわめて中央集権的なものとなる。

中心は、戦禍にさらされることなく思考するのであり、産業や、科学や、政治に変革をもたらしている。それは、受け入れたもののすべてを変形する。自然のままの生命を吸い込んで、みずから変貌をとげる。地方は、この中心のなかにみずからの姿を認め、この中心のなかで、地方はみずからを慈しみ、優れた形となった自分の姿を称賛する。(42)

こんな文章ではじまるパリ賛歌は、「幻視者」の想像力のなかで一挙にふくらんで、首都を中心にフランスは、一人の「人間」(personne) として姿をあらわすことになる。イギリスは「帝国」であり、ドイツは「人種」だが、フランスは「人間」なのだ、という断定に、さしたる根拠が示されるわけではない。しかしともかく人間には「パーソナリティ」が、「統一」がある、とミシュレは情感をこめて謳いあげる。下等動物は、身体の各部位の独立性が高いのだが、高等動物になればなるほど、中心化がすすむ。そのアナロジーで考えると、多様な各部分の連帯がつよく、相互に刺激を与え合っているフランスは、高度な社会といえる。まさにフランスは、「国民性」あるいは「国民のパーソナリティ」(personnalité nationale) が、もっとも「個人のパーソナリティ」(personnalité individuelle) に近づいたケースなのである。(43)

愛国少年とフランス語

以上でひとまず『タブロー』そのものの読解をはなれ、こうした愛国的な書物が、公教育のなかで「推薦図書」として読みつがれてゆく状況を想像してみよう。国境によって空間的に囲いこまれた土地に住む人々は、いかにして「国民」としての意識をもつにいたるのか。それが意識にかかわるものである以上、言葉の果たす特権的な役割は疑うべくもないわけで、書物が「国民」の形成に貢献する現場を、わたしたちはミシュレをとおして目にしたことになる。

つづいて第三共和制の大ベストセラーとなった「推薦図書」を検討することになるが、とりあげるのは『タブロー・ド・ラ・フランス』の少年版のような冒険物語である。『二人の子供のフランス巡歴——義務と祖国』は一八七七年に出版されて十年間に三百万部を売り、世紀の変わり目には六百万部という数字を記録した。学校図書館での貸出件数でもトップに立ち、津々浦々の庶民の家庭におかれていたというから、その読者数は天文学的なものになるはずだ。(44)

「二人の子供」は十四歳と七歳の兄弟であり、物語のはじまりは、一八七一年の九月——ミシュレによれば、精神において反ドイツ的でありながら——ドイツに割譲されることが決まったばかりのロレーヌ地方に設定されている。住民はそれぞれに国籍の選択を迫られているのだが、主人公たちは幼いときに母を失い、しかも大工の父親は、フランスの国内に移住する準備を整えているさなか、戦争で負傷した不自由な脚のせいで足場から落ちて死んでしまった。にわかに孤児となった兄弟は、父の遺言にしたがって、後見人になれる叔父を捜し出してフランスの国籍を得るために、「フランス門」と名づけられた町の門をくぐり、手に手を取って占領下の町ファルスブールを脱出する。

お気づきのように、子供たちの巡歴(ツール)は、「ヴォージュ山脈かジュラ山脈の高いところ」からはじまったミシュレの『タブロー』と同じ一角を出発点にしているのだが、こちらは実話の体裁をとった少年文学であり、主人公たちは、生身の人間として冒険や苦難に遭遇しながら、町から町へと移動し、観察し、思考する。「巡歴」の方向は『タブロー』とは逆向きの時計回り。相対的に見れば、濃厚な旅の記録はやはり、徒歩と馬車と鉄道で国土の起伏をなぞった前半部分だろう。故郷の町からヴォージュの峠を越え闇に紛れてフランス領に入り、ジュラの山脈を経由してリヨンを通過、さらに南下してマルセイユへといたる。

『二人の子供のフランス巡歴』の初版(1877年).

マルセイユから後は、地中海と運河を船で乗り継いで、ボルドーで病み衰え一文無しになった叔父に邂逅し、三人連れとなった一行は、海上から国土を見やりながら、ブルターニュの沖を回り、イギリス海峡では嵐のために遭難し、九死に一生を得てダンケルクで上陸する。

要するに「新しいフランス」は陸上で、身体を大地に接触させながら、そして「古いフランス」は海上から、いわば距離をおいて把握してゆくのである。ダンケルクの港から河を遡り、いったんロレーヌの故郷に帰って国籍の問題を解決し、幸運にもパリで叔父のささやかな蓄財を回収することになり、そこから南に隣接するオルレアン地方へと向かう。かつて船が難破したときに固い友情で結ばれた船乗りが、今は戦争で荒れた土地で妻と幼い二人の娘をかかえ再起しようと苦労しているのである。どこにでもありそうな農村に、働き盛りの叔父と二人の少年が到着し、母なる祖国の大地に主人公たちが根づいたところで、一年足らずの旅の物語は幕となる。

『二人の子供のフランス巡歴』は、もともと「教材」として使えるように構想された書物であり、「はしがき」は学校の教師に向けたアピールとなっている。

子供たちが自分の国を知らないと嘆く声が、しばしば聞かれます。自国をもっとよく知れば、もっと国を愛するようになり、さらにはもっと国に奉仕するようになる、という指摘がありますが、これは尤もな話です。しかし教師たるものは、子供に祖国の何たるかについて、いや単にその領土と資源についてさえ、明確な考えを抱かせることがいかに困難であるかを知っているはずです。〔…〕子供の精神を刺激するためには、祖国を目に見えるもの、生命(いのち)あるものにしなければなりません。子供たちが旅行記に抱く関心を、そのために利用しようと筆者は試みたのです。ロレーヌ出身の二人の子供たちが、フランスの国全体をめぐり健気(けなげ)な旅をする、これを物語ることによって、いわばフランスを目で見させ、これに触れさせたいと考えました(45)。

という次第で、これが何よりも「地理学」の教材として役立つことは確かだが、じっさいには旅の行程の半分以上が船旅なのである。それゆえ主人公の少年たちが身をもって国土の全体を知るためには、いくつかの「仕掛け」が必要になる。まず兄のアンドレは、義務教育を終えて錠前屋の技術を身につけた職人、弟のジュリアンは勉強好きの学童という設定は重要であって、二人の会話はむろんのこと、道中で出会う行商人などとのやりとりも、ときに移動教室のような趣をおびる。少年たちは、物見遊山をしているわけではなく、行く先々で生活費と路銀を稼がなければならないから、おのずと土地の農業や産業にかかわりをもつことになる。幼いジュリアンも率先して使い走りをやるのだが、あるときお客の婦人からご褒美に一冊の本をもらい、その後は、暇さえあればこれを開いて学ぶのである。『二人の子供のフランス巡歴』の読者は、ジュリアンとともにその本のページを開き、少年が今いる土地の風土や産物を知り、その土地の出身である模範的なフランス国民の伝記を読むことになる。この本が引用され、ジュリアンの感想が述べられるという反復的な構成のおかげで、「二人の子供」が足を運ばぬフランス西部の地方までが、間接的に紹介されるのである。「書物のなかの書物」が不可欠の見え透いた「仕掛け」である証拠に、船が沈没したときも、この愛読書はジュリアンのポケットに入ったまま、唯一の財産として難破をまぬがれている。

学びつつ旅をするという実践的な経験から、「地理学」以外にどんな知識が得られるか。『記憶の場』に収録されたジャック・オズーフ、モナ・オズーフ連名の考察には、「道徳の手引き」「自然科学の本」「フランスの法律についての入門書」という効用があげられている[46]。これに沿って話をすすめるなら、まず「道徳」の教育は、数々のエピソードの細部が担うだろう。ジュリアンが貴重な参考書を手に入れるのは、釣り銭を多く受け取ってしまったことに気づき、わざわざ道をとってかえした正直さに対する報償なのである。ともに旅をする行商の親方は、報告を聞いて「良心的であることで、自分も気持がよいし、それは皆に尊敬され愛される秘訣なのだ」と教訓を垂れる[47]。

じっさい学校の先生であってもおかしくないほど物知りのこの行商人は、地方の農業や手工業や工場についての知識を少年たちに授けるのだが、それに加えて、労働に対する報酬だけが正当な収入であることを学ばせる。子供たちの遍歴を語る少年文学はあまたあるけれど、この作品で「慈善」という行為が称揚されていないことは注目すべき特徴であり、そもそも富裕な階級の人間はまったく登場しない。一方で貧しい者の互助精神は、かならず子供たちの恩返しという美談によってしめくくられている。「共和国」に階級的な隔離があってはならず、その国民は、たとえ幼くても施しに頼ってはならないのである。たとえばジェノヴァの少年の両大陸を股にかけた「遍歴」の物語『母を訪ねて三千里』と読みくらべていただきたい。E・デ・アミーチス『クオーレ』（一八八六）のなかの、この有名な挿話では、「可哀想なマルコ！」という憐憫の情にすべてが収斂する。短篇の長さなのだから当然とはいえ、せっかく旅をするのに地理的な展望はなく、「教育」は道徳的な主題にかぎられている。

フランス共和国の推薦図書の場合、「自然科学」の基礎知識までが、町工場や農場の見学、自然界の驚異の観察、科学者の偉人伝の紹介、海洋学的な現象の解説、パリの植物園の見学、等々の現場のエピソードをつうじて学習されることだろう。それはさながら、ジュリアンの感動や感嘆を読者が分かち合うように仕組まれた、野外の理科教室のような具合なのだ。ここで効果をあげるのは、二百枚をこえる図版だが、むろん「自然科学」だけが視覚化されるわけではない。偉人の肖像をきっかけとして、「人文社会」の主題を平易に解説するという仕掛けもあるからだ。たとえば、ボルドーの町では、モンテスキューの伝記が読まれ、「当時植民地で行われていた奴隷制の不公正」に対して雄弁な批判を展開した人物であることが紹介される。と、ただちにジュリアンは、「そういえば、植民地で最初に奴隷制を廃止したのはフランスだった、ぼくはそのことをフランスのために誇りに思うよ」などと述懐するのである。[48] これはほんの一例にすぎなくて、この「教材」のなかで、フランスという国家は――史実を裏切るという危険を冒してまで――美化されている。

奴隷制廃止の運動がコロニアリズムと切り結ぶ曖昧な関係は、第I部第3章、第4章で見たとおりだが、すでに一八七〇年代は、フランスにおける植民地拡張の最盛期なのだから、もっぱら国内に目を注いでいるようなこの書物にも、そうした世界観の反映を見て取ることができる。たとえば異国に向かって開かれた港マルセイユでは、大洋を就航する巨大な蒸気船を見学し、その甲板を行き交う人々を見て、ジュリアンは「人種」の概念を習得する。白人、黄色人種、赤色人種（アメリカインディアン）、黒人を並べた挿絵は、今日でも植民地史の文献にしばしば引かれる有名な図版だが、参考までに「黒人」の定義だけ訳出しておこう。「黒人は主としてアフリカと南オセアニアの海に住む

『二人の子供のフランス巡歴』より——キャプションには「4 つの人種」をめぐる基礎知識が記されている.

が、皮膚はきわめて黒く、髪は縮れて、鼻はつぶれ、唇は分厚く、腕がきわめて長い」——というわけで、この記述が伝統的な負のイメージを踏襲していることは疑いようがない[49]。オセアニアについては、十八世紀の探検家ラ・ペルーズの伝記にちなんで、挿絵とともに先住民の野蛮な習俗が語られ、なかには「食人種」もいる、と現在形で指摘されている[50]。もっともフランスにおけるカニバル幻想は、一九三一年のパリ国際植民地博覧会においても健在なのだから[51]、かりにこれが「教材」でなかったとすれば、わざわざあげつらうほどのことでもないだろう。

最後に、社会と法律についての初歩的知識という効用だが、物語の全体が「国籍」の獲得をめざしたものであることを強調しておこう。少年たちが試練をくぐりぬけ、模範的なフランス国民に成長する過程では、法治国家フランスが、無償の公教育をはじめとする数々の保証を国民に与えていることが確認されてゆく。船が遭難して身一つで港に着いた主人公たちに、生活必需品のつまった真新しいトランクが届けられるのは、船長が万一のために「保険」を掛けていたおかげであり、叔父が失った蓄財を取り戻すのは、たまたま債務者の親族が良心的にふるまったことによる。勤勉で、堅実で、誠実な庶民こそが、共和国の英雄なのである。

ところで、オズーフの指摘によれば、少年たちの見た「共和国」には、奇妙な欠落がある。僧侶と軍人と工場労働者がいないのである。[52] 父親は大工、叔父は船大工、旅の途中で親交を結ぶのは、農民、行商人、手工業に携わる人々、船乗りなどであり、こうした登場人物の選択は、明らかに著者自身が抱く「共和国イメージ」の反映であろうとオズーフは分析する。それにまた、向学心にあふれた兄弟が、社会階級の上昇をめざそうとせず、ささやかな農地に根づいて自足する結末も注目に値しよう。こうして『二人の子供のフランス巡歴』は、農業と手工業を称揚し、地方の特性を慈しみつつ、非宗教的かつ非軍国主義的な国家への愛国心を育成することになるだろう。結果として描出されたのは、いささかノスタルジックで母性的な祖国フランスのイメージといえる。おりこまれた偉人伝のリストや内容から判断するかぎり、君主制や帝政に対する距離のとりかたは、まさしく共和主義者のものなのだが、じっさいのところ、一八七七年の時点では、誕生したばかりの第三共和制の国家権力は、まだ中央集権的、父権的な姿を明確にあらわしてはいなかった。[53]

『二人の子供のフランス巡歴』の著者G・ブリュノは、ペンネームである。版権をもつアルフレッド・フイエは学校教育の専門家だが、じっさいに執筆したのは、戸籍上はその妻と認められていなかった伴侶、フイエ夫人であることが知られている。[54] 息子の世代を含め、一家は学校教育の「推薦図書」をおびただしく生産した。こうしたジャンルの著作のなかで、「教育」という行為そのものが主題化されていることは、おのずと予想されるだろう。一例をあげれば、長期滞在したエピナルの町で、ジュリアンは小学校に、アンドレは夜間の成人学校に通ったのだった。読書好きのジュリアンは学校図書館の恩恵にあずかって、楽しい夕べを過ごすのだが、かたわらで保護者の老婦人（若いときには小学校の先生だった）は、こんなふうに説明する。「小学校も、成人学校も、学校図書館も、あんたがたの祖国の贈り物なのですよ。なにしろフランスは、子供たちがお国にふさわしい人間になることを望んでいるからね、毎日のように学校の数や授業の数を増やし、新しい図書館を建て、若い人たちを指導する賢い先生を育てているということなの」。これに対してジュリアンは、「ああ！　ぼくは心からフランスが好きだなあ！　フランスが世界一の国（ネイション）

になってくれるといいなあ！」と叫ぶ[55]。

日本語に訳してしまえば、なんとも白けるやりとりだが、ジュリアンと同様に本を買えない庶民の子供たちが『二人の子供のフランス巡歴』を学校図書館で借り出して、この段落を読むという、大都会でも寒村でもくり返されたにちがいない、夕べの情景を想像していただきたい。フランス語では「彼女」という代名詞に置き換えられる「フランス」と幼い読者たちは、まさしく母と子の関係にある。「国民教育」とは両者を結ぶ紐帯の強化にほかならない。まさにそのことを、この「教材」は熱をこめて語っているのであり、作品としての『二人の子供のフランス巡歴』が最終的に顕揚しているのは、今、読者が目でたどっている教育的なフランス語テクストそのものということになる。

フランス国民を育てる言語、すなわち「標準語の書き言葉」の特権的な価値は、物語のなかでは「方言(パトワ)の話し言葉」をめぐるエピソードによって強調されている。リヨンをとおって南に下り、プロヴァンス語の話されている地方に着いたとき、宿屋の女将たちとコミュニケーションが成立しないことを、ジュリアンは発見する。兄のアンドレいわく、「それは、あの人たちは皆が学校に行けたわけではないからさ。でも、何年かたてば、きっと違ってくると思うよ。たぶんフランス中の人が、祖国の言葉を話せるようになっているだろう」。じっさい地元の子供たちが学校から帰ってくると、ただちに対話がなりたち、友情が芽生える、という筋書きなのだ[56]。しかし考えてみれば、ロレーヌ出身の主人公たちは、学校で教えられた標準フランス語の書き言葉と巷で話されているアルザスの地方言語とが著しく異なることを、みずから経験しているはずである。それゆえこのエピソードは単純すぎて、どこか作為的なところが感じられる。しいて好意的に解釈するなら、特定の方言や多言語状況そのものを否定するというのではなく、ただ「教育」によって「国民」が育てられるという前向きのメッセージを、執拗にくり返しているということか。その手本となるように、端正で響きのよいフランス語で書かれた『二人の子供のフランス巡歴』は、言葉のあらゆる意味において「国民教育」をめざす書物なのである。

高尚な伝統としてのグランド・ツアー

『二人の子供のフランス巡歴』の少年たちが旅に出たのは一八七一年の秋。つまり『八十日間世界一周』のイギリス紳士による旅行より、ほぼ一年前であり、当時すでにフランスの国土には幹線の鉄道が走り、海は快適な高速蒸気船でつながれ、宿もそれなりに完備して、要は老いも若きも旅に出ることができる時代だった。これより一世紀まえ、ブーガンヴィルの『世界周航記』やベルナルダン・ド・サン＝ピエールの『フランス島への旅』『ポールとヴィルジニー』などが執筆されたころから、ヨーロッパ大陸における旅の実践と哲学はどのように変化してきたか、かいつまんで、特徴的な事象に触れておく。

十八世紀における先駆者は、例によってイギリス人だった。旅の文化史をひもとけばかならず目につくテーマだが、富裕な階級が「教養」を磨きあげるために、大ブリテン島から大陸にわたる。「グランド・ツアー」の客たちは、フランス人の了解によれば、金持ちと決まっていた。もともと貴族の敬称である「マイ・ロード」(my lord) がひどく訛った「ミロール」(milord) は、海の向こうからきた金満家を指す普通名詞となった。一方、モンテスキュー、ヴォルテール、ディドロなど、フランスの啓蒙思想

バンベオ・バトーニ『第8代ハミルトン公爵ダグラス』(1775–76 年)――優雅な姿勢で古代彫刻によりかかる人物，背景にはローマの遺跡．現地の有名画家にこのような肖像画を描かせることが，贅沢な「グランド・ツアー」の伝統になっていた．

家たちも、イタリア、イギリスや北欧、プロイセン、そして凍てついたロシアにまで足を運んで長く逗留した。しかし彼らは未踏の地をめざす「旅行家」「探検家」を自任していたわけでなく、旅の目的地は「ヨーロッパ文明」の内部にかぎられていた。

それにしても、多くの国、いくつもの行く先があるなかで、「グランド・ツアー」の定番は、とりわけイタリア詣でだった。ジョゼフ・アディソンという名をご記憶だろうか。『ポールとヴィルジニー』の庭園の美学の項で参照した英国のエッセイストだが、一七〇五年に出版された『イタリアのいくつかの土地についての所見』は、知的な旅行ガイドブックの嚆矢といえるものだったらしい。なにしろヨーロッパ一の風景があり、音楽と美術を学ぶことができる、古今の彫刻や建築や珍品遺物のコレクションがある、それに政治形態も多様であり、あらゆるところで往古の歴史的事件が想起される、とアディソンはイタリアの尽きせぬ魅惑を謳いあげた。[57]ちなみに十八世紀イギリスの田園風景を愛でる心性は、これもルネサンス期以来のイタリアの伝統に学んだものである。町の住人による「田舎の再発見」といってもさしつかえない別荘暮らし（villeggiatura）の習慣は、ヨーロッパ諸国のなかでもっとも都市化の進んだイギリスが、先頭を切って採用するところとなっていた。[58]詩人としては大成せず、植民地で財をなしたマクファーソンが、イタリア式ヴィラで余生を送ったのは、時代の風潮をそのままに踏襲する凡庸な人生の象徴とも見える。

こうした経緯があって、イギリス風の「ピクチャレスク」で「風景式」の庭園が、フランスでも流行した。そのおかげで『ポールとヴィルジニー』のなかでも、インド洋の島の造園が、あれほど念入りに記述されたのだろう、と以前にわたしは推論した。ところで、この小説が発表されたちょうどその頃に、インド洋のさらに向こうのカルカッタでは、イギリスの植物学者の手によって、土着の植生を生かした広大な植物園が、（さながらフランス島のポールの庭園を映し出すかのように）着々と風景式庭園に整備されつつあった。[59]これは一例にすぎないが、かりに自然と向き合うヨーロッパ人の「メンタリティ」の変遷を語るとしたら、その全体像は、植民地を含めた地球規模のパースペクティヴのなかで描きださねばならないだろう。

ともあれヨーロッパの内部で誕生した新しい自然観と感性を、国境の彼方へと浸透させるために、「グランド・ツアー」が一役買ったであろうことはまちがいない。無名の旅行者の精力的な移動によって、ヨーロッパ諸国民の交わりは、深いところから流動化していった。

エリック・リード『旅の思想史』によれば、「旅そのものが教育であり、自己啓発と修養の過程であるという新しい旅概念」は、すでに十六世紀から人文主義者と医師によって提唱されていた。それは明確なカリキュラムを含む旅の制度化をめざしたものであり、この種の「理知的な旅」という発想によって支えられた土地と住民の記述方法は、その後も長く踏襲されてゆく。さらに、その延長上に、「旅行案内」というジャンルおよび「民族誌学」という学問が位置づけられることになる(60)。

同じ十八世紀の旅行者であっても、ロシアの女帝エカテリーナに招かれてペテルブルクにおもむくディドロと、ただ旅をするために旅立つ英国紳士たちとでは、経験の質が異なるはずであり、十九世紀ヨーロッパの市民生活の新しい旅の様式を先取りしたのは、むろん後者だった。

　くる日もくる日も、たぶんくる週もくる週も、くる月もくる月も、あなたの足は鐙(あぶみ)にかけられている。早朝の冷たい空気を吸い、森を抜け、山道を行き、谷を渡り、荒涼たる平原を越えて、日没まできらびやかな馬車行列を率いる、あるいはそれに随行する、これがあなたの生活様式のすべてとなるのだ。……もしあなたが賢明であるならば、現実の移動に奪われる長い時間を、あなたを旅の目的地から隔てるたんなる深淵とは見なさずに、あなたの人生の中でもめったにない形成期のひとつと見なすだろう。たぶんあとになってあなたは、あなたの人格——つまり本性そのもの——が形成された日付けをその時期にあてたいと思うようになるだろう(61)。

十九世紀英国の旅行作家アレグザンダー・キングレイクの著書からの引用である。旅の途中にあること、移動のさなかにあることに伴う哲学的な意味とでも呼ぼうか。未知なるものの誘惑という目的論ではない、いわば旅の本質論がくり返し語られることにより、旅という主題は、ますます洗練の度を高めてゆくだろう。スタンダール、ネルヴァル、フローベールなど、フランスの作家たちも、さながらそれが作家として身を立てるための関門であるとでもいうかのように、こぞって旅路についた。旅は人生における特権的な時間を約束するという暗黙の了解が、強力な動機として働いていたにちがいない。こうして書かれる旅行記は、外界の描写だけでなく、個人の内省や省察を盛り込んで、日記や書簡体などの形式をとり、ときには「自伝」というジャンルに限りなく近づいてゆく。

国土というアイデンティティ

「グランド・ツアー」の伝統は、特権階級の高尚な「人文科学」の修養とみなされていた。これに対して、大衆を動員することになる「観光旅行」の流行という現象があるのだが、両者は「旅行ガイド」が介在するという事実によってつながれている。馬上で瞑想にふける旅人から、蒸気機関車と蒸気船を乗り継ぐ団体旅行客へ。本書、冒頭の章で見たように、トーマス・クックの登場により、イギリス人が新しい旅の様式に馴染みはじめたのは、十九世紀半ばのことである。安全で廉価な団体旅行という触れ込みで、旅行社は国内から大陸へ、エジプトへ、アメリカへ、世界一周へと企画を拡大した。「観光」という制度によって、庶民と女性にも旅の機会が開かれ、その結果、上品で教養ある「ミロール」とは大違いの、しまりやで、かしましいイギリス人団体旅行客という、新しい神話ができた。同じエジプトについて語った旅行記でも、ネルヴァルの場合は金持ちのイギリス紳士に対するひそかな羨望が透けて見え、ピエール・ロティの場合は、遺跡の雰囲気を台無しにする騒々しいイギリス女たちに対する呪詛がちりばめられている。

フランスでは一八四一年に『ギッド・ジョアンヌ』の第一号「スイスとフランス側ジュラ山脈の旅程」が出版され

「ギッド・ジョアンヌ」の観光案内所――「快適な旅は『ギッド・ジョアンヌ』から／どうぞお立ち寄りください／相談無料」.

た。第I部第2章の冒頭で紹介したボヴァリー夫人とレオンの会話は、時代の流行をしっかり踏まえているのである。イギリスからの旅行者の到来も引き金となり、アルプスの山と氷河は、真っ先に「観光名所」となっていた。[62]『二人の子供のフランス巡歴』でも、主人公たちは、徒歩と馬車でこの地域を横切り、心ゆくまで風景を鑑賞する。「旅行ガイド」の発想は、小説にも浸透するのである。

　アドルフ・ジョアンヌが「旅行ガイド」の執筆者としておさめた成功は、トーマス・クックが「旅行社」としておさめた成功に匹敵する。『ギッド・ジョアンヌ』は、出版社アシェットの発案により、鉄道の駅で時刻表などと一緒に売られ、うなぎのぼりの需要に応えるために、地元の人間も加えた執筆陣をそろえ、内容も形式も多様化してフランス国内から国外へとレパートリーを広げ、アドルフ・ジョアンヌの死後は息子が業務を引き継いで、一九一四年には「ジョアンヌ・コレクション」のタイトルが、再版なども含め、なんと二千をこえたというのだから、発行部数や読者数などは、もはや算定のしようがない。[63]

　英語の「グランド・ツアー」の派生語として、フランスで「ツーリスト」という言葉が定着したのは、一八三八年のスタンダール『ある旅行者の覚え書き』(*Mémoires d'un Touriste*)や四二年のヴィクトル・ユゴー『ライン河紀行』で使われてからのことらしい。とはいえ従来からの「旅行者」(voyageur)という語彙と、明確な使い分けがあったとは思われない。ただ新しい文化現象としての「ツーリスト」の出現は、どうやら「ガイドブック」を片手に名所を熱心に見て歩く、庶民の姿に重ね合わせられていたようで、風刺の対象になることもめずらしくはなかった。[64]

『ギッド・ジョアンヌ』の内容は、予算や宿泊施設など実用的な知識から、美術、遺跡、自然など、百科事典風の記述まで多岐にわたり、ひと言でいえば教養主義的なものだった。さらに普仏戦争後は、アルザスの激戦地を克明にたどるなどという新しい趣向があらわれた[65]。「ツーリスト」が無造作にポケットにつっこんだ、小型の「旅行ガイド」も、美しきフランスの国土を知り、外敵の侵略から守れというテリトリー意識、そして愛国精神の涵養に、大いに貢献したはずなのである。

『二人の子供のフランス巡歴』が国民的愛読書として読まれつづけて四半世紀がたった一九〇三年、スポーツの分野で「国土の一周」という主題が打ち上げられた。世紀末から大衆化しはじめた自転車による競技、「ツール・ド・フランス」がそれであり、人気は国境をこえ、一世紀をへたのちも衰える気配がない。今では国外の選手も参加するこの競技は、不思議なことにフランスの国土の六角形にその本質をむすびつけたままであり、これが遠い大陸や島に移植される可能性は、想像しにくいように思われる。「ツール・ド・フランス」固有の国民的精神とは、どのようなものなのか。ここでも『記憶の場』に収録された関連論文を参照することから始めよう[66]。

論文の著者ヴィガレロの表現を借りれば、このスポーツは「地理や地域や国境にかかわる競技」であり、「舞台装置は国土それ自身」、そして精神においては「フランス巡歴」の伝統に連なるものだという。そもそもは、新聞『オート』の社主アンリ・デグランジュの発案になるものだったが、当初は「教育巡歴」と「職人巡歴」という様式が強調されていた。コースはパリ、リヨン、マルセイユ、トゥールーズ、ナント、パリの小さめな時計回り。選手は独り旅をする職人に擬され、故障も自力でなおす。その一方で、旅の行程や地域の風景は、新聞というメディアが高揚した美文によって報道するのである。土地に密着して移動し、手先の技術で身を立て、みずからの身体をとおして国土を知るという発想は、『二人の子供のフランス巡歴』にきわめて近い。学校向きの図書はジャーナリズムにおきかえられたが、自転車が通過するときに要所要所で国民の歴史を想起するという報道の文体までが、少年文学に似ているのだった。

数年後には、アルプスとピレネーの峠が相次いでコースに取り込まれた。こうして肉体の限界への挑戦というドラマと同時に、自然の防衛する国境というテーマが全面に押し出された。地形を認識するだけでは足りない、国土とは「力と技」によって「占有」されるべきものなのだ。ヴィガレロはここで、一七九三年の国民公会におけるダントンの演説を引用する──「その国境線は自然によって引かれている。われわれは、地平線四方においてその線に達するであろう。ラインへ、大西洋へ、ピレネーへ、そしてアルプスへ。そこにこそフランスの境界があるのだ」[67]。

フランスの民衆にとって、言語や生活習慣がもたらす一体性よりも、国土が保証する統合のほうが、イメージとしてはるかに強烈なのだ、と歴史家は指摘する。地域の多様性が「自然国境」という神の摂理によって守られているという物語を、じっさい「ツール・ド・フランス」は華々しく演出していたのである。それに、いうまでもなく、選手とメディアと無名の観客が、同じ感動を分かち合い陶酔するスポーツの祭典は、「国民」の一体感をはぐくんだ。二十世紀の自転車競技が象徴していたのは、「国土」をめぐる共和国の理想にほかならない。

以上に見たのは、無名の大衆が、国土と国境に対し、いかなるイメージと執着を抱くかという問題、それもささやかな情景描写の断片にすぎないが、じっさい「共和国の意識」とは、ミシュレやユゴーやルナンの格調高い著作によって代弁されるだけではないはずだ。最終的に匿名の大衆によって共有されたとき、はじめてそれが「国民国家」を支える力となる。

2 「ナショナル・ヒストリー」から「国民文学」へ
――ヴィクトル・ユゴーを求めて

それはウォルター・スコットからはじまった

ミシュレの『タブロー・ド・ラ・フランス』も、学校図書の『二人の子供のフランス巡歴』も、「旅行ガイド」の文面や「ツール・ド・フランス」の報道も、すべてそうなのだが、「地理学」には「歴史」が影のようにつきしたがう。いや、十九世紀的な知の進展を一つの道行きにたとえるなら、そこではむしろ反対に、「歴史」が主で「地理学」が従であったといえるだろう。「歴史の世紀」という呼び名がこの時代だけにふさわしいのかどうかは別として、時の流れを遡り時間軸を貫通するような思考方法が、きわめて特徴的な活況を呈していたことはまちがいないのである。アンヌ゠マリ・ティエス『国民のアイデンティティの創出』をふたたび参照しよう。

十九世紀の初め、諸国民はいまだ歴史をもたなかった。すでに祖先を確定することのできた国民でさえ、物語の未完の章をいくばくか手にしているだけであり、本筋が書かれるのはこれからというところだった。世紀の終わりには、それぞれの国民が途切れることのない叙述をわがものとしており、それが語る長い道程（みちのり）は、有為転変や障碍の数々にもかかわらず、国民の精髄（génie national）によって一定の意味づけを与えられていた。国民がすでに独立を果たしていれば、そこには完結した歴史があり、自主独立のための闘いがまだ続行されねばならぬとすれば、それは輝かしい未来が近いことを予告する歴史となるのである。(68)

それぞれの国民が、おのがホメロスを発見しつつ「祖先」を確定し、これを顕揚する統一的な「国民語」を編纂もしくは創出する。さらに、その言語による「途切れることのない叙述」によって、起源から現代までが一直線につながれたとき、固有のアイデンティティをもつ「国民国家」というものが、自他ともに認める主体的存在として名乗りをあげることになるだろう。そうした「ナショナル・ヒストリー」構築の営みは――文学史や歴史学や民族学が異口同音に保証するところによれば――あの『オシアンの叙事詩』を発掘したマクファーソンと同じ、スコットランド出身の作家ウォルター・スコットからはじまったのだった。

一八一九年、『アイヴァンホー』が出版されると、少壮の歴史著述家オーギュスタン・ティエリが逸速く賛辞を寄せた。ウォルター・スコットという「天才的人物」が、イギリス中世の出来事を「活き活きと赤裸に」提示した、というのだが、(69)じっさい一八二〇年代のフランス思想における「スコットの影響」は、並々ならぬものであり、とりあえずの賛辞から窺えるような文学的スタイルの革新にとどまりはしなかった。のちにティエリは、より大きな展望のなかにスコットを位置づける文章を書いている。

どうやら一般読者の好みが、他のいかなる真面目な読書よりむしろ、歴史に向かう時が来ているようだと私は確信する。それは文明の秩序なのかもしれなくて、もっぱら思想をこねまわした世紀のあとに、事実をこねまわす世紀が到来したのである。まるで赤の他人について語るように過去を悪し様に言われることに、われわれは倦み疲れたのかもしれないし、あるいは単に文学的な好みというだけの話かもしれない。ウォルター・スコットの小説が読まれたおかげで、かつては人が見下して近寄りもしなかった中世に、少なからず想像力が惹きつけられるようになった。そして今日、歴史を読んだり書いたりする方法に一つの革命が起きつつあるとすれば、一見は浮薄に見えるこれらの創作が、特筆すべき裨益(ひえき)をもたらしたからにちがいない。それらは、野蛮であるとけなされてきた時代と人々に対する興味関心を、あらゆる階層の読者に植えつけたのであり、より重厚な出版物までが、そのおかげを蒙って、思わぬ成功を博すこともある。

おそらくウォルター・スコットの書くものに、歴史家の著述と同じ権威を与えようとしても、それはできることではない。ただ史上初めてこの著者が、様々の人種を小説の舞台にのせたことの功績を率直に認めぬわけにはゆかないのであって、これらの人種が徐々に融合し、ヨーロッパの諸国民が形成されてきたのである。(70)

「ナショナル・ヒストリー」の立ち上げに多大の貢献をもたらしたといわれる歴史家の文章であり、ここにはすでに、一八二〇年代の「歴史観」あるいはむしろ「世界観」が明確に折り込まれていることに注目しておきたい。まず「文明の秩序」(ordre de la civilisation) という漠然たる用語のなかに、「秩序」と「順列(オーダー)」が「文明」に内在するという大前提があり、「啓蒙哲学」から「実証歴史学」へという発展的図式まで想定されている。それに「野蛮」な中世という形容を、アフリカでもアジアでもよい、ヨーロッパの外にあてはめてみれば、ヨーロッパの現時点を特権化する視座であることが露呈するだろう。「様々の人種」が「徐々に融合し、ヨーロッパの諸国民が形成された」という指摘には、そうした運動の中心にあったフランスが、すでに「ネイション」として均質な一体性をなしており、当然のことながら「完結した歴史」を書くことができるという自負が見て取れる。

いずれにせよウォルター・スコットは、同時代において、このような文脈において読まれることがあったのだと心にとめたうえで、あらためて『アイヴァンホー』のページを開いてみるならば、なるほどこれは「人種」とその「融合」の物語なのである。(71)

時は十二世紀末、第三回十字軍の立て役者リチャード一世、獅子心王が近々帰国するかもしれぬという噂の流れるイングランドで、先住のサクソン人と征服者ノルマン人がいがみあっている。主人公の男女は、サクソンの旧王家の血を引くロウィーナ姫と、幼なじみの騎士アイヴァンホー。騎士の父親セドリックは、姫の臣下として後見人をつとめてきたのだが、姫を王族に嫁がせてサクソン王国を再建したいと願っており、二人が相愛の仲であることを知って息子を城から追放した。

王弟ジョンに仕える気障（きざ）なノルマンの軍人ド・ブラシーが、麗しいロウィーナ姫に横恋慕したところから、ドラマは緊迫する。おりしも、十字軍に身を投じリチャード獅子心王に仕えていたアイヴァンホーが、人目を忍んで故郷にもどっており、誘拐された姫君と父親の救出に奮迅の活躍を見せる。ドラマの始まりと終わりを飾る華麗な馬上試合、火に包まれる城塞、かの有名なロビン・フッド（ロクスリー）の加勢、瀕死の重傷を負ったアイヴァンホーを秘薬で癒す謎のユダヤ娘レベッカ、異教の美女に情欲を燃やすテンプル騎士団の高僧、娘レベッカへの愛ゆえに大枚を投じてアイヴァンホーを支援する強欲な金貸しアイザック、正体の知れぬ無敵の黒騎士……。大団円は魔女裁判にかけられたレベッカの無罪を証すために、アイヴァンホーが傷を押して馬上試合に出場し、命をかけて勝利をおさめたところに、黒騎士じつはリチャード獅子心王が姿をあらわし、名君の裁きを下す。まさに息をつく間もない活劇メロドラマでもあるのだが、ここでの読解は視点がちがう。

サクソン人がブリテン島に定住したのは五世紀から六世紀、ノルマン人のイギリス征服は十一世紀の半ば。いずれもゲルマンの系統だが、サクソン（ザクセン）は大陸ではドイツに住み、ノルマンは北欧起源で十世紀から北フランスに公国をもっていた。ヨーロッパの中心部にかかわる二大系列の「人種」の融合、そしてイギリスという「国民」の誕生を物語るスケールの大きな舞台として、リチャードの治世は選ばれており、じつは本筋の恋愛も、幸福な結末によって「歴史」を言祝ぐという政治的な機能を担うことになる。それというのも、ノルマン王朝のリチャード一世は、忠実な臣下アイヴァンホーに目を掛けており、頑固なサクソン人セドリックを丁重に説得し、ついに王の臨席のもと、ロウィーナ姫と騎士アイヴァンホーとの結婚の儀式がとりおこなわれるからである。この祝賀には、サクソンだけでなくノルマンの貴族も列席し、下層の民衆もつめかけて、「二つの人種（two races）間の未来の平和と融和を保証」した。以来「両人種は完全に融和して差別は全く認められなくなっている。セドリックの存命中にこの結合は完璧に近づいた。なぜならば、これらの二つの国民（two nations）がとけ合い両者が婚姻によって結び合うにつれて、ノルマン人の侮蔑の感情は和らげられ、サクソン人は洗練されてその粗暴さをなくしていった。しかしエドワード三世の御代〔一三二七—七七〕になって初めて、今日英語と呼ばれる混合の言葉がロンドンの宮廷で話されるようになった、かくしてノルマンとサクソンの相敵視する差別は完全に消滅したように見える」(72)。念のため言い添えれば、これが正真正銘、歴史の事実だという意味ではない。事実としての歴史というスタイルで、これが書かれ、提示されていることだけが、問題なのだ。

さて、入念に仕立てあげられたこのハッピーエンドから、冒頭を振り返ってみると、セドリックに仕える豚飼いガースと道化のウォンバという民衆の視点から、幕開けの世界が描かれているという仕組みの重大さに思いいたる。軍人や貴族が書きのこす一人称の「回想録」が、特権階級の視点による記述であるのに対し、三人称の「小説」は民衆に言葉を与えることができる。「国民文学」の王道は、むろん後者である。ガースとウォンバの会話は、下層階級の使用するアングロ・サクソン語でなされ、これを語り手が端正な現代英語に翻訳したことになっているのだが、最初の話題はなんと「比較言語論」だ。

いわく、生きた豚はサクソン語の「スワイン」だが、精肉されればノルマン・フランス語の「ポーク」となる。同じく生きた牛は「カウ」か「オックス」で、肉は「ビーフ」。この対立を二人は、サクソンの民衆が苦労して育てた家畜を、横暴なノルマンが口に入れるという寓話にするのだが、「言語」をめぐる論争は、セドリックとその城館に押しかけたノルマンの旅人とのあいだでも、洗練されたノルマン語である狩猟の用語をなぜサクソン人は拒むのかという話題となってくり返されている（第五章）。さらに、正体を隠した黒騎士が、深い森のなかでロビン・フッドの仲間の豪快な隠者から一夜の歓待にあずかる場面（第十七章）でも、竪琴を手にそれぞれが一曲を歌い、サクソンの民謡とノルマンの民謡が交流することの功罪を語り合ったりするのである。

ここでも登場人物たちの知識の信憑性、議論の正当性は、問わぬことにしよう。それというのも、固有言語を基盤としたアイデンティティの確立という主題自体が、おそらく中世人の発想ではなく、すぐれて近代ヨーロッパ的なものであることを、わたしたちは知っている。同様に異なる人種の融合から「ネイション」が創出されるという定式も、ティエリやミシュレをはじめとして十九世紀の歴史家が主張したものである。十二世紀に生きたドラマの当事者たちが、「固有言語」の尊厳や、いまだ存在しない国民国家の誕生を視野に入れていたかといえば、答えは否のはずであり、「歴史小説」に描出される心性は、厳密な意味で、出来事のおきた時代ではなく執筆の時代に帰属する。こうした「歴史」は、じっさいに書かれ読まれることによって存在しはじめた。同様に「国民の精髄（ジェニー）」も存在するから描写されるのでなく、記述されることによって、存在を保証されるのだ。近代ヨーロッパにおいて、ネイション・ステイト建設のために「歴史」と「文学」が果たした貢献は計り知れぬものがある。

ウォルター・スコットの「歴史小説」は、まさにそうした意味で「国民文学」の可能性を示唆したからこそ、海峡をこえて熱烈な賛同の嵐を呼びおこしたのではなかったか。それに『アイヴァンホー』は、ブリテン島の歴史を語りながら、大陸とイスラーム世界にまで視野を開いている。ナポレオン戦争の生々しい記憶を抱えたフランスの読者にとって、たとえ昔のことであろうとも、ノルマンディを拠点にし北フランスの言葉を話す民族がイギリスを征服したという話は他人事ではない。そもそも十字軍は、キリスト教とイスラームという二大文明の抗争であり、これに参加した人々が、ドラマの主要人物なのだから、行動のスケールは途方もなく大きい。火刑の危険が迫るレベッカに対し、テンプル騎士団のボワ＝ギルベールは、「イギリス――いやヨーロッパだけが世界ではない」と迫る。教団を捨て、パレスティナのラテン国家に移り住もう、あるいは敵方のサラディンと組んでもよい、だから自分とともに逃亡しようと娘に懇願し、気丈な娘から「キリスト教徒らしくなさいませ」とたしなめられるのだ。(73) 気位の高い美女にすぎぬロウィーナ姫にくらべ、はるかに陰影に富んだこのユダヤ教の娘は、じつはアイヴァンホーにかなわぬ恋心を抱いていたのであり、これが物語の大きな結節点になっている。

物語の終幕、晴れてアイヴァンホーと結ばれたロウィーナ姫のもとに、レベッカが宝石をたずさえて訪ねてくる。そして自分と父は「戦争と流血の国」をはなれて、スペインはグラナダの王国に身を寄せると報告する。「そこへ行けば、回教徒がわれわれの民族（people）に強要して取り立てるだけの身代金を払えば、平和と安全が保証されます」というのである。(74)グラナダが陥落して、イベリア半島からイスラーム勢力がついに一掃されるのは、十五世紀の末であり、時を同じくして大勢のユダヤ人が、不寛容なヨーロッパを脱出した。いつの時代にあっても、イスラームはユダヤに対し、相対的には合理的かつ寛大な政策をとっていた。

融合した人種の均質性という前提から出発したヨーロッパ近代の国民国家にとって、キリスト教文明に内在する他者である「ユダヤ」は、切迫した問題でありつづけた。また一八二〇年代、オスマン・トルコとの境界では、いつ果てるとも知れぬギリシア独立戦争が続いていた。それはヨーロッパ文明の起源の地をイスラームから奪回するための闘いであると喧伝されており、そうしてみると十字軍の時代にも相同の世界観があって不思議はないと読者は感じたはずだった。要するに「野蛮な中世」と現代とを直結する文明論の主題は、いくらでもあるのだった。「歴史小説」のなかに注入される「同時代性（アクチュアリティ）」とは、以上のようなものであり、これがあるから、十九世紀フランスの読者は、わがことのように胸をときめかせながら、十二世紀イングランドの物語を耽読したのである。

歴史家となるのは誰か

スコットに深い共感を寄せるオーギュスタン・ティエリは、一八二五年に『ノルマンによるイギリス征服』、一八四〇年には『メロヴィング王朝史話』を出版した。はるか昔、五世紀末にはじまるメロヴィング朝フランク王国の歴

「洗礼を受けるフランス」(1920年頃の挿絵)——メロヴィング朝フランク王国の創始者クロヴィスは496年にカトリックに改宗した．この出来事は，1980年ローマ教皇ヨハネス・パウルス2世がはじめてフランスを訪れたときにも，くり返し喚起されたという．「教会の長女フランス」という物語は，キリスト教文明の内部において今も語りつがれている．

史が、なぜ今書かれねばならないか。それは、カエサル以来四世紀にわたりローマ帝国の支配下にあったガリアの住民と東方から移動してきたゲルマン系のフランク人という二つの人種が「最初に混淆した時期」だったからだ。「序文」のなかで著者は、みずからの構想する歴史記述の方法を次のように定義する。

> 二つの人種のあいだで風俗が混淆した最初の時期の頂点をえらぶこと。その頂点における限定された時間のなかで、もっとも特徴的な事実を蒐集して、これらをいくつかのまとまりに集約し、そこから相次いで前進するようなやり方で、継続する一連の絵巻を作成し、個々の説話のかたまりに、ふくらみと重厚さをあたえながら、舞台を転換してゆくこと。伝承や、当時の詩歌や、公文書や、形ある記念物などから推定される論をたよりに、原型となった物語の連鎖をひろげ、かつ鍛えあげること。[75]

人種の融合によって「ネイション」の基礎が作られた時期に焦点を合わせるという発想は、『アイヴァンホー』とまったく同じ。それに史料を蒐集して絵画的に発展させるという企画も、さらには *Récits des temps mérovingiens* という原題が示唆する「説話」という形式も、きわめて文学的であるといえる。じじつティエリは、同じ「序文」のなかで、みずからの経験を回顧して、無味乾燥な史実の羅列を批判する。

わたしは以前に、古典的な著作『士官学校の生徒のためのフランス史』を読んでいた。「フランク族あるいはフランス人たちは、すでにトゥールネおよびエスコ河沿いにソムまで到達していた……。キルデリクス王の息子クロヴィスが四八一年王位についた。そして数々の武勲によりフランス君主制の礎（いしずえ）を固めたのである。」これらの文章や、迫力としては同程度の、他のいくつかの文章を暗記したものだが、それがわたしの中世についてもつ史学的知識のすべてだった。フランス人、王位、君主制、これがわたしにとって、われらの国民の歴史（ナショナル・ヒストリー）の始めと終わり、内容と形式のすべてだった。シャトーブリアン氏の描くフランク族、熊や海豹（あざらし）やオーロックや猪の毛皮で身をおおった恐るべきフランク族や、獣の革で出来た船や巨大な牡牛に引かれた荷車によって固く守られた野営地、投げ槍と動物の毛皮と半裸の身体がびっしりと森の木のように連なった三角陣を組む軍勢などという話は、まさに想像したこともないものだった。野蛮な戦士と文明化した兵士との劇的なコントラストが、目のまえでくり広げられるにつれて、わたしはいよいよ虜になった。フランク族の闘いの唄は、わたしに電撃的な印象を与えたのである。[76]

その唄を声高に朗唱し、床に踵を打ちつけながら、ティエリは戦いの場面を読み終えた。そして、このときの熱狂が、のちに自分を歴史家にした、と述懐するのである。彼の確信するところによれば、新しい世紀の歴史的思考は、シャトーブリアンの文学から霊感を得たという。

歴史と文学の共棲した時代？　あるいは、文学が歴史を先導した時代といいかえてもよい。いずれにせよ、十九世紀の歴史家の第一世代は、大学に籍を置く今日の歴史研究者とはまったく異なる社会的ステータスのなかで発言していたのである。文学の創作にかかわる作家の場合、大学という制度に取り込まれることがなかったために、そのステータスが過去二世紀のあいだ激変はしなかったという事情を考えれば、これは見過ごすことのできぬ側面であるはずだ。大学における学問、あるいはディシプリンとしての歴史学に前史があるとすれば、それはいかなるものであったのか。初期の「ナショナル・ヒストリー」の担い手たちを正しく位置づけるためには、その経歴と活動を、ここで一瞥することが必要かもしれない。

一七九五年生まれのオーギュスタン・ティエリは、サン゠シモンの弟子として出発し、自由主義のジャーナリズムに寄稿した。シャトーブリアンに「歴史のホメロス」と称えられたのは、先明したためもあろうけれど、「国民」の起源を格調高いフランス語で謳いあげるという定評はゆるぎないものだった。

ティエリが師と仰いだシャトーブリアンは一七六八年、大貴族の家柄に生まれ、フランス革命を逃れてアメリカにわたる。ついでイギリスに亡命し、一七九七年には、早くも『フランス革命との比較において考察された古今の諸革命についての歴史・政治・倫理的試論』を発表する。小説作品と並ぶ『キリスト教精髄』（一八〇二）、『殉教者たち』（一八〇九）などは、キリスト教文明の歴史的考察であるし、死後出版の『墓の彼方の回想』（一八四一脱稿）もまた、革命、ナポレオン戦争、王政復古などを同時代史の視点から叙述したものだ。一八三一年には、全集の刊行にさいして「歴史研究」と題した論考さえ書いている。

古代〔ギリシア・ローマ〕の人間は、われわれとは違ったふうに歴史というものを考えていた。彼らによれば、それは単なる教えにすぎない。この点に関してアリストテレスは、歴史を詩より下位においている。具体的な事実の信憑性などは、さして重要とはみなされていなかった。真偽のほどはともかく語るべき事柄があって、その事柄が雄大な情景と倫理的で政治的な教訓をもたらすのであれば、それで十分だったのだ。〔…〕古代の分析家たちは、その史話のなかに、行政機関の様々の部門を描きこもうなどとはしなかったし、科学や、芸術や、公教育などは、歴史の埒外とみなされていた。〔…〕しばしば歴史家とは、自分の見てきたことを語る旅人のようなものでしかなかった。今日では、歴史はひとつの百科全書である。すべてがそこに描きこまれなければならないのだ。天文学から化学まで、財務の技術から手工業の技術まで、絵画・彫刻・建築の知識から経済学の知見まで、(77)

〔…〕

史料文献に基づく「百科全書」としての歴史という発想に注目しよう。これも歴史にかぎった話ではない。「すべてをそこに描きこむ」という野心は、レアリスム小説の領域で、バルザックからフローベールへと受け継がれてゆくからだ。十九世紀の前半、このように「文学」と「歴史」が相互に活力を与え合った時代の頂点を一八三〇年前後と見定めることができる。ヴィニー、メリメ、バルザックなどの「歴史小説」が一斉に開花したのは、ほかならぬ二〇年代なのである。

さてシャトーブリアンは、王政復古期には政界で王党派として活躍するが、次第に自由主義的な歴史家との親交を深め、執筆に専念するようになる。つづく七月王政の大物政治家に、一七九七年生まれのアドルフ・ティエールがいる。彼は弁護士の資格をもつ自由主義のジャーナリストとして、『フランス革命史』十巻(一八二三―二七)を上梓したのちに政界に入り、内務大臣などを歴任するが、第二帝政期には引退して歴史家にもどる。

フランソワ・ギゾーも七月王政下で文部大臣、駐英大使、外務大臣などを歴任した政治家だが、それ以前に歴史家として長い経歴を重ねていた。一七八七年にプロテスタントの家系に生まれ、ギボンの『ローマ帝国衰亡史』の翻訳にかかわったのち、一八一二年にソルボンヌ教授として現代史を担当。ロワイエ＝コラールの知遇を得て王政復古期の自由主義政治家の一人として活動するが、一八二二年から二八年まで、思想的な理由で教授の職を追われ、執筆に専念した。講義をもとにした『代議制の起源の歴史』(一八二〇―二二)、さらに『イギリス革命史』(一八二六―二七)の

ミシュレ『フランス史』普及版の扉絵(1900年).

他、『イギリス革命についての回想録集』全二十五巻、『フランス革命についての回想録集』全三十巻などの編纂にも携わっている。七月王政末期、ティエリに代わって内閣首班の重責を担ったが、不評と攻撃を一身に浴びた。第二帝政下では政界をはなれて穏健な回想録などを書きのこす。

　政治家にして歴史家であったもう一人の重要人物は、すでに「奴隷制」の章で言及したアレクシス・ド・トクヴィルである。一八〇五年、貴族の生まれで弁護士になり、『アメリカの民主主義』で名を知られ、七月王政では政治家となり、第二帝政期に引退して『アンシャン・レジームと革命』(一八五六)を著した。

　以上アドルフ・ティエール、フランソワ・ギゾー、アレクシス・ド・トクヴィルの三名には、すでに著述の実績をもつ者が七月王政で本格的に政治に転身し、第二帝政で著述に復帰するという、偶然とは思えぬ符合がある。

　ミシュレは、一七九八年にパリで印刷業を営む庶民階級の家に生まれた。高校で歴史と哲学を教え、エコール・ノルマル(高等師範学校)で教鞭をとり、ギゾーが内務大臣となり多忙をきわめたとき二年間ソルボンヌで代講をつとめ、一八三八年から一八五二年までは、コレージュ・ド・フランスの教授の職にあった。したがって彼は、直接に政治参加をしたわけではないが、大学に身分保証を求める必要のないフリーの教育者であることによって、政治運動の起爆剤となる可能性すらもっていた。その他、歴史家の第一世代として忘れてならないのは、一八〇三年生まれのエドガール・キネだろう。ヘルダーの翻訳者としてドイツ思想に通じ、リヨン大学からコレージュ・ド・フランスに移るが、一八四六年、過激な共和主義を理由に職を追われた。ルイ・ナポレオンのクーデタにいたるまで、短命な第二共和制では国民議会の議員をつとめ、その後は亡命生活を送りながら革命や宗教についての著作に勤しんだ。

フランス革命につづく時期に脚光を浴びた職業に publiciste なるものがある。仏和辞典を引けば、「ジャーナリスト、政治論客などを意味する古い用語」といった解説があるはずだが、『十九世紀ラルース大辞典』によって同時代の了解を探れば、それはまず、書物ではなく新聞とパンフレットという媒体をえらんだ物書きを指すものであることがわかる。

publiciste とは、とりわけ新時代に出現する作家であり、単に歴史家、単に哲学者というのではなく、しばしばその両方であり、哲学と文学と歴史をないまぜにして、鮮烈でスピード感のある形式のもとに、諸々の問題が出来(しゅったい)する経緯を追いながら、問題のあらゆる要素を集約し、ときには一時代の流れを、ときには一人の人間の人生を、わずか数ページに凝縮してしまう者をいう。

ラルースは、ある人物によるこの定義を引用してのち、具体例をあげてゆく。シャトーブリアンは、一七九七年に発表した『諸革命についての試論』によって、早くも publiciste としての定評を得た。帝政期にはバンジャマン・コンスタンとスタール夫人が、これに合流して政権批判の論陣を張った。この三名を先駆として王政復古期には、きら星のように publicistes があらわれる。フーリエ、サン゠シモン、プルードン、ティエール、ラマルティーヌ、ルイ・ブラン、等々。現代において自由の計り知れぬ価値を守り、真の民主主義への希求に応えようとするのは、彼らなのだ……。

要するにそれは、今日でいえば「人文科学」の知見を総動員し、文学的な才覚を存分に発揮しながら、同時代の政治に果敢にコミットしてゆく文筆家のことである。しかしラルースの文面からもうかがえるように、この偉大な publiciste たちの時代は、七月王政から世紀の半ばにかけて終わってしまったように見える。革命から帝政期の激動をみずから生きてしまった人間は、publiciste としてふるまい、「回想録」を書くことはできても、距離をもって革命の運動全体を捉えることはできなかった。一方「ナショナル・ヒストリー」にのこされた最大の課題は、フランス革命をいかに位置づけるかという問題だった。

革命をいかに語るか

革命後一世紀が経過した第三共和制のはじめ、文部行政を先導したジュール・フェリーは、共和制こそフランスの「最終的政体」であると宣言し、フランス革命を、政権の左翼によって賢明に管理されるべき「国民の財産」と呼んだ。(78) 考えてみれば当然のことながら、共和国が国民を結集し、ナショナル・アイデンティティを構築する根拠は、その出生証明であるフランス革命そのものを措いてありえない。すでに何度か確認したように、十九世紀を通じ、共和主義は一八三〇年の「七月革命」において瞬時の輝きを見せたあと、一八四八年の「二月革命」によって短命な政権を樹立したという実績しかもたなかった。王政や帝政の政権下で、アカデミズムの牙城が「革命」という主題を制度的に保障するはずはもとよりなかったから、一八八五年にパリ大学文学部にフランス革命に関する講義が開設され、一八九一年にこれが「フランス革命史講座」に昇格したのは、画期的な、いや決定的な出来事だったといわねばならない。

それまでは、革命について肯定的に、熱意をこめて語ることが、すなわち反体制運動を使嗾することを意味していた。とりわけ七月王政の末期、コレージュ・ド・フランスにおけるキネとミシュレの講義は、カルティエ・ラタンの学生を動員し、文字どおり政治集会のような昂揚を見せたという。官憲の介入もあり、一八四六年にはキネの講義が中止を命ぜられた。そうした不穏な世情のなかで、二月革命前夜にあたる一八四七年には、ミシュレの『フランス革命史』全七巻(一八五三完結)、ルイ・ブランによる同名の著作十二巻(一八六二完結)の出版がはじまった。これと

7月14日の革命記念式典，共和国広場における児童たちの行進(1883年).

前後して、ラマルティーヌの『ジロンド派の歴史』やエスキロスの『山岳派の歴史』が上梓された。

一八三〇年の「栄光の三日間」から啓示を受けて『タブロー・ド・ラ・フランス』を執筆したミシュレは、一八四八年の革命の予兆を全身で受けとめながら、朗々たる雄弁をもって、フランス大革命を語っていた。人々もまた、劇的な政変の渦のなかで、ミシュレの革命史をむさぼり読んだはずなのだ。その同時性を念頭において、ページを開いてみると、第三篇の最後の二章には、まさしく「新しい宗教について」というタイトルがつけられている。「信仰告白」としての歴史？　おそらくは、そのとおりなのだ。

大野一道『ミシュレ伝』やフランソワ・フュレ、モナ・オズーフ編『フランス革命事典』(とくに第七巻「歴史家」のミシュレの項)には、緊張をはらんだこの時期の執筆の経緯が具体的に報告されている。それゆえここで縷説はしないが、たしかにミシュレの場合、革命に捧げる思いは、通常の意味での歴史記述や文学的描写の対象ではなく、一つの「信仰」となっている。その一例をテクストに即して確認しておきたい(79)。

「新しい宗教について」と題された章の主題は、一七九〇年七月十四日の「全国連盟祭」である。国民的統一を祈願して津々浦々から馳せ参じた国民衛兵が、老人や子供もまじえ、ミシュレによれば女たちも多数参加して、国王夫妻列席のもと、シャン＝ド＝マルスで延々と、いつ果てるともしれない行進をおこなった。「友愛」を至上の価値と奉じる「祖国」の姿。これを人類のための普遍的な「教会」と聖餐の儀式になぞらえて、ミシュレは描きだすのである。

もはや人為的な教会は存在せず、全世界の教会があるのみだ。ヴォージュからセヴェンヌまで、ピレネーからアルプスまでを覆う、ただ一つの穹窿があるのみだ。

〔…〕

人は自然を目の当たりにし、これを捉え、これを神聖なものとして再発見したのであり、そこに神がいると感じたのだった。

この民衆、そしてこの国土、その名を人は見出した。「祖国」である。

なるほど「祖国」はかくも広大だけれど、人は胸を大きく開き、それをかき抱いた。心の目でそれを見て、我がものにせんと願いつつ、ひしと抱きしめた。

「祖国」の山々よ、汝らは我らの視界を遮りはするが、思考の妨げにはならぬ、さあ、見届けてほしい、フランスという大きな家族を、この友愛の腕に抱きとめるのは無理だとしても、それはこの胸の内におさめられているということを……。

聖なる河よ、我らの祭壇が立てられた島々よ、時代精神の潮流に導かれて、汝のざわめく水が告げ知らせてくれるよう。海という海、国民という国民に、あまねく告げ知らせてくれるよう。今日この日、厳かなる自由の宴会に我らが集いパンを分かちあったとき、あらゆる海と国民を宴席に呼び招いたということを、この幸福なる日、フランスの魂と祈念のなかに、人類の全体が招かれて居たということを！[80]

ミシュレのフランス革命に対する共感は、三部会から初期の運動を通じて「連盟祭」を頂点に見立てるという方向で高まってゆく。したがってこの引用は、おそらく『フランス革命史』全七巻の頂点といってもよい断章なのだ。数ページ前には、こんな文章もある。「土地と人種の古からの相違は、どこに行ってしまったのか？　あれほど強烈で際だっていた地理的な対立は？　すべては消えてしまった。地理学は抹殺された」[81]。いわんとするのは、こういうことだ。国土を分かつさまざまの地域、世界を分かつさまざまの人種が、差異と対立をこえて融和する、それが革命に託された人類全体の夢であり、そのような「歴史」の祈念が成就するときに、差異と対立を語る「地理学」は、おのずと乗り越えられて、役目を終える。

しかしミシュレ自身は、一日の祝祭がユートピアでしかないことを知らぬわけではない。一八四七年の「序文」には、やはり情緒的な文体ではあるけれど、「フランスの若々しい自由」(擬人化された女性名詞)の犯した「間違い、その弱さ」は、敵を愛してしまったこと、王権を守り、カトリック教会を守ろうとしたことにある、といった指摘が縷々展開されているのである。

ルイ・ボナパルトが大統領に就任すると、ミシュレとキネは、最終的にコレージュ・ド・フランスを罷免された。一方、この時代を青春の挫折として経験した一人の作家が、二月革命とは「歴史」の折り返し地点にほかならないことをいち早く見抜き、一八六九年に小説を上梓した。

フローベールの『感情教育』には、恋愛感情の上昇と下降をなぞるかのように「歴史」の層が折り込まれている。物語は一八四〇年にはじまり、二月革命を頂点としてルイ・ボナパルトのクーデタまでを連続的に語り、最後の二章は後日譚となる。かつて一八三〇年代の騒擾を生きた人々は、生身の経験のなかに大革命の記憶をたくわえていた。これに対して、一八四八年の革命に参加した者たちは、書かれたものをとおして先駆者の偉業を学んだのだった。じっさいフローベールは、世紀半ばの自称革命家たち、共和主義者たち、社会主義者たちが読んだかもしれぬ思想家のすべて、フーリエ、サン゠シモン、プルードン、ルイ・ブランなどを片端から読破した。そのうえで、登場人物たちに先駆者の台詞を語らせ、その行動を模倣させている。

結果として『感情教育』は「一度目は悲劇として、二度目は茶番(ファルス)として(82)」というマルクスの辛辣な二月革命批判を、この上なく鮮烈なかたちで作品のなかに造形することになった。たとえば第二部一章では、革命直後の「改革宴会」の壇上に、サン＝ジュスト、ダントン、マラー、ブランキの模倣者がずらりと並ぶ。ここでは「歴史の記録」がいわば「台本」となり、政治が舞台のうえで演じられている。すべてがパロディだった、二月革命はフランス革命のパロディ、主人公たちの恋愛はロマン派の情熱恋愛のパロディだった、というメッセージをフローベールの小説は送りつづけるのである。

あるいは「書かれたもの」と「出来事」とのあいだの関係が、逆転してしまったといってもよい。それは「文学」という営みの内部でおきたエクリチュールの変革であると同時に、「文学」と「歴史」の決定的な乖離を告げる事件でもあった。

十九世紀前半、草創期の「歴史」はフランス国民の起源について雄弁に語り、アイデンティティの創出に貢献した。当時はフランスという国家を歴史的に理解した大人物たちが、直接に政治参加をしたものだった。しかし革命後に産声を上げた「ナショナル・ヒストリー」の若々しい機運は、第二共和制の終焉とともに衰退する。七月王政で活躍した歴史家＝政治家たちは、一人のこらず野に下り、第二帝政期の政府は「官僚」によって担われることになる。ミシュレをはじめとして、旺盛な執筆活動は続けられており、エルネスト・ルナンやイポリット・テーヌなど、実証主義科学の枠内で、新しい文明史の可能性を求める思想家たちも頭角をあらわしはじめていた。しかし「歴史と文学と政治」が幸福な家族のように共棲するという状況が、ふたたび訪れることはないだろう。文学をとおして歴史について考察を重ねたフローベールも、みずから歴史を書こうとはしなかった。ユゴーのように亡命先にある作家はいうまでもなく、「芸術のための芸術」を唱える新世代の作家たちは、当然の選択として、茶番としての政治の現場から遠ざかっていた。

ソルボンヌ大学のフランス革命史講座

以上のような大きな流れがあって、その後、第三共和制は「大学」という制度のなかに、フランス革命の遺産を正式に相続する場を設けたのだった。前項の冒頭で依拠したフランソワ・フュレの指摘によれば、大学における革命史研究は、政権のなかの左翼思想というバックグラウンドの成立と、実証主義的な方法論の導入という、二つの支えをもつことになる。ここで立ち上げられたアカデミックな歴史学は、われわれにも馴染みのものだ。過去の資料を検証し、集積された諸要素を年代記の順列に置きなおし、相互の関係を分析し、さらに諸事実の再構成を可能ならしめるような批評装置のなかで、それらの要素を組み立ててゆくのである。ディシプリンとしての歴史学は、こうして統一された公認の知識を累積し伝達するシステムを作りあげた。「国民教育」の責任を担う大学の歴史学にとって、それはなくてはならぬものだった。

その後「フランス革命史講座」は、初代教授オラールからマティエ、ジョルジュ・ルフェーブル、ソブールへと受け継がれ、ミッテラン政権下でフランス革命二百周年を迎えることになる。このときに革命をめぐる「世界学会」の委員長をつとめたのが、ソルボンヌの伝統に立つミシェル・ヴォヴェルであり、これに対して正統派の革命解釈から距離を置き、「修正派」(レヴィジオニスト)などと呼ばれた陣営の一人が、フランソワ・フュレにほかならないことは、ご存じの方も多いだろう。

フュレ、オズーフの『フランス革命事典』の第七巻「歴史家」には、イギリスのバーク、ドイツのヘーゲル、マルクス、フィヒテなどと並んで、コンスタンからテーヌ、ジョレスまで十九世紀フランスの歴史家・作家が、それぞれの項目をもっている。そのなかに一つだけ「大学における歴史学」という普通名詞の項目が立てられているのだが、この構造と項目の配分そのものが、いわば「歴史学の歴史」についての編者のヴィジョンを雄弁に語り、その戦略的アピールともなっている。ひと言でいえば、誠実な分析の対象となっているのは、大方が「アマチュア」の歴史家であり、二十世紀の「専門家」たちが忘れ去った人々だ。しかしフランス革命後、一世紀をかけて新しい「国民の意識」が徐々に形成されていったのは、まさに彼らの素人くさい著述の功績によるのではないか。そう考えてわたしは、ここまでフュレを指南役に考察を進めてきたのである。

第三共和制は、フランス革命史だけでなく、「歴史学」というディシプリンそのものを大学教育の玉座に据えた。『記憶の場』におさめられたピエール・ノラの論考「ラヴィスの『フランス史』」の冒頭「歴史とネイション——新しいソルボンヌの誕生」という見出しにつづく文章を引用する。

一つの場、ソルボンヌがあり、一つの名、ラヴィスがあり、一つのモニュメント、二十七巻からなる『フランス史』がある。これら三つが揃うだけで、世紀の変わり目における歴史の国民的なヘゲモニーが具現される。(83)

フランスにおいては、一八八八年から一九〇八年にかけての二十年間に、大学の文学部「歴史学」の学生数が、二五〇〇人未満から四万人近くまでという爆発的な増加をとげた。エコール・ノルマル、コレージュ・ド・フランス、古文書学校などの高等研究教育機関でも専門分野が強化され、その余波は当然のことながら初等・中等教育にも及んでいた。

「真の歴史家とは、文献学者である」と『フランス史』の編者ラヴィスは断言するのだが、その実証史学の範となる二十七巻の全貌は、ノラの論考の最後に付属資料として紹介されている。(84) 全体の幕開けの章が、ヴィダル・ド・ラ・ブラーシュによる『フランス地理学のタブロー』となっていることは、ミシュレの『タブロー・ド・ラ・フランス』に関連して以前に指摘した。つづく第二章には「起源、独立期のガリアとローマ支配下のガリア」とタイトルがつけられている。ミシュレが、フランスというネイションの誕生を、一〇〇〇年前後、カペー王朝の成立時とみなし、ここに「タブロー」を挿入していたことを、ご記憶だろうか。ラヴィスは、さらに一〇〇〇年を遡り、紀元前後の時点に国民の「起源」を移動させた。こうしてフランスの国土は永劫にフランスのものとなる。まさに知の領土拡大である。時の流れのなかにナショナル・アイデンティティの断絶は存在しないと宣言されたのだ。

ノラの鋭利な分析にしたがえば、このような歴史観が注目されるのは、「紀元」という文明史の起源から同じ地理的空間を基盤とし、営々と主体的な営みをつづけてきた国家の正当性が、おのずと明示されるからである。そこでは祖国の物語が連綿と途切れることなく語られるのに対し、地理上の国境という空間的な断絶が、克服すべき問題点として浮上する。いや、ありていに言ってしまえば、ドイツとのあいだで、いくたびも書き換えられてきた「歴史的国境」の呪縛を逃れ、固定した「地理的国境」の優位を暗示することができる。直接にナショナリズムを語らずとも、歴史記述がイデオロギー装置となりうることの一例として、確認しておこう[85]。

こうして世紀の変わり目に、共和国の大学は、国民的＝国家的事業としての歴史学を定立した。オーギュスタン・ティエリなど「ナショナル・ヒストリー」の先達に敬意を表しつつ、「戦場で負傷した兵士」に劣らず祖国に献身した、などと述べる者もいた。その一方で、ティエリやミシュレのアマチュア歴史学からは予想もできぬ、新しい事態が、ここで出来した。

世界のいかなる国、歴史のいかなる時代も、この四半世紀に踏査されなかったところはない。専門化がめざましく進んだために、われわれの歴史の各部分、ローマ帝国やギリシア世界の各地方が、歴史研究の一領域となり、その行政官と補佐官と法、いいかえれば師と弟子と方法をもつに至ったのである[86]。

ここで明記され、二十世紀に引き継がれるのは、学問の制度化という現象である。「師と弟子と方法」を、さらにいいかえて、「教授と若手研究者と公認の方法論」とすれば事態はもっと明瞭になるだろう。

文学史という制度

共和国の大学において歴史学が凱歌をあげたころ、同じ文学部に籍を置く「文学研究」は、どのような変貌を遂げることになったのか。充実強化された高等教育のなかで、「文学」も新たな「学問」としての位置づけをあたえられてゆく。ラヴィスより十数年若い世代で一九〇三年にソルボンヌ教授となったギュスターヴ・ランソンの代表的著作は、そのタイトルからして雄弁に「制度化」の経緯を物語っている。いわく『フランス文学史』(一八九四)、『文学と科学』(一八九五)、『文学生活の歴史についての研究プログラム』(一九〇三)『文学史の方法』(一九一〇)。一連の研究教育活動が、ラヴィスの体現する実証科学としての歴史学によりそったかたちで展開されてきたであろうことは、疑いようがない。

これより先、一八八〇年代から共和国政府の文部政策のなかで、学校教育のカリキュラム改革が行われ、ここではじめて、十六世紀から十九世紀までのフランス語の散文作家、韻文作家の「撰文集」と「フランス文学史」が、教科に取り入れられた。それまでの高等学校の主要な科目といえば、ひたすらラテン語の作文、翻訳、弁論などであり、フランス語の「ベル・レットル」(文芸)として認定された教科内容も、ラシーヌやモリエールなど、いわゆる「古典演劇」が花開いた十七世紀の作家・思想家にかぎられていた。一八九〇年には、「古典」の概念を拡張し、十八世紀と十九世紀の作家も含めることが、「政令」によって定められた[87]。義務教育の「教材」となったフランス語作家たちは、「国民文学」に貢献した者として登録されたわけであり、しかるべき文学作品の知識が共有されることにより、国民の意識とアイデンティティの形成に、相応の寄与がなされるはずだった。

こうして一八八〇年から八五年までに、学校教育のプログラムにスタンダール(一八四二没)、バルザック(一八五〇没)、メリメ(一八七〇没)、ジョルジュ・サンド(一八七六没)、フローベール(一八八〇没)などが登場した。括弧内に没年を記したが、それはユゴー(一八八五没)がこのトップ・リストには挙がってはいない理由を推測するためでもある。死によって評価が定まるという発想は、教育にかぎらず、あらゆる制度的な判断が内包するものだ。ちなみに「新しい古典作家」の扱いは、上から順番にサンド、メリメにつづいてバルザック、そのあとにフローベール、スタンダール、という具合である[88]。ユゴーは存命中であるにもかかわらず、おそらく例外的に丁重な扱いを受けていたのだが、この点についてはのちに触れる。

こうした初等・中等教育の改革を土台として、編年体で連続的に現代作家までを語ることのできる「フランス文学史」の制度的枠組みが、はじめて立ち上げられた。「文学」の歴史記述が可能になったのである。整然たる系譜学や、ジャンルやエコール(派)や主義などと呼ばれるもの(象徴主義、等)の定義、作品分析とその価値評価、作家の伝記的事実の検証などが、「文学研究」のプログラムに組み込まれた。ここで明文化された「方法論」は、フランス国内の各大学で一斉に採用されただけでなく、世界各国で、ヨーロッパ・モデルの大学に設けられた「フランス文学科」に浸透した。わたしが一九六〇年代に学部に進学したときも、基本的なプログラムは踏襲されており、通称「ランソン・テュフロ」の翻訳三巻本『フランス文学史』は、大学院進学の必読書として誰もが買いそろえたものだ。これは本来、バカロレア(大学入学資格試験)の参考書として構想されたものであり、ランソンの死後もポール・テュフロが書きついで、一九五一年の時点まで視野におさめられている[89]。

歴史学のほうでいえば、通称を「プティ・ラヴィス」という初等教育用に編纂した普及版が存在する。ピエール・ノラが『記憶の場』に寄せたもう一つの論考「ラヴィス、国民の教師——共和国の福音書『プティ・ラヴィス』」というタイトルはすべてを物語っていよう[90]。大学における専門研究は、その雛形を初等・中等教育に反映させることにより、国民教育全体に「福音」をもたらすのである。

ここで考えてみたいのは、「教科書」や「教材」と呼ばれるものの制度的機能である。ランソンは「文学史の父」であり、まちがっても「文学の母」ではなかった。しかも「文学」の創造と「文学史」の教育は、本質において奇妙な齟齬をきたすところがある。後者の前者に対するふるまいは、規範的であるという意味で、まさに父権的なものとなる。クレマン・モワザン『文学史再考』によれば、

文学史がもつ教育的要素が文学テクストの公式的な位置づけを決定する。〔…〕教科書はそのための特権的な道具となる。ロラン・バルトの警句、「文学、それは教育されるものだ」は、いくつもの派生的理解を生み出した。バルトが文学史の教科書についてこのように述べたために、文学とは文学史の教科書に見出されるもの、不均質な生産物であると人は速断したのである。不均質な生産物というのは、文学史のテクストに収められているテクストのすべてが同じ美学的・言語学的基準に従って選ばれているわけではないからだ。この選択は支配的ディスクールを維持するという役割を有している。このためにその選択によって、危険なもの、不調和なもの、スキャンダルをおこすものを排除し、欠けたところをおぎない、表面をなめらかにして「イデオロギー的」公分母、すなわち文学についての標準的なディスクールを維持するのである。この標準的なディスクールは、これもまた価値の伝達のために秩序づけられている他のディスクールと関係をもって機能するのだ。目的は生徒にこの新しい言語(文学的言語)と、選ばれたテクストによって定められたその規範とを受け入れさせ操作させることである。[91]

「文学史」と「撰文集」によって「文学の教育」がおこなわれることにより、「支配的ディスクール」を受容し、同一の「規範」を共有する「国民」が形成される、という言い方は、あまりに抽象的だろうから、ここで「ランソン・テュフロ」を手に取り、文学テクストをいかに選択し、再構成しているか、具体例(一八三一年版の原典)に即して見取り図を作ってみたい[92]。

まず、選択されたテクストの量的な配分だが、第一部「中世」六一ページ、第二部「中世からルネサンスまで」三一ページ、第三部「十六世紀」六二ページ、第四部「十七世紀」一七九ページ、第五部「十八世紀」一六二ペー

ジ、そして第六部「十九世紀」は、二六九ページで、第一次世界大戦後までを含む。とりたてて意味のある数字とは見えないかもしれないが、ラヴィスの歴史学でさえ採用していない機械的な世紀区分という発想は、ある種の強力な分類学的思考のあらわれのように見える。十七世紀については、「古典主義大作家」の数は相対的に少ないから、モリエール、ラシーヌ、ラ・フォンテーヌ、ボシュエなど、それぞれ一章を占有している劇作家や詩人や思想家は、啓蒙の世紀の作家たちにくらべて格段に優遇されている。教育改革によって同時代作家への視野が一挙に広がったとはいえ、フランス文学の伝統における「古典」の尊重、すなわち「文明の起源」であるギリシア・ローマとの紐帯の重視という基本姿勢そのものは、変わったわけではない。このページ配分は、いうまでもなく重要度の目安である。ということは、たとえば研究組織の「専門家」のポスト数に、正比例するとまでは言えぬとしても、影響は充分に及ぼすし、研究者志望の大学院の学生数にも、ある程度は連動する。それほどに、こうした「目録」は制度的な力学に関与するのである。

十九世紀の詳細はのちに譲るとして、書物全体の最終ページを以下に訳出する。

伝統とは、遵守すべき「規範(カノン)」ではない。それは固定したものではない。それが固定するのは、フランス文明が過去のもの、死に絶えたものとなるときだろう。そのときはじめて、伝統が内部に含むものの目録を作成し、それが除外しているものを指摘することができるようになるだろう。しかしフランス精神 (esprit français) が生きた力でありつづけるかぎり、伝統は世代から世代へと拡大されつつ受けつがれる。〔…〕

フランスは全ての党派を集めたものより大きいのであるから、フランスの精髄 (génie français) は全ての美学を集めたものより広いのである。われわれは以下のことを信じる権利があり、期待する責務がある。二十世紀とその後の世紀のフランスにおいて、今のわれわれが想像もできぬ傑作、われわれの思考に衝撃を与えるような傑作の数々が生まれるであろうことを。それらの傑作のなかに、われらの子孫たちは、永遠のフランスの面差しを難なく見出すだろうということを。
そう信頼することにしよう。(93)

「フランス文明の死」によって評価が定まるという話は、むろんレトリックにすぎない。「永遠のフランス」を、果てしなき前進という相貌のもとに捉える展望そのものが、きわめてナショナリスティックな歴史観に発しているのだが、そういえば、この改訂版の上梓された一九三一年は、たまたま植民地博覧会の開かれた年、つまり帝国主義的な国威発揚の華々しく展開された年でもあった。じつのところ「フランス文学史」の責務とは「フランス文明」の名にふさわしい傑作群を顕揚することにほかならない。こうしてランソンの文学史は「伝統」の名に恥じぬ作家と作品の「目録」を青少年に手渡すという手法で、国民教育に寄与するのである。当然のことながら、アレクサンドル・デュマ・ペールの大衆小説や、新聞連載小説のような通俗的なメディアは切って捨てられる。書物の出版をめぐる社会学的な考察や、読者層の変容についての関心などもあろうはずはない。フランス国民が、あるいはフランス植民地の住人が、さらには世界各国のフランス文学を学ぼうとする有意の士が、信頼して読むことのできる保証つきの作家と作品が、粛々と、周到な解説とともに列挙されてゆくのである。

知名度アンケート

前項で引用した『文学史再考』のクレマン・モワザンは、文学教育は歴史教育を強化する目的をもつという。(94)あるいは「国民文学」は「ナショナル・ヒストリー」の立ち上げに協力する、といいかえてもよいのだが、ここで考察すべき問題は、教育という制度のなかで再現された両者の親密な関係が、共和国フランスのありようを特徴づけているという事実そのものかもしれない。

ランソンの文学史をひきつづき検討するなら、わかりやすい現象として、第六部「十九世紀」の第八章「ロマン派の時代(つづき)」には、「小説」という見出しにつづき「歴史小説、ヴィクトル・ユゴー」をいう見出しが掲げられている。第九章「ロマン派の時代(おわり)」は、「歴史」という見出しからはじまり、オーギュスタン・ティエリとミシュレが並列される。こうして「文学史」は「歴史の歴史」にまで目配りし、「歴史」と共棲する「文学」という図式を隈取りしながら、これを「ロマン派」の特徴であると宣言するのである。

ところで「ロマン派」「自然主義」「象徴主義」などの、いわゆる文学運動と、「詩」「戯曲」「小説」「歴史」「批評」などのジャンルと、さらに「大作家」の固有名を組み合わせるという手順で作成されてゆくこの「目録」で、群を抜いて大きなページ数を占めているのは誰かといえば、それはヴィクトル・ユゴーにほかならない。この万能作家が、詩と戯曲と小説という三つのジャンルに登場するからでもあるが、おそらくそれだけが理由ではない。いずれにせよ、十九世紀がひとまず「過去のもの」となった時点で、「文学史」がまとめた公式見解は、次世代の教育プログラムの土台となり、両大戦間はいうまでもなく、今日にいたるまで、ある種の拘束力をもって機能しているのである。なぜユゴーなのか、という問いは次項に送り、フランス共和国にユゴーが君臨する風景を、もう少し具体的に描いてみよう。

バカロレアのフランス語作文を準備する教材において、どのような作家が頻繁に登場してきたかという統計資料がある。調査は不規則で、おそらく偶発的な要素を含んでおり、範囲や対象も明快でないから、慎重に扱うべき数字だが、一部を紹介すれば、一九一二年には、上位から順番にルソー、モリエール、ラシーヌ、ラ・フォンテーヌ、ヴォルテール、ユゴー、さらに十七世紀、十八世紀の作家の名がつづき、最後にラマルティーヌ。一九四〇年には、モリエール、コルネイユの次の三位がユゴーで、十九世紀の作家としては、九位以下に、シャトーブリアン、ラマルティーヌ、ルナンなどが名を連ねる。すでに指摘したようにランソンの文学史でも、個別的な扱いという点では、十七世紀の作家は別格なのであり、中等教育までは、基本的に古典優先、例外の筆頭がユゴーと解釈できるだろう。

「名」をめぐるファンタスム――【上】ヴィクトル・ユゴーが，亡命先のジャージー島から愛人ジュリエット・ドゥルエに宛てた自作のカード．竜と化したJDとVHが絡み合い，家族の住む冷え冷えとした邸宅(マリン・テラス)を睥睨するように，大空高く飛翔する．【下】「我，ユゴーなり」(EGO HUGO)という文字を配した木彫り．これもユゴー自身の手になる作品らしい．

一九八〇年から八四年までは、年ごとの統計があるのだが、初年度はフローベール、プルースト、ヴァレリー、ジイド、ユルスナール、とつづき、不思議なことに、ユゴーの名はない。というのも翌年から三年間、ユゴーは連続首位の座に返り咲いているからだ。ちなみに、八〇年代においては、古典期の作家はすっかり影を潜め、近現代の作家が他を圧倒する。そのなかでユゴーは、最古参でありながら、相変わらず上位を守りぬいているのである。(95)

教材とは教育の実践プログラムであって、これが教育の成果にあらわれぬはずはない。一九六二―六三年の「知名度アンケート」(設問は「知っている作家の名前を五つ挙げよ」というもの、調査対象は兵役についた青年層)によれば、高等教育を受けた者の統計では、上位から、カミュ、サン＝テグジュペリ、ユゴー、マルロー、バルザック。バカロレア合格者では、ゾラ、カミュ、サルトル、ユゴー、サン＝テグジュペリ。中等教育経験者では、ユゴー、デュマ、サン＝テクジュペリ、ヴォルテール、モリエール。初等教育経験者では、ユゴー、ラ・フォンテーヌ、デュマ、モリエール、ヴォルテール。全体の集計でも、ユゴーは圧倒的な首位。二位はラ・フォンテーヌ、三位がデュマ。そのほかの名を見れば、義務教育における古典の尊重が、五〇年代までつづいたことも確認できる。(96)

そうしたわけで、第三共和制の教育構想を一身に体現し、じっさいにフランス国民が制度的な誘導も受けながら、ほかのいかなる作家にもまして愛読しつづけた「国民的作家」とは、ヴィクトル・ユゴーであると断定することができそうだ。

パンテオンの国民詩人

歴史のミシュレ、文学のユゴーと並び称せられる二人だが、後者は一八〇二年、前者に四年遅れてこの世に生を享け、前者の没後九年を生き、天寿を全うして一八八五年に他界した。ナポレオン麾下の将軍を父にもち、王政復古期にはカトリック、正統王党派の色彩を見せ、オルレアン公ルイ・フィリップの七月王政では王権に近づき、一八四八年六月には憲法制定議会に保守派として選出され、一八五一年、ルイ・ナポレオンがクーデタにより大統領になると亡命し、イギリス海峡のジャージー島、ついでガーンジー島に移り住み、その後は公然たる反体制の共和主義者としてふるまいつづけたが、第二帝政の崩壊後、ただちにパリにもどってプロイセン軍の包囲を経験し、普仏戦争が終わると政界に返り咲く。つまり、十九世紀をつうじてめまぐるしく変わった政体のすべてについて、この作家は果敢に発言し、ときには政権の現場に参加した。人間としての存在感という意味で、この人物の右に出る者は、おそらく数えるほどしかいない。それこそ、ナポレオン一世だけかもしれない。

ヴィクトル・ユゴーの葬儀は、まさに国民的なイヴェントだった。「全民衆の尊敬が彼を取り巻いていた。人々はこの疲れを知らざる創作家を賛美し、この共和制の老闘士を大事にした。彼はヴォルテールと同様に、世の尊敬を一身に浴びて逝去した。遺骸は夜もすがら、松明(たいまつ)の光に照らされて凱旋門の下に安置され、翌日、パリの全市民がパンテオンまで柩に従った」——これもランソンによる記述である。[97] 偉人たちの亡骸を祀った殿堂を中心に、フランス人の「国民的記憶」を結集しようという目論見が、そもそも共和制国家ならではのものと言えるのだが、ユゴーは、その共和国の「モニュメント」を機能させるためにうってつけの、理想的なモデルでもあった。[98] なにしろ亡命の地から帰還したユゴーは、すでに国民的英雄の待遇を受けていた。八〇年代から学校の教科書では、老いた共和主義者の情熱と族長的な風貌が、敬意をこめて描きだされるようになる。小学生も農民も、それぞれが気に入りのユゴーの詩篇を諳(そら)んじた時代であった。

生きたまま「不朽の名声」を手にした作家の八十歳の誕生日は、なんと一年前倒しにして祝賀行事が行われ、内閣首班ジュール・フェリーの表敬訪問、バルコニーから群衆の歓呼に応える詩人の姿などがマスコミで喧伝されていた。そんなふうであったから、いざ葬儀となると、「国葬」は当然予想されたものの、これを非宗教の原則に立つ国家の名において執りおこなうか、カトリック教会が主導権を握るのか、容易には決着がつけがたく、国会から世論までが大揺れに揺れた。そしてついに、第二帝政の伝統をくつがえし、パンテオンを宗教の権力から奪回するという大英断が勝利をおさめたのだった。それは国民のイヴェントであるだけでなく、「国事」(une affaire d'Etat) になりおおせてしまっていた。参列者の数は、百万とも二百万ともいわれている。[99]

このような葬儀が、あらたな「国民の記憶」になりつつあった時代に、ランソンの文学史は書かれたのである。同時代の目に映る、人間ユゴーの偉大さとは何であったのか。

事実、この偉大な芸術家は、極めてブルジョワ的な魂の持主であった。しかし彼はまたブルジョワ的な美徳や、肉親の人々に対する愛情や、労働と秩序に対する好尚を持っていた。その上さらに弱者や下層階級や被圧迫者を愛していた。この社会的憐憫の生々しい感情は、彼の作品では政治的信念よりも前のものであり、たしかに政治的信念を準備させたものなのである。彼はフランスが文化を普及するという使命や、人々の魂が漸進的に向上するということなどに信頼をもっていた(100)。

前半は共和国の求める模範的な市民の像であり、引用の動機はむしろ、最後の二行にある。この作家は「フランスが文化を普及するという使命」――旧訳をそのまま引用したが、原典は文字どおり「フランスの文明化の使命」(la mission civilisatrice de la France)――を信奉し、人類の向上と歴史の前進を疑わぬ人物だった。そう語るランソンの文学史的評価は、国家が偉人をパンテオンに埋葬する理由と、寸分変わらぬ言葉によって定式化されている。文明の名において、ユゴーはナポレオンと肩をならべるのである。これに対してブルジョワを呪い、人類の進歩など信じなかったフローベールやボードレールなどの芸術は、制度的な視点からすれば、イデオロギーを棚上げにして、むしろ美的商品として推奨するのが無難なのであり、当然ながら彼らは、国家の後見のもとに埋葬の儀式が麗々しく営まれるような芸術家ではなかった。

じっさい第二帝政期のヴィクトル・ユゴーは、亡命の地からフランス国民に向けて、いや人類全体に向けて、ほとんど預言者の風貌を見せながら、文明と歴史への信頼を語りつづけたのだった。『諸世紀の伝説』(第一集、一八五九)の「序文」から、ミシュレに劣らぬ「幻視者」の文章をいくつか訳出しておきたい。

人類というものを、ある種の連作のなかに表現すること。歴史、寓話、哲学、宗教、科学など、すべての様相のもとに、人類を順次に、また同時に描きだしてみせること。これらの様相は、収斂して一つの巨大な光への上昇運動となるだろう。いわば暗く透明な鏡のなかに――といっても、地上の仕事には自ずと限りがあるから、その鏡も著者が夢見る大きさになるまえに、おそらく割れてしまいそうな気がするのだが――この一にして多様、悲痛にして輝かしく、宿命的かつ崇高な「人間」という大いなる形象を映しだしてみせること。いかなる思いから、あるいは野望から、といっても差し支えないのだが、『諸世紀の伝説』が生まれ出たかは、以上のとお

りである。〔…〕

二巻の書物を構成する詩篇とは、したがって、人間のプロフィールが次々に遺していった痕跡、人類の母なるイヴにはじまり民衆の母なる大革命に至るまで、時代から時代へと遺していった痕跡にほかならない。それらの痕跡は、時には野蛮の層のうえで、時には文明の層のうえで採取されたのだが、ほとんど例外なく歴史の現場から採られている。諸世紀の面立ちをそのままに象（かたど）った痕跡である。〔…〕

そこには、往古の事物、現在の事物（第八篇「今」）、そして未来の淡い蜃気楼のようなものまでが見出されるはずだ。それにしてもこれらの詩篇は、主題はまちまちだが同じ思想から霊感を受けており、これらを結ぶ糸はただ一つ、ときには目にとまらぬほど細くなってしまうこともあるけれど、断ち切られることは決してないあの糸なのだ。それは人類の迷宮をつらぬく偉大なる神秘の糸、すなわち「進歩」にほかならない。〔…〕

人類というものを、エポックからエポックへと一連の行為を地上で成し遂げている、偉大な集団的個人であるとみなすなら、そこに二つの相貌が見えるだろう。歴史的な相貌と伝説的な相貌だ。後者が前者にくらべ、真実味が薄いとはいえないし、前者が後者より推測に基づくところが少ないわけもない。

ちなみに言っておきたいのだが、今書いた文章から結論し、著者の念頭に、歴史教育の高尚な価値を貶める意図があろうなどと思わないでいただきたい。人間精神の光輝のなかで、偉大な哲学的歴史家の栄光に勝るものは、一つとしてないのだから。歴史の射程を小さく見積るというのではなく、著者はただ、伝説の射程を検証しておきたい。ヘロドトスは歴史を語り、ホメロスは伝説を語ったのだ。(101)

まずは「人類」の知の集積が「巨大な光への上昇運動」となることを予告して、とりあえず提示する作品は、「人間という大いなる形象」を映し出す「暗く透明な鏡」であるのだが、とつづける冒頭の数行に、光と闇、上昇運動と静止した鏡の広がりという雄大な対比がすでに織り込まれ、なるほど鮮やかな説得のレトリックこそ、文学の技法なのだと、あらためて感嘆するのだが、ここでは内容に即して確認してゆこう。「野蛮」から「文明」への絶えざる前進ないしは上昇として「歴史」を捉える姿勢は、ヨーロッパ近代の本質をなすといってよい。いずれ確認するように、ミシュレもルナンも、同質の文明観を分かち合っている。ただ『諸世紀の伝説』の場合、「世紀から世紀へと人類が開化すること、暗闇から理想へと人間が昇って行くこと」[102]への確信は、霊感に充ちた「伝説」として語られる。著者は、まさしく十九世紀フランスのホメロスなのである。しかも詩人＝預言者には光の天空がかいま見えるから、なおのこと地上の悲惨が目に焼きついて、その精神は「暗い鏡」のようになる。『諸世紀の伝説』とこれに先立つ『静観詩集』（一八五六）の小説版といってよい『レ・ミゼラブル』全十巻がパリで出版されるのは、この「序文」が書かれて三年後、一八六二年のことである。

ボードレールの評言にもあるように「フランスの最も力強く、最も人気のある大詩人」[103]が、浩瀚な同時代小説を上梓するという話は、すでに首都で取り沙汰されていた。フローベールは、『レ・ミゼラブル』が二月から出版されるとすれば、夏まではその話題で持ちきりだろうから、自分の『サラムボー』の出版をこの時期にぶつけるのは、「厚かましくもあり、軽率でもあろう」、自分の「おもちゃ」は「ピラミッド」に押しつぶされてしまうだろうから、などと友人のゴンクールに書き送っている[104]。ユゴーは一八三一年に『ノートル＝ダム・ド・パリ』で、「歴史小説」というジャンルの金字塔を打ち立てていたが、久々の小説作品であるうえに、現政体に抵抗する亡命作家が、誰にでも読める平易な散文で、無名の民衆と共和主義への信頼を表明するというのだから、フランス国民は心待ちにしており、出版と同時にこぞって皆がこれを読み、われがちに称賛した。

〔『レ・ミゼラブル』について〕悪口を言うなんて、もってのほかなんです。それこそ警察の回し者だと思われかねませんからね。著者の立場は難攻不落、攻めようがないものです——この私だって、生まれてこのかた、彼を敬愛しつづけてきた。しかるに今は、憤慨していますよ！　だって癇癪を爆発させずにはいられませんよ[105]。

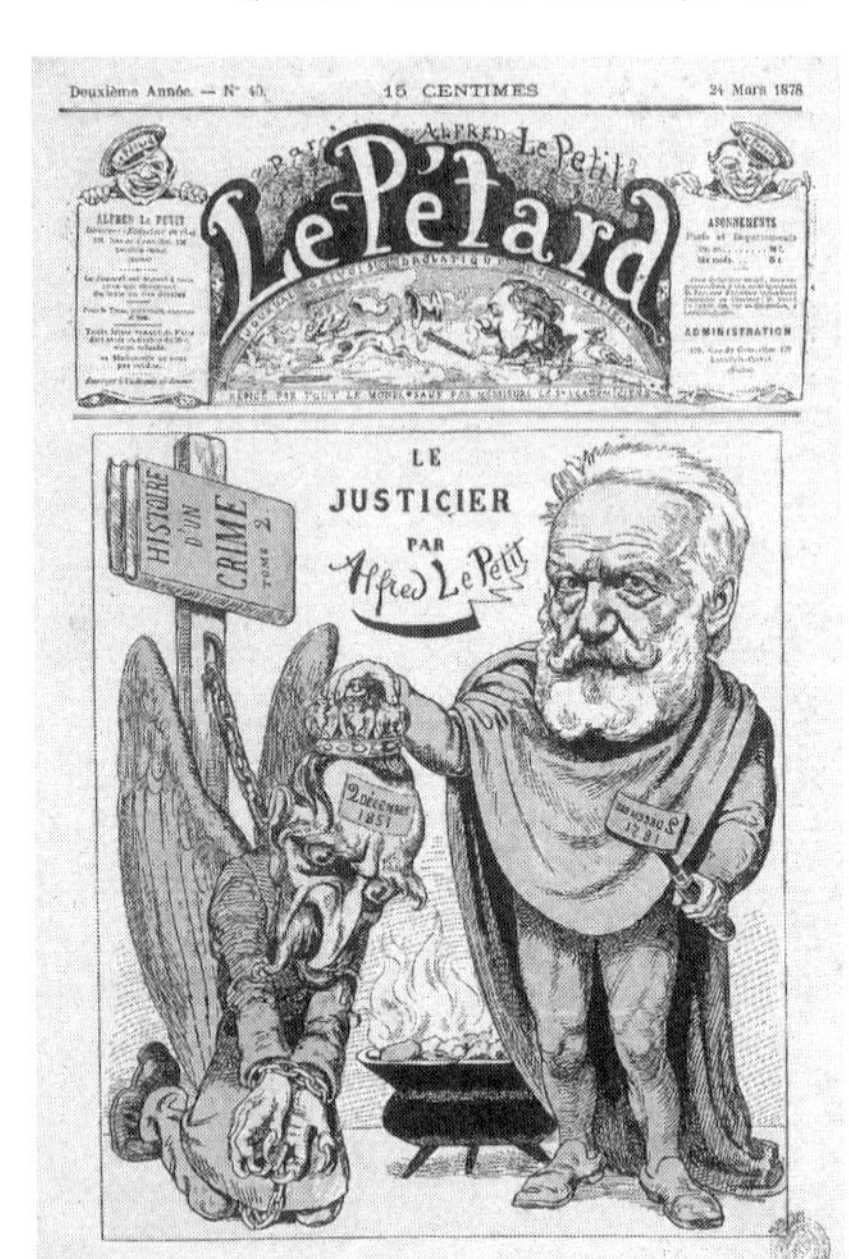

正義の人ユゴーが，故人となったナポレオン 3 世の額に焼き鏝をあて，罪深きクーデタの日付を刻む．アルフレッド・ル・プティによるカリカチュア (1878 年 3 月).

憤懣やるかたなしという風情でフローベールは、文通相手の女性に『レ・ミゼラブル』批判を書きつづる。数年後に出版された『感情教育』（一八六九）が、じっさいにユゴーへの反駁を意図したものであったかどうかは別として、歴史イデオロギーの水脈という意味で、二つの作品が対照的な構造を見せていることは疑いようがない。ユゴーが描いたのは、一八三〇年前後の共和主義の昂揚と、バリケードを築き英雄的な死を遂げた行動派の青年たちである。これに対してフローベールは、一八四〇年代の末に革命の理想が一瞬の盛り上がりを見せたあと、真に政治参加したわけではない無気力な青年たちが、それぞれに凡庸なプチブルの生活に回帰する様に照明をあてた。

パリから遠くはない地方都市で年金暮らしをする小説家にとって、二月革命の世代を描くことは、みずからの鏡像を見つめることに等しかった。当然のことながら、『感情教育』のなかに立ちあらわれる「歴史」とは、絶えざる前進ないしは光への上昇とは異なる何かである。十九世紀レアリスムの巨匠たるフローベールが、同時に「ポストモダン」の先駆者とみなされるのは、反復的な時の流れと複製的な主題の数々が、作品の隅々にまで浸透しているからにほかならない。

第二帝政の亡命者というユゴーの立場は、ある意味で特権的だった。フランスにおける新世代の長く尾を引く挫折のプロセスを、彼は必ずしも共有しなかった。「文明」と「ナショナル・ヒストリー」への信頼を保ちえたのは、そのおかげもあったのではないか。人類の普遍的な「倫理」をかかげ、いわば停止した時間のなかで、ユゴーは三十年前の青年の夢に向き合っていたように見える。

『レ・ミゼラブル』と「文明化の使命」

それは一人の人間が「野蛮」から「文明」へと上昇する物語であり、いくつかの「エポック」が、主人公の生涯を区切っている。

まずはトゥーロンの監獄で刑期を終えたジャン・ヴァルジャンが、ミリエル司教の慈愛によって改悛し、小さな町の殖産興業に成功し、マドレーヌ氏を名乗る市長になりおおせるまで。もう少し詳しく述べるなら、徒刑囚だった男は司教に諭されて心がゆらぐのだが、なぜか悪の衝動に突き動かされ、煙突掃除の少年から小銭を奪い、そのあとはじめて、広野でさめざめと涙を流し、改悛する。この小さな窃盗のために、彼は前科者であるだけでなく、累犯者として再びお尋ね者になっているのである。マドレーヌ市長が、荷車に押しつぶされそうになった老人を、身を挺して助けようとしたとき、そのような怪力をもつのは「トゥーロンにいたある徒刑囚だけだ」とジャベール警部がつぶやく場面がある。これがマドレーヌ氏の仮面の生活に訪れた第一の試練であり、ジャベールがそうとは知らずに仕掛けた第二の試練は、本物のジャン・ヴァルジャンが捕まった、自分がマドレーヌ氏を疑ったことは許しがたい過ちだった、という廉直な報告である。偽物のジャン・ヴァルジャンを救うために、マドレーヌは仮面を捨て、司直に身をゆだねる。

第二のエポックは、再びトゥーロンから。軍艦のマストではたらいていた一人の水夫が足を踏み外して宙づりになった。徒刑囚のジャン・ヴァルジャンは、水夫を救う許可を得て、命がけの登坂に挑む。目的を達した直後、足をすべらせ奈落のような海中に没したジャン・ヴァルジャンは、そのまま行方不明になった。そして「死亡記事」の恩恵にあずかって、アイデンティティを消したまま生還するのである。市長時代に保護してやった娼婦で、肺を病み死んでしまった女との約束を果たすために、ジャン・ヴァルジャンは彼女の娘、幼いコゼットをテナルディエ夫婦から引き取り、パリの人目につかぬ界隈に身を隠すが、またしてもジャベールに正体を見破られて追跡され、目もくらむような壁をよじのぼって、真っ暗な中庭に落ちる。そこには、恩人の到来を待ちかまえていたかのように、荷車引きの老人がいる。壁の内部は、その老人が庭師をつとめる尼僧院なのだが、この閉ざされた世界に正規の住人として受け入れてもらうためには、いったん外に出なければならない。ジャン・ヴァルジャンは、死んだばかりの尼僧の柩に身代わりとして横たわり、外に運び出されて埋葬されてから生還し、老人の弟になりすます。こうして、またしても死の擬態と暗闇への下降がアイデンティティを抹消する。

第三のエポックは、尼僧院の平安につつまれてコゼットが成長し、ジャン・ヴァルジャンが決意して、年金生活をする父と娘といった風情の市民生活を開始するところから。マリウス青年が登場し、初(うぶ)な若者どうしの愛が芽生えるが、これがジャン・ヴァルジャンにとって、最後の、そして最大の試練となる。苦難の連続であった人生で得た唯一の愛、コゼットを他人に譲れるか。仲間の青年たちとともにマリウスが立てこもったバリケードに、ジャン・ヴァルジャンがあらわれ、負傷して気を失った若者を背負って脱出する。全員が銃弾に斃れたはずの暴動の現場から、リヴァイアサン(神話の怪物)のはらわたのような下水道をとおっての逃避行。これも地下の暗闇からの生還だ。

ちなみに作品を通読していただけば、いやでも目につくはずだが、ジャン・ヴァルジャンのコゼットに対する執着と独占欲には凄まじいものがある。コゼットは、無垢と無邪気の権化であり、頼りなく愚かであるがゆえに愛しいフェミニテの魅力を体現しているのである。処女幻想に貫かれた『レ・ミゼラブル』のジェンダー構造は、きわめて十九世紀的かつ植民地主義的なものといえる。マリウスとコゼットの自由意志による恋愛をあれほど阻もうとしたジャン・ヴァルジャンが、命を賭けて救い出した男をコゼットに与える仕草には、初対面の夜、テナルディエの宿屋で幼いコゼットに巨大な人形を買い与えたときのそれに通じるものがある。

ともかく若い二人を娶せて、自己犠牲の道をえらんだジャン・ヴァルジャンは、脱走した徒刑囚という我が身の秘密をマリウスにだけ明かし、滋養を断たれた生物のように衰弱して死んでゆく。今際のとき、暖炉のうえにはミリエル司教の燭台があり、すべては聖者の昇天のごとく進行する——「彼は仰向けに倒れ、二本の燭台の薄明かりに照らされていた。その白い顔は天に向いていた。〔…〕星のない夜で、底深く、暗かった。きっとこの闇の中に、或る巨大な天使が、翼をひろげてたたずみ、魂を待ち受けていたのである(106)」。ついに訪れた「光への上昇」と奇蹟の成就。

社会史の名著『労働階級と危険な階級』でルイ・シュヴァリエが指摘するように、都市生活の「どん底」(bas-fond)という空間的なメタファーがある(107)。ユゴーが「奈落」とも呼ぶこの底辺では、貧困が犯罪と溶け合い、見るもおぞましい最下層の人の群がうごめいているのである。

> その墓穴の中でさまよっている恐ろしい人影は、ほとんど獣とも幽霊とも言えるが、世界の進歩を気にせず、思想や言葉を知らず、個人的な満足のことしか考えていない。彼らの心の中には、一種の恐るべき虚無がある。二人の母があるが、全く邪険な継母で、つまり無知と貧困である。また欠乏という案内者もいる。満足の形態としては、欲望しかない。彼らは獣のように貪欲である。つまり暴君のようにではなく、虎のようになのである。それらの怨霊は、苦しさから罪に走る。それは宿命的な関係、恐るべき出産であり、暗黒の論理である。社会の奈落の中を這いまわるものは、絶対への息づまるような要求ではなく、物質への抗議である。そこでは、人間が竜となる。飢えと渇きが出発点であり、悪魔になることが到達点である(108)。

これが「レ・ミゼラブル」と呼ばれる者たちだ。いくたびかここから這い上がり、「悪魔」ではなく、ついに「聖人」になったジャン・ヴァルジャンの生涯は、しかし贖罪と自己犠牲の連続ではないか。これを世俗の言葉で語るなら、金銭に欲のない彼は、この世で執着する唯一の財産、唯一の幸福、生命の源、コゼットを放棄することにより、最終的に「奈落」から脱出した人間として認知されるのだ。「最下層」の人間が、健全な社会の市民権を得るための代価は、なんと高価であることか。「暗黒の論理」に対峙する「ブルジョワ社会の論理」、「野蛮」に対峙する「文明」の胡散臭い仕掛けが、ここにはあるだろう。フローベールが知人の女性に宛てた手紙で、「不正確」「卑しい」「おもねり」「平板」「馬鹿者」といった語彙をちりばめて罵倒する作品の虚偽性は、「文明」と呼ばれるもののいかがわしさと、どこかで通底するはずだ。

とはいえ『レ・ミゼラブル』に内包された論理は、単純で幾何学的な二元論ではない。

> 野蛮。この言葉について説明しておこう。あの髪を逆立てた人たち、革命の混沌における創世記的な日々に、ぼろを着て怒鳴り散らし、たけだけしく、棍棒(こんぼう)を振り上げ、鶴嘴(つるはし)をかざして、うろたえた古いパリに襲いかかった人たちは、何を望んでいたのか？　圧制の終末を、暴政の終末を、君主の殺生権の終末を、男には職を、子供には教育を、女には社会の温情を、万人に自由、平等、友愛を、パンを、万人に思想を、世界の楽園化を、進歩を望んだのであった。そしてこの神聖で優しく甘美なものである進歩を、彼らは、圧迫されて、われを忘れて、恐ろしい形相(ぎょうそう)で、半裸体で、棍棒を握りしめ、唸(うな)り声を立てながら、要求したのだ。なるほど野蛮人にちがいない。だが、文明の野蛮人だったのである[109]。

つづいてユゴーは、文明と安楽のなかに居座って「過去、中世、神権、盲信、無知、奴隷制、死刑、戦争」の維持を主張する上品な人たちを「野蛮の文明人」と呼び、自分は選べといわれれば「文明の野蛮人」を選ぶと断言する。

> だが、幸いなことに、もう一つ別の選択が可能である。前進するにせよ、垂直に飛びおりる必要はない、専制主義もテロリズムも必要はない。われわれは、傾斜のなだらかな進歩を望む[110]。

「なだらかな進歩」によって、今、ここで自分の体現する「文明」に合流せよと「野蛮」に呼びかけること、これが「文明化の使命」にほかならない。潜在的な「野蛮」とみなされる「大衆」を教化するという使命感が、『レ・ミゼラブル』の全編をつうじ、鼻につくほど教訓的に反復されていることは、フローベールならずとも気がつくはずだ。

ミリエル司教が元徒刑囚に語りかけるとき、話題は一見説教臭くない。たとえば、これからジャン・ヴァルジャンが向かうはずの地方に、どのような産業があり、どれほど健全な市民生活が営まれているかという話。ここで司教は『二人の子供のフランス巡歴』を手にした初等教育の先生と同じことをやっている。とりわけポンタルリエという町で「フリュイティエール」という巨大なチーズを作るのに、牛を一頭しかもたない貧しい農家が組合を作り、共同生産をおこなっているという話は、おそらく『レ・ミゼラブル』から『二人の子供のフランス巡歴』へと引き継がれたものだろうけれど、二人の愛国少年をいたく感動させるエピソードである。ユゴーの小説と第三共和制の少年文学は、物語の設定にしてほぼ半世紀、時代の差があるのだが、後者が描きだすフランスは、歴史家が指摘するように、産業化のプロセスという意味でやや懐古的なのである。新しい技術の導入により手工業をおこすというマドレーヌ氏の行動も、地方都市の小さな繁栄に注目する『二人の子供のフランス巡歴』の数々の場面に呼応する。もっともここでは影響関係を問うよりむしろ、すべてのフランス人が『レ・ミゼラブル』を読んだという事実をふまえ、第三共和制の健全な市民生活のイメージには、ユゴーの教訓が無意識のうちに反映されていただろうと推論すべきかもしれない。

ジャン・ヴァルジャンが、「黒玉細工」の技術革新を思いつくのは、服役中に読み書きを習うことができたからであり、彼は生涯をつうじて学びつづけ、物知りで教養のある市長とみなされていただけでなく、最後にはマリウスの祖父、偏屈な正統王党派で旧弊な伊達者のなれの果てであるジルノルマン氏のまえでさえ、対面をとりつくろうことができるようになっている。「教育がすべて」というメッセージを読みとっておこう。

フローベールが手紙のなかで「馬鹿者ども」(stupides cocos) と罵る「ABC(アベセー)の友」とは何か。第三部第四章の冒頭「歴史的になりそこなった一団」は、いずれバリケードで落命し、忘れられてしまうはずの青年たちの活動を紹介する。建前は子供の識字(ABC)教育だが、じつは大人の再教育、それも「下層階級(アベセ)」(Abaissé) の思想教育が目的である。共和主義の理想を信じて、いささか脳天気にはしゃぐ青年たちは、たしかにフローベールがいうように、人間の普遍的条件である「苦悩」を共有する感性をもたない。逆説的ながら、まさにそのために「文明」の代弁者にして教育者なのだ。

というわけで、この作品のなかで「教育」のテーマを拾っていけば、きりがないのだが、最後の一例は、ドラマの終幕近く、若い二人がめでたく婚約したころの話。どうもしっくりしないマリウスとジャン・ヴァルジャンのあいだで、国民教育が話題になり、二人が意気投合したことがある。「空気や日光のように万人に惜しみなく与えられる」教育、民衆のための無償の義務教育という構想を青年が語ると、相手が話に乗った。そこで返すジャン・ヴァルジャンの言葉が思いのほか「高尚」であることに、高学歴の青年は気づく[11]。

『レ・ミゼラブル』は、教育について語るだけでなく、みずから教育する書物でもあった。ここでも『二人の子供のフランス巡歴』との接点を指摘することができて、フローベールが「主題と関係のない事柄についての途方もない説明」と酷評する断章、じっさい新書版の一冊になりそうなくらい長大な解説は、よく知られたものを順不同に並べただけでも、パリの下水道、隠語、ワーテルローの戦闘、尼僧院という制度、等々、相当数にのぼる。読者大衆に向けて、著者は、ナポレオン時代の終わりから七月王政の初めにかけてのフランスのすべて、そのナショナル・ヒストリーと地理と政治と社会と風俗を、思いつくかぎり教えようとしているのだから、途方もなく饒舌な逸脱と繁茂の印象を与えるこの構造は、作品の意図を忠実に反映したものなのだ。フローベールではなく、ヴィクトル・ユゴーが「国民文学」の正式代表となる理由の一つも、そこにある。

ひと言付言しておくならば、脱植民地化の時代に、「文明の論理」に対抗する新しいパラダイムを立ち上げたカリブ海の文学は、闇から光への上昇運動とは異質の力学を内に孕んでいる。これを「中間航路」(奴隷船の大西洋航海)に象徴される水平運動、あるいは、ひたひたと伝播する波の運動とでも呼んでおこう。

「国民文学」の技法

マルセイユの東に位置する地中海の軍港トゥーロンから、ひたすら北をめざし、ベルギーに隣接するパ・ド・カレー県へ――徒刑囚からモントルイユ・シュル・メールのマドレーヌ市長へと変身するあいだに、ジャン・ヴァルジャンはフランスの地図を南端から北端まで縦断したことになる。ミシュレの『タブロー・ド・ラ・フランス』を思いおこしていただきたい。国土のイメージには歴史の時間が堆積しているという話を補助線として、『レ・ミゼラブル』を読み解くならば、主人公が古きフランスから新しきフランスへと移動して、工業化が進み歴史の先端をゆく地域に身を落ち着けることは、「野蛮」から「文明」への上昇を意味していよう。空間の付加価値が、「どん底」からの脱出という変身物語を補強するのである。

こんなふうに「国民」の意識が徐々に形成されていった時期のヨーロッパ近代小説は、歴史的かつ地理的に定義された独特の「時空」を、作品のなかに内包しているように思われる。ユゴーの場合もそうであるように、レアリスム小説は、西暦の年代と実在の土地を指定したうえで書き起こされるのが典型的な手法だが、わたしが言いたいのは、舞台設定の方式だけではない。近代小説は、それぞれのやり方で「国民国家」という存在を隈取りし、そのなかに地方色を描きこんでゆく。結果として、小説を読むことが「国民感情」の育成につながった、という言い方は、おそらくまちがってはいないだろう。ただし「国民国家」にせよ、「地域」にせよ、それが存在したから描かれたのか、それが描かれることによって神話的なものが補強されたのか、どちらが原因で、どちらが結果ともいえない。確実なのは、ある日「小説」というジャンルが「国民」という主題に目覚め、そこに無尽蔵の宝を見出したという事実である。こうして「国民文学の時代」は、おのずと「小説の黄金時代」となった。

その一例をわたしたちは、この章の冒頭でウォルター・スコットによって見たのだが、小説の美学において、登場人物を造形するさいに、個人の「パーソナリティ」にほぼ匹敵する機能を「ナショナリティ」が担うようになった時期は、じっさい十八世紀後半から十九世紀にかけて、ヨーロッパの内部で若々しい「国民感情」が対話を交わしはじめた時期とかさなっている。

サクソン人(イギリス人)は質実剛健で律儀な田舎者、ロウィーナ姫とレベッカに横恋慕する二人のノルマン人(フランス人)は気障で好色という対立は、『アイヴァンホー』というドラマの結構を支える大黒柱となっている。フランスの読者であれば、自国民にとっていささか否定的なこの構図を、北の粗野(野蛮)と南の洗練(文明)という文脈に、無意識のうちに置き換えたかもしれない。いずれにせよ、イギリス人の全員が質実剛健、フランス人の全員が好色なわけではないのだから、これが「紋切り型」あるいは「神話」と呼ばれるべき措定であることは確かなのだ。そのことはしかし、ヨーロッパ文明の内部区分とみなされる「国民性」という概念の重みを、いささかも減じはしない。いやむしろ「国民性」は、のっけから「紋切り型」あるいは「神話」としてあらわれるからこそ、強力に思考をからめとるのである。

ルソーの『新エロイーズ』は、これまで何度か話題にしたが、その舞台はスイス。清涼なアルプスの麓の田舎町であることが、いわばアリバイにも似た背景となり、大都会の頽廃した風俗とはかけはなれた、純度の高い感情のドラマを支えている。全体の「序」および対話形式で書かれた「第二の序文」でも、その地理的条件が戦略的に強調されていることを指摘しておきたい。

第三部、ジュリと訣別して絶望するサン゠プルーに、友人エドワード卿が励ましの手紙を送る。そこに透けて見える奇妙な「ナショナリティ」の神話を例にとろう(112)。「わたしは、しっかりした心をもっています。わたしはイギリス人です」と並列された二つの文章があるのだが、それらはセミ・コロンで隔てられており、文意を酌めば「わたしは冷静である、なぜなら、わたしはイギリス人だから」と読める。盲目の恋に惑わされた友に、良識や道理を説く役回りは、当然イギリス人だろうというヨーロッパ的了解が、存在するかのような具合なのだ。そのイギリス人エドワード卿が、イタリアでは、錯綜した恋愛事件を起こし、心に深い傷を負うことになる。

南国の気候と情熱の結びつきは、今さら喚起するのもためらわれるほどの「紋切り型」だけれど、たとえばスタール夫人の『コリンヌあるいはイタリア』（一八〇五）は、この構図なしにはそもそも誕生しえなかった作品といえる。ヒロインは、イギリス人の貴族とイタリアの女性のあいだに生まれ、地中海文明と情熱（enthousiasme）の、あるいはむしろ、国家としては統一されていないイタリアという「ナショナリティ」の化身といえそうな、黒髪の女性である。家柄と無縁である証拠に、いつもファーストネームで呼ばれ、タイトルにはその名と国名が当たり前のように並置されている。ネルヴィル卿オズワルドは、コリンヌに惹かれながらも故郷の伝統を捨てきれず、スコットランドに帰還して、その土地の精のような、金髪碧眼の少女（コリンヌと半分血を分けた妹）と結婚してしまう。そのオズワルドの友人デルフイユ伯爵は、北国の制度的社会と南国の解放された習俗を、等分に、そして批判的に視野におさめている。国籍はフランス人であり、傍観者的な人物がフランス人読者の視点を代行するという仕掛けは、以前に見たように、ジュール・ヴェルヌなども好んで使う手法である。

ルソーと同じく出自はスイスであるスタール夫人が、フランスを外部から捉え、ドイツを深く理解して、ヨーロッパ全体を俯瞰する視野をもちえたのには、おそらくそれなりの必然性があった。アルプスのフランス側に位置する小都会グルノーブルで生まれたスタンダールも、首都パリとイタリアを半々に眺めるような、独特の南国人意識と開かれた地理感覚をもっている。もっぱら心理分析の文脈で読まれることの多い『恋愛論』（一八二二）も、率直にページを追ってみれば、あらゆる主題について、男の目で見た「女性地理学」のような展開がなされていることに気づくだろう。

革命直後に生まれたスタンダールが、啓蒙の時代から引き継いだ遺産は、たとえば「羞恥心」という章で確認される[113]。「マダガスカルの女は我々のいちばん隠すところを平気で露出する。しかし腕を見せるより死を選ぶだろう。明らかに羞恥心の四分の三は後天的なものである」。つづいて「文明の産物」のなかで唯一の幸福の源である羞恥心が、かりに「自然」なものであるとしたら、それは防衛本能が働くときだけだ、と主張し、その根拠にタヒチの自由恋愛を引く。さらに「恋愛は文明の奇蹟」であって、「野蛮な民族」には「肉体の恋愛」しか存在しないと述べ、文明圏の「控えめで優しい女」であれば「顔を赤らめなければならないようなことを男の前でする」ほど辛いことはなく、少し気位が高ければ何度でも「死を選ぶ」はずだというのである。『ポールとヴィルジニー』におけるヒロインの、現代の読者にとっては唐突な死を、ここで思い出していただきたい。

「恋愛より見た諸国民」というタイトルの第二巻第四一章以下は、まさに比較女性論にほかならず、『コリンヌ』で示唆される女性像と符合する部分も多い。これに先行する第二巻冒頭の断章には、男女を問わず人間には気質というものがあり（多血質はフランス人、胆汁質はスペイン人、憂鬱質はドイツ人、等）、また恋愛には四つの様式がある（情熱恋愛、趣味恋愛、肉体的恋愛、虚栄恋愛）、これに「政体」ないしは「国民性」（アジア的専制、フランスの絶対王政、イギリスの立憲君主制、アメリカの連邦共和制、等）による習慣の相違を組み合わせれば、恋愛の総合的分類学ができるという説が開陳されている。説の妥当性は問わず、こうした思考法から、わたしたちは自由になり得ないという事実だけを確認しておこう。フランス人男性の虚栄心、イギリス人男性の自尊心、スコットランド女性の憂愁、アンダルシアの女性の情熱、ドイツ人の瞑想癖、等々の強力な決まり文句には、誰であれ、その自覚はなくとも影響されているにちがいないのである。

バルザックを読む

いずれにせよ「国民性」と「地域性」の記述は、十九世紀レアリスム小説の世界に遍在する課題だった。それこそ何を手にとってもよいのだが、バルザックの中篇小説『赤い宿屋』(一八三二)を開いてみよう。パリのサロンで、一人のドイツ人が披露したミステリー風の思い出話である。一七九九年の秋、フランスの共和国軍とオーストリア軍が対峙するライン河沿いの小さな町で、富裕な旅人が殺され大金が盗まれた。事件の現場「赤い宿屋」で旅人は、当日出会ったフランス人青年軍医の二人連れと同宿しており、鋭利な刃物で首を切断された屍体が発見されたとき、青年の片方は姿を消していた。屍体の傍らで眠っていたもう一方の青年は逮捕され、凶器はたしかに彼のものだったし、不利な証拠がそろっていたために、処刑されてしまったのである。語り手のドイツ人は、獄中でこの青年と知り合い、同情して事件の顚末を事細かに聞いていた。それがサロンで報告された物語だが、小説のテクストは、聞き手の一人が、そのドイツ人の話を書き起こしたことになっている。つまり、この作品は、軍医の話を聞いたドイツ人の話をさらに第三の語り手が集約するという、なかなか複雑な構造なのである。

思い出話を披露するドイツ人の風貌を、まず第三の語り手が、冒頭で描写する。「ニュルンベルク風の広々とした顔」(une large figure nurembergeoise)とはそもそもいかなるものなのか。つづく「禿げ上がった真四角の額、まばらなブロンドの髪の毛」という指摘はイメージを具体化するけれど、ニュルンベルクの男性のすべてがこの特性をもつわけではない。それでも「混じりけのない高貴なゲルマニアの子孫」という表現で、なんとはなしに、大柄で篤実なドイツ人(事件の真相の仲介者として信頼のおけそうな人物)のイメージが浮かんでくる。すくなくとも、そんな気にさせるように、都市の名と人種名が置かれている(114)。

そのドイツ人の証言によれば、殺人犯とみなされたフランス人は「ブロンドの長髪に碧い目」で明らかにゲルマン系、「敗色の濃いドイツのイメージそのもの」に思われたというのである(115)。じっさい軍医は北フランス、ピカルディの出身だから、ラテン系でないほうが自然だろう。かくして束の間の友情には、人種的な親近感が働いていたことになる。「ニュルンベルク風」という言葉もそうだったが、フランス語では、都市名が容易く形容詞化される。「例のピカルディ風の率直さ」(cette franchise picarde)という表現が出てくるのは、「赤い宿屋」の夜が更けて、旅人と二人の軍医の話がはずんだという段落で、「例の」という指呼詞が、誰からきたものか、事件の当事者か、ドイツ人か、第三の語り手か、じつは判定のしようがない。ただし、読者のほうは「ピカルディの人間は率直だ」という暗黙の了解があるらしいことを、おのずと感じとるだろう。(116)もう一つ「彼のピカルディ風の頭（sa tête picarde）がかっかと燃え上がった」という文は、寝入った旅人のかたわらで、その財産がひょっとして自分のものになったら、と青年が剣呑(けんのん)な夢想にふけるところにある。(117)

『ラルース大辞典』によれば、ピカルディという固有名詞は、pique（槍）あるいは se piquer（かっとする）からきたとの説があるらしい。どちらも俗説であろうと『辞典』も示唆しているのだが、ピカルディの人間が直情的か否かということの真偽より、言葉に充満するファンタスムが重要なのである。そういえば、スタンダールの『恋愛論』にも De la pique de l'amour-propre（自尊心の刺激）という章のタイトルがあり、pique の用法は不正確だが、と著者自身が断っていた。

『赤い宿屋』には、隠された主人公がいて、その人物の名はタイユフェール。サロンの聞き手の一人だが、なんたる奇遇か、じつは事件の真犯人なのである。タイユフェールの出身や経歴を知る第三の語り手は、二人の軍医が同郷の友人同士だと聞いて、直感的に真実を見抜く。そして狼狽し、追いつめられてゆく真犯人の表情を、要所要所で確認し、ドイツ人の座談のあいだに挿入するのである。いきおい読者は、二重に緊張をはらんで展開されるドラマの醍醐味を味わうことになる。その間、かりに読者が Taillefer という名に「鉄を切る」というイメージを喚起され、そこから「槍」へ、そして凶器となった外科器具へと夢想を走らせたとしても、不思議ではあるまい。こんなふうに、おそろしく文学的に仕組まれたテクストのなかで、ピカルディという実在の地名が機能する。そして色濃く隈取りされた地名のイメージが、今一度定着し、あらたに繁茂してゆくことになるのである。

生の現実を前にして、レアリスム小説の言葉は、複雑で精妙な関係性の糸を紡ぎ出す。これはほんの一例にすぎないが、「国民」や「地域」の特性がまず歴史的事実として存在し、これを律儀に克明に模写したのが近代小説だという一般的な了解に、いくつかの角度から異を唱えておきたかった。「国民の意識」が「国民文学」を生んだのか、あるいはその逆なのかという問い自体には、あまり意味がないだろうし、ましてやバルザックがドイツ贔屓か否かという問題は、わたしの関心の埒外にある。しかしバルザックを読むことが、「地域性」や「国民性」を生々しく——それがさながら事実であるかのように——感得する経験であることはまちがいないだろう。

3　共和国の辞典——ピエール・ラルースをめぐって

辞　典

「辞典」とは何か。これを歴史的に考察し、その目録を作り、内容を分析するという試みは、十八世紀の半ばによりやくはじまったものであるらしく、たしかにディドロとダランベールの『百科全書』には、「辞典」という項目が立てられている。今、わたしが参照している『アンシクロペディア・ユニヴェルサリス[118]』では「辞典」の解説にA4サイズ十数枚相当を割いている。一言語(国語辞典、等)あるいは複数言語(仏和辞典、等)という自明の区分はさておいて、「辞典」か「事典」か、という方向性に目をとめよう。「辞典」の伝統は、中世におけるラテン語の「語彙解説」(glossaire)にまで遡る。言葉をめぐる文法的定義、綴り、発音、意味、用法、他の語彙との構造的・機能的関係、語の起源、歴史などを論じ、言語学的な知識を提供するのが、本来の「辞典」であり、これに対して「事典」のほうは、記号としての言葉ではなく、言葉が指し示す物についての情報をもたらすはずである。したがって「百科事典」の見出し語は、たとえ「あいうえお順」や「アルファベット順」に並んでいても、これが語彙として日本語やフランス語の総目録をなしているわけではない。全巻をつうじ、いわば戦略的な主題構成がなされたうえで、事物と世界を

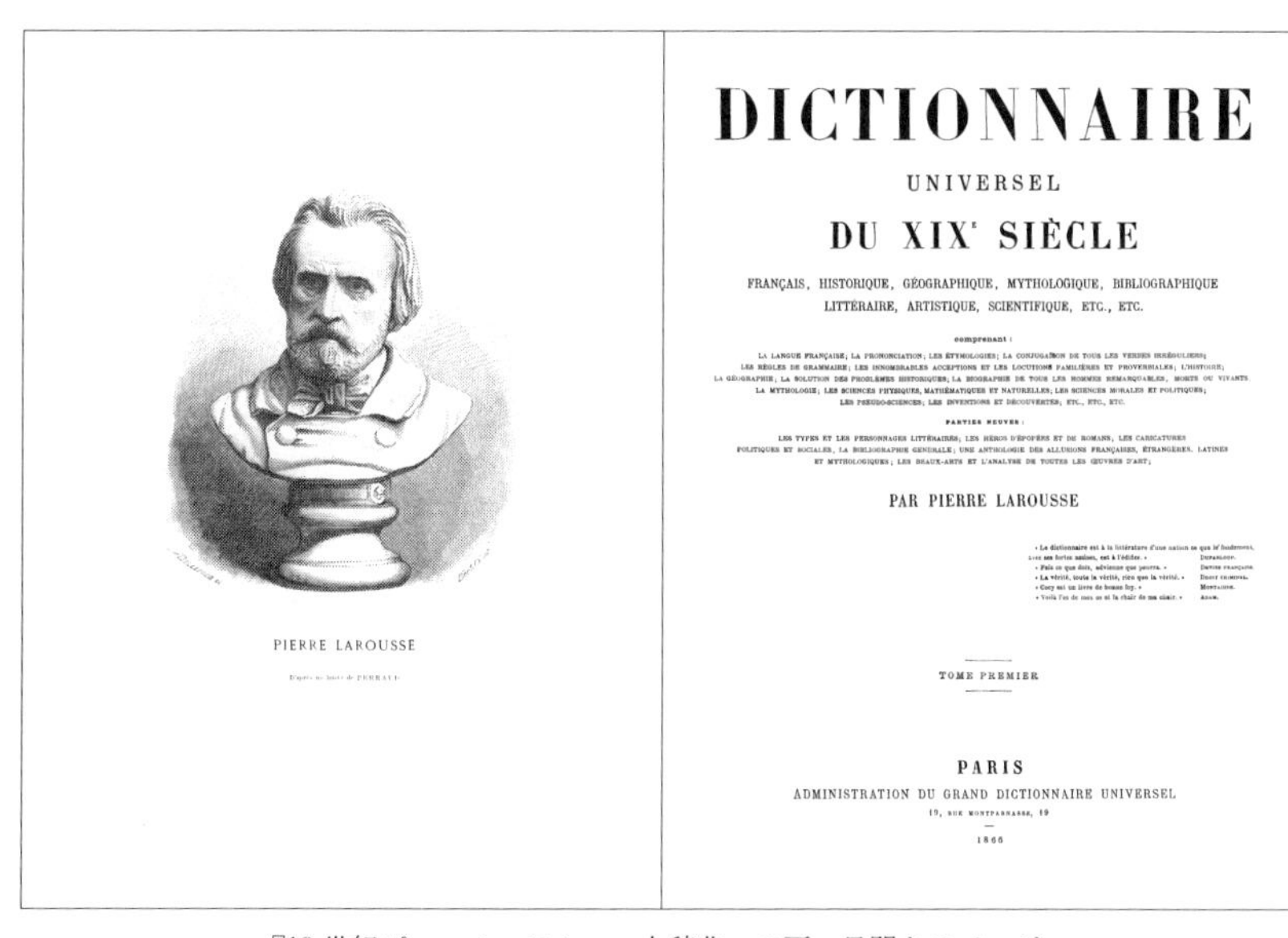

『19世紀ピエール・ラルース大辞典』の扉，見開きのページ．

めぐる時代の知の集大成をめざしたものが「百科事典」の名に値する。

両者の野心を兼ね備えた「百科事典的辞典」(dictionnaire encyclopédique) というジャンルがあるとすれば、その嚆矢は啓蒙の世紀の『百科全書』(*Encyclopédie, ou Dictionnaire raisonné des sciences, des arts et des Métiers*) であり、『十九世紀ピエール・ラルース大辞典』(*Grand dictionnaire universel du XIX*^{e} *siècle par Pierre Larousse*) は、その代表格の一つといえよう。翻訳のしようがないので割愛してしまった universel という語を、試みにその『大辞典』で引いてみると、予想される意味解説に加えて、「すべてを知っていると豪語できるほどに universel な人間はいない」という用例が見つかった。しかし、なおのこと奇妙ではないか。普遍的な知の「すべて」を収録するという自称万能の大辞典に、ピエール・ラルースという個人名が冠されているのはなぜか。同じく記念碑的な出版と呼べるものであっても、啓蒙思想家たちの『百科全書』は、原則として匿名の共同作業によっていた。

編者ピエール・ラルースは、一八一七年に生まれ一八七五に死去。『大辞典』は一八六三年に予約申し込みがはじまり、翌年から一八七六年にかけて出版されて一応の完結を見るが、その二年後には、第一回の「補遺」が、一八九〇年には第二回の「補遺」が出た。ここでの検討対象は、『記憶の場』に収録されたパスカル・オリーの論文にならい、ラルース本人の意思が反映されている第一回「補遺」までとする。(119)

四つ折り判、四段組で、二万七〇〇〇ページ、四兆八三〇〇万文字、という数字は、もとより実感のわく量ではないだろう。一八六五年十二月の日付がある「序文」には、二十七名の「協力者」の名が記されているが、実際の数ははるかに上であるらしい。それにしても、「ピエール・ラルース」の名のもとに働いた何十名かのライターが、異口同音に認めるところによれば、明確なイデオロギー性をもつ項目は、必ずラルース自身が執筆するか、目をとおすかしていたというのである。そうした共同作業全体に添えられたピエール・ラルースという個人名を、いわば集合的パーソナリティのごとくみなして、論を進めることにしたい。

しかしなにゆえに「辞典」のイデオロギーが問題なのか？　パスカル・オリーによれば、文化的な社会の中枢を支配するのは、メディアの活動である。「新聞」や「学校」はその主たる担い手とみなしうるが、第三の大きな領域が残されている。それは「知識の普及」にかかわるメディアにほかならない。辞典はいうまでもなく、これまでにとりあげた『レ・ミゼラブル』や『二人の子供のフランス巡歴』など、そして本書第Ⅲ部で検討することになる、ルナンの『イエス伝』などの大ベストセラーも、この領域にかかわっているといえるだろう。

フランス社会において、共和主義的な文化が最終的に根づいたのは、十九世紀をしめくくる三分の一世紀の期間であり、共和主義の働きかけが、最も継続的かつ効果的におこなわれたのも、この時期にあたる。民主主義イデオロギーの浸透と普通選挙による万人の政治参加という、時代の大きな流れが要請したものであり、これは自然のなりゆきだった。「共和国精神」の歴史を書こうとするならば、エミール・リトレの『フランス語辞典』（一八六三―七二）、マルスラン・ベルトロ後援による『大百科事典』（一八八五―一九〇二）を、さながらそれらが「政治的文献」であるかのように、注意深く読みなおさなければならない――こう前置きしたうえで、パスカル・オリーの論考は『ラルース大辞典』の出版年代が、一八七〇年前後の大きな政変をはさんでいることに注目するのである。帝政か共和制かの選択を、誰もが強いられた時代だった。ピエール・ラルースは、ヨンヌ県の出身で初等教育の教員と校長をつとめたのち、四〇年にパリに出て教材関係の出版社を営んだ。のちに『プティ・ラルース』の愛称で呼ばれることになる『フランス語新辞典』が一八五六年に上梓され、『大辞典』への道を開く。その間、ラルースは共和主義者であることを隠そうとはしなかった。その確固たる信念は、『大辞典』の「序文」の最後を飾る段落の叙情的な文体に、あますところなく披瀝されている。

> ここで我らのペンは喪章をまとう。なんとなれば死の大鎌が見境もなく、我らを襲ったからである。おお！　なんと見境のない一撃であることか！　それというのも刎ねられた頭（こうべ）は、我らの陣営において他の者たちすべてより遥かに高く、他を睥睨していたのだから。十九世紀の最も大胆かつ深淵な思想家、ピエール・ジョゼフ・プルードンが我らに寄せた書簡を我らは公開したが、そのなかで、彼は『大辞典』への協力を次のような言葉で約束していたのである。「わたしは、あなた方の《無政府主義（アナルシー）》の項に満足しています……。《神》と《所有》という項目までできたら、ご一報下さい。《神、それは悪である。所有、それは盗みである》という定式には、単なる逆説以上のものが含まれていることを、簡潔に解説してさしあげ

ジョゼフ・プルードン．E. カルジャによるカリカチュア（1860 年）．

ましょう。この定式は、字義通りの意味であるという私の考えは変わりませんが、だからといって神への信仰を咎めるとか、私有財産を廃止せよなどというつもりはありません」。この意志は、いわば遺言になってしまったが、敬虔な心をもって尊重されることだろう。然り、偉大な哲学者よ、かくも悪意ある無理解にさらされてきた二つの文章、貴君の記憶に敵が反旗をひるがえす動機となった二つの文章に、我らが到達したときに、積み上げられた偽善の闇は、ことごとく打ち払われることだろう。

出版の自由が著しく制限されていた第二帝政下、プルードンは、投獄や亡命の合間をぬうようにして果敢な言論活動をつづけ、一八六五年の初めに死去していた。その危険思想へのオマージュによって「序文」を閉じることに、リスクがなかったはずはない。それにまた、いかにも個人的なこの思い入れは、客観的な知の伝達装置であるはずの「辞典」にそぐわぬものとみなされはしなかったのか。こうした奇妙に主観的な文体は、とりわけラルース個人の精力が注ぎ込まれた初期の配本で、顕著であるという[120]。

「序文」は、一段組で活字も大きいが、それにしても七六ページのヴォリュームである。その冒頭は「序文」の歴史という体裁で、わが国の著名なる「序文」を三つあげるとすれば、『百科全書』のダランベールによる「序文」、『アカデミー辞典』第六版のヴィルマンによる「序文」、そしてヴィクトル・ユゴーによる『クロムウェル』の「序文」とある。以下、六五ページまでは、「辞典」の歴史と著名な「辞典」の分析評価。そのあとが『ラルース大辞典』の構想と野心、そして編者ピエール・ラルースの履歴と人となりが簡略に紹介されたのち、協力者たちとの連携が、ナポレオン軍によるオステルリッツの戦勝に喩えられ、プルードンに言及して幕となる。全体が「モニュメント」の建立にあたる営為とみなされている点は、野心というよりむしろ、実感を率直に述べたものとみなすべきかもしれない。

しかも民主的なモニュメントであった。完結するまでに五二四回の配本を重ねたのは、初版は各分冊が一フランという廉価版だったことによる[121]。こうした出版戦略の大成功があって、はじめて「辞典」は「知識の普及」にかけがえのない貢献をもたらすメディアとなることができた。

ボナパルトからナポレオンへ

第二帝政下の共和主義者たるラルースの個人的イデオロギーは、現体制に正面から抵抗はしないけれど、これに与することを潔しとしないという、屈折した姿勢となってあらわれる。その興味深い一例を「ナポレオン・ボナパルト」という固有名をめぐって検証することができる。「ボナパルト」の項は一八六七年に、「ナポレオン」の項は第二帝政崩壊後の一八七三年に初版が出た[122]。それぞれの時点で、ラルースはいかなる距離と戦略をもってナポレオン神話に相対したか。

ボナパルト――史上最も偉大にして栄誉と光彩に包まれた名。ナポレオンの名さえ、これにおよばない――フランス共和国の将軍、アジャクシオ(コルシカ島)で一七六九年八月十五日に生まれ、フランス共和国暦八年霧月十八日、パリ近郊、サン゠クルーの城で死去。

なんとも不可解な導入だが、同時代の読者にとってメッセージは明解なものであったのかもしれない。共和国の将軍として革命の理念を掲げヨーロッパを駆けめぐった偉大なボナパルトの人生は、一七九九年十一月九日、サン゠クルーを舞台にした軍事クーデタ(ブリュメールのクーデタ)により、統領制が発足したときをもって終わる――この歴史理解を、ラルースは「ボナパルトの死」という過激な表現に託したのだった。ナポレオンを下位におくのは、これが帝政にまつわる名だからであり、革命直後のフランス共和国に仕えたボナパルトを特権化することにより、栄光はナ

1793年7月29日，ボナパルトは，南仏ニーム近郊のボケールで偶然夕食をともにした地元の貿易商たちと意気投合し，共和国の理想を語り合った．これをパンフレットにして発表したのが，『ボケールの夜食』である．『ラルース大辞典』に4段抜きで掲げられた巨大な図版は，これが「革命の申し子」の神話に欠かせぬ逸話であったことを示唆している．

ポレオンという名をすりぬけてゆくだろう。したがって、皇帝の甥であるルイ・ナポレオンがこの栄光にあやかることもないという論法だ。

　とはいえナポレオン一世が正面から否定されているわけではない。ボナパルトとナポレオンという二つの名は「二人の別人」に対応すると断じたうえで、あえて一七九九年までの経歴だけを称えようというのである。これが詭弁とはいわぬまでも、恣意的な使い分けであることは、「ボナパルティスム」という語が、すでに一八一六年に登場し、ほかならぬ帝政を指すものとして流通していたことからも推察される。それにしても、一族の紹介を含めた「ボナパルト」の項目の全体は、巨大な図版や家系図を含め、四〇ページにおよぶから、破格の扱いであることはまちがいない。

　「ナポレオン」の項目は、一世、三世、そして関連書誌などを含めて、三〇ページ足らず。しかし顕著なのは、むしろ質的な転換である。

> ナポレオン一世――フランス人の皇帝。「ボナパルト」の項において、我々はこの人物を共和国

の将軍として捉え、彼の出自、少年期、教育、そして陰謀がうまく成功したのち彼が最高権力を簒奪するに至るまでの行動のすべてを、詳しく述べた。読者諸氏が明察されたように、一つのフィクションによって、革命暦八年霧月の十九日に、彼が死んだと書き記したのである。じっさい共和国の将軍としても、革命の申し子としても、彼は死んだのであり、そのとき以来、彼のなかに認められるのは、政治的・軍事的独裁者、ローマ皇帝の模倣者にすぎない。〔…〕

とりわけご理解いただきたいのは、我々が「ボナパルト」の項を発表した時代においては、期待される言論の自由が奪われていたという事実である。なにしろ評価判定しなければならないのは、支配者にかかわる事柄なのである。独立心と誠実さを示した場合、それが当時権力の座にあった者たちにより、どれほど過酷なやり方で処罰されるの通例だったか、知りすぎるほど知っているではないか。

そうしたわけで、「自由の最も残酷な敵」をめぐって展開される論説が、客観性を主張しながらも、反感をあからさまにしたものになることは容易に察しがつくだろう。「ナポレオン三世」の項は、定番どおり出生の記録にはじまり、一八七三年一月九日に死去という最新のニュースが収録される。ついで「ナポレオン一世と同様、国民の代表に奇襲攻撃をかけることにより帝政を復活させ、皇位を失うと同時に、フランスをまたしても外国の侵入という恐ろしい災厄にひきずりこむことになる人物」が、ナポレオン一世の弟オランダ国王ルイ・ボナパルトとオルタンス・ド・ボアルネーのあいだに生まれた三番目の息子であることが告げられる。しかしこの周知の情報につづき、オランダ王が教皇グレゴリウス一六世に宛てた書簡が引用され、そこで「私は不幸なことに子を産むメッサリーヌ〔悪女〕を娶ってしまいました」という一文が紹介される。じつは不義の子ではないか、という巷の噂を裏づけようという意図だ。

こうした下世話な議論が、同時代においては、権力の正統性への異義申し立てにもなっていたであろうことは念をおすまでもない。出生の疑惑そのものは、ある意味で、どちらでもよいことなのだが、ためしに今日の『ユニヴェルサリス』を開くと「執拗な伝説にもかかわらず、十中八九(selon toute vraisemblance)ルイ・ボナパルトの嫡子」であると記されている。ついでに「ナポレオン三世は真価を認められてこなかった君主ではあるまいか？」という問いかけにはじまる『ユニヴェルサリス』の記述を一瞥しておきたい。産業の発展、鉄道の敷設、パリの都市計画などに大きな実績をあげ、軍隊の栄光にも欠けるわけではないこの時代を、全面的に見なおすべきだという意思表明が冒頭におかれている。第二帝政が歪んだ歴史記述の犠牲になった一因は、ナポレオン一世を革命の後継者とみなし、その対比において三世を断罪したマルクスとエンゲルスにあるという。

考えてみれば当然のことながら、共和国の大学で定式化された歴史記述が、昨日の敵であった第二帝政に好意的であるはずはない。マルクス主義史学と共和主義的伝統が一世紀以上も持続した今日、ようやく「第二帝政＝悪玉論」が一新されたというのが、実情であるらしい(123)。政変の至近距離にいた『ラルース大辞典』の場合、まだ事の成り行きも不透明なままであり、その「悪玉論」を歴史のヴィジョンとして提示するにはいたらない。ただし、ルイ・ナポレオンの死後にあたるNの巻以降、はじめて実質的な帝政批判が可能になったという事実は、かりにこの辞典を「政治的文献」として読むのなら、分析の条件としてふまえておくべきことだろう。

キリスト教文明のなかの普遍史

いかに客観性を標榜しようとも、あらゆる記述は立脚点の刻印を受けている。とりわけ過去の解釈や価値づけにかかわる歴史的考察に、厳密な意味でのイデオロギー的中立はありえない。それは今しがた具体例を見たとおりなのだが、一方で「辞典」というものは、「普遍的な知」を提示する営みへの信頼のうえに成り立っている。たとえば『ユニヴェルサリス』も、ほかならぬ「普遍性」への野心をタイトルに託して謳っているのである。『ラルース大辞典』

もまた、というよりむしろ、そのバックボーンである近代ヨーロッパの文化そのものが、「普遍性」への自信にあふれ、「普遍的な視点」を体現するという確信に酔っているようにさえ見える。

それにしても、十九世紀の歴史家たちは、どのような根拠によって、自分たちには「普遍的な視点」から歴史が書けると信じたのか。ラルースによる「歴史」の項の「百科的解説」(言語学的な解説につづくEncyclo.と小見出しをふった部分)を追ってみる。

> 本来の意味での歴史とは、総体が一つの伝統をなすような社会的出来事の叙述である。主観的には、それら同じ出来事についての知識である。したがって、起きることの全てが「歴史」に属するわけではない。「歴史」に特有の対象は、人間とこれをとりまく事実である。〔…〕人間の能力を、記憶と理性と想像力の三つに分ける分類法にしたがえば、人文科学の対象は、記憶の成果である「歴史」、理性の成果である哲学、想像力の成果である詩におのずと分かれることだろう。これらは、様々の思考を分類するための目安である。実際においては、これら三つが連動しよう。

次に人類の歴史において「歴史」がいかに変化してきたかについて、これが「文明」の性格と呼応していると述べ、社会の揺籃期には、意識の諸現象が未熟であるところから、「歴史」も曖昧であり、詩的な色彩を帯びていたと指摘する。原初の人間は、本質において宗教的、神秘主義的だった。インドの神聖な詩篇、西欧においてはホメロスの『イリアース』、ヘシオドスの『労働と日々』などが、それぞれの民の勲(いさお)と起源を語っているのである。宇宙誕生の神話から英雄時代の叙事詩へと移行することにより、神秘主義から歴史的叙述へという方向が生まれるが、ここで責を担うのはもっぱら詩人である。一方、オリエントやアフリカにおいては、原初の「歴史」は「年代記」という形で、モニュメントの石に刻まれている。エジプト、バビロニアなどの歴史は、そうした建造物や芸術作品の読解によって知ることができる。ギリシアの賢明な民が、歴史を記録することの必要性に目覚めるのがむしろ遅かったことは、意外にさえ思われよう。じっさい若く安逸なギリシアが成長し、オリエントの他のネイションと対決し、histoire universelle（これは「世界史」と訳してさしつかえあるまい）のなかで重要な役割を演じるようになることが必要だったのだ。ヘロドトス、トゥキディデス、クセノフォンは、すでに詩を脱却し、冷静な理性に基づく「歴史」を書いている。古代ローマでもタキトゥスにいたるまで、「歴史」は文学の一部と考えられていた。誇張をまじえず真実のみを記録するという意味では、古代世界の模範的な成果は、むしろカエサルかもしれない。

と、ここまで早足にたどってきたが、この時点で histoire universelle すなわち philosophie de l'histoire（歴史哲学）は誕生していない、とラルースはいう（あまり馴染まぬ日本語だが、かりに「普遍史」として訳しておこう）。エドガール・キネが主張するように、「普遍史」を創出したことは近代人の大きな栄光であり、古代の人間にとって「超越的な視点」は未知のものだったというのである。「近代人」と「古代人」の区分がどこに置かれているのか、はなはだ曖昧なのだが、問題になっているのが、対象となる地理的空間の拡大とはべつの、いわばメタレベルの転換であることは、ご理解いただけよう。

「キリスト教文明」の黎明期において——とラルースは特段に断っているわけではないが、それは「古代文明」に言及したいきさつから、前提とみなしてよいはずだ——はじめて「普遍史」の萌芽が芽生えたといえる。それ以前の古代世界においては、histoires particulières（とりあえず「個別史」という訳語をあてる）しか存在しなかったのだが、ギリシアが「人類」という概念をもたらし、ローマがこれを法律に適用し、ちょうどその頃に、オリエントでキリスト教が誕生した。イエス・キリストは、すべての人の救い主になることで、人類全体ための catholique すなわち全世界的な普遍宗教を打ち立てた。そのことで、「個別史」に書かれた出来事のすべてをつなぐ絆が生じたのだった。

この論述は、いってみれば同語反復的（トートロジック）である。なにしろ「キリスト教文明」と「普遍的宗教としてのキリスト教」

と「普遍史」の萌芽を、不可分のものとして、一挙に立ち上げてしまうのだから。それはともかく、ラルースが依拠するエドガール・キネの見取り図によれば、メシア到来という主題にすべてを収斂させてゆく歴史記述が、中世をとおして成熟し、十七世紀のボシュエにいたって結実する。ただしボシュエの理解——一六八一年『世界史論』の原題は、*Discours de l'Histoire universelle* である——は、オリエントの小さな民にすぎないユダヤを古代世界の核として、カトリシズムの普及を「歴史」の唯一の主題とみなすという意味で、いかにも偏狭であるという。これに対してイタリアのヴィーコは、壮大な螺旋運動のような歴史を想定したが、神の摂理をその運動原理と考えたところに限界がある。ドイツのヘルダーも摂理を信じてはいるのだが、まず自然界における下位の生物から人間へと存在のヒエラルキーを上昇しつつ概観し、そこから人類の「歴史」を書きおこすという方法をとった点が新しい。フランスにおいてはギゾー、ティエール、オーギュスタン・ティエリなどがそれぞれに学派（エコール）を生み、イギリスではとりわけ実証主義の歴史が発展した。

要するに、十七世紀のボシュエによって先鞭をつけられた歴史学の運動は、十八世紀においてはヴィーコ、ヘルダー、コンドルセに受けつがれ、十九世紀の傑出した精神によって発展せしめられており、近い将来にもかならずや一層の成果をあげるにちがいない。今日、「歴史」はあえていうなら普遍宗教（une religion universelle）となっているのである。すべての魂のなかで、信仰心は消えたり揺らいだりしているが、「歴史」はその代役をつとめている。それは倫理という学問の温床にして調整役となり、その不在をおぎなっている。法学、政治学、哲学もその光明にあずかっている。それは現代文明のなかで、神学が中世や古代においてそうであったもの、すなわち人の良心を統べる女王にして導き手となるべきものなのだ。

現代の歴史は、中世と古代の「神学」に取って代わった、とまで言い切られてしまえば、十九世紀に対してあたえられた「歴史の世紀」という形容に異議を唱える余地はもはやない。とりわけ「キリスト教文明」の成立と「普遍史」の発生が、同根とみなされていることを記憶にとどめておこう。ただしラルースは、ボシュエやヴィーコのように神の摂理を歴史の原理として前提する立場はとらず、カトリシズムからは明確に距離を置く。それでいて「歴史」は、「超越的な視点」(すべてを高みから見渡せる視点)をキリスト教から学んだ、しかるのちに、衰退したキリスト教信仰に替わって、倫理の指導者、人文科学の王者になったというのである。

ラルースの記述を全体として見れば、ヴィクトル・クーザンなどを介してわかりやすい形で紹介されていたヘーゲルの歴史観が、大きな枠組みを提供していることは、明らかだろう。『歴史哲学講義』の「序論」で説かれた「事実そのままの歴史」「反省をくわえた歴史」「哲学的な歴史」という発展的な見取り図が、まず思い出されるし(124)、さらには「理性」によって「自由」の実現へと導かれる歴史の前進運動という了解があるからこそ、ラルースは「倫理」を歴史の究極の目的として掲げることができた。

進歩とデカダンス

「進歩」の項、「百科的解説」の冒頭におかれた定義によれば、「前に進むこと」を意味するこの語は、哲学的な用語としては、人類が完璧な姿、おのれの幸福に近づく歩みを意味している。背後にあるのは、人間は完全さに向けて、無知から科学へ、野蛮から文明へ、たえず前進するという認識である。

人類は完璧なものになれるか否かという問題は、先述した「神学」から「歴史」への移行という議論にも関与する、重大な論争点なのである。古代の哲学は、神と悪とが共存するこの世の仕組みを解き明かすために、人間の堕落という理論をつくりあげた。これが、ユダヤ教とカトリックの教義に受け継がれたが、ラルースによれば、現代の哲学は「人類はどこまでも完全になることができる」(perfectibilité indéfinie de l'espèce humaine)というテーゼをこれに対置させる。

しかし神学の教える天地創造や楽園追放の物語に対抗して、科学は何を提示できるのか。ひたすら創造の起源へと時代を遡ることにより、完全なるものへの歩みの第一歩をつきとめること。原初の神秘はいまだ解明されぬとはいえ、万物の発生の時間的序列と、単純なものから複雑なものへという事物のヒエラルキーのあいだには対応がある。したがってすべては「進歩」の相のもとに記述できるはずなのだ。

地質学のもたらした判断によれば、人類は八万年から十万年まえに地上にあらわれたといわれ、この大胆な仮説は、人骨の発見によって裏づけられたのだった。しかし、そこまで遡らなくとも、ヨーロッパ人種の頭蓋骨によって、世代間にさえ進歩があることが検証できる。教育と知能の訓練により、頭蓋骨は容積を増し、額はまっすぐになり、表情にも知性と倫理性が反映されるからだ——ジョゼフ＝フランソワ・ガルやラヴァーターから受け継がれた骨相学、観相学が、ロンブローゾなどの貢献により全盛期をむかえ、真正の科学として社会学、法医学にまで応用された時代ならではの見解といえる。ポール・ブロカが強力に推進し、普及させた形質人類学の実績もある。ともかくラルースは、エチオピア人種を例にあげ、この民が「解放」されて以来、いいかえればヨーロッパと接触するようになって以来、わずか半世紀で、形態的進歩が顕著に認められたと指摘する。長い腕、つきでた顎と口、ぺしゃんこの額などの特色が緩和されたというのである。同様に、黒人でさえ、猿からますます遠ざかり、コーカサス人種に近づいているという。

身体の科学的計測ほど明証的ではないにせよ、知性と倫理についても、人類の進歩を否定することはできない。古代ローマの徳と称えられるものも、じつは法的に制御された野蛮にすぎず、キリスト教と哲学の金言に優るものではない。緩慢な歩みではあるが、人類は正義に向けて進歩をかさねており、いずれは人類全体が「一つの家族」となるだろう。この理想は、「文明化した民が武器を携え、社会生活に馴染みのない地帯へと侵出するときに、たとえ自覚しなくとも、追求している」はずのものである——話題になっているのは、まぎれもない「文明化の使命」である。

こうした理想主義の衣をまとって、暴力的なコロニアリズムが不意に姿をあらわすことはめずらしくない。もともとヨーロッパの進歩とは、ほかの地域の「遅れ」によって計測されているのだから、そのかぎりにおいて理屈はとおっているのである。

要するに「進歩」は時代のキーワードだった。これをラルースは「われわれの時代の信仰」と呼び、さらには「人類の普遍的信仰」の一つと形容する。それはそれとして、十七世紀までは「デカダンス」の法則が優位にあったという指摘も傾聴しておかねばならない。異教の世界で語られる原初の「黄金時代」や、ユダヤ教とキリスト教の「楽園追放」の主題と結びつき、それは不動の伝統となっていたのだが、あるとき人々は、「進歩」の成果に気がついた。まずベーコン、デカルト、パスカルの名をあげてから、啓蒙思想、ドイツのカント、ゲーテ、フランスのコンドルセ、フーリエ、サン゠シモン、さらにはプルードンへといたる概説はすべて省略する。次に訳出するのは、ラルースがほぼ全面的に賛同できるとして引用する、ヴァシュロなる人物の文章である。

帝国の衰退、社会の崩壊、文明のデカダンスと廃墟、野蛮の侵入、伝統を暴力的に破壊する革命、これを再生させる旧体制の復古、オリエントで消え去ったのち西欧でふたたび燃えあがる文芸や科学や芸術の炎がある。不確定なもの、変動するもの、逸脱するもの、未来に向けての不意の跳躍と、これに続く過去への奇妙な回帰もあり、こうした出来事のすべてが、また他にも色々なことが、「進歩」の理論を完膚無きまでに敗退させているように見える。とりあえずここで想定されるのは、継続的で、画一的で、揺るぎなく、幾何学的な進歩であり、文明が野蛮に対し、科学が無知に対し、自由が専制に対し、富が貧困に対し、要するに善が悪に対し、不断の勝利をおさめる一連の運動からなるものだ。だが人類の進歩を真に象徴するものは何か。それはむしろ生命（いのち）ある存在がもつ有機的な発達である。生命を限られた者は、死すべき本性にまつわる様々の段階をへることになるが、ここでいうのは永遠の汲めども尽きぬ生命である。あらゆる形態をこえて生きながらえ、古びた器官を、活力と精力においてまさる新しい器官でおきかえ、より完成され、より美しく、より豊かなものとして、形態を変え組織を変えつつ上昇をつづけ、絶対的な典型にまで到達することはないにしても、ひたすらこれに接近するような生命である。

楽天的といえばあまりに楽天的なヴィジョンかもしれない。しかし、オセアニアの島に住む人間と文明圏の人間とを比較するならば、「進歩」という現象は、誰の目にも明らかだという議論の筋道からも推察されるように、そもそもは「文明」という概念の定立と、これはほぼ同義なのである。野蛮から文明への上昇において求められるのは、ラルースによれば「自由と科学という二重の梃子」にほかならない。この運動に最大の貢献をもたらしたのは、ほかならぬフランス革命だった。

ここで項をあらため「デカダンス」に移るとしよう。一見次元は異なるが、相互に無関係ではない三つの事象が検討されている。第一に、ルソーが提唱したとされる人類の堕落というテーゼ、第二に文明の崩壊という問題、第三にローマ帝国のデカダンス。

ラルースはまず、ルソーを衷心から尊敬することにやぶさかでないが、と断ったうえで、その不平等起源論を批判する。自然状態にあってはすべてが好ましく、人間の手のうちにあるものはすべて堕落する、人類の揺籃期にもどって生き方を学ぶべきだ、森のなかで野生の法にしたがうべきだ、といったたぐいの思想は、常識はずれでパラドックスにしても度が過ぎる。ジュネーヴの生まれの社交嫌い（sauvage）であるこの人物が、いっそニュージーランドやマレーシアの食人種のところまで足を延ばしてくれたら、文明によって堕落する以前の理想に出会うことができたはずなのに、といった皮肉な論調である。

ボシュエとその後継者は、人間の堕落を、宗教感情の衰退と結びつけている。しかしじっさいには、古代インドやエジプトなど、神々を崇拝しつつ最期の時をむかえた文明の例があるではないか。近い過去においては、オリエント

『イリュストラシオン』誌，パリ植民地博覧会特集号（1831年7月）より．会場に再現された壮麗なアンコール・ワットの模型．なぜフランスはクメールの遺跡に国家的な執着を見せたのか．「文明とは何か?」とヨーロッパが問いかけたとき，アジアの大地から底知れぬざわめきが立ちのぼったからにちがいない．本書第Ⅲ部第1章「文明史のなかのアジア」（289ページ）参照．

の帝国において宗教が勢いを増しており、にもかかわらず今日「預言者（ムハンマド）の子孫の狂信」は、帝国の崩壊をまえにしてなす術もない――数多いとはいえぬイスラーム世界への言及として、この指摘を記憶にとどめておこう。

モンテスキューのように法制度を重視するか、ヴィーコのように人類の宿命的堕落を信じるか。いずれの議論にも充分な説得力はないのだが、じっさい歴史の教訓は、栄華をきわめた文明が、あるとき滅びて灰となることを教えている。インドやエジプトだけの話ではない。つい最近もアジアの奥地カンボジアで、信頼に足る探検家がルーヴル宮殿、ヴァチカン宮殿にもおとらぬ巨大な建造物（アンコール・ワット）の廃墟を発見したという。過去のあらゆる文明が、生命の原理を消尽したかのように崩壊していったのは、なぜなのか。

歴史の教訓ということであれば、何よりもローマの「デカダンス」に学ぶべきだろう。軍事的な覇権という意味でも、法制度においても、市民の道徳、偉大な政治家といった事柄についても、ローマ共和国は見るべき成果をあげていた。若々しいキリスト教信仰は、強壮だった。しかし繁栄を享受したのは特権階級であり、健全な民衆というものが欠けていた。ローマの生命力は征服と軍隊生活の栄光のなかにあり、そこには社会的不平等という死に至る病がひそんでいた。ローマ帝国が滅びたのは蛮族の侵入ゆえではない。それはモルタルのつなぎを失った石の壁のようなものであり、カエサルの時代から徐々に傾きはじめ、自身の重みで崩れおちたのだ。

老いた母から生まれたオリエントのローマ（東ローマ帝国）は、「デカダンス」の一途をたどることになる。富裕な階級は享楽とアジア的豪奢を追い求めた。負けたアジアは征服者ヨーロッパを頽廃に導くことで復讐したのである。民は赤貧にあえぎ、宗教は空しい論争と迷信の温床となった。外来者がラテン系であれムスリムであれ、このような民を支配下におくのはたやすいことだった。メフメット二世が首都コンスタンティノープルに迫ったとき、人口五〇万の大都市の守りについていたのは、ほとんどが雇われ外人の五千の兵士にすぎなかった。

こんなふうにしてカルタゴ、フェニキア、ギリシアなどの例も引かれるが、結局のところラルースの意図は、過去の失敗を分析しつつ現代を擁護するという論法にある。「愛国心だけが偉大なネイションを作る」といったメッセージが散見されるデカダンスの項全体は、ヨーロッパのキリスト教文明だけは、永遠に凋落をまぬがれるはずだという結論めいた示唆に、周到に導かれてゆくのである。

中世とネイションとしてのフランス

「中世」の項は、一つの問いからはじまっている——「それは進歩だったのか、それともデカダンスだったのか？」ボシュエやヴィーコのように神の摂理という決定論に拠るのであれば、この問い自体、そもそも意味をなさない。関心を誘うのは、最終的な目的地だけであり、それまでの曲折ではないのだから。いっぽうラルースの主張する「人類はどこまでも完全になることができる」というテーゼは、神学ではなく哲学を基礎にした歴史観である。そこで中世がどう位置づけられるかという問題だが、ラルースの表現によれば、中世という「西欧世界にとって大きな、そして奇妙な転換期」は、外観は後退であるかもしれないが、現代世界における人類の偉大な進歩をじっさいに準備した期間でもあったという。まずギリシアの哲学と芸術が称揚されたのち、ローマのデカダンスが語られ、とりわけ専制と奴隷制が「文明」の名に恥じるものとして断罪される。そして帝国の凋落から新しい世界の出現まで、十世紀が必要だった、というのだから、中世が過渡期とみなされていることは確かなのだ。ローマから中世への移行は、中央集権的な機構から公権力の消滅へ、学問的な哲学から幼いスコラ哲学へ、古びた迷信から禁欲的なまでに強い信仰へ、高水準の法制度から行き当たりばったりで守られさえしない法律へ、知的階級の洗練された風習から野蛮で血なまぐさい風習へ、といったおおむね否定的な語彙で形容されてゆく。一般大衆はローマ帝国の支配下でも、ゲルマンの支配下でも、変わらぬ辛酸をなめていた。奴隷は農奴となったが、変化したのは、名称だけだった。

ラルースは、クロヴィスの登場から君主制の確立までを、ガリア人とゲルマン人という「二つの人種」の緩慢な融合のプロセスとして描く。記述のモデルに、ミシュレの中世史が含まれていることはまちがいない。ちなみにフランスというネイションの誕生と生成を語るときに「二つの人種の融合」という主題が、避けて通れぬ論点となるという状況は、今日も変わらない。邦訳が出版されはじめた『記憶の場』では、この起源論争のイデオロギー性に着目するクシシトフ・ポミアンの論考を、第一巻の巻頭におさめているほどなのだ(125)。第Ⅲ部でも、さまざまの角度から検討するが、文学研究の側からは、その重みを推しはかりにくいことがらなので、ひと言付言しておきたい。

こうしてローマ人、スキタイ人、ノルマン人、サクソン人など、周辺の人種との対立のなかで、しだいにフランス内部の統一性が形成されてゆき、十世紀にいたる。この時点まで、キリスト教世界は、無知と貧困に支配されていた、と強調したのちに、ラルースは「ローマの圧倒的で不毛な統一がくずれるために、中世という堆肥のなかから近代文明の種子が芽吹くために、それは必要なことだった」と語るのである。さらに十字軍とカペー王朝、ヴァロワ王朝の名君たちの実績を称え、こう結論する。

ひとつのネイションが誕生した。中央集権化においてはローマであり、精神の大胆さにおいてはガリアであり、独立不羈の感情においてはフランクであり、その精髄（ジェニー）において普遍的であるフランスは、それだけでひとつの文明という名に値する。他の者たちの先に立ち、彼らを新しい運命へと導く使命は、とりわけフランスが担うべきものだ。

中世に懐胎され、固有性をもつにいたった「ネイション」が、革命以降の「国民国家」と等価でないことは、いうまでもない。融合して均質になった「人種」を基礎とする「国民」が想定されていること、また誕生したフランスというネイションが、すでに「文明」と同一視されていることを、確認しておこう。

ひたすら明るい未来へと前進する進歩主義史観において、じつのところ「文明化の使命」は、たえず復唱される内在的テーマといえるものだった。しかし、なにゆえこの「偉大な役割」は、ほかのネイション、たとえばイタリアやドイツのものではなく、とりわけフランスに帰すべきものなのか？　ラルースによれば理由は簡単だ。なにしろイタリアは群小の共和国から構成されており、ここでの中央集権化にはローマ教皇による神権政治の危険がつきまとう。ドイツはいかにあがいても連邦制にしか行きつかない。そこでは帝政とは名目的なものにすぎず、皇帝と選挙侯のあいだで主権が分割されている。古から生きながらえているゲルマン的な精神とは、政治的統一に抵抗する遠心力のようなものであるからだ。

いわば先祖のよいところだけ相続し、堂々たるネイションとして名乗りをあげたフランスだけが、「その精髄（ジェニー）において普遍的」であるというこの展望が、いつごろ書かれたものか、確証はないが、ナポレオンの項をふくむNの巻が出版された一八七三年から逆算すると、Mの巻の執筆そのものは、ドイツに敗退する直前だろうか。

フランスでネイションの定義をめぐる議論が、直接に政治外交にかかわる切迫した課題として浮上したのは、対プロシア戦以降、独仏の対立が緊迫した時期だった。エルネスト・ルナンがソルボンヌで「国民とは何か」と題した講演をおこなったのは、一八八二年のことである。

『ラルース大辞典』の「ネイション」の項は、一ページ強という短さにおいて、まず意表をつくのである。その「百科的解説」の冒頭におかれるのは、「ネイション」とは「同じ習慣、同じ法律、同じ言語、同じ起源」を分かち合い、共同体をなす集団であるというテーゼであり、これが啓蒙の世紀以来くり返されてきた国民国家立ち上げの論理を、あらためて復習したものであることはいうまでもない。一八七〇年代以降に地中海、アフリカをめぐってはじまるヨーロッパ列強の熾烈な植民地争奪戦と、これに付随するナショナリズムの昂揚は、『ラルース大辞典』のMの巻、Nの巻あたりでは、視野に入るはずがない。ラルース自身は共和主義者だったとしても、辞典の大方の巻は、第三共和制のイデオロギーが具体的な政策のなかで明文化される以前に、刊行されてしまっているのである。正確にいうなら、編者の政治的立場は、あくまでも第二帝政期の潜在的な反体制としての共和主義者というにとどまるだろう。

「百科的解説」には、ネイションのモデルは、血縁集団としての「家族」、共通の祖先をもつ一族であると指摘されている。すでに見たように、薔薇色の進歩主義においては、人類全体が、いずれこの「家族」モデルに吸収されるはずだった。ともあれネイションという概念があてはまるのは、文明の発展段階が一定以上の水準に達した地域においてのみであるとラルースはいう。

じっさいラルースの提示する歴史的展望とは以下のようなものだ。ネイションは起源において宗教と連携していたことが確認できる。宗教感情とは自然への畏怖から生まれるものであり、それゆえ文明が発展し、自然の暴力を馴致すれば、その種の宗教感情はおのずと衰える。インドやペルシアやエジプトで、僧や神官が政治に携わったのは偶然ではないのであり、ホメロスの世界でも、神は人間の支配者だった。ローマにおいても宗教は絶対であり、ガリアにはドルイド教があった。そのなかから法的な制度が生まれ、さらに哲学が宗教的な思考にとってかわったとき、真のネイションが近代国家として成立するというのである――お気づきのように、じつはこの論法は、すでに「歴史」や「進歩」の項で見たものだ。近代ヨーロッパは、つねに到着点であり、モデルである。ここが中立的・普遍的な視座とみなされて、世界はここから記述されることになる。

ネイションの個性という話は、ミシュレやバルザックを素材にして考察したから、ここでは割愛し、もう一つの擬人化、つまり人間の寿命になぞらえてネイションの存続を問うという話題をとりあげよう。それぞれの「人種」(ラルースの文脈ではネイションに対応するアイデンティティ)には、年齢がある。たとえば中国人は老いており、スラヴは若い。壮年期に達しているのは、ヨーロッパの各人種だが、なかにはギリシアのように、衰退の兆しが見えているものもある。

このように話をつづければ、当然のことながら「ネイションの寿命」という問題が、不安な予感とともに浮上する。そこでラルースのあたえる回答は、「ヨーロッパの内部で不断にくり返されてきた混淆」ゆえに、ギリシア、ローマ、エジプト、そしてアジアの大文明の宿命を、われわれヨーロッパの諸国民だけはまぬがれることができるかもしれない、というものだ。以上のような展望においては、複数のネイションを包括する「文明」というものが、いわば上位概念として、より重要な役割を果たしていると思われる。

文明とは何か

『ラルース大辞典』は、項目によって内部の構成が他と大きく異なることがある。「文明」の項は、全体でほぼ七ページ。ただし冒頭には、数行の定義につづき四段組のページの一段以上にわたり、例文あるいはむしろ諸家の名言が引かれている。「文明化の行為。その行為の結果。知性が涵養され、習慣が穏やかなものとなり、芸術が隆盛を見て、産業が活発であるような民の状態」というのが、定義に相当する部分。つづく署名入りの引用文のなかから、興味を誘うものを拾ってゆくが、選択の基準は当然のことながら恣意的なものである。

「イギリスの影響さえなかったら、フランスは文明のもっとも偉大な奇蹟となったことだろう」（ナポレオン一世）

「イギリスとフランスはヨーロッパ文明の前衛をなしている」（ビニョン）

「私は蒸気船によっても鉄道によっても幻惑されはしない。そうしたものすべては、文明ではないからだ」（シャトーブリアン）

「イタリアは、その商業都市と海運共和国によって、文明の歴史において、ヨーロッパの他の国々の先を越したのである」（J-J・アンペール）

「文明を前進させる最も大きな二つの手段とは、道徳と産業の伝播である」（J・ドロス）

「言ってみればフランスという国は、さながら自分が世界の文明の最も偉大な実験場であるかのように考えているのである」（ギゾー）

「これまでの経緯が示すように、フランス文明は、他のどんな土地のそれよりも、はるかに活発ではるかに伝達しやすいものである」（同）

「文明と野蛮は相容れない。野蛮とは戦争のことであり、文明とは平和のことであるからだ」（エミール・ド・ジラルダン）

「文明はわれわれすべてに、同じ精神、同じ目標、同じ未来を与えてくれる」（ヴィクトル・ユゴー）

「あらゆる文明は、神権政治にはじまり民主主義にいたる」（同）

「フランスとイギリスは文明の二本足である」（同）

「文明とは、富の増加という社会的な事象である」（プルードン）

「文明はオリエントから西欧(オクシデント)へと歩んできた」(ピエール・ルルー)
「文明を崇敬するものにとって、ギリシアはまことに聖地である」(ルナン)
「エジプト文明には、総体として捉えるなら、セム的なものは何もない」(同)
「文明の歴史のなかで今日まで最も大きな役割を果たした三つの宗教は、三つともセムの民のなかで生まれている」(同)
「文明とは何よりも女性への敬意である」(ヴァンチュラ神父)
「一つの民の文明とは、その教育である」(フェリックス神父)

文明の先進国が、フランスとイギリスであり、普遍性という意味では、フランスが他にゆずるつもりがないこと。物質的な豊かさはその前提であり、精神的な価値はその尺度となること。地中海世界あるいは「オリエント」が文明の発生と成長の場とみなされていること。いずれも予想されたことがらではあるが、一般的了解として記憶しておきたい。ちなみにここまでの「文明」は、すべて単数で使われており、ラルースはわざわざ複数の用法もあると断って、以下のような例文をあげている。

「諸文明は、水源から河が流れだすように、神をめぐる思考から生まれるものである」(エドガール・キネ)
「インド、カルデア、ペルシア、アッシリア、エジプトの諸文明は、つぎつぎに滅んでいった」(ヴィクトル・ユゴー)
「諸文明は、その形式においてじつに多様であるが、もとはといえば単純素朴な霊的形象から発したものである」(イポリット・テーヌ)

単数形の文明は、ヨーロッパの現時点にいたる一つの文明を指し、複数形になったとき初めて、世界の他地域の死滅した諸文明が視野に入るのである。これらの例文で判断するかぎり、近代ヨーロッパの世界観において、生きた文明とは唯一ヨーロッパ文明を指し、地球上に他の文明は存在しないかのように見える。

本論にあたる「百科的解説」は、第一部「文明の一般的性格および主たる要因に関する様々の意見」と第二部「フーリエの教義における文明」とに分かれている。第一部では、ギゾー、ゴビノー、そしてイギリスの歴史家ヘンリー・バクルの三人が紹介されるのだが、ギゾーに関しては、一八二八年から二九年に大学に復帰しておこなった講義「ヨーロッパ文明史」と「フランス文明史」が基本文献とみなされる。ラルースの要約では、ギゾーの貢献は「進歩」の概念を中心に据えたこと、構成要素の多様性をヨーロッパ文明の特質とみなしたことが強調されており、すでに検討した「進歩とデカダンス」の項と対応する記述が少なくない。

いっぽうアルチュール・ゴビノーは、今日の人名事典では外交官および作家という肩書きになっているのだが、ラルースでは「卓越した民族学者」と紹介されている。ただし、「民族学者」は現用の ethnologue ではなく ethnologiste という語が使われており、文中の ethnique はイタリックであることからしても、今日的な意味での「民族学」の黎明期であったことがわかる。ちなみに『ラルース大辞典』に、ethnie は見出し語として掲げられてさえいない。したがって、ここでは「人種」という用語が、今日であれば「民族」と呼ぶような概念も包括していることを踏まえておこう。ゴビノーは『人種不平等論』(第一部は一八五三、第二部は一八五五)という、現代ではスキャンダラスでさえあるタイトルの著作のために、人種主義の代表のようにみなされて、すこぶる評判がわるい。しかしアーリア崇拝の原動力ともなったゴビノーの人種論は、同時代の知識人に多数の読者、信奉者を得ていたのである。独創的で逆説にみち、ギゾーと大きく異なるとラルースも称賛を寄せている、ゴビノーの文明論に虚心に耳を傾けてみることで、新しい収穫が得られるかもしれない。

ひと言でいえば、文明は「人種」によって決定されるというのが、ゴビノーの説なのだ。物質的な欲求と精神的な欲求があるとして、それぞれの強度は、人種によって差異がある。未開社会における黄色人種の部族は物質的な感覚に支配されているが、人知をこえたものへの閃きを知らぬわけではない。いっぽう黒人の部族は、行動より瞑想へと傾きがちである。人間の集団が大きくなると、物質的潮流（ヒンズーの象徴によれば男性原理）と知的潮流（女性原理）が共存し、それぞれの強度いかんで「文明」の性格が定まってゆく。前者の原型（プロトタイプ）は中国人、後者の原型はインド人。そして前者の系列に連なるのは古代イタリア人、共和国時代のローマ人、ゲルマンの部族など。後者の系列に連なるのはエジプト人、アッシリア人。諸世紀が経過するうちに、それぞれの文明は二つの原理のあいだを揺れながら、変容してきたのである。文明の起源は、あくまでも「人種の能力」にあり、気候風土とは無縁である、とゴビノーはいう。アメリカ大陸の豊穣な自然は文明を生まなかったが、フェニキアは海洋と不毛な海岸線だけで偉大な民となったのだ。ただし必要は発明の母というわけでもないのであって、その証拠となる例は、アフリカ、アメリカ、オセアニアなど、枚挙にいとまがない。地中海沿いに住む古い人種、モロッコのカビイルも、海上の略奪に頼る以上のことを思いつかなかった。

　ペルシア、ギリシア、ブラジルに赴任したことのあるゴビノーは、こんなふうに五大陸を視野に入れた議論を縦横に展開する。そして政治形態も文明にかかわることはなく、さらには宗教もこれに関与しないと断定するのである。キリスト教の信仰と知的発達への適性を混同してはならない、南アメリカは教会の懐に抱かれるようになって数世紀をへた今日も、相変わらず野蛮であり、目の前で実践されているヨーロッパ文明を理解することがない。キリスト教を知ることによって、ヨーロッパ文明に歩みよることのできたネイションは、一つとして存在しない、というのである。

　以上は、ラルースが要約したゴビノーの議論を、さらに簡略に紹介したものにすぎないが、ギゾーの「ヨーロッパ文明論」がキリスト教の優越性あるいは普遍性を前提とするのに対し、ゴビノーは決定要因としての「宗教」を遠ざけ「人種」という概念を特権化した。その結果——これはたしかに、例外的といってもよい「独創性」であるのだが――「キリスト教文明」という範疇が排除されたことになる。

第三の説を代表するヘンリー・バクルとは、どのような人物か。ためしに『ブリタニカ百科事典』で引いてみると、「歴史哲学」の「非宗教的アプローチ」(secular approaches) の段落に紹介されていた。十八世紀のコンディアック、コンドルセ、十九世紀ではサン＝シモン、オーギュスト・コント、ジョン・ステュアート・ミル等と名を併記されており、実証主義の系譜に位置づけることができる。ラルースは、一八六八年三月十五日の「ルヴュ・デ・ドゥ・モンド」に掲載されたバクルの翻訳を紹介すると断っているが、以前に見たように「ボナパルト」をふくむBの巻は、一八六七年に出版された。『辞典』のCの巻が、論壇のアクチュアリティに――今日であれば技術開発の最新情報のように――遅滞なく呼応しているのである。

バクルの説によれば、文明の動向は、自然が人間に及ぼす物理的拘束力によって決定される。その力の四大要素は気候、食物、土地、自然の風景であるというのだから、ここで「人種」は影響の埒外におかれたことになる。インド、エジプト、メキシコ、ペルーなどの歴史は、過酷な自然に対して闘いつづけた人間が、ついに敗退した時点で終わる。そこが彼らの文明の到達点となるのである。これに対して温暖なヨーロッパにおいては、人間精神の法則が優位に立った。人々は自然に働きかけて、土地を耕し、肥沃にし、山河の災害を防ぎ、自然を馴化した。ヨーロッパの歴史は、自然に対する人間のあいつぐ勝利として捉えることができる。

ちなみにヨーロッパが唯一現存する文明であり、かつて存在した文明の特権的モデルであるという点は、ギゾー、ゴビノー、バクル、三つの文明論に共通する。

第二部「フーリエの教義における文明」は、前半三名の紹介とほぼ同量のページを埋めており、破格の扱いといえる。ただしラルースは、バリエなる人物の近著『社会学原理』に拠ると断っており、この『辞典』の提供する天文学的知識が、二重三重の引用からなっていることが、ここでも判明する。シャルル・フーリエは、文学の領域ではシュールレアリスムや現代作家のミシェル・ビュトールなどに影響をあたえ、隠秘学との関係を問われる一方で、マルクス主義によって「ユートピア社会主義」の範疇に、オウエン、サン゠シモンとともにおさめられている。この思想家は、死後四十年が経過したフランスで、「文明論」の重鎮とみなされていたらしい。その事実を指摘するにとどめ、壮大な幾何学的夢想のように構築された理論そのものには立ち入らぬことにする。

不在のイスラーム？

一八七〇年前後のヨーロッパにとって、イスラームは「文明」ではなかったのだろうか？　これが「文明」の項を通読したあとに残る、素朴な疑問なのである。中国、インド、エジプト、メキシコ、ペルー、カンボジアなどで、壮麗な遺跡が滅亡した文明の栄華を物語っているというのはわかる。しかしヨーロッパ人の目前にあるグラナダのアルハンブラ宮殿は、コルドバのメスキータは、マラケシュやフェズは、何よりもボスポラス海峡の巨大都市イスタンブルは、それだけで「文明」の名に値するものではなかったか？　十九世紀をつうじてヨーロッパ列強の介入を受け、「瀕死の病人」などと形容されていたにせよ、オスマン・トルコは主権国家であることをやめてしまったわけではない。それに知識人であれば、十字軍以来、書き継がれてきた数々の旅行記、とりわけ十八世紀に愛読されたペルシア紀行などを知らなかったはずはない。にもかかわらず、「イスラーム文明」として記述すべき範疇を、『ラルース大辞典』が想定していないらしいことが気にかかる。まずは関連項目を検討してゆこう。

Islam――(アラビア語で「諦念」を意味する)マホメット教徒の宗教。「以前はキリスト教寺院であったコンスタンティノープルの聖ソフィアがイスラームの寺院になった」(ラマルティーヌ)／ムスリムの民の総体。「全イスラームが反抗した」

Islamique――イスラームおよびイスラミスムに属するもの。「イスラミック文明」

Islamisme――ムスリムの宗教。「イスラミスムの初期は、それだけで素晴らしい叙事詩となっている」（エメ・マルタン）「布教活動の野蛮さによってイスラミスムを辱め滅ぼしてしまったのはトルコ人である」（プルードン）

翻訳することに意味のない言語学的な解説は省いたが、以上の三つの項目については、これが情報のすべてである。イスラームの信者という意味の、現代語にはない Islamite も一応見出し語になっており、「全イスラーム」(tout l'Islam) という表現がある以上、「イスラーム共同体」が存在するという了解もあったはずであり、さらには「イスラームの文明」(civilisation islamique) も用例として登録されている。だからこそ語彙として存在し、実体としては検討の対象とすらなっていないらしい「文明」の位置づけに、あらためて注目したいのである。

「ムスリム」(Musulman) の扱いは、もう少し丁寧であり、四段組みの一段の三分の一くらいは占めているが、ラルースが引用する文例には、視点の中立性とはほど遠いものがある。「ムスリムは言葉による布教と同じくらい武器をかかげた布教を行った。そしてインド人から黒人にいたるまでを、おのれの宗教に改宗させたのだ」（ヴォルテール）、「ムスリムの運動は、宗教としての信仰をほとんど伴わずして発生したのである」（ルナン）等々。

「マホメット」(Mahomet) の項は二ページをこえる。Mohamed という綴りのほうが原語に近いという指摘からはじまり、ひとまずは預言者ムハンマドの生涯を冷静な筆致で描いたものといえようが、人間としてのスケールを誇張せぬようにという意図は見て取れる。ラルースが全面的に依拠するのはエルネスト・ルナンの見解である。中世においてはマホメットに関するキリスト教世界の知識はきわめて曖昧であり、十二世紀にようやく偽預言者として断罪する動きが見られたのだった。十七世紀のピエール・ベールが歴史家としてマホメット再評価に先鞭をつけ、現代の考証は公正すぎるほど公正に「コーランの生みの親」を理解するにいたったとラルースは考える。さらにルナンを引用しつつ、マホメットは「奇蹟を行わぬ預言者」であり、ごく普通の人間的な感情にあふれた人物だったと結論するのである。問題は、唐突につけ加えられた次の一節だ。

史料考証のおかげで、マホメットの人物像は尊厳を獲得したが、その分、彼の説く教義は哲学者たちの敬意を失うことになった。それというのも、今日われわれは、ある程度まで、マホメットのなかに人間としての正しさを認め、その才能を評価することができる。が、それはそれとして、イスラーム教は不幸な教義であることに目をつぶるわけにはゆかない。この教義のくびきにつながれた国民は、物質的にも倫理的にも劣等な場に身をおいて、沈滞しているからである。その劣等性ゆえに、この信仰は決定的に断罪されるのであり、ムスリム文明の現状は、そうした信仰の結果とみなすことができる。

要するに、かりにイスラームが文明であるとすれば、それは劣悪な文明でしかなく、劣悪さはイスラームの教義そのものに由来するという理屈であり、この一方的かつ暴力的な断罪も、じつはルナンの権威に寄り添ってなされたものであることを、わたしたちは、第Ⅲ部の終章で詳細に確認することになるだろう。

それにしても、すでに見たように「イスラーム」の項では、教義は一顧だにされない。そこで試みに「コーラン」を引いてみると、解説はおよそ五ページにわたる。「聖書」の項一〇ページとは競うべくもないが、文献としてのコーランは誠意をもって検討されているのである。

一、コーランの構成、真正性、美的価値。二、コーランの起源と霊感。三、コーランの教義論。四、コーランの倫理。以上四つの小見出しのもとに展開される考察は、宗教学の成果をふまえた文献学的記述であり、今日わたしたちが目にする解説とさしたる相違はない。イスラームの聖典の起源は、マホメット個人の夢想と幻覚であるが、奇蹟や超自然的なものへの言及が少ないだけに、預言者が誠実な人間であり、まやかしの宗教の教祖ではないことがわかる、という指摘は、これもルナンの見解に倣っている。奇蹟を排除した宗教という主題は、『イエス伝』において、ルナン自身が提起する問題、おそらくは宗教史にとってもっとも重大な検討課題の一つなのである。

一方『中央アジアの宗教と哲学』（一八六五）を著したゴビノーは、マホメットの信仰が人間の自由意思を犠牲にするものではないと説いている。ラルースは、これを紹介したのちに、全知全能の神を崇拝する一神教は、しばしば宿命論に陥る弊があり、すべては神意によってあらかじめ決定されているという予定説こそが、ムスリムを不幸にした教義なのだと主張する。その他、布教の方法については、コーランのなかには、寛容を説くものと聖戦を称揚するものと、あい矛盾した断章があるとも語っている。コーランの仏訳をたっぷり引用したこの項は、さほど歪みのない聖典の全体像を提示していると保証できるだろう。

というわけで、疑問は疑問のままに残っている。宿命論、決定論はイスラームという宗教にかぎられた話ではないのだから、これをもってイスラームが「文明」でない理由が明かされたとはいいがたい。要するに、現状を見ればその劣等性は明らかなはずだという独断的な評価がくり返されただけなのだ。

宗教史の展望によれば、イスラーム教とは、ユダヤ教・キリスト教の延長上にあるアラビア語圏の一神教ヴァージョンにほかならない。それゆえ、碩学ルナンが『聖書』の分析において、対応する『コーラン』の断章とその神学的解釈を参照することも少なくはない。つまり文献学者ルナンは、イスラームの教義に、宗教としての尊厳を認めることにやぶさかでないという姿勢を、随所で見せている。にもかかわらずルナンは、自他ともに認める極端なイスラーム否定論者なのである。そこには、救いがたい個人的偏見というより、もう少し複雑な「文明」の論理がはたらいているように思われる――「少しでも現代の世の中について知っている人間なら、ムスリム国家の劣等性、イスラームに統治された国家の頽廃、この宗教だけを拠り所とする文化と教育に支えられた人種の蒙昧（nullité intellectuelle）を見てとることができるだろう」という過激な断罪を、この先の検討材料として引用しておこう。(126)

「民族（エトニー）」という言葉は存在しなかった

すでに述べたように『ラルース大辞典』には「民族」（ethnie）という語彙は登録されていない。そこでとりあえず、十九世紀に「人種」という科学的な概念が異様なまでに膨張し、二十世紀後半においては思考の重点が、とりわけ政治的、文化的な領域で「民族」という枠組みにシフトした、という見通しを立てておこう。これは「人種」と「民族」の分岐点に位置すると思われるラルースの世界観を検討するための手続きだが、まずは現代の『トレゾール・フランス語辞典(127)』を参照し、「民族」の項に引かれた例文を読んでみる。

> もっともよくある混同は、人種を民族に置き換えたり、その逆の置き換えをしたりというものである。〔…〕民族は自然発生的な集団区分であり、これが決定される過程では、とりわけ文化と言語が考慮に入れられる。いっぽう、人種とは、学者が決定する集団区分に他ならない。(「第三世界」一九五六年)

テクストは第二次世界大戦後の植民地問題を背景としたものであろう。ここでは「第三世界」に住む者のアイデンティティを構築する場として「民族」という語が機能しているらしい。すくなくとも「学者が決定する集団区分」である「人種」という概念が、しばしば当事者にとっては暴力的な切り分けであったという事実は推測できる。これに対して文化と言語によって定義される「民族」の本質は、いわば主体的に構成される集団の属性にある。これが隣接集団との対立や、その過激な発動である「民族紛争」の核となることも、おのずと察しがつくだろう。

ただし、わたしたちにとって当面の課題は、現代世界の分析ではなく、歴史的経緯を問うことだ。『トレゾール』が文献としてあげる言語学者フェルディナン・ド・ソシュールの一文、一九〇七年から一一年にかけてジュネーヴ大学で行った講義の記録『一般言語学講義』からの引用も参照しておきたい。断章のタイトルは ethnisme という見慣れぬ語彙である。

> 人種の同一性(ユニテ)は、それ自体、言語共同体に不可欠なものでなく、二次的な要素にすぎない。はるかに重要なも

う一つの同一性、唯一本質的な同一性があって、それは社会的な絆により形成されるものである。これをethnisme と呼ぶことにしよう。その意味するところは、宗教、文明、共同の自衛、等の多様な関係のうえに築かれる同一性であり、これは異なる人種からなる人々のあいだにも、そして政治的な絆のないところにも生じうる[128]。

ソシュールの提案したこの語彙は常用とならず、これより十年ほどまえ、一八九六年にジョルジュ・ヴァシェ・ド・ラプージュが『社会的選別』で初めて用いた ethnie がフランス語として定着した。『ユニヴェルサリス』を手がかりに、ethnie という単語の前史を確認すれば、語源となったギリシア語の ethnè (単数は ethnos) は polis (都市) に対立する語であり、外部の人間という否定的なニュアンスをもっていた。かつて教会の伝統では、ethnè が異教徒を指す場合もあったのだが、その後長らくヨーロッパとその外部について用語の使い分けはなく、ともに「ネイション」という呼び名が使われていた。十九世紀になって、ゴビノーなどが ethnique という形容詞を「人種」の概念と関連させて、おそらくは人種の混淆による退化の現象を想定しつつ用いるようになる。ヴァシェ・ド・ラプージュの場合も、複数の「人種」が長く同じ土地に住むときに、文化や言語の混淆が起きることに注目し、その結果生じる別個のアイデンティティを指すものとして、この語を提案した。

そこであらためて、わたしたちは「民族」という語彙ではなく「人種」という語彙で人類の全体が分類され記述されている状況を思い浮かべなければならない。

断っておかなければならないが、一八三八年にはフランスでほかの西欧諸国に先がけて「民族学協会」が設立されており、ethnologie という学問自体は、十九世紀に隆盛を見ているのである。『ラルース大辞典』における定義は「さまざまのネイションの成立と個別的性格を考察する学問」——ただし、今しがた確認したように、今日なら「民族」と呼ぶであろう概念が「ネイション」ときには「人種」などと呼ばれていたのだから、この定義は同語反復に等

1941 年，パリのベルリッツ宮で開催された反ユダヤ主義の展示会「ユダヤとフランス」より．『ラルース大辞典』が内包する人類のヒエラルキーという概念と，このカリカチュアに託された人種差別思想とは，かならずしも同質のものではない．第 III 部第 2 章「イデオロギーとしての人種概念」(326 頁) 参照．

しい。民族学は「さまざまの人種、あるいは人間の区分（divisions）の相互関係」を問うものであり、これに対して、人類学は動物界のなかで人間を考察する、という説明は、いくぶん説得的だろうか。しかるにラルースによる民族学の解説の具体的な内容を、人類学のそれとつき合わせてみるならば、ブルーメンバッハ、キュビエなどの紹介をはじめ、大方の記述は似通っており、異なるパラダイムの学問であるとは思われない。

　ところで「さまざまの人種、あるいは人間の区分」という表現からも推測されるように、ビュフォンやリンネの系譜につらなる当時の人類学（いわゆる自然人類学）は、何よりも分類学、それも肌の色、髪の毛、骨格、頭蓋骨など、身体の形質を根拠とした区分と命名の作業である。一ページ足らずの「人類学」の項の簡略さに比べ、その成果である「人種」の項には四ページが割かれ、延々と提示される諸説の議論には、圧倒されるものがある。以前にヴィクトル・ユゴー『ビュグ・ジャルガル』を読みながら、混血をめぐる妄想に言及したが、ご記憶だろうか。その土台となっているのは、世界の森羅万象を分類し、個々に記述して、全体の秩序を再構成したいという知の祈願ないしは欲望である。そこで分類という基礎作業が行われるためには、自明の前提として、種が純血でなければならない。いいかえれば混血は、知の体系を攪乱するという意味においても、忌むべきものだった。人間を含む自然界の秩序が記述可能なものか、という重大な問いが、人類学に投げかけられていた。

『ラルース大辞典』の「人種」の項の最後には、異例なことに「われわれの見解」と明記した箇条書きの文章が付されており、一八七〇年代にいたるまでの論争の所在を推測することができる。

一、人間は霊長目の動物である。

二、ある種の野蛮な人種とある種の文明化された人種のあいだにある相違は、それらの野蛮な人種と類人猿とのあいだにある相違より、大きいものがある。

三、人類の単一性（ユニテ）、ただ一組の原初の男女という考えは、聖書の権威を支えるために捏造された虚言にすぎない。

四、現在もこの地球上には、きわめて多数の、きわめて多様な種類の人間が住んでいるが、それだけでなく、完全に消えてしまった人種が相当数あるという事実が、今日では確認されている。今でもところどころで発見されるのは、そうした人種の末裔の先祖返りによる個体なのである。

五、それぞれの土地には固有の動植物が生息する。同様に土着の人種というものが存在するのだが、その大方は消滅してしまったか、さもなければ消滅の途上にある。

六、人類学という言葉を、最も広い意味にとるとして、人類の種を分類することができるのは、この人類学を措いて他にない。

文面からも想像されるように、十九世紀における「人類学」の研究対象は、原則としてヨーロッパ文明の外部だった。第三共和制の知識人にとっても、大衆にとっても、このような世界観は抵抗を覚えずに受け入れられるものであり、自らが文明の内部にいることの証しともなったのだろう。地球上には、ヨーロッパ人よりは類人猿に近い野蛮人の住む地域が残されている、そうした野蛮人たちは近い将来に消滅するだろう、と人類学がためらいもなく宣言する時代に、ジュール・ヴェルヌの小説は書かれ、フランス植民地帝国は建設されたのだった。

宗教とは何か

「辞典」は「人種主義」や「国民国家」に似ているかもしれない。それというのも「辞典」は認識すべき世界から、一定の領域を切り出して、そこにレッテルを貼る。そして境界線に囲まれたその領域の内部は均質であり、よって記述可能であるとの了解のもとに、ただちに解説と定義の作業にとりかかるからである。しかし均質な内部とは幻想にすぎないのではないかという危惧も一方にはあるわけで、そこから生じるのは、『ビュグ・ジャルガル』に引かれたモロー・ド・サン＝メリーの混血分類法に見られるような、項目の異様なまでの細分化という現象だ。「国民国家」の場合、言語、文化、宗教的に均質な内部を求める運動は、異分子を排除する「民族紛争」や、国境線への異議申し立てや独立運動に結びつく。空間のメタファーによって両者を比較するなら「辞典」の項目には脱落や欠落があってはならない。同様に、多様な「人種」や「国民」の全体図において、すべての人間が、どこかに位置づけられるような具合に、知の体系が構築されていなければならない。こうした全体性の欲望、あるいは空白の恐怖とでも呼ぶべき妄想に駆られて、ヨーロッパは世界を探検し、記述し、制覇した。いや類似はむろん、上記三つの単語にかぎったことでないのだから、ずっと素朴に、西欧近代の知のありようは「辞典」によって象徴される、といいかえてもかまわない。

ここで『ラルース大辞典』という日本語訳から抜けおちている universel という語の意味を、再びラルース自身に問うてみる。第一に「一般的であり、全体あるいは全員に妥当すること」、第二に「きわめて多様な適性、知識をもつこと」、第三に「全員にかかわる、全員から由来する事柄」といった定義がならび、あとは神学、哲学的な解説がつづく。「普遍」が「個別」の対立語であることは、くり返すまでもないが、わたしたちはこれまで、「普遍性」を標榜する「辞典」が、一八七〇年前後のフランスにおける共和主義者という「個別性」――「ラルース」と呼ばれる集合的個人――の刻印を受け、それを露わに見せている現場をいくつか検証してきたのだった。

そのラルースは、「普遍」の極限的形象であるはずの「神」と「宗教」を、いかなる方式で提示しているか。じっさいのところ「歴史」の概念も、「文明」の概念も、キリスト教の世界観の内部において成立したのであり、そのことはラルースの解説にも明記されていた。十九世紀ヨーロッパは、「宗教」について語る新しい様式を生みだしたのではないか。「神学」とは異なる枠組みで、「信仰」という営みを説明し、「宗教」の必然性を主張する言葉の一例を、わたしたちは「辞典」で確認することができるだろうか。

「神」の項は、関連書誌も含めると二九ページ。「ボナパルト」の四〇ページには及ばないが、やはり破格の扱いである。そこで紙面の大方を占める主題は、神の存在証明であり、ソクラテス、プラトン、アウグスチヌス、トマス・アクィナス、マルブランシュ、ボシュエ、ライプニッツ、カント、等の名がならび、さらに存在論、宇宙論、心理学、倫理などが神の存在をめぐっていかなる議論を展開してきたかが紹介される。このリストからも推測されるように、ある部分はギリシア哲学、スコラ哲学の要約であり、最後の部分は同時代の宗教論に重なってゆく。

「宗教」の項の構成は、「文明」の項に似て、名言集が冒頭の一段以上を占めている。

「宗教とは、それぞれの人間と神格のあいだの係わり方の問題である」（ピエール・ベール）

「宗教とは、魂の要請と知性の努力がもたらした成果である」（バンジャマン・コンスタン）

「われわれにとって宗教とは、理性のアルケオロジーに他ならない」(プルードン)
「宗教とは、いわば正義のアレゴリーである」(同)
「神が人間に語ったことだけに耳を傾けるなら、地上の宗教は一つしか存在しないはずだ」(ルソー)
「ひとつの民の宗教は、その個性の最も端的な表現なのであり、ある意味では、その民の歴史より、多くのことを教えてくれる」(ルナン)
「一つの宗教の歴史を書くためには、もはやそれを信じていてはならず、しかもかつて信じたことがなくてはならぬ」(同)
「武器が身体の守りであるように、宗教は魂の守りである」(シャトーブリアン)

お気づきのように、「宗教」という言葉を口にした瞬間から、人はとりあえず実践としての「信仰」や、真理を開示する「神学」の外に出ることになる。十九世紀は「宗教史」が学問として立ち上げられ、活況を呈した時代である。「宗教」の内部に身をおくのではなく、これを対象として研究することは、ある意味ですでに非宗教的な行為であるのかもしれない、と前置きをしたうえで、「百科的解説」を読む。

最も遠い昔に遡って歴史を研究するときに、深い感銘を受けるのは、人間というもののあいだで宗教が果たした役割の大きさである。これを出発点とするなら、第一に、次のように自問しなければならない。宗教感情は、人間に本来的にそなわっているものか？　この重要な問いに関して、まずは一人の宗教的人間の意見を聞こう。次に、これに対して自由思想家たちがいかなる反論を用意するかを見ることにしよう。

「自由思想家」(libre penseur)とは、宗教の教義にとらわれず、人間の理性に信をおいて思考する者をいい、その対立語として想定されている homme religieux を「宗教的人間」と訳すことにする。決着のつかぬ論争について「辞典」が複数の視点を提供することは、中立とはいえぬまでも、公正さへの努力とみなされよう。ここに予告されたように、問題の核心は、「宗教感情」(sentiment religieux) と呼ばれる概念にある。両論併記という前提の複雑な構成を理解するために、やや丁寧に内容を追ってみる。

まず宗教を肯定する者は、以下のような議論を展開するだろう。人間には飲食や睡眠や知識や愛への欲望とまったく同様に、宗教を求める心があり、あらゆる国、あらゆる文明のあらゆる時代に礼拝行為が行われている。民により、場所により、人種により、形はさまざまであるけれど、「宗教感情の普遍性」は否定しがたいはずであり、原始状態の人間は本性において宗教的なものである。

これに対してディドロの後継者であるヴォルネーなど、宗教とは立法者が聖職者と組んで民衆を支配するために発案した道具立てであると主張する者もいる。しかるに民衆が宗教にしたがうとしたら、それは生来、宗教感情があるからではないか。つまり、上記の反論は、商法が商売を生み、歌唱の先生が音楽的感覚というものを生みだしたというに等しい。

現代の唯物論者たちは、宗教とは人間の弱さにすぎず、人類は世界を知るにつれ、このような幻想から解放されると述べている。科学の進歩は、宗教に決定的な打撃を与えたし、極端に野蛮な未開人には礼拝行為を知らぬ者がいるというのである。たしかに地質学は、モーセの年代記や大洪水の可能性の反証となったかもしれない。さまざまの宗教で語られた奇蹟は、歴史によって批判されるべきものかもしれない。しかし、それは間違った伝承があるというだけのことだろう。それにまた、未開の民についての情報は、往々にして不完全であり、そもそも二十以上の数を数えられぬ人間がいるからといって、それ以上の数の勘定は人間生来の能力ではないと主張するようなものだ。しかし、こうした議論にも一理はあると認めたうえで、ルナンが、人類の宗教性を語る言葉を要約しておこう——人間が無限の力に憧れ、自然を乗り越えようとするのは、まさに人間が有限なる事物の外に出ることを運命づけられていることの証しである。人間が天をめざして登坂する努力を見るとき、われわれは人間の本性に敬意を覚えるだろう。精神の自由な涵養、科学、芸術などは、それぞれの時代のものでしかないが、宗教は永遠であり、人間を低次の物質性に閉じこめようとする者への抵抗でありつづけるだろう、等々。

というわけで「宗教」の項の冒頭から紹介したが、本論にあたる部分、すなわち諸宗教の分類と、キリスト教の位置づけに関する考察は、次項にゆずる。

信仰の諸形態とキリスト教の優位性

十九世紀フランスの文学がユゴーによって、歴史がミシュレによって代表されるとしたら、宗教史を担う泰斗がエルネスト・ルナンであることはまちがいない。しかもこの時代、一般の人々が、人文科学の用語で宗教を語ることに寄せた関心には、並々ならぬものがある。その目安となるのが、ルナンの絶大な人気だった。さほど信頼できる資料ではないが、ある統計によれば、ユゴーの『レ・ミゼラブル』は、八年間に一三万部、ルナンの『イエス伝』は四年間に一三〇万部を売ったという[129]。前項の最後で見たように、ラルースもまた、宗教というものの存在が人類を有限性の桎梏から解き放つというルナンの提言に、密かな共感を寄せているように見える。この点をふまえて、『ラルース大辞典』の「宗教」の項、後半を検討する。以下は「宗教的人間」の主張を紹介する部分のつづきである。

人類にとって宗教は普遍的なものであり、したがって宗教は途絶えることなく存在したのだが、だからといって宗教が変化しなかったわけではない。時代とともに、人間精神の進歩に伴って、宗教は多神教から一神教へと上昇する。原初の人間は恐ろしいもの、役に立つものと出会えばこれを崇拝するのであり、これが多神教の初歩的な段階としての物神崇拝（フェティシスム）である。つぎに山河や星辰や樹木などに神格が宿るという信仰が生まれ、さらにこの漠然とした自然崇拝のなかに神格の秩序が形成されてゆき、下等の神々は淘汰され、最終的には一神教となる。

種々の宗教は固有の礼拝を行うが、なかでも特筆すべき祭式は供犠である。宗教の本質に内在すると思われる供犠というものが、「宗教感情」の何たるかを解き明かす。ドイツのプロテスタント神学者シュライエルマッハーがいうところの「依属感情」がそれであり[130]、人間はおのれの起源と終焉についての謎を解くことができないところから、はるかに高次の存在と掟に支配されていることを知る。動物を生け贄に捧げる行為からプロテスタントの考える霊的生け贄まで、様式はさまざまだが、供犠とは神の意志に対する恭順の訴えにほかならない。

宗教は「啓示宗教」と「自然宗教」のカテゴリーに分類することができる。前者は超自然的な方法によって啓示されたものをいい、後者の場合、神性は超自然的な手段によらずとも、人間の悟性によって捉えられるとみなされる。「自然宗教」は進歩の法則を認めるが、さらに物質的安泰をめざす人類の進歩と、これを正当化できる倫理的な思考とを、決して分断しないことを課題と考える――「宗教的人間」の見解であると同時に、じつはラルースの本音を反映していると思われるこれらの論述において、「自然宗教」が「啓示宗教」よりも現代生活になじむ形態と判断されていることは、おのずと推察されるだろう。

ところで実証主義の哲学者オーギュスト・コントによれば、既存の諸宗教は科学と矛盾するがゆえに例外なく否定されるべきであり、実証的な方法に基づき、人間の義務の感情は無限であるという認識のうえに、新しい宗教が打ち立てられなければならないという。しかし科学と進歩という名目により、唯一神を排除して、人類を崇拝の対象として選ぶのは、いわば物神崇拝（フェティシズム）へ回帰するようなものであり、こうした信仰のなかでは、人間についての根源的な問いへの答えは返ってこないだろう。

要するに二つに一つなのだ。歴史と現実に逆らって、宗教感情というものを否定しなければならないか。それとも宗教感情はあらゆる偶発性を超えていると認めなければならないか。後者の場合、目指すべきものは既知の限定された具体物ではなく、至高の形式による無限であるはずだ。知性と愛の無限、魂と良心が呼び求める無限、すなわち神という名の無限であるはずだ！

感嘆符が示しているように、文体はもはや論証のそれではなく、心情の吐露と呼ぶべきものだ。中立を装うラルースの個人的な共感を、ここに読みとっても、おそらくさしつかえないだろう。つづく段落は議論に立ち返り、コントのように既存の宗教を全面的に否定する哲学者でさえ、新宗教を提案するくらいなのだから、まさに宗教感情は普遍的であり、したがって宗教は人類にとって必然であるという確信が語られる。

以上が「宗教的人間」による考察であり、以下は「自由思想家」の反論。

歴史が証明しているように、過去において人間の社会が宗教に大きな場を与えてきたことはまちがいない。つまり人間は、野蛮状態を抜けると同時に、おのずと宗教を生み出す本性のようなものをもっている。しかしこのとき崇拝の対象を生みだした感情は、自然の脅威をまえにした弱者の感情、すなわち恐怖感にほかならない。無知と未熟な想像力によって増幅されたこの種の脅えをもって、「宗教感情」と名づけるのはあたらない。「宗教感情」が生来のものだと主張する者たちは、これが神によって人の心に注入されたかのように、うやうやしく、この語を口にするが、それもまやかしといわねばならない。

古代の神官や法律家は、宗教を発明したわけではなかったが、その恩恵にはたしかに浴していたはずだ。しかし彼らもまた、高次の存在への畏怖をある程度は民衆と分かち合っていたのであり、昂揚した想像力の虜となって、演じるべき役割に心酔していた可能性は大いにあると思われる。

むしろ人間が生来もつものは「宗教感情」ではなく、驚異的なものへの愛着であると考えるべきかもしれない。これもまた無知ゆえの傾向なのかというと、実際には、学問の機会に恵まれた人間のほうが、神秘をはらんだ驚異の事象に心を奪われているようだ。巫女の占いや、心霊術や、磁気占いは、庶民ではなく、上流社会の人間を、そして学者までを惹きつける。しからば超自然的なものへの愛着は、自然なものなのか。この問いに含まれた語彙の矛盾は見かけのものでしかない。超自然とは、反自然ではないからだ。過去の歴史が示すように、人間はおのれの本性を高めるものに執着しつつ変化してきたのだが、それが超自然と呼ばれるものにほかならず、ここでもじつは進歩への愛が問題となる。本物の学者は、未知の現象に惹かれ、新たな知識を手に入れて、科学を前進させるだろう。これに対して、人知を超えた存在にいたずらに思いを馳せるだけの人間は、ただの臆病者でしかない。いずれにせよ、随所に見られる驚異への愛着が、「宗教感情」の場合と同様に、宗教の必然性を説く根拠となるのかといえば、そんなことはない。現に目につくのは、迷信じみて誤った信仰ばかりなのだから。

オーギュスト・コントが実証哲学の体系を構築したのちに、一つの宗教を打ち立てようとしたことに、「宗教感情」の抗しがたい力を見ることもまちがっている。コントのいう宗教は、地上を天国に、人間を神に結びつけるのではなく、人間同士の絆によって連帯の原則を作り、これを倫理の基礎となす試みなのだ。ここには啓示宗教や自然宗教に似たものは何もない。そして実際に、コントの宗教に説得された者は、一人としていなかった。

さて宗教の必然性をめぐる「宗教的人間」と「自由思想家」の対決はここで終わり、ラルースは「二つの重要な問い」を提示する。さまざまの宗教が地上を支配してきた長い時代において、宗教はつねに有用であったのか。また文明がめざましく進歩した今日において、宗教はやはり必要なものなのか。

遠い過去において宗教が求められたのは、病気の治癒とか戦争の勝利とか、要するに物質的な御利益のためだった。人間の弱さを補う神の力という発想である。やがて正義の観念が神の存在と結びつき、このときから宗教は、人々の習慣に好ましい影響をもたらすようになる。

あらゆる宗教のなかで、その起源から倫理的性格を顕わに見せたものが二つあり、それはユダヤ教とキリスト教だった。両者のなかで優位に立つのは、むろんキリスト教であり、中世の信仰生活にはある種の蒙昧が見られるものの、正義と慈愛にみちたキリスト教の神ほどに、人間を罪や悪徳から遠ざけた宗教はほかにない。しかし今日では、まことの信仰をもつ者はきわめて少なく、とりわけ都市部の労働者層はかろうじて冠婚葬祭に教会を訪れる程度である。庶民の精神的な指導者としての役割さえ、教会は果たしていない。だからむしろ、文明社会にふさわしい倫理的な思想のすべて、人間を神に結びつけるのではなく、人間同士を社会のなかで結びつける思想のすべてを「宗教」と呼ぶのが正しく、そうであれば、宗教が必要であることに異論の余地はないのである。

ここまで具体的な議論を追ってきたが、結論としてラルースあるいはこの項の執筆者の信条を確定することはむずかしい。宗教を蒙昧と断ずることはなく、キリスト教の優越性を説いてはいるものの、執筆者自身が「信仰」をもっていたかどうかは、判定しがたいのである。共和主義か帝政支持かといった政治的選択においては、「ボナパルト」の例にあるように、ちょっとした仕掛けを作って本音を明かすなどという戦略性をもつ辞典だが、「宗教」の項では逆に、見解の複数性を生かし、結論を宙づりにするような構造を作っている。しかし、ほぼ確実に「無神論」ではないと言い添えることはできるだろう。

考えてみれば、ラルース自身の信仰生活を問題にする必要は、もとよりないのである。わたしの関心は「辞典」が「宗教」を語る現場に向けられている。キリスト教の「神学」とは異なるレヴェルの思考や言論が、十九世紀に興隆を見たという事実に着目し、その痕跡を「辞典」や「文学」や「宗教史」のなかでたどることが、本書の課題なのである。

前項で述べたように、「宗教」を自由な考察や学問研究の対象とすることは、すでに実践としての信仰という立場をはなれ、非宗教的（英語の secular フランス語の laïque）な領域に踏みこむことを意味している。また諸宗教のなかのキリスト教という論点は、地理的・歴史的なベクトルを導入し、ユーラシア大陸と地中海を含む広大な地域を視野に入れることを促した。そしてキリスト教の優位性、あるいはむしろキリスト教世界の優位性を論証する機会をもたらしたのだった。

こうして人類の進歩という大義に与し、近代的な文明の論理に荷担するキリスト教という発想が、あらたに誕生する。これはヨーロッパ諸国を結びつける紐帯として機能するはずであり、そのことの重大さには計り知れぬものがある。フランス革命後、とりわけ初等教育の現場でとられた教会権力の切り離し政策は、「非宗教性（ライシテ）」の原則と呼ばれ、紆余曲折はあったもののそれなりに実効をおさめたはずだった。その結果、信仰生活への強制力は徐々に衰退したかもしれないが、「神学」や教会の教えが退いたあとの更地には、「宗教」をめぐる言論が百花繚乱の態を見せたのではなかったか。

そうでなければ、当時の作家や思想家たちが、宗教という主題に寄せた熱い関心に説明がつかないのである。十九世紀から今日にいたるまで、ヨーロッパはキリスト教というアイデンティティの核を、頑強に守りつづけている。その事実は、二十世紀に引き継がれたキリスト教文明とイスラーム世界の対立という構図、いや今現在も熾烈なかたちで露呈している対立の構図が、雄弁に物語っているのである。ここで「イスラーム」に「文明」という言葉を結びつけることが一瞬ためらわれるのは、そもそも「文明」という概念が、キリスト教世界に固有の歴史観のなかで、文字どおりイスラームを排除して、立ち上げられたものであることを、わたしたちは『ラルース大辞典』の分析をとおして確認したばかりであるからだ。

第Ⅲ部　キリスト教と文明の意識

1 知の領域としてのオリエント

砂漠と隠者

一八七二年六月五日、『聖アントワーヌの誘惑』の脱稿を控えたフローベールは、「これは、わたしの全生涯の作品です」と友人に宛てた手紙で述懐する。[1] ノルマンディの片田舎でおきた人妻の姦通事件を描き、一八四八年の革命とパリの青年たちの心象風景を活写したことで知られる文学の巨匠は、なぜ一方で、古のナイル河畔に住んだ初期キリスト教の隠修士アントニウスから、生涯にわたり誘惑を受けつづけなければならなかったのか。

フローベールほどの作家であれば、こうした問いに答えるための文学史的な解説には、定番といえるものがいくつかあって、その筆頭は、ほかならぬギュスターヴ・ランソンによる「二つの傾向」という解釈である。一八二一年生まれの小説家は、少年期に出会ったロマン主義からブルジョワに対する憎悪、異様なものやエグゾティックなものへの渇望を受け継いだ。その一方で想像力を抑制し、自然を根気よく描写することを学び、ついにロマン主義から脱却して、没我的な芸術を創出することに成功したのだが、「彼のうちに残っていた強情なロマン主義者は、たんに、時々ブルジョワ的な現実を去って、もっと魅惑的な他の現実に赴くことに利益を見出したにすぎない」というのである[2]。しかも、こうした見方を補強するような自己分析を、フローベール自身が書き残している――「ぼくのなかには二人のまったくちがった人間が棲んでいます。一方は獅子吼え、叙情性、鷹の悠揚たる飛翔、文章の様々な響き、思考の昂揚に陶酔する。もう一方はできるかぎり真実を掘りおこし、掘りさげようとする。瑣末なことがらを重要なことがらと同じように力強く描き出すのが好きで、自分の再現するものにほとんど即物的な存在感を与えようとする[3]」。

目前にある凡庸な市民生活からの訣別という願望は、さながら通奏低音のように、作家の生涯をつらぬいていた。執筆の主題も、十九世紀フランスと古代オリエントのあいだを振り子のように揺れたのだった。ランソンのいうロマン主義の強情な残滓と自然主義の創出という新旧の二傾向によって、フローベールの作品群や、作中人物や、文体の特徴を分類整理する作業には、それなりの重みがあった[4]。しかしながら、エグゾティスムと現実逃避とロマン主義という三位一体は、「文学」をめぐるディシプリンの内部で、文学研究という制度にかかわる専門家たちの手によって設定され、継承された解読格子にすぎないのかもしれない。すくなくともそれは、もっとナイーヴな、以下のような問い直しを妨げるものではあるまい――フローベール自身が身をおいた十九世紀後半の文学創造の現場とは、実際いかなるものであったのか。人類の歴史や文明について、自然や人間や神について、絶えず根源的な問いが発せられ、それら無数の問いのざわめきが――二万七〇〇〇ページ、四兆八三〇〇万文字の『ラルース大辞典』のごとき、豊穣な知のざわめきが――あたりを満たす場で、真に創造的な文学の営みがなされていたのではなかったか。

宗教にとって理想的な人間は、「宗教的人間」(homo-religious) であり、それは一般にいわれている「聖人」のことである。腐敗したこの世界から、祈りという内面の世界に閉じこもる敬虔な人である[5]。

W・E・ホーダーンによる現代プロテスタント神学の入門書から引用した。

みずからは信仰をもたなかったフローベールが、おそらくはラルースが論述したようなレヴェルにおいて、「宗教」というものの存在に強く惹かれ、じっさいに生涯を賭けて、これを一つの問題として考究したことはまちがいないと思われる。ここでプロテスタント神学と『ラルース大辞典』の近似を断定する自信など、もとよりわたしなどにあろうはずがないのだが、キリスト教の正統信仰を外部から実証的に語ろうとする批判精神が、結果として両者を共通の語彙でつなぐことになったと推測することは許されよう。「辞典」と「プロテスタント思想」と「フローベール的小説」に通底するかもしれぬ何かを探ることは無理としても、一人の小説家が、個人の信仰生活と切り結ぶことのない地平において、倦まず弛まず「聖人」を探し求めたことの意味を問うてみることはできる。カトリック信仰を守りぬいたシャトーブリアンやバルザックやバルベー・ドールヴィイなどから、フローベールを隔てるものは何か。

プロテスタント思想に多大の影響を受けた十九世紀フランスの実証主義の内部に身をおくという条件が、フローベールの「宗教」への関心のありようを規定していた、とここで明解に言い切ってしまおう。作家自身がそう意識していたかどうかは別として、おそらくは「宗教的人間」と「宗教感情」という切り口こそが、生涯をつらぬくテーマであり、持続する問題関心だったにちがいない。隠者の「宗教感情」は、たとえば次のような感覚的な語彙で語られる。

> きめられた時刻になると仕事をよした。そして両腕をさし伸べて祈禱を捧げると、慈悲の泉のようなものが、この胸に天上から注ぎ込まれると覚えた。今は、この泉も涸(か)れてしまった。なぜなのだろう？……(6)

幕開けの独白でアントワーヌが述懐するように、祈りとともに「慈悲の泉」が注ぎ込まれる感覚さえあれば、「宗教的人間」として、隠修士の厳格で模範的な日々を送ることができるはずだった。その「泉が涸れて」しまったために、異端や異教や悪魔、魑魅魍魎(ちみもうりょう)のたぐいが跋扈(ばっこ)する「誘惑」の一夜が切って落とされる。

フローベールは、この作品を三回、書いた。友人のマクシム・デュ・カンとオリエントに旅立つ直前の一八四九年、『ボヴァリー夫人』を書き終えた直後の一八五六年、そして『感情教育』出版直後の一八七〇年。そして三度目の『聖アントワーヌの誘惑』が、ついに日の目を見たのは一八七四年。「全生涯の作品」という表現は、フローベールの実感であったにちがいない。聖アントニウス以外の「聖人」というのであれば、一八七七年に上梓された『三つの物語』には『聖ジュリアン伝』が含まれている。ほかの二篇に関しては、フェリシテという無知で素朴な「宗教的人間」をとおし、まさに「宗教感情」の原点に肉迫するのが『純な心』、そして洗礼者ヨハネという「聖人」の斬首をドラマの軸として、キリスト教誕生の時空を描くのが『ヘロディア』という要約が可能だろう。

十九世紀フランスの平凡な市民が抱く「宗教感情」は、ボヴァリー夫人においては絶望や死の恐怖とないまぜになって湧きでるものであり、教会に通ってはいないらしいアルヌー夫人さえ、姦通の罪に脅えて突如ひざまずき、神に祈りを捧げたりするのである。実証主義科学の世界観は、無神論とはいわぬまでも、宗教的な真理に対する懐疑主義をおのずと育成するだろう。先端的な知の営みから取り残されたジェンダーである女性の側に、こうした「宗教感情」が付与されるのは、おそらく偶然ではあるまいが、それはここで掘り下げるべき問題ではない。

いずれにせよ、かほどまでにフローベールの作品には、「宗教」という主題が遍在する。紀元前にローマと対決したカルタゴの物語『サラムボー』においても、小児の生け贄の儀式をもつモロク信仰が描かれており、旧約聖書の世界が投影されていたことを思いおこすなら、作家の創作活動の全体が、異教や異端を含む「諸宗教」の問題系につらぬかれていたとさえいえる。ラルースが記述したような意味での「キリスト教文明」の雄渾なる描出という野心が、作家を導いていたのではないかと推察されるのである。

それにしても、あまたある聖人伝説のなかで、とりわけエジプトの隠修士がフローベールの心を捉えたのはなぜか。二七〇年頃(一説によれば二五〇年頃)から三五六年までといわれる生涯において、アントニウスは家族を捨て、独り砂漠に入って修行を積み、さらに晩年には弟子を従えて紅海の岸辺に移り住み、エジプト初の修道院を建設した。

当時ナイル河畔の広大な地域はローマ帝国の版図だったが、三一三年には「ミラノ勅令」により、コンスタンティヌス帝がキリスト教を公認した。ローマ帝国という世俗の権力がキリスト教と手を結ぶことになる基点という意味で、ここが「キリスト教文明」の源流の一つにあたることはたしかなのだ。

佐藤彰一、池上俊一『西ヨーロッパ世界の形成』は、そうした了解に立ち、このエジプトの隠修士の話から「西ヨーロッパ」の歴史を書きおこす。その導入は、フランス近代を研究する者にとっては、やや意表をついたものであり、なおのこと、キリスト教はオリエント起源であるという事実をあざやかに想起させる。そもそも「砂漠」や「荒れ野」と呼ばれる空間は、信仰生活においていかなる意味をもちえたのか。仏陀にせよ、マニやムハンマドにせよ、宗教の創始者が一定期間孤独な禁欲生活を送ったのちに啓示を得るという話はよくあって、人里はなれた不毛な土地が、修道にふさわしい環境として特化されるのは、キリスト教にかぎったことではない。にもかかわらず、キリスト教世界に固有の象徴性というものもあるはずで、その一つは、旧約聖書の偉大な預言者エレミアが、エホバの啓示を得た物語にちなむものであるという。手元の『聖書事典』にも、「砂漠とは、象徴的な意味でも、現実においても、試練の場である」と明記されており、そこで引かれるのは、イエスが説教をはじめる以前に四十日間荒れ野にこもって断食し、悪魔の誘惑を受けたという「福音書」の物語である。(7) さらに上記『西ヨーロッパ世界の形成』には、古典学者ピーター・ブラウンによる解釈として、砂漠とは「楽園追放」の再現であり、極限的な飢餓のなかで、人間の無垢な状態に帰り、「アダムの原初」を追体験することが称揚されたのだと説かれている。

フローベールの作品においても、キリスト教の原点を描く作品の舞台がエジプトの砂漠に設定されていることは、これで納得がゆく。歴史的に見て、四世紀初頭という選択は、すでに指摘したようにキリスト教の公認という出来事を想起させるのだが、それはとりもなおさず、地中海世界の諸宗教が混沌たる勢力争いをくりひろげ、そのなかでようやくキリスト教が、ユダヤ教から派生した新興宗教という位置を脱した時代ということを意味している。フローベールが聖アントワーヌという人物を造形するときに、いかなる知的、神学的背景を想定したかを知るために、歴史家の次のような指摘は貴重なのである。

なかでもアレクサンドリアは、ヘレニズムの文化や学問の総本山として新プラトン主義や神秘的なグノーシス主義そしてマニ教哲学など、ギリシアや東方の思想や哲学のさまざまな学派が入りみだれて、高い水準の研究と活発な論争をくりひろげる都市であった。キリスト教の教義の体系づくりの上で、このヘレニズム哲学の流れをくむ思想と深く接触したことは、きわめて重要であった。人間の救済という、いってみれば切実ではあるものの、およそ単純きわまりない平凡な願いを実現するための教えに、哲学的な基礎と弁証の洗練と香気を与えたからである。(8)

審美的なテクスト分析に終始するのでないかぎり、現代日本の読者にとって『聖アントワーヌの誘惑』は、率直のところ大いに違和感があり、構造的な必然性も見えにくい作品のはずである。ここでは、砂漠の孤独な夕べに隠者がまっ先に追憶するのが、「三日前に迫害が止んだばかり」の地中海都市、古代文明のるつぼという呼び名にふさわしい、活気と喧噪にみちたアレクサンドリアであることを指摘しておこう。第一章はまず、同時代の異端や異教との神学論争が想起され、その合間に聖書を読むという二重の仕掛けからなっている。

ところで地中海に開かれた要港アレクサンドリアを門口とするエジプトという国は、『聖アントワーヌの誘惑』が執筆された十九世紀において、いかなる経緯から、ヨーロッパ世界の視野に入り、その文明論的な展望に深く関与することになったのか。

エジプトへ！

一七九八年から九九年にかけてのナポレオンのエジプト遠征は、オスマン・トルコという帝国とアラブ系の多い現地の住民からすれば、まさに植民地化をめざすヨーロッパによる一方的な侵略にほかならない。一方フランスにとって、地中海対岸への出兵が、最大のライバルであるイギリスをにらんだ軍事上の決断であったことはたしかだが、その後のヨーロッパ全体への影響は、列強の勢力争いという政治的次元の出来事にとどまりはしなかった。

この地域の歴史研究の第一人者であるアンリ・ロランスの『エジプト遠征』によれば、ここではじめて、ヨーロッパのコロニアリズムが、地中海世界と正面から対決する。そして啓蒙の世紀に定着した「文明」という概念そのものが、この歴史的事件を契機として徐々に再構築されるに至ったというのである。

本書の冒頭でかいま見た十八世紀後半の世界地図、そしてブーガンヴィルが南太平洋を航海した頃のヨーロッパ諸国の地政学を、あらためて一瞥してみよう。新大陸発見以来、久しく安定していた勢力分布が大きく揺らいだのは、この時期だった。それはまず、アメリカ大陸がヨーロッパに対してみずからを閉ざすという事態からはじまった。一七六三年、七年戦争でイギリスとの植民地戦争に敗れたフランスは、北アメリカの全植民地を失った。その北アメリカは、イギリスに対する独立戦争を起こし、さらにカリブ海へと影響力を拡大した。スペイン、ポルトガルの支配下にあった南アメリカでも同様に、自立への胎動が兆していた。こうして南北アメリカとの紐帯が切れ、西ヨーロッパ列強の海軍による第一次植民地帝国時代は終焉した。

このときはじめて、地理的空間としてのヨーロッパ文化圏を「西の欧州」(Occident) と捉える発想が生まれた、とロランスはいうのである。(9) 新大陸と異なり旧大陸の様相は、十六世紀から大きく変わってはいなかった。中国と日本は門戸を閉ざしており、オスマン・トルコとペルシアは通商や外交の関係はあったものの、それ以上の活発な交流を

海の覇者イギリス——1805 年 10 月 21 日，トラファルガー沖の海戦で，フランス・スペイン連合艦隊は大敗を喫した.

望もうとしなかった。今やヨーロッパに残されたのは、インド洋および南太平洋の島々、そしてアフリカ大陸のかぎられた地域だけだった。

もっとも旧大陸にもインドという例外があった。ムガル帝国の弱体化に伴い、英仏の熾烈な争いがつづいていたが、敗退したフランスは、二、三の商業都市を除き足場を放棄した。以来、ヨーロッパ諸国とロシアにとって、インドこそが誘惑の地となっていた。植民地帝国の羨むべきモデル・ケースは、いうまでもなく大ブリテン連合王国だった。

インドよりずっと身近なオスマン帝国は、イスラーム圏の西部領域の大方(モロッコを除く)を手中におさめていた。それはキリスト教世界に絶えず介入する一大勢力であり、十六世紀以降、ヨーロッパの政治システムに内在する要素ともいえた。そのオスマン帝国も、中央集権体制が崩れ、衰微の兆候を見せていた。フランスは絶対王政の時代から、とりわけ通商のレヴェルにおいて親オスマンの特権を有していたが、フランス革命が勃発してのちは、オスマン帝国の版図をめぐるヨーロッパ諸国の野心と呼応して、しだいに「オリエントの問題」が取り沙汰されるようになる。「文明」の名を借りた新しいイデオロギーが立ち上げられていったのは、そうした状況下だった。

啓蒙の世紀を通じて徐々に進行していた非宗教化の動きは、キリスト教とイスラームの対立という図式の有効性を、すでに減少させていた。しかもイギリスがインドにおいて実践した経済搾取型の植民地支配は、すくなくともフランスの場合、倫理に悖(もと)るものとして批判の対象にしていたし、一方で、布教と伝道のための海外侵出という十字軍のような発想は、もはや説得力をもたなかった。

そんなときに、物質的・技術的な側面においてヨーロッパがイスラームに対し圧倒的な優位に立つという自覚から、「オリエントの停滞」という共通理解が生まれたのである。これを解明する過程で、ヨーロッパが「進歩」の担い手とみなされ、その鍵となる「理性」という価値が称揚された。大航海時代以来の「新大陸」対「旧大陸」という図式が、こうして「オリエント」対「オクシデント」という図式に切り替えられた。これまでの古い植民地を背景とした世界認識、すなわち『ロビンソン・クルーソー』やブーガンヴィルのポリネシア幻想に象徴された「野蛮」と「文明」という対立とは異なるパラダイムがあぶり出され、立ち上げられなければならなかった。

じっさい「オリエント」対「オクシデント」という新しい対立は、地理的に固定された分割にとどまらず、ダイナミックな歴史観によって再統合されながら、地中海をかこむ有機的なトポスとして記述されてゆく。すなわち「文明」は、起源においてはオリエント世界のものなのだが、エジプトの英知に出発してギリシア・ローマの公民精神を経由したのち、アラビアの科学までを継承して、現在の繁栄を見るヨーロッパに至ったというのである。こうした雄大な歴史的展望をふくむ「文明」の概念は、十八世紀の末になって「イデオローグ」と呼ばれる思想家たちによって、はじめて提示されたのだった。

その一人であるヴォルネーの著書、ナポレオンも愛読したといわれる『シリア・エジプト旅行』(一七八七)の「序文」から長めに引用する。時はまさに「グランド・ツアー」の時代。遺産相続で思わぬ財産を懐にした知識人の青年が、世界を知るために旅に出るとして、さあ、行き先はどこにしようかと迷い、選定したときの思考の経緯を述べた文章である。

「イギリスに上陸したボナパルトは，出迎えた現地の総督たちにトリコロールの飾帯をまとわせ，フランス共和国の旗を尊重することを教えた」という解説が刷り込まれている．こうしたナイーヴな色刷り版画が，同時代の庶民の歴史教育に果たした役割は大きかった．『フランス植民地領土』より．

精神を培い判断力を養う方法として、旅をするほどに効果的なものはないという話は、すでに読んだこともあり、たびたび聞かされたものだった。旅行をするという計画は決まった。選ぶべきは目的地だった。それは新しいところ、せめて華々しいところであってほしかった。自分の国や隣国は、あまりに知られすぎているか、知るのが容易でありすぎると思われた。産声をあげたばかりのアメリカや野蛮人たちにも惹かれるものがあった。いろいろ考えた挙げ句、アジアに心が決まった。とりわけシリアとエジプトは、これらの国の遠い昔のありようと今日のありようという二重の関係によって、私がこころざしていた政治的かつ倫理的な観察に適したところであると思われた。「これらの土地において」と私は考えた、「我々を統御している物の見方の大部分が誕生したのである。我々の公的あるいは私的な倫理、我々の法律、我々の社会状況に甚大な影響をおよぼしている宗教思想も、ここから出現した。したがって、それらの思想が芽生えた場や、それらの思想を生ぜしめた慣習と風俗や、それらの思想を正しいと認めた諸国民の精神と性格を理解することは、大いに興味深いはずだった。こうした精神や風俗や慣習が、どの程度まで変貌してしまったか、あるいは保持されているのかを検証することも、また気候風土の影響や、政治体制の影響や、習慣の要因がいかなるものかを探求することも、興味深いはずであり、ひと言でいえば、現在の状況から過去の状況を判断することは興味深いはずだった。[10]

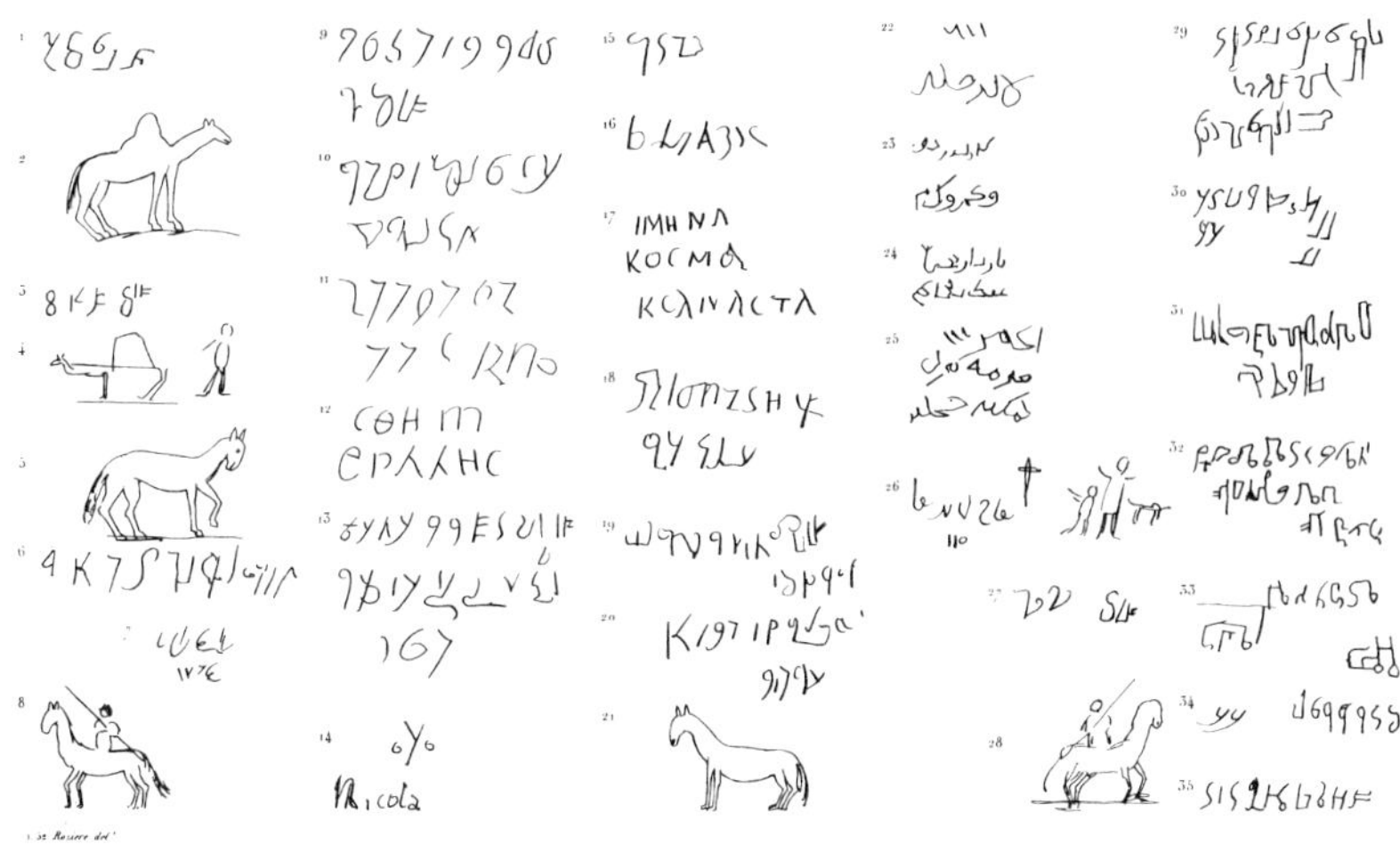

オリエントは「記号の王国」としてヨーロッパのまえに立ちあらわれた．とりわけイギリスとフランスは，国威をかけてその採集と解読にとりくんだ．ナポレオンの『エジプト誌』より，原シナイ語，ギリシア語，コプト語が併記された碑銘の模写(部分)．

エジプトとシリアは、十字軍の時代から「聖書の舞台」としてヨーロッパを誘惑してきたのであり、ここで言及される「宗教思想」が、キリスト教のそれであることは、いうまでもない。この引用につづいてヴォルネーは、トルコの政情不安に触れ、この大国の内情をさぐることも動機の一つであると報告する。

こうしてヴォルネーは一七八二年にフランスを出発し、まずはカイロに滞在したが、つづいてシリアにわたり、ドゥルーズ派(イスラーム・シーア派の一派)のもとでアラビア語を修得した[11]。つまり『シリア・エジプト旅行』の著者は、同時代のイスラーム集団に身をおきながら、みずからの「宗教思想」の由来を探し求めるのである。ここでの「オリエント」は、イスラーム、ユダヤ教、キリスト教の伝統が混在し「保持」されている場であって、西欧諸国のように、まっしぐらに「進歩」することを知らぬ地域、あるいはむしろ「文明の進歩」という勇壮な歴史運動からとりのこされてしまった地域とみなされている。結果として過去の複数の層が、太古から現代に至るまで、そのままに温存されているはずだという確信が、ヴォルネーの認識の出発点にある。だからこそ「現在の状況から過去の状況を判断」するという企図が、成立するのである(12)。

ひと言付言するなら、中心は「進歩」の先端を行き、その「進歩」からとりのこされて遅れたままの周縁には、過去の時間が堆積しているという見取り図を、わたしたちはすでに目にしている。ミシュレが『タブロー・ド・ラ・フランス』で開示した「国民国家」の地理的な認識と、「オリエンタリズム」の地政学は、中心と周縁の力学という意味で、まったく相同なのである。

さてヴォルネーにおくれること十数年、ナポレオンがイギリス海軍の監視の目をくぐり、五万四〇〇〇の兵とともに地中海の対岸アレクサンドリアに渡ったとき、「文明化の英雄」を自任するこの軍人は、一六七名の「学者」を引きつれていた。いずれ『エジプト誌』(一八〇九―二二)に集大成されるはずの調査研究は、このときに始まった。ちなみにエジプト遠征を強力に支援したタレイランは、かつてエジプトはローマ共和国の一地方だったのだから、これがフランス共和国の領土となっても不思議はないと言い放ったという(13)。それほどに、この「遠征」は起源の調査――そして奪回――という彩りに染められていた。

こうした「文明史」のイデオロギーが、ローマを介して現代フランスと古代エジプトを一直線に結びつけ、底知れぬ吸引力となって地中海世界へと人々を招き寄せていた。一つだけエピソードを紹介するなら、一八二二年、地中海の諸言語に通じ「コプト語で独り言をいう」ほどに研鑽を積んだシャンポリオンが、三十二歳の若さでヒエログリフの解読に成功したとき、ルイ十八世は黄金の小函を下賜したのだった。教皇レオ十二世はヴァチカンに語学の天才を召して枢機卿の位を授けようとした(14)。

エジプトは、知識人や文学者のあいだのブームというにとどまらず、まさに「ヨーロッパ文明」の立ち上げに不可欠の要素だった。

文明史のなかのアジア

しかしいうまでもなく、ヨーロッパの視点から見た「オリエント」はエジプト、シリアを越えて、ユーラシア大陸の東端までひろがっている。あるいはむしろ、フランスの場合、ナポレオンとともにはじまった新しい東方への関心が、十九世紀をつうじて旧大陸の東へ東へと拡大したというべきかもしれない。たとえばフローベールが『聖アントワーヌ』の最終稿を脱稿した一八七二年頃のフランスは、インド亜大陸での権益をほぼ手放したのち、その東に位置するインドシナ半島に侵出し、カンボジアやベトナムの植民地化に邁進していたのである。

文明の国フランスの伝統というべきか、ナポレオンの範にならった近代コロニアリズムの野心は、現地での資料収集と本国の学問研究という成果を目標の一つに掲げていた。すでに「極東」(Extrême Orient) と呼ばれる地域までが、そうした知的・政治的収奪の対象となっていた時代である。「文明」の次元でいえば、ヒンドゥーや仏教の壮麗な寺院の廃墟が密林に眠るカンボジアは、ちょうどこの頃ヨーロッパに再発見されて、滅亡した過去の文明という物語に、新たなヴァージョンを書き加えたのだった。フランスは、エジプト侵攻においてはイギリスに一歩先んじたものの、その後の勢力争いでは敗色が濃く、エジプト学の興隆にもかかわらず、考古学調査の発掘品のすくなからぬ部分が大英博物館に収容されていた。さながらその埋め合わせとでもいうように、東南アジアの文明の遺跡は、フランス植民地帝国の文化的な目玉商品となる。すでに見たように、一九三一年のパリにおける国際植民地博覧会で、アンコール・ワットの縮小モデルが中央広場に屹立したのだが、これも帝国全体のそうした文化的見取り図があってのことにちがいない[15]。しかし当面は、話を一八七〇年前後にもどし、「オリエント」を地理的に定義するために、ふたたび『ラルース大辞典』を参照してみよう。

「オリエント」の項を冒頭から読めば、まずはサンスクリットの ar およびゼンド語(古代ペルシアの『アヴェスタ』の

『フランス植民地領土』より，1872 年，サイゴンの騎兵と兵士.

言語) ere に由来する、という語源解説がある。言葉自体が、オリエント起源なのだ。その原義は運動一般を指すが、とりわけ下から上への上昇運動を意味しており、原初のイメージは、天空に朝日が昇るところであるらしい。「地理学」と小見出しを打った欄では、ヨーロッパの東方に位置する諸国であり、アジアとエジプトの一部、そしてヨーロッパの一部までふくむと定義されている。なかでも東地中海沿いの一帯は「レヴァント」と呼ばれて特化されるというのだが、この語彙もまた、日の昇るところを意味していることを確認しておこう。この地理的解説のなかには「極東」(Extrême Orient) という表現が掲げられており、「中国、日本、安南(今日のベトナム中央部)など、アジアの東方地域」と指定されている。ただし『ラルース大辞典』においては、これに今日の常用である「中東」(Moyen-Orient)「近東」(Proche-Orient) という表現がつづくことはない。この時代の「オリエンタリズム」は、「極東」というフロンティアをいわば特化して、東へ東へという拡張運動を展開していたからにちがいない。

ところでラルースが示唆するところによれば、とりとめのない広大な領域を指す「オリエント」という言葉が重要なのは、これが「ヨーロッパ文明史」にとって構造的に不可欠な概念だからである――ギリシアの歴史家たちがすでに推察していたように、彼らの言語、宗教、制度は、じつはアジア起源のものだった。今日ではゆるぎない学説として認められていることだが、文明の進歩と呼ぶべきものが胎動したのはインド洋の彼方であり、これが順次に中央アジア、エジプト、ギリシア、ヨーロッパ、そして全世界を照らし出したのである。しかも奇妙なことに、現代において「文明化の光」は、かつての起源の地、しだいに衰弱してしまったオリエントの起源へと、逆向きに照射されている。

アジアの諸国民は、科学の最初の啓示を我々にもたらしてくれたのだが、今後は我々のほうが現代の進歩を彼らに手ほどきすることになるだろう。文明化された世界にとっての古代の揺籃(ゆりかご)というべきインドは、アングロサクソンの知的文化に身をゆだねてしまっている。進歩の道において我々に大きく先んじていたはずの日本は、我々の書物を読み、我が国の学者の指導をうけて研鑽を積んでいる。ヨーロッパの技芸に対してあれほど長期にわたり頑強にみずからを閉ざしてきた中国でさえ、今や門戸を開放するいきおいだ。それにまた、ギリシアを先導したエジプトは、古代のモニュメントによって全世界の称賛をたえず呼びさましているのだが、そのエジプトも、我が国の学者と技術者たちの手に、すっかり身をゆだねている。ほかならぬこれらの学者や技術者が、エジプトの土地を肥やし、その歴史を再発見し、ついにはファラオの言葉まで甦らせているのである。こうしてオリエントの全体が、かつて自分の周囲に作りだした大きな運動の侵入を受けており、これからも宿命的に侵入を受けるにちがいない。この運動は、巨大な引き潮のために抗しがたい力で起源の地に押し返してくる大波のようなものなのだ。

古代から現代までを叙事詩的なスケールで捉えた記述だが、すでに「オリエント」「文明」「コロニアリズム」という三位一体が、くっきりと浮きだして見えるではないか。衰退の兆し著しい清朝と開国したばかりの日本という時事

『地球の発見史』(1938 年) より「アジア」の章の口絵. 欄外の消えかけた数字 1685 が年代のメモであるとするなら, 17 世紀末の図版. 中央から右下にかけてはムガル帝国, ペルシア, オスマン帝国など, 左下が中国だろうか. インドシナ半島は, まだ視野に入らない.

問題もあり、列強の視線は、いやがうえにも「極東」に惹きつけられていた。十九世紀を通じて「オリエント」の概念そのものが、地理的空間としても、知の範疇としても、その領土を極限にまで拡大してきたのだが、その「オリエント」が、今や圧倒的な「引き潮」の力学にさらされている。これが、『ラルース大辞典』の提示する「文明史」の見取り図だった。

それでは「オリエント」のアイデンティティとは何か、という話になると不意にラルースの分析は歯切れがわるくなる。カフカース人（十九世紀においては白人の起源とみなされていた）と「黄色人種」は万事正反対だが、いずれもオリエント起源である[16]。この地域には黒人さえ住んでいる。言語も無数にあって、共通の起源を特定することは不可能だ。とりわけセム語族とインド＝ヨーロッパ語族のあいだには、いかなる共通性も接点も見出せない。等々、多様性が列挙されるなかで、ほぼ例外なき特性として強調されるのは、「神権的な専制」という政治形態である。古代のエジプト、ユダヤはもとより、今日のトルコ、ペルシア、チベットなどもそうであり、近代化の道で先陣を切る日本さえ、専制から解放されたとはいいがたい、というのである。

「アジア的専制」という言葉は、スタンダールの『恋愛論』でも使われており、ギゾーの文明論ではエジプトやインドの神権政治が批判されていた[17]。これは十八世紀啓蒙思想以来の伝統的な了解であり、ヨーロッパが「文明」を名乗るために欠かせぬ紋切り型だった。ごく自然ななりゆきといえようが、「専制からの解放」というコロニアリズムの標語ないしは口実も、「アジア的専制」という定式から生じていた。専制との闘いということであれば、麗しき共和主義の理念も、やましさを覚えることなく賛同するのである。このイデオロギーは、ナポレオンの遠征を契機として「オリエント」が植民地化の対象になったとき、広大なオスマン帝国の領土を虎視眈々と狙う政治的言説のなかで、とりわけ威力を発揮した。

ちなみにナポレオン以前、古い植民地が問題となっていた頃は、何よりもヨーロッパ自身が専制君主制であり、新大陸はただたんに、文明不在の「野蛮」の地とみなされていた。まともに配慮すべき政体など、もともと存在しないことになっていたのである。

「幻想の図書館」の新刊書

フローベールの『聖アントワーヌの誘惑』において、当の隠者はナイル河畔から一歩も離れることはないのだが、彼の夢想が馳せる舞台は、十九世紀後半の世界像による「オリエント」の最大版図にひろがっている。とりわけ「古代の揺籃（ゆりかご）」にはじまる第五章。婆羅門（ばらもん）の神格や仏陀の住むインドからバビロン、小アジアへと、舞台は異教の神々をかわるがわる登場させながら、西へ西へと移動する。そしてシリア、エジプトを経由したのちギリシアへといたって幕となる。テクストの構成自体が、「光はオリエントから」という「文明史」の了解をなぞり、しかもその整然とした見取り図を——さながら混沌とした原初の夢幻的光景であるかのような具合に——じつは人為的に展開させたものなのだ。

ミシェル・フーコー『幻想の図書館』（一九六七）は、かつてその玲瓏な文体で、わたしを魅了したものだが、「知の

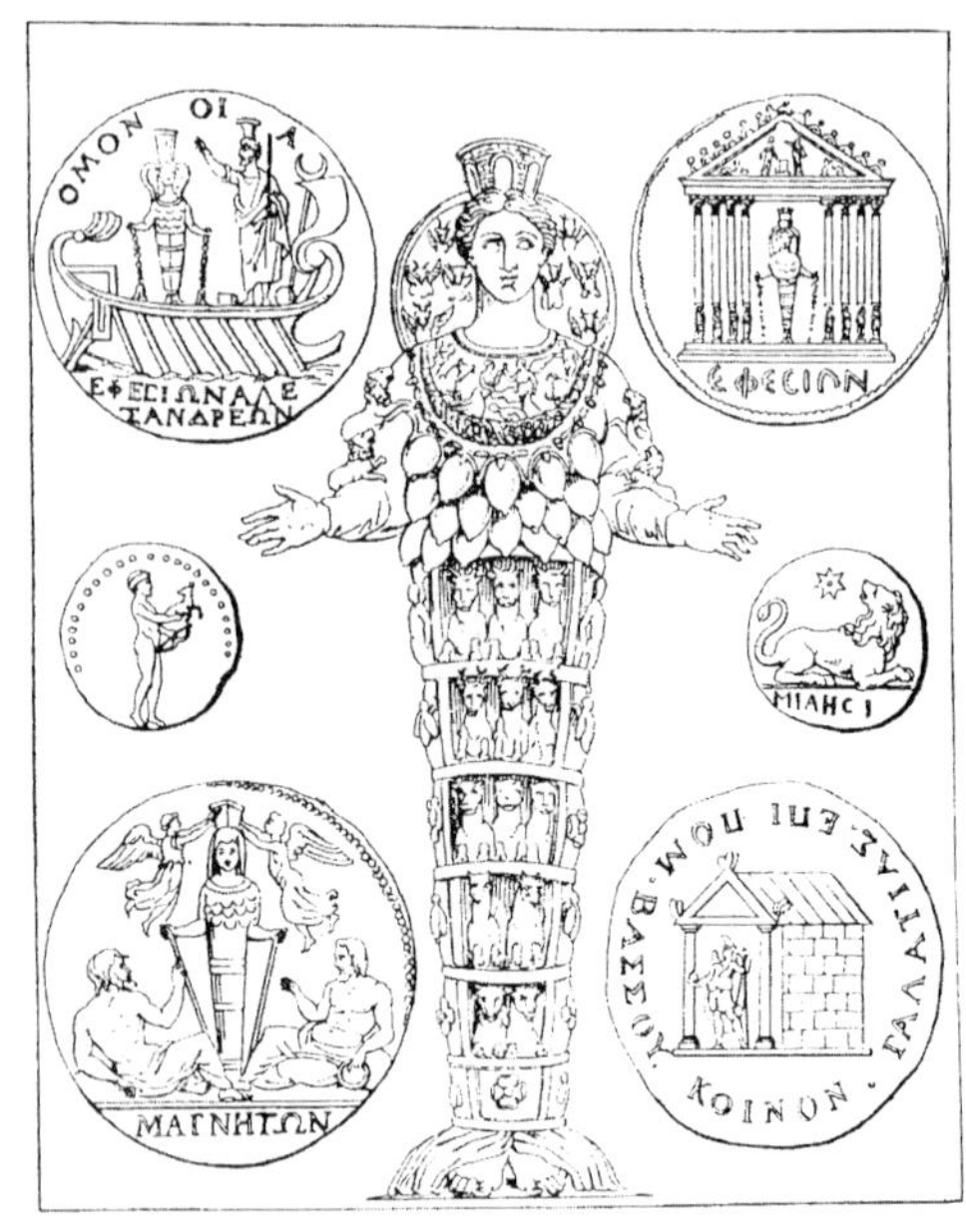

エフェソスのディアナ大女神．クロイツェル，図版88.

モニュメント」なる語彙で裁断された『誘惑』の斬新な読解を、もう一度ここでとりあげてみたい。

　ところで、夢と錯乱ということだが、じつは今日では、『誘惑』は、綿密周到なる知のモニュメントであることがわかっている。異端の開祖たちの場面では、ティユモンの『教会史のための覚え書き』を渉猟し、マテルの『グノーシス主義の歴史』全三巻を読み、ボーソーブルの『マニ教の歴史』、ロイスの『キリスト教神学』を読む。〔…〕異教の神々については、ビュルヌフ、アンクティル＝デュペロン、エルブロ、オティンゲルなどの著作、数十巻の『驚異の世界（ユニヴェール・ピトレスク）』、イギリス人レイヤードの研究、とくにクロイツェルの『古代の宗教』の仏語訳を、フローベールは読みあさった。〔…〕テクストが呼びおこす情景には、夢幻譫妄（オニリスム）で充たされているように思われるものがあり、たとえばエフェソスのディアナ大女神は、肩に数頭の獅子をのせ、胸のうえには果実、花、星などが入りまじり、たくさんの乳房が葡萄のように盛りあがり、細長い苞（はかま）が胴体をしめつけて、そこから何匹もの半獅半鷲（グリューフス）や雄牛が身をのりだしている。ところがこの「奇抜な空想（ファンタジー）」と見えるものは、クロイツェルの最終巻、図版八十八に、一字一句たがわず見出されるのだ。グラビアの細部を指でたどってゆけば、フローベールの使った言葉が、そっくりそのまま浮かびあがる。(18)

フローベールのエグゾティスムを美の趣向として捉え、奔放な空想の産物、横溢するロマン主義の発露とみなすランソン流文学史の解釈に、ほぼ終止符を打つほどの衝撃をあたえたのが、ほかでもない、わずか二〇ページほどのこの評論だった。じつはそれ以前から、というよりむしろ、『聖アントワーヌの誘惑』が出版された当初から、フローベールが「オリエンタリズム」と呼ばれる学問のありとあらゆる文献を渉猟し、この作品を書いたことは知られていた。しかし、そうした事情は、ロマン派的な夢想という文学史的な解釈の伝統のために、長らく看過されており、ようやく個々の断章の源泉が、誠意ある実証的研究により一つ一つ確認されたのは、二十世紀半ばになってからのことである。(19)引用の文中でフーコーがこともなげに列挙したオリエンタリストたちの名は、その実証的な研究の成果を踏襲し、反復した発言にすぎない。批評家フーコーによる作品読解のコペルニクス的な転換というような言い方が、かりに許されるとすれば、それはむしろ「想像力の空間」をめぐる次のような提言だった。

あるいはむしろ、フローベールはなにか特別に近代的な幻想の様式（ファンタスティック）をそこで経験したのかもしれない。というのも、十九世紀に発見されたある種の想像力の空間は、それまでの時代にはどれほどの効力をもつかさえわかっていなかったような種類のものだったのだ。この新しい幻想（ファンタスム）の場、それは夜でもなければ、理性の眠りでも、欲望のまえに開かれた不確かな空虚でもない。それは反対に、めざめの状態であり、疲れを知らぬ精神の緊張、学識をともなう熱意、いっときも注意をおこたらぬ緊張である。記号の印刷された黒と白の紙面から、固く閉ざされて埃をかぶっている一巻の書物から、それが開かれて忘れられていた言葉が飛び立つ瞬間に、妄想（シメリック）のたぐいが生まれることがあるものだ。(20)

フーコーのいう「図書館の幻想」は、支離滅裂な幻覚の対極にある。それは厳正な知の集積をまえにして、はじめて翼をひろげ、羽ばたきはじめるものなのだ。しかしながら「空想的なもの（イマジネール）」が宿るのは、書物とランプのあいだである」と謳われた図書館の光景は、あまりにも詩的な静謐に充たされており——たまたま「ランプ」という現代の読者にとっては充分エグゾティックな照明が導入されているせいかもしれないが——ある種の思いこみを招くかもしれない。ありていに言えば、図書館の書物は「埃をかぶって」はいなかったはずなのだ。

ウージェーヌ・ビュルヌフ（一八〇一—五二）はサンスクリットをコレージュ・ド・フランスで講じた同時代のオリエンタリスト、つねに最新情報と先端的解釈の担い手だった。アンクティル＝デュペロン（一七三一—一八〇五）はインドに滞在してパールシー教徒と接触し、ゾロアスター教の聖典『アヴェスタ』を翻訳した。エルブロ、あるいはバルテルミー・デルブロ（一六二五—九五）は、地中海言語に通じ宰相コルベールに仕えた人物だが、その『東洋全書』は、ラルースによれば「必読文献」であり、一七八八年の再版が存在したことはまちがいない。[21]とりわけ「異教の神々」の源泉となったフリードリヒ・クロイツァー（一七七一—一八五八）の『古代の宗教』は、一八五〇年までに一〇巻中八巻までが仏訳されている。[22]フローベールは『聖アントワーヌの誘惑』の初稿を書くときに、すでにこの大著にどっぷりと浸かっていたらしい。つまり、真新しい書物の鮮明な図版を目で追いながら、彼は「エフェソスのディアナ大女神は、肩に数頭の獅子をのせ」といった具合にノートをとっていたのである。

なるほど今では国立図書館の片隅で「埃をかぶって」いそうなこれらの書物たちは、出版された当時、いかなる文脈で読まれたか。「オリエンタリズム」とは、『ラルース大辞典』によれば、「オリエントの民とその哲学思想とその風習に関する知識の総体」を指し、なによりもオリエントの言語や歴史理解を前提とする学問であるのだが、「西欧の民は、その起源と言語と学問と芸術をオリエントに負うていると主張する人々の思考法」という指摘もあり、これが前述の「文明史」に基づく世界観に対応する呼称であることが確認できる。文例として挙げられているのは、「オリエンタリズムは、新しい学問だ」という文章。先端的な知の領域というニュアンスが、のっけから強調されているのである。「広義の用法」として、ハレムに代表されるオリエント趣味にひと言ふれてはいるものの、全体を見わたせば、美的流行というレヴェルの記述は無に等しい。じつのところ「オリエンタリズム」とは、十九世紀をつうじ、政治権力を後ろ盾に発展し完成した、公的な学問なのであり、シャンポリオンのヒエログリフ解読に対するルイ十八世や教皇レオ十二世の一見過剰な反応も、しかるべき理由があってのことだった。

制度的な立ち上げとしては、一七八四年にカルカッタで「アジア協会」が結成され、パリとロンドンにも同名の協会が誕生した。共和国政府の貢献は、革命暦三年の政令により「オリエント現代語専門学校」(東洋語学校) が設立されたことにもあらわれている。当初三つであった教授ポストは順次増加して、コレージュ・ド・フランスにもオリエント言語の講座ができた。パリで研究される諸言語は、中央アジアから中国までを網羅する――こうした解説のあと、ラルースがふれる締めくくりの話題は、一八七三年九月にパリでオリエンタリスト会議が開催されたという最新情報であり、「オリエンタリズム」が歴史学や考古学と同列のアカデミックな専門領域として、公に認知されていたことがおのずとわかる。(23)

研究対象の「オリエント」が通常は古代を意味しているとしても、「オリエンタリズム」と呼ばれる学問は、当然のことながら古色蒼然としたものではなかったのである。それどころか、遠い過去の地層に埋もれた異形の偶像や、暗号のような文献の発掘は、あえて無謀な比喩を用いるとすれば、二十世紀において未知の宇宙空間が科学者の夢を誘ったように、十九世紀の知識人たちの胸を高鳴らせたにちがいなかった。ラルースもいうように、神話学と文献学は、「オリエンタリズム」と手を携えて時代の最先端をゆく学問だった。

それにまた「オリエンタリズム」は、宗教としてのキリスト教の再検討をうながした。地中海世界という揺籃のなかで成長した若いキリスト教、とりわけカトリックの成立にいたるまで、異端と干戈(かんか)を交えた時代の環境に、人々の興味関心がおもむくのも自然だった。フローベールが「異端の開祖たち」のために参照したボーソーブルは十八世紀プロテスタントの著作家だが、マテルとロイスは作家にとって一世代年長の同時代人だ。いや、一八七四年の『聖アントワーヌの誘惑』を執筆したときの「読書ノート」を参照すれば一目瞭然、新刊書の占める割合は予想外に高く、著者は「オリエンタリズム」や宗教史や考古学、歴史学一般の最新情報を、怠りなく追っていたと思われる。(24)「埃をかぶった」稀覯本のたぐいも、むろんふくまれていただろうけれど、おそらくは誰でも手にとることのできる基本書が中心を占めていたにちがいない。

たとえばギボンの『ローマ帝国衰亡史』(一七七六―七八)は、英国で出版された当初からフランスでも大評判になり、その仏語版は、サント＝ブーヴによれば「どこの家のテーブルにもおかれている」ほどに読まれていたものであるらしい。この大著の紹介の労をとり、翻訳の仲介をしたのは、ほかならぬギゾーだった。一八一二年から二八年にかけてギゾー夫人による新訳も出版されており、上記フローベールの「読書ノート」には、一八一二年の版が記入されている。タイトルにある「デカダンス」という語彙からも、ギボンのローマ史が「進歩」と「デカダンス」という歴史観に支えられた「文明史」の発想源の一つとなったであろうことは推察がつく。[25]

「やがてキリスト教がローマの国教にまでなると、さしもの蛮族どもも強力な圧力に屈し、エジプトの諸都市には多数の司教が溢れるし、テバイド砂漠にまで隠者の群が雲集するようになった[26]」という『ローマ帝国衰亡史』の一文をここに書き写し、フローベールが『聖アントワーヌの誘惑』を構想した動機はこれであろう、などと示唆するつもりは毛頭ないけれど、要するに、「テバイドの隠者」である聖アントワーヌは「キリスト教文明史」という位相においても、象徴的な意味で重要人物だった。そして今あらためて確認するなら、わたしたちがこの章の冒頭で参照した『西ヨーロッパ世界の形成』も、十九世紀の「キリスト教文明史」の内部から立ち上げられた「近代歴史学」の延長上の視点に立って、砂漠の隠者に注目し、ここから「西ヨーロッパの歴史」を語りはじめているのである。

『ラルース大辞典』によれば、聖アントニウスは、キリスト教芸術のなかでもっともポピュラーな聖人であるという。中世の僧院はこぞってこの聖人の像を安置したものであり、絵画史の領域でも、デュラー、ボッシュ、ブリューゲルなど、大家の傑作がおびただしく蓄積されていた。そうした伝統をふまえ、フローベールは十九世紀の聖アントニウスを造形した。知の営みである「オリエンタリズム」と連携する文学の創作は、韻文よりも散文の領域で展開されるだろう。さらに「オリエンタリズム」と「キリスト教文明史」は、相互に無縁な活動ではなかった。諸宗教と古今の文明をめぐる調査・考察・研究が大々的に展開されるなか、共通の資料文献に依拠し、同じ西欧中心的な世界観を分かち合いながら、両者は麗しき姉妹のように手を携えて人文諸科学を先導していたはずである。

母なるガンジス河

『インドの忘却——哲学の記憶喪失』と題した小振りの書物がある(27)。著者はロジェ＝ポル・ドロワ、哲学論文というより啓蒙書だが、正直なところ、わたし自身が蒙を啓かれるべき立場にある。それゆえ出典を明かしたうえで、とりあえず私見をまじえず、十九世紀ヨーロッパを席巻した「印哲ブーム」を追ってみたい。

「ここ［インド］にはあらゆる言語の、あらゆる思考の、そして人間精神の歴史全体の源泉がある。あらゆるものが、例外なく、インドを起源としているのだ」——この昂揚した手紙をフリードリヒ・フォン・シュレーゲルが友人に書き送ったのは、一八〇三年九月のこと。じっさい一八〇〇年からほぼ十年間、ドイツにおいてインド旋風が吹き荒れて、哲学と宗教、詩と歴史、文学と政治のあらゆる分野がオリエントの嵐に巻き込まれた。ガンジス河という幻の結節点に人々が投映したのは、たとえば絶対的な起源の夢であり、母なる完全言語という夢想であり、原初の世界の汚れなき源泉にふれて再生したいという願望だった。さらにインドとドイツを親族関係におき、アーリアという共同体を想定し、ユダヤ性をインド性の下位におき、ヘブライ語にかえてサンスクリットを称揚するという企画だった。この時期、インドと同時にギリシアの魅惑が称えられ、その舞台裏の出来事として、西欧の伝統に組みこまれたユダヤ性の排斥という大きな水脈があらたに形成されつつあった。

ヘルダーは、一七八七年に「古代オリエント」には「現代オクシデント」の萌芽のすべてがあると宣言して、ブームの口火を切った。それ以前にも、旧約聖書の舞台について、あるいはアンクティル＝デュペロンによる『ゼンド・アヴェスタ』の翻訳以来、ペルシアについて、同様の見方は存在していたが、「オリエント」のなかのインドを浮上させ、特権化するきっかけを作り、クロイツァーなどの比較神話学への道を拓いたのは、ほかならぬヘルダーであり、これが弟子のシュレーゲルへと受け継がれたのである。

フランスで一足遅れのブームがはじまったのは、シャルル十世の治世の後半にあたる一八二八年だった。ウルトラと呼ばれる保守的な王党派が政権から退いたのち、自由主義との協調路線を象徴するかのように、ヴィクトル・クーザンに教壇復帰の機会があたえられた。そもそも当時は「哲学」というディシプリンそのものが自由主義の英雄という相貌をもっており、しかもクーザンは、ベルリンでフランス政府の介入により逮捕されたという輝かしい経歴の持ち主だったから、殉教者さながらの栄光につつまれて学問の世界への帰還を果たしたのだった。聴衆八〇〇名の講義は、政治集会さながらの熱気につつまれて、講義内容の速記録がパリの街角に貼り出された。

今わたしの手元には、一八二八年の日付を打った書物のコピーがある。それはページの通し番号もない奇妙な作りの本で、第一回講義は、こんな呼びかけではじまっている――「皆さん、私は、ふたたびこの教壇に立ち、深い感動を禁じ得ないのであります。かつて一八一五年に、私がここに立ちましたのは、高名なる我が師にして友人、ロワイエ＝コラール氏の推挽によるところでありました」。演壇からの謝辞や決意表明が、拍手で中断されると、そのことがイタリックで書きこまれる――「哲学に全身全霊を捧げ、そのために、いささか辛酸をなめるという光栄な経験もいたしましたが、あらためて、もはや引き返すことも躊躇(ためら)いもなく、私にのこされた力と人生のありたけをもって、哲学に献身する所存であります(再び拍手)」という具合に。[28]

「哲学とは何か」という問いかけにつづく、第二回の講義は、歴史的な展望を語る。

オリエントの詩的、哲学的なモニュメントを注意深く解読するときに、とりわけ昨今ようやくヨーロッパで知られるようになったインドのモニュメントを解読するときに、おびただしい真理が、深遠なる真理が、発見されるのであります。ヨーロッパの精髄(ジェニー)が近年遅滞を見せて、不毛な成果しかあげていないことを思えば、オリエントの精髄(ジェニー)をまえにして、我々は思わず跪きたくなります、人類の揺籃たるこの地が、もっとも高度な哲学の生地であると認めたくなるのであります。(29)

もっとも、このあとクーザンは、折衷主義の学者にふさわしく、ただちに行き過ぎを戒めるのだが、重要なのは「オリエントの哲学」に、かくも深甚なる敬意が払われているという事実そのものだ。

いや、さらに重大なのは、ヴィクトル・クーザンというインド哲学の信奉者が、その後二十年間政治的発言権をもち、哲学教育のあり方を決定し、大学教授資格試験の委員長をつとめ、あらゆるポストを独占して弟子を送りこみ、教育プログラムから哲学を思考するスタイルまでを方向づけたということだ。ロジェ＝ポル・ドロワの保証するところによれば、フランスの大学における哲学教育の基礎をつくったのは、ヴィクトル・クーザンにほかならない。じっさい制度的な感覚に恵まれた研究者が、その専門領域を拡張するという話は、昨日今日にはじまったことではないだろう。たとえばイギリス人ヘンリー・トーマス・コールブルックは、クーザン自身が準拠した専門家だが、その『ヒンドゥー哲学論集』を本国での出版もまたずに翻訳し、コレージュ・ロワイヤル（王立中学校）の優等賞の賞品とするなどは、象徴的な例といえる。こうした実績が積まれ、一八三四年に日の目を見た哲学の教科書では、全四〇〇ページのうち四〇ページがインド哲学に割かれることになる。バラモン教や仏教についての梗概は、実証的な知見の乏しい時代のものであるにもかかわらず、これが現代のバカロレア（大学入学資格試験）や、高校の先生の一般常識であったら、といいささか羨望を覚えるほどのものであるという。じっさい、第五共和制下の哲学教師より、ルイ＝フィリップ王政期の優秀な中学生のほうが、インド哲学の基礎知識が豊富であったかもしれない、とロジェ＝ポル・ドロワは示唆するのである。当時は学校教育の指導態勢のなかで、バラモンの聖典『ヴェーダ』や叙事詩『バガヴァド・ギーター』に青少年が親しんでいた。

教科書だけの話ではない。通常の歴史学でいう「ルネサンス」は、いわば自明の起源であるギリシア・ローマへの回帰を促し、その再生を謳ったが、エドガール・キネとこれにつづく者たちが「オリエント・ルネサンス」(renaissance orientale) と呼んで顕揚した運動は、ヨーロッパの起源とインドの起源をつないだのだった。この展望は、真に世界的＝普遍的な人文主義を打ちたてるという野心を刺激した。プロテスタントの共和主義者であるエドガール・キネも、十八世紀啓蒙主義の直系であるヴォルネーも、「社会主義」という語彙の発明者とされるピエール・ルルーも、きわめて保守的なカトリック神学の陣営も、それぞれに「オリエント」に依拠して自説を補強できると考えていた。

文献学もめざましい成果をあげていた。『アヴェスタ』のゼンド語、サンスクリット、エジプトのヒエログリフ、小乗仏教の聖典に使用されたパーリー語などが、つぎつぎに解読されたことにより、それまで不透明なままに一丸となって見えていた「オリエント」が、口々にみずからの思想を語りはじめることになる。[30]ここで登場した諸言語は、旧約聖書の言語およびギリシア・ローマの古典語とは、まったく異なる系統のものだった。

すでに述べたように、フランス革命後の政権は「オリエンタリズム」への制度的な保障を惜しまなかった。一七九五年にはパリに東洋語学校が設立され、シルヴェストル・ド・サシが教授として招かれた。見出された写本の翻訳や研究書の出版も盛況だった。インド哲学の分野では一八〇一年、アンクティル＝デュ・ペロンの翻訳で『ウパニシャッド』二巻が出版されて、[31]ショーペンハウアーに深い影響をあたえていた。カルカッタで発行された定期刊行物『アジア研究』は、一八〇〇年にロンドンで再版され、ただちに独仏語に翻訳されて、一八三九年までに二十一巻を数え、シェリング、シュライエルマッハー、フィヒテ、ヘーゲルに購読されることになる。

こうした一連の出来事は西欧にとって、世界観の転換をうながすに足る衝撃だった。それというのも、これまで西欧は、これほど奥深い過去に直面したことはなかったし、じっさい「オリエント」は、距離ではなく時間の隔たりとして認識されたのである。それはまた、アイデンティティの亀裂と死の感触を伴う経験でもあった。ヨーロッパが普遍的な価値を体現する唯一の文明を自任して、大陸全体を軍事的にも掌握できると考えたそのときに、大地に眠る古代文明の遺跡がつぎつぎと、不可思議な威容を誇り、謎めいた宗教とともに姿をあらわしたのだった。

それはそれとして、人類の起源なるインドという神話も、時を経ずして土台がゆらぎはじめていた。『ヴェーダ』が予想に反して多神教の世界であり、さらにサンスクリットはヨーロッパ諸言語の母というよりむしろ従姉妹か姉妹のようなものだという事実が判明したことは、決定的な要因だった。しかし一方で、原初の世界への憧れという主題そのものが、ロマン派的な文脈を構成し、生きながらえてゆくのである。

ヴィクトル・クーザンはすでに言及した講義において「歴史はそこ〔古代インド〕までは遡ることができるが、その先はない」と断言したのだが、原初の無垢なる世界への回帰という願望は、現代文明の再生という希望にも結びついていた。さらには、サンスクリットで「貴族」を意味するアーリアという呼称をいやがうえにも特権化して、たとえばアルチュール・ド・ゴビノーの『人種不平等論』を準備することになる。その底流にあるのは、文明は、不純なる外部の混入により純粋なる起源からひたすら凋落をかさねるという、むしろ悲観主義の思想である。

以上、全十五章からなるロジェ＝ポル・ドロワ『インドの忘却』の中程、ほぼ四章をかいつまんで紹介した。

恐るべき仏教

『聖アントワーヌの誘惑』の第五章、八百万（やおよろず）の神々にかこまれて、まず「裸形の男」として登場する仏陀は、おもむろに口を開き、美しき女性（にょしょう）の腹を借りてこの世に生まれおちた神であることを告げ、瞑想にふけった青年時代、后を娶ったのちの宮廷生活、その後の出家と苛酷な修行、悪魔の誘惑などについて、独り語りをつづけるのだが、その傍らで、悪しき知の化身であるイラリオンは、仏教とキリスト教の近似を仄めかす。一方のアントワーヌは、おのれの苦汁にみちた隠遁生活と引きくらべて慨嘆する。

ところでロジェ＝ポル・ドロワによれば、「オリエント・ルネサンス」の時代には、ギリシアのインドへの影響（あ

仏陀の図版.『聖アントワーヌの誘惑』に記された文章は――「余は王宮内で，その日その日を送り，真珠の衣を身に纏い，香油の雨を浴び，三万三千の侍女の団扇の風を受けながら，響きわたる鐘鈴が飾りつけられた露台の高みから，人民どもを見おろして居った」.

るいはその逆の影響)、キリストの仏陀への影響(あるいはその逆の影響)、福音書のバラモンへの影響などが縦横に、また無造作に語られた。とりわけ仏陀については、エドガール・キネが「虚無の偉大なキリスト」、ルナンは「インドの神なきキリスト」と形容したというのだから、『聖アントワーヌの誘惑』における上記断章は、宗教史の先端的な議論をそのまま導入したものといえる。フローベールの戯曲のなかで、仏陀とキリストの影が交錯するのは、美的な趣向である以前に、知識に基づく構想だった。

今日では素朴に見えるこうした比較検討をつうじて、文明のアイデンティティとその系譜学が素描されてゆく。高貴なるアーリアという主題が一世を風靡した当時、じつは仏教の存在は知られているといっても名ばかりのものだった。その仏教は、フローベールの『紋切り型辞典』では「インドの偽宗教」と定義されているのだが、わたしたちにとって相対的には身近なこの宗教を、近代ヨーロッパはいかなる経緯で、どれほど疎遠で胡乱なものとして発見したのだろう。これは思いのほか、重大な論点かもしれない。それというのも『ヴェーダ』の哲学が、人種的にはアーリア系であるキリスト教文明の母胎とみなされる一方で、仏教は非アーリア系の「黄色いオリエント」を象徴するものとなる。そうして「オリエンタリズム」の研究史において、おくればせに、恐るべき他者性の相貌をあらわすことになるからだ。

『インドの忘却』をひきつづき参照しながら論を進めるなら、仏教の発見に時間がかかったのには、もっともな理由があった。仏陀はじっさいガンジス河の流域で教えを説いており、その教義はおよそ十五世紀にわたってインドに浸透したのだが、ネパール、セイロン、チベット、中国、ビルマ、日本にまで伝播する一方で、その後はインド亜大陸からは、ほぼ姿を消してしまっていた。散逸したパーリー語やサンスクリットの経典から教義の全容を捉えるのは容易なことではない。仏陀が一人なのか二人なのか、いつ頃の人物なのかも定まらず、シヴァ神の九番目の化身が仏陀であるという説も有力だった。『ヴェーダ』の紹介者コールブルックの努力により、一八二七年あたりから、この禁欲的な宗教集団がしだいに霧のなかから姿をあらわした。とはいえ当初に解読された文献は、もっぱら仏教の敵方のものにかぎられていた。こうして刺激された想像力は、ユダヤ人、エジプト人、エチオピアの黒人、等々であるらしい、世にも奇怪な仏陀のイメージを生みだした。

それにしても、近代ヨーロッパによる仏教発見の経緯について、わたしはまったく無知であり、とりあえずロジェ＝ポル・ドロワの上掲書とその続編にあたる『虚無の信仰——哲学者たちと仏陀』という二冊の文献だけを頼りに見取り図を作っている(32)。いたずらに私的な省察をまじえて全体像をゆがめることがないように、仏教の発見と解釈の歴史を三部構成、全一〇章で簡潔に提示した『虚無の信仰』の梗概つき目次を、ときおり補足（〔　〕で表示）しながら、以下に訳出しておきたい。

第一部、誕生（一七八四—一八三一年）

一七八四年、ウィリアム・ジョーンズはカルカッタでベンガル王立アジア協会の初会合のまとめ役をつとめる。サンスクリットとインド文化の研究は、厳密なディシプリンとなる。にもかかわらず、仏陀の名にむすびついた教義は、十一世紀来インドから消え去っていたから、インド研究の初期においては、未知のものにとどまっていた。

一八三一年、ヘーゲルがベルリンで死去。彼は晩年にこの宗教の特徴について「人間はみずからを虚無（le néant）としなければならない」と語っているが、当時「仏教」（bouddhisme）という言葉は新語だった。[33] パイオニアたちの仕事によって、この語は、ヨーロッパの諸言語にとりいれられてゆく。

第一章、顔のない偶像

十八世紀の文献において、仏陀はしばしば「プリミティヴな世界」の諸要素の一つとみなされている。アイデンティティはあってなきがごとく、全体としては虚無の主題とつよい関連をもたない。

第二章、「ブッドゥ」「卓越した哲学者」

一八一七年にパリで出版された小冊子〔ミシェル＝ジャン＝フランソワ・オズレー『東アジアの宗教の開祖ビュッドゥあるいはブッドゥに関する研究』〕は、今日では忘れられている。著者は無名だし、著作に言及されることもめったにない。しかるに、仏陀をいかに捉えるかという意味で、ここには根本的な変化の兆しがある。

第三章、一つの世界が浮上する

およそ三十年（一八〇〇―三〇年）のあいだに、仏教の世界がその多様性と統一性とともに姿をあらわす。オリエント研究者たちは、仏陀の信仰がバラモン教より後世のものであることを確認する。中国、日本、チベットへとこれが伝播する歴史が素描され、ようやく経典が解読されはじめる……それは虚無の教義なのか？　「とんでもない！」と学者たちは反論する。

第四章、「仏教徒たちの虚無」

ついにヘーゲルの出番となる。彼とともに、一八二〇年代の終わりに、虚無の信仰という神話が根づく。このような表現を彼はどこで見出したのか？　この哲学者は、その解釈にいかなる意味を与えるか？

第二部、脅威（一八三二―六三年）

B. N.
Fig. 439. - Statue d'un Bouta ou mauvais génie. Il veille à la porte du Temple de Manaar, ce dieu que les Brahmanes méprisent. Cette statue est en brique recouverte d'un stuc éclatant. Extrait de l'*Inde Française*, de Burnouf

『フランス植民地領土』の図版．キャプションは――「ブッダあるいは悪霊の像．マナールの寺院の正門を守るこの神を，バラモンは軽蔑している．像は煉瓦作り，極彩色の漆喰でおおわれている．ビュルヌフの『フランス領インド』より抜粋」．

一八三二年、ウージェーヌ・ビュルヌフがコレージュ・ド・フランス教授に選出される。彼によって、オリエント学の複数の領域がもたらしたデータが集約され、仏教関連の事柄の科学的研究に先鞭がつけられた。

一八六三年、虚無の信仰をめぐる論争が、フランス、イギリス、ドイツにおいて沸騰する。

第五章、フランスの恐慌

まずパリにおいて、恐怖がまきおこった。コレージュ・ド・フランスでの仏教研究は、ウージェーヌ・ビュルヌフとともに科学の時代に入ってゆく。しかるにカトリック教会と唯心論哲学者たちは、虚無へといいたるこの教義に、ヨーロッパを脅かす「悪の原理」を感じとったのである。

第六章、フランクフルトとチベット

六十八歳のショーペンハウアーが、一柱の仏像を購入し金色に塗らせた。仏教とペシミズムと存在の否定が、一つの絆によってむすばれるのは、作品〔『意志と表象としての世界』〕の結語にいたる部分である。

第七章、黒い階級と見捨てられた民

ゴビノーは、仏教徒が何者であるかを理解したと考える。すなわち、かつてアーリア系バラモンによって打ちたてられたカースト制度をくつがえそうと試みた、最下層民である。ただし、彼らの反乱は失敗した。ゴビノーの見方とフリードリヒ・シュレーゲルの言語理論〔セム系の膠着言語に対するアーリア系の屈折言語の優位〕とのあいだには、関連があるのだろうか。

第八章、人類の終焉

要するに彼らの究極の目標は、虚無なのだろうか？「然り、自明のことだ、そこに仏教徒の誤謬と恐るべき点がある」と言う者もいる。ほかの者は「否、ありえぬことだ、虚無を希求する人間などいるはずがない」と言う。論争はヨーロッパ全土にひろがってゆく。

第三部、衰退（一八六四―九三年）

一八六四年、学者たちの研究が蓄積されてゆく。ニヒリズムの風評は生きのびてはいるものの勢いは衰える。

一八九三年、シカゴで第一回世界宗教者会議が開かれる。文学的なペシミズムを背景として、人々は世界教会運動（エキュメニズム）、折衷主義、神秘学の時代の到来を期待した。仏教は恐るべきものではなくなった。

第九章、弱さの発明

イポリット・テーヌは仏教のなかに消滅への願望とは異なるものを見出した。これは〔宗教〕感情の歴史における革新といえる〔仏教の慈悲とキリスト教の慈愛との比較、等〕。ニーチェはヨーロッパにおいて新しい仏教と呼ぶべきものが誕生することを予告し、これと闘うことを宣言した。

第十章、ペシミズムの時代

作家のなかには、もはや生は望ましいものではない、世界の陰鬱さに倦み疲れた、早く終わりの時が来てほしい、と語る者もいる。彼らは、みずからの心の状態を克明に記録し、熱をこめて虚無を賛美する。

率直なところ、このような仏教のイメージは、わたしたちアジアの人間にとって想像もしにくいものではなかろうか。「序文」で述べられているように、仏教が「神なき宗教」「破壊に取り憑かれた虚無の信仰」であると考える者は、二十世紀も終わった今日もはやいないだろう。その教義が反対に、生き物を憐れみ、忍耐を知り、非暴力を訴えるものであることも、了解ずみといえるだろう。ヨーロッパにとって、現代の仏教は、ニヒリズムと無縁であるだけでなく、さまざまの苦痛を癒す「セラピー」に近いのかもしれない。

しかしだからこそなおのこと、十九世紀のヨーロッパでキリスト教文明の自己意識が形成された過程において、異文明の衝撃的な他者性が、かくもおぞましき相貌のもとに描出されていたという事実を、あらためて検証しておく必要がある。紀元前二〇〇〇年頃に北西から侵入してきたアーリア人は、東欧起源の民といわれるが、インド社会においては、上位カーストを占有する征服者だった。これに対して仏教は、ダルマ(永遠の秩序)とは万人共通のものであると宣言した。この教義が、インドから伝播して、カーストの存在しないアジアの他地域に根づいたのは、自然なりゆきだった。

ゴビノー『人種不平等論』第三篇第三章「仏教、その敗退、現代インド」の論旨は明快である。仏教の勃興とは、インド社会の賤民であり、黒人と黄色人種がまじった混血民の謀反を意味している。この反抗は、純血のアーリアによって徐々に平定されてゆき、その結果、バラモンのインドは衰退をまぬがれて「白人原理 (principe blanc) の正当な優越性」を証明したというのである。(34) 第四章は、話のつづきとして「黄色人種」と題されているのだが、じつのところ読めば愉快ではないゴビノーの人種論に深入りするつもりはない。「黒人」と対になるらしい「黄色人種」は一般に、身体は粗雑な出来合いで、黒髪もたてがみのごとくごわついており、人格的なレヴェルでは、想像力が完全に欠落し、自然の欲求をみたすことだけに執着する、といった雑言は聞き流すとしよう。いずれにせよ、「白人」を頂点とする「階級＝カースト」の構図のなかに、人類の全体が位置づけられているのである。興味深いのはむしろ、「黒人」が女性的であるとすれば、「黄色人種」は男性的、と定義するその発想法かもしれない[35]。こうした「人種」の概念は――「白人」が男性で「黒人」が女性という見取り図で――以前にもヴィクトル・シェルシェールの奴隷解放運動の項で出会っているのだが、要するに、観察と描写から発するものではない。なんらかの世界解釈の「原理」によって支えられ、その「原理」を体現する要素とみなされる「人種」。しかもそれは突飛な夢想などではなく、科学的言説に組み込まれて流通する概念だった。

西欧にとって、知の地平におけるインドおよび「極東」の発見は、輝かしい起源のアーリアだけでなく、これに対立する不穏分子という影の部分を伴った、アンビヴァレントな出会いの経験であったことを記憶にとどめたい。

2　セム対アーリア

光の奔流

フローベールの『聖アントワーヌの誘惑』とミシュレの『人類の聖書』とのあいだには、一見したところ、さほど分かち合うものがあるとは思われない。前者は文学史の伝統によれば「ロマン主義の強情な残滓」に養われた戯曲仕立てのフィクションであり、後者は大歴史家の筆になる雄渾な文明論の試みだ。前者が四世紀前半のエジプトを舞台とするのに対し、後者は執筆時一八六〇年代のフランスを立脚点として古代文明を歴史的に展望する。しかしここでただちに思いあたるのは、「オリエント・ルネサンス」の昂揚のさなかに懐胎された二冊の書物が、時代の思潮を共有するという自明の事実である。アンクティル゠デュペロンによる『ゼンド・アヴェスタ』の翻訳、ビュルヌフの古代インド研究、クロイツァーの文献学・神話学などの基本書はいうまでもなく、同時代の学問的アクチュアリティ、話題を呼んだ新刊書などが両者共通の源泉となっている。おのずと浮上するのは、奇妙に似通った、文明の地理学なのである。

『人類の聖書』の第一部「光の民」は、『聖アントワーヌの誘惑』の第五章とパラレルな構造をもち、第一章「インド」、第二章「ペルシア」、第三章「ギリシア」という系列は、東から西へと舞台を移動させてゆく。その第一部、第一章の第一節は『ラーマーヤナ』、第二節には「どんなふうに古代インドは再発見されたか」という見出しがつけられて、以下のような文章がつづく。

前世紀の功績は、あんなにも長いこと否定され翳らされていたアジアの徳性を、東洋の聖性を、再発見したということにある。二千年間もヨーロッパはみずからの古い母をののしったのだ。人類の半分がもう半分を呪い罵倒したのだ。

誤解と中傷のもと、あれほど長期に葬られていたあの世界を光の方へと連れ戻すには、敵たちに意見を求めるのではなく、それ自身に尋ねること、そこに身を置き、それが生み出した書と法を調べることが必要だった。この画期的な時期、批評家たちは初めて、人間のあらゆる知恵がヨーロッパだけに属するのかと、あえて疑った。彼らは多産で尊敬に値するアジアに、知恵の一部を求めた。こうした疑問は、人類の大いなる類縁性への信頼であり、習俗や時代の多様な見せかけのもとに、変わることなくある魂と理性の統一への信頼であった。(36)

貧しい学徒アンクティル＝デュペロンが、東インド会社の社員として現地へ旅立つ逸話の導入の部分だが、幻視者ミシュレの世界では、個人のエピソードが人類史の展望とむすびつく。ここでミシュレが称える「アジアの徳性、東洋の聖性」が、「黄色いオリエント」ではないことはいうまでもない。それは、ゴビノーの場合と同じく、『リグ・ヴェーダ』を語りついだ時代のアーリア、古代インドを住処にしていたとみなされる、起源のヨーロッパにほかならない。

南方には無限の海、北方には雪の冠をかぶった巨人のごときヒマラヤの山塊、そして平野には虎や蛇の棲むジャングルと暁の方向に流れるガンジス河。

最後にもっとも恐ろしいもの、ヒンドスタンの猛暑の燃えるような吸引力があった。あまりにも魅力的な自然の愛撫と誘惑である。優しく、ほとんど防御手段をもたない、ものすごい人数の種族、黄色人種の吸引力で、一億人から二億人が奴隷となって白人を賛嘆し愛したのである。白人はとても愛されたから、かの地で絶えてしまうこともありえた(37)。

この段落にはミシュレ自身の注がつき、「黄色人種は、簡単にまっ黒となる」と説明されている。黒人とは、焦げた黄色人種にすぎないのである。ついで白人＝アーリア人は、みずからの高度な精神を守りぬくために、その風土にかなった合理的選択としてカーストの障壁のなかに閉じこもった、と指摘され、抵抗すべき誘惑が列挙される。一つには血にまみれた不浄な食事、二つめは、下位の愛。じっさい「黄色人種の女は、流し目と、猫のような優美さと、凡庸だが繊細な精神でもって、インド人をモンゴル人のレヴェルにまで平板化」してしまう恐れがあったというのである。ここでは自明のように「黄色人種」が女性原理を体現し、アーリアには男性原理があてがわれる。ミシュレの人種主義をあげつらおうというのではなく、人種論もジェンダーによる暗喩もゴビノーの独擅場（どくせんじょう）ではないことを示しておきたかった。

われわれは光で生きている。われわれの正当な祖先は光の民、アーリア人で、彼らは思想、言語、芸術、神々のなかで、一方ではインドの方へ、他方ではペルシア、ギリシア、ローマの方へ、まるで星々から差してくる長い光の筋のようにその輝かしい足跡をしるした。恵まれた実り豊かな天分（ジェニー）であって、何ものもそれを翳らせなかった。この天分は今もなお銀河の光の方へと世界を先導している(38)。

十九世紀の「オリエント・ルネサンス」に寄与した人々が、多少とも共鳴していたにちがいない「光の民」への賛

『フランス植民地領土』の図版．キャプションは――「インドの女神クリシュナとガンジスおよびコロマンデル海岸の民．マドラスの著名なバラモンの所有する細密画を，1745 年に町を占領したフランス人たちが入手したもの」．

歌。ミシュレはそれを、叙事詩的な朗々たる文体で謳いあげた。『ラーマーヤナ』からペルシアの『アヴェスタ』『シャー・ナーメ』をへてギリシアの神々へといたる神話紹介の部分にふれる余裕はないのだが、ひと言でいえば、それらは気候風土に見合って変容をとげたアーリア的本質の多様な形象ということになるだろう。

> インドから〔一七〕八九年まで光の奔流が流れ下ってくる。「法」と「理性」の大河である。はるかなる古代は君なのだ。君の種族は八九年となる。そして中世はよそ者となる。[39]

現代のわたしたちの視点からいかに荒唐無稽に見えようと、古代インドの上位カーストはフランス革命と、一直線に「光の奔流」によってつながれている。すくなくともそれが、ミシュレの文明史の結論なのである。西進する文明の光という物語が、ヴィクトル・クーザンの『哲学講義』以来、フランスにおいて果てしなく反復されてきたであろうことを、わたしたちは知っている。そしてこれが、アーリアの直系であるドイツで育まれた思想であることも、ここで想起しておきたい。ヘーゲルの『歴史哲学』も、絶対的な、特定のアジアを、次のような言葉で歴史の出発点に措定するのである。

世界史は東から西へとむかいます。ヨーロッパは文句なく世界史のおわりであり、アジアははじまりなのですから。東それ自体はまったく相対的なものですが、世界史には絶対の東が存在する。というのも、地球は球形だが、歴史はそのまわりを円をえがいて回るわけではなく、むしろ、特定の東を出発点とするからで、それがアジアです。外界の物体である太陽はアジアに昇り、西に沈みます。ともに、自己意識という内面の太陽もアジアに昇り、高度なかがやきを広く行きわたらせます。世界史は野放図な自然のままの意志を訓練して、普遍的で主体的な自由へといたらしめる過程です。東洋は過去から現在にいたるまで、ひとりが自由であることを認識するにすぎず、ギリシアとローマの世界は特定の人々が自由だと認識し、ゲルマン世界は万人が自由であることを認識します。[40]

東から西へ、という文明の運動に、自由の増大と理性の実現という意味を託したうえで、その到達点に万人の自由を実現したフランス革命という事件を設定すれば、ヘーゲル歴史学のミシュレ的ヴァージョンができあがる。もっともクーザンの哲学講義が一世を風靡した直後、一八三一年の『世界史入門』でも、すでにミシュレは「太陽の道筋と地球の磁気の流れに沿って、東から西へと人類の移動のあとをたどってみたまえ[41]」と、読者に呼びかけ、自然の運命的な力に対して人間的自由の勝利する場として、ヨーロッパを称えているのである。ヘーゲルからミシュレへの、直接的な影響関係を指摘しようというのではない。

『人類の聖書』におけるミシュレの歴史観の独創性を思うより、むしろこれが、オリエンタリズムという学問と、ヨーロッパ文明史、そしてドイツ系の哲学をまきこんだ、もっとも普遍的な世界像の一つであったことを、強調すべきかもしれない。いずれ見るように『ブヴァールとペキュシェ』には、「歴史の法則によれば、文明はオリエントからオクシデントへと歩む[42]」という言葉が、流行の言説、あるいは「紋切り型」として記載されているほどなのである。いずれにせよこれは、のっけから言説として、つまりある種の虚構として構成された「歴史」であることを忘れてはならない。事実との関連を問うのではなく、ミシュレのヴィジョンの意味するところ、とりわけ「光と闇」という対立項の意味するところを探ってみなければならない。

薄明の民

それというのも、オリエンタリズムの孕んだ闇の子供たちに、わたしたちはすでに出会っている。ある人々にとってそれは、カーストを否定する黄色人種の仏教だった。ミシュレも万人の平等を説く仏教に注でひと言だけふれている。そこには「仏教革命」という言葉まで使われているのだが、結論は「深遠なる自由」と「自然の救済」を謳った『ラーマーヤナ』こそが、結果的にカーストの廃止に寄与して「四億人の人々を解放」した原動力だという主張にある。(43) ここでも議論の整合性は問わぬことにしよう。要するにミシュレにとって、圧倒的な「光の奔流」をさえぎる存在は、中央アジアの「モンゴル人」でも、奴隷の「黄色人種」でもないのだが、アーリアにとっての他者が闇の民となる構図に変わりはない。それはセムと呼ばれる地中海周辺の民だった。

『人類の聖書』の後半にあたる第二部「夕闇、夜、薄明の民」の「目次」は、そのことを雄弁に物語っている。

1　エジプト、死
2　シリア、フリュギア、無気力
3　バッコス＝サボス、その化身、僭主
4　続き――サボスの化身　軍事的バッコス祭
5　ユダヤ人、奴隷
6　女、世界

7　女とストア派の、法と恩寵の闘い——ローマにおける
8　女の勝利
9　世界の衰弱、中世の粉砕

たとえば「死の空間」であるエジプトの記述は、こんなふうに始まっている——「国土全体がナイルの流域に沿って、大いなる死者の書となっている。〔…〕われわれにとってこの長い墓の通路以上に重要なものは何もない[44]」。一方、ユダヤは虜囚の民であったがゆえに「深い無気力から生じる信仰」に頼った——「夜も近づくと連れて行かれ、朝になると打ちのめされ、さらにいっそう奴隷となっている自己を見出すといった奴隷の無気力である。恥辱と怒りとともに、彼は雄々しい神のもとに、たけだけしい自らのエホバのもとに戻ってくる[45]」。ミシュレによれば、ユダヤ的なるものの「ひからびた精神」、その「不毛性」は、固有語の特質にもあらわれている。

ヘブライ語は本質的に不安全で、省略が多く、最も扱いにくい固有語である。それは演繹的推理を表現できなかった。預言者に関するエホバの最も残酷な判決は、不可能な言語を彼らに押しつけるということだった。「私はどもりだ」とモーセはエホバに言う。すべての預言者がどもったのだ。すべての者がひどい努力をし、語るのに絶望していた。時に崇高な努力だった。火のように辛辣な言葉がほとばしり出た……稲妻のようにひらめき、そのあと深い闇がくる。彼ら自身をも聖なる恐怖でつらぬきながら。この言葉は彼らには神のようなもの、ないし神そのものと思えた。律法学者は神を《言葉(パロール)》と呼んだ[46]。

こうして「木々と流水とアジアの楽園」にみなぎっていた生命力の対極に、「秩序」そのものである「神の言葉」の世界が出現するのである。潤いある自然の「母性」であるガンジス河に対峙する、荒れ野の「父権」といいかえて

もよい。こうしたジェンダーの暗喩による二分割は、おそらくミシュレにとって、論証など必要としない、いわばア・プリオリの判断であったにちがいない。なにしろ「復讐し皆殺しにしてくれる神(47)」というのは奴隷の民ユダヤが心に秘めた願望であると、彼は先立つページで断定してしまっているのである。

以前に「母なるガンジス河」の項でロジェ＝ポル・ドロワの著作を紹介したとき、「ユダヤ性をインド性の下位におき、ヘブライ語にかえてサンスクリットを称揚する」という指摘があったのを思いだしていただきたい。ミシュレのオリエントは、まさにそのように構造化されている。

ユダヤの『聖書』への敬意からインドの「聖書」の年代をもっと若いものにしようと、イギリス人たちがどんな努力をしてみても、次のことを認めないわけにはいかない。原始インドが、その最初の草創期にあって、世界の母胎だったということ、インドはギリシア、ローマ、そして近代ヨーロッパにとって人種、思想、言語の主要かつ支配的な源泉だったということ——さらにはセム族の動き、つまりユダヤ＝アラブの影響は、いかに考慮すべきものではあっても、やはり二義的なものであったということを(48)。

ところで『聖アントワーヌの誘惑』と『人類の聖書』を比較するという話だが、フローベールの作品に、アーリアとセムという二分割が歴然と感じられる場面はない。もともと隠者はエジプトの荒れ野から一歩もうごかずに、旧約のエピソード、聖書批判、異端の教祖や異教の神々との出会い、悪魔との宇宙遊泳、等々を経験し、終幕で生命の誕生を見ることになっており、この受動的な隠者の経験に、近代ヨーロッパの人種イデオロギーが注入されなかったのは、当然といえば当然だった。

要するに、聖アントワーヌの場合、すべては幻想のなかの誘惑であるのだが、それにしても、歴史空間という意味での広がりは、極東の仏教からエジプトのアレクサンドリア、そしてローマまでを含むから、ミシュレの文明論にほぼ重なっている。歴史的時間について言うなら、『人類の聖書』の第二部後半は、初期キリスト教世界における女性の優位(マリアなどイエスの周辺にいた女性たち、四世紀におよぶ女性司祭の活躍、等)を語ったのち、終章で中世の到来を告げて幕となる。それはコンスタンティヌス帝が「ミラノ勅令」によりキリスト教を公認した時代であり、こうして『人類の聖書』の終章は、聖アントワーヌの生きた時代に合流して完結するのである。

原初の時代から四世紀まで、そしてガンジスの畔からペルシア、東地中海をへて、ローマにいたるまで。とりあえず以上の時空を、オリエンタリズムの核となる「知の領域」とみなすことが許されよう。

あるいはむしろ、こう捉えるべきかもしれない。十九世紀における人文諸科学(文献学、歴史学、宗教学、神話学、考古学、人類学、等々)の発展とあいまって、おのずと確定されていった「オリエント」なる空間は、じつは時間的にも空間的にも、キリスト教世界として最終的に確定されたテリトリーに対し、その外部と同定できるようなトポスなのである。

しかも「西欧」の現時点に立つと、めくるめくほど広大なこの外部は、あまねく起源としての性格をそなえているように思われた。ミシュレの詩的なメタファーにおける「文明」とは、もともと高みの視点にほかならない。こうして「光の奔流」は、周縁から中心に向けた力強い上昇運動となる。奥深きオリエントの歴史の彼方から、フランス革命後のヨーロッパという頂点をめざし、空中をまっしぐらにつらぬき進んでくる、まばゆい光の軌跡を思い描いておこう。

エジプト植民地帝国

「創世記」の九章に、「人種の誕生」をめぐる名高いエピソードがある。ノアの三人の息子、セム、ハム、ヤフェトは「全世界の人々」の起源となるのだが、なかでも長子のセムが神に選ばれ、その慈しみを受ける民の祖先となった経緯は、以下のように説明されている。ある日、ノアが葡萄酒を飲んで酔い、裸で寝ているところをハムが見て、そのことを二人の兄弟に告げた。二人は、父の裸を見ぬように、後ろ向きに歩いて近づき、父の裸を覆った。そのことを知ったノアは、セムの神エホバを称え、ハムとその息子カナンは、セムの奴隷となるだろうと告げた。

この人名セムからセム人(Sémites)が由来し、ヘブライの系譜に結びつくという解説は、今日のプレヤード版の旧約聖書にも、注のかたちで載っている。ところで『十九世紀ラルース大辞典』の「ハム」(Cham)の項によれば、これは「黒人(races nègres)が存在する理由」と、「白人に対して服従を強いられる種族」があることの必然性を、「創世記」が説き明かした逸話だという解釈が存在するのである。ちなみにラルースの解説には、イギリスやアメリカで奴隷制を擁護する陣営が、好んで正当化の根拠としてもちだす逸話だという指摘も添えられている。英米への言及は、奴隷制廃止の実績を誇るフランスならではといえようが、ここで注目すべきはむしろ、セムは支配者たる「白人」の祖先と大まかにみなされているという事実かもしれない。ヨーロッパにとってのヘブライあるいはユダヤという他者性は、そのかぎりにおいては仄めかされることもない。

そこで同じく『ラルース大辞典』の「セム」(Sem)の項を引くと、ノアの祝福を受けたのがセムであることを確認したあとで、微妙な問題点にふれている。「オリエントのムスリム」が主張するところによれば、セムの直系の子孫は自分たちであり、これに対してヤフェトとハム、つまりヨーロッパ人と黒人は、はるかに劣る人種とみなされる。この説は紹介するにとどめるというのが、ラルースの立場だが、イスラームにとって、セムはユダヤでもヨーロッパの白人でもないのである。

つぎに sémitique の項に移行すれば「セムの民」「セムの言語」という予想される用例につづき、ルナンからの引用がある。いわく「われわれが哲学の教えを乞うべき相手は、セムの人種ではない」――セムではなく、インド＝アーリア系こそが、哲学の民だという含意である。ミシュレの場合と同じく、ルナンにとって、すくなくともこの引用に関するかぎり、セムは古代の地中海世界全体をゆるやかに統合する名称であるようだ。

じつのところセム対アーリアという構図は、十九世紀のオリエンタリズムのなかで立ち上げられたヨーロッパ固有の展望であり、それ以前には——ましてやイスラーム世界の内部には——ありえぬ発想だった。「創世記」以来、「セム」という語彙は存在しつづけた。しかしながら、その定義は一様ではなく、とりわけ近代に入ってから、アラブ世界との新たな対決のなかで、複雑な変遷をとげたと思われる。当然のことながら、ミシュレの否定的な表象がすべてではない。ヨーロッパと地中海の対岸とのアンビヴァレントな関係を、歴史家の具体的な叙述を追いながら、再構成してみたい。参照されるのは、「エジプトへ！」の項で依拠した歴史家アンリ・ロランスの別の著作『不可能な王国』である。(49)

啓蒙の世紀におけるアラブとは何か。それは、ギリシアにおいて懐胎された進歩と文明の精神を西欧の現代世界に仲介した偉大な民であり、アラブの凋落の原因は、とりわけトルコという外敵の侵入とイスラームの覇権にあるとみなされていた。コンドルセによれば、この宗教は「教義においては最も簡素であり、実践においては最も不条理をまぬがれており、その信条に関しては最も寛容な」ものであるのだが、にもかかわらず、これが支配下に治めた地球上の地域を「永遠の奴隷状態と矯正しがたい愚昧」に陥れているという。(50)文明の発展途上で停滞するアラブを圧制から解放するという使命は、ナポレオンのエジプト侵攻の名目ともなっていた。当面の敵は、エジプトで権力をにぎるマムルークだが、(51)背後に控えるオスマン・トルコとの対決も、いずれは避けがたいと思われた。近代ヨーロッパにとって、地理的空間としてのエジプトは、文明の起源であるというだけでなく、中世におけるアラブの輝かしい伝統と再会する場ともなるはずだった。

ギゾーが一八二八年から三〇年にかけて『ヨーロッパ文明史』の講義をおこなっていた頃、「文明」という語彙は政治的な概念として広く認知され、地中海対岸の政情も、そうした視点から分析されるようになる。エジプトにおいては、マケドニア出身の軍人ムハンマド・アリーが、一八〇五年にカイロ市民に推戴されて「パシャ」（文武高官の称号）を名乗り、ナポレオン軍の撤退後に復帰したマムルークの隠然たる勢力に対しては、一八一一年、強襲をかけてこれを殲滅し、実質的にエジプトの支配者となっていた。そのムハンマド・アリーの富国強兵・殖産興業の努力をまえにして、彼を「ナポレオンの後継者」「文明化の英雄」と称えたのは、『エジプト誌』の編者でもある地理学者ジョマールだった。これはフランスの大衆を惹きつけるイメージだった。

ナポレオン軍の退却以降もフランスは、軍事から経済、教育にいたるまで、「文明」の申し子であるエジプトの近代化に肩入れし、その成果は着実にあらわれていた。とりわけブラック・アフリカへの侵出はめざましく、アンリ・ロランスの形容によれば「エジプト植民地帝国」が、しだいに形成されてゆく。一八七五年にはカイロに地理学協会が設立されて、一堂に会したエジプトと欧米の学者が、「白人の責務」を謳いあげた――「エジプトは、これらの未開部族〔黒人の住民〕を再生させねばならない。彼らを自分のほうに引きよせ、積年の無知から引き離さねばならない。奴隷売買を抑止するために根本的な策を講じ、剣ではなく平和の小枝を掲げ、文明を尊ぶことを教えつつ、悪ではなく善の知識をもたらさなければならない(52)」。

このような親フランス的「エジプト植民地帝国」という思惑は、一八八二年、イギリスによる軍事占領によって終止符を打たれるのだが、エジプトがオスマン・トルコから相対的な自立を獲得する一方で、ブラック・アフリカに対して「文明化の使命」を実践していた時代、フランスはつねに指導者としてふるまい、それなりに幸福な関係をつむぎだしていた。フランス語は一部のエリート層の常用語になっていた。ネルヴァルやフローベールなどの文学者は、こうした状況下で、エジプトに向けて旅立ったのである。

アラブ王国の夢

一八三〇年のアルジェリア占領も、ナポレオンによるエジプト遠征の延長上にあった。王党派の将軍が起草した五月十日付けの布告は、さながら一七九八年の布告を模倣するかのように、ボナパルト風の文体で書かれている。

新旧両世界の文明化された諸国民が、諸君にじっと目を注いでいる。諸君には彼らの祈念が委ねられている。フランスの大義は人類の大義である。諸君の気高き使命にふさわしいところを見せてほしい。〔…〕長きにわたって貪欲で残酷な軍人に苦しめられてきたアラブは、我々を解放者と認めるにちがいない。我々との同盟を懇願するにちがいない。[53]

かつて将軍ボナパルトは、兵士に向かって「これらのピラミッドの頂点から、四千年が諸君を見つめている」と呼びかけたというのだが[54]、いささか神話化されたその台詞の精神は、たしかにアルジェ占領の場面でも生きていた。大きく変化したのは、おそらく宗教の問題だった。革命直後のフランス軍がイスラーム世界にはじめて乗り込んだとき、一七九八年六月二十二日の布告で、ボナパルトは「マホメットの信徒」を迫害してはならないと説いていた。

我々が今後生活を共にすることになる民は、マホメット教徒である。その信仰箇条の第一はこうだ――「神の他に神はなし。マホメットはその預言者である」。彼らに逆らってはならない。我々がユダヤ人に対して、またイタリア人に対してふるまったのと同様のやり方で、彼らに対してもふるまってほしい。彼らのムフティー〔法学者〕やイーマーン〔おそらく「信仰者」の意味〕に対して、ラビ〔ユダヤの律法学者〕や司教に対して見せたのと同じ敬意を払ってほしい。アルコーランが定めた儀式やモスクに対しては、これまで諸君が、修道院やシナゴーグに対し、またモーセやイエス・キリストの信仰に対して示してきた寛容な態度を変わらず示してほしい。

古代ローマの軍団は、すべての宗教を保護したのである。

諸君はここで、ヨーロッパの習慣とは異なる習慣を見出すだろう。それに慣れるように努めなければならない。[55]

1844年，フランス軍がモロッコに侵攻．アルジェリアのアブドゥルカーディルとの連帯を阻むための作戦である．

アンリ・ロランスによれば、「文明」という言葉は、エジプト遠征において、はじめて政治の現場に登場したという。フランス革命の精神が生きていたこの時点において、ユダヤ教、キリスト教、そしてイスラームという一神教は、とりあえず等価のものとみなされており、この点で近代のエジプト遠征は、決定的に十字軍と袂を分かつ。啓蒙の世紀を引き継ぐボナパルトの「文明の意識」は、本質において非宗教的なものだった。

一八三〇年のアルジェリア侵出は、宗教の対決となる。フランスは、「アラブ」と「イスラーム」が不可分のものとして立ちあらわれる現場に身をおいたのである。植民地化への抵抗運動を組織したアブドゥルカーディルは、アラブ系の豪族の出身であり、「アミール・アルムウミニーン」(信徒たちの長)の称号を帯びていた。これに対して占領軍の将軍ビュジョーは、強力に弾圧政策を押し進め、一八四〇年から四八年にかけてムスリムの人口は、その一割にあたる三〇万人の減少を見たという。「アラブというネイション」との闘いというフランス側の認識は、その間に形成されたものであり、フランス軍がアルジェに侵出してオスマン・トルコを代表する政権を倒した当初、アラブとい

アブドゥルカーディル率いる赤い騎兵．ガリベール『アルジェリア』(1843 年) より．

う「ナショナリティ」は存在しなかったというのが、軍人たちの実感だった。じっさいアブドゥルカーディルは、おりあるごとに「人種」としてのアラブのアイデンティティを補強する道をえらんでいた(56)。こうしてフランス軍との闘争は、イスラームの聖戦(ジハード)であるだけでなく、先駆的な「ナショナリズム運動」の萌芽となった。

フランスは、泥沼のような闘いを続行するか、それとも、明らかに群をぬいて文明化への適性をもつアラブの優秀な民を友好的な従属民に仕立てるか、二つの選択肢を抱えていた。ナポレオン三世が構想した「アラブ王国」とは、後者の立場だが、片やフランスの軍人、文民の官僚、庶民階級の入植者、片や現地のイスラーム宗教指導者でもある知識人、ユダヤ系の住民、親フランス的な少数派、等々の複雑な利害関係は、調整できるはずもなかった。それに入植により土地所有権を脅かされる農民についていえば、ベルベル、カビイルなど、アラブの侵入以前から土地に根づいていた先住の民が、かなりの割合を占めている。アラブにも農耕にたずさわる者と遊牧民がいた。レコンキスタ以降にスペインから逃れてきた都市部の住民は、オスマン・トルコ系の混血であることが多く、フランス人は彼らを「モール人」と呼びならわしていた。じっさい、かりにフランスが「アラブというネイション」の手応えを感じたとしても、実体は「フランスというネイション」とは似ても似つかぬハイブリッドな世界だったはずであり、「アラブ王国」が「不可能な王国」として立ち消えになったのは、おそらく当然の帰結だった。ただ、その過程において、アラブとヨーロッパの「二つの人種」を、宗教の独自性は温存しつつ平和共存させるという理想が、フランスの共和主義者たちによって提唱されたことは、それなりに興味深いエピソードではあった。(57)

イデオロギーとしての人種概念

そこでふたたびセムに話をもどすなら、セム人（sémite）とは、アラブがそうであるように、とりあえずは「人種」であって「民族」ではない。『人類の聖書』などの構造にも示唆されているように、それは「アーリア文明」の優越が説かれるうちに、対となる概念の必要に迫られて、おのずと照明を浴びた名称であるのだが、だからといってこれが、にわかに捏造された恣意的な範疇だということにはならない。すでに十八世紀初頭から、アラビア語、ヘブライ語、シリア語、エチオピア語の言語学的な類似が確認されており、その後エルネスト・ルナンは記念碑的な『セム諸語の一般史』（一八五五）において、「セム」という概念こそが、オリエントの歴史を解明する鍵であると主張した。

ルナンが「セム」というときに、その関心は言語的なものにとどまりはしなかった。むしろ言語の問題を包含したかたちで一神教の起源とその存在理由、さらには人類の歴史における宗教の役割までを、科学的に説き明かすことが、彼の生涯をつらぬく壮大な学問的野心だった。それが時代の要請に見合った企画だったからこそ、キリスト教の誕生を歴史的に記述した『イエス伝』は、驚異的な成功をおさめたのだった。このベストセラーのもととなったのは、一八六二年のコレージュ・ド・フランスにおける開講講義『文明史におけるセム人の寄与について』だが、ルナンはそこで「イエス、この比類なき人間」という表現を用い、このひと言が、イエスの神性を否定したものとして一大スキャンダルを引き起こした。ただしこの名高い提言だけに、講義が集約されるというわけではむろんない。そこでルナンは、「セミティスム」のもっとも明確な発現である「イスラミスム」に対し、さながら宣戦布告のような弾劾を行っていたのである。

> さて皆さん、ここで未来について語るなら、わたしはそこにインド＝ヨーロッパ的な精髄（ジェニー）の勝利をますます予感するのであります。十六世紀以来、それまでは無定型であった、ある重大な事実が、驚くべき迫力で姿を見せはじめました。それはヨーロッパの最終的な勝利です。〔…〕それまでセミティスムは相変わらず地上の王者だった。ムスリムのオリエントは西欧を打ち負かし、よりすぐれた軍隊、よりすぐれた政治をもち、富と知識と文明を西欧に送りつづけていました。今や、役割は逆転しました。ヨーロッパの精髄（ジェニー）は、比類なき大きさに発展しています。イスラミスムは反対に、ゆっくりと崩壊してゆきます。今日、それは轟音を立てて崩れ落ちています。現在の時点において、ヨーロッパ文明が広く伝播するために欠かせぬ条件は、純粋にセム的な事柄（chose sémitique）を破壊すること、イスラミスムの神権的な権力を破壊すること、要するにイスラミスム自体を破壊することです。それというのも、イスラミスムは公的な宗教としてしか存続しえない。自由で個人的な宗教という状況におかれたとたんに、自滅してしまうにちがいありません。〔…〕イスラームとはヨーロッパの完全否定なのであります。イスラームとは狂信であります。〔…〕イスラームとは科学の蔑視であり、市民社会の抹殺であります。セム的な精神（エスプリ）の恐るべき単純さのために、人間の頭脳は縮こまり、繊細な思考に対し、微妙な感情に対し、そして理性的な探求に対し閉ざされてしまい、ただ「神は神なり」という果てしなき同語反復に向き合うことになるのです[58]。

イエスの神性を疑問視することと、イスラームの全面的な否定とが、ルナンの思想のなかで、いったいどのような仕掛けによって、論理的な脈絡を構成することになったのか。おそらくは、ルナンの「キリスト教文明」という概念そのものが「イスラーム文明」を排除する議論を内包しているはずであり、そのことの検証が必要なのだが、これは本書の結論部分の課題としなければならない。

アーリアの哲学を称揚するという点においても、ルナンはミシュレと同様、模範的な「オリエンタリスト」であり、自然なりゆきということか、「セムティスム」という抽象的な概念のみならず、地中海の対岸に住む「アラブ」の価値を相対化することに努めている。一般に、アラブこそが哲学・科学の発展に寄与したといわれるが、もともとそれはギリシアからの借り物であり、しかも「イスラミスムに支配されたセム人の土地」ではなく、アラビア語を学問の用語として採用したペルシア、モロッコ、スペインなどで、ギリシア＝アラブの科学は開花したのだというのが、ルナンの見取り図だった(59)。

予想されるようにルナンの文明論は、ヨーロッパ中心主義的、エリート主義的なものであり、そのなかで様々の「人種」はヒエラルキーを前提とした秩序に組みこまれる。一八七一年、普仏戦争の苦い経験をふまえてフランスの国威発揚を唱えるとき、その論調は、人種の優劣を根拠とした植民地主義の全面的肯定にまで至るのである。

大まかな話として植民地化は第一級の政治的要請であります。植民地をつくらぬ国家は、決定的に社会主義への道、すなわち富める者と貧しき者との戦争への道を歩むことになります。優れた人種が劣った人種の国を征服し、その国を支配するためにそこに留まることは、良識に反するものではありません。イギリスはこうした種類の植民地化をインドに対して実践していますが、それはインドにとって、また一般的に人類にとって大いに益であり、イギリス自身にとっても益であるのです。五世紀と六世紀におけるゲルマンによる征服は、ヨーロッパにとってあらゆる意味で自己保存と正当性の基盤となりました。対等な人種間の征服が非難すべきものであるのと同様に、劣った人種や堕落した人種を優れた人種が更生させようとするのは、人類にとって摂理といってもよい事柄です。[60]

ジュール・フェリーやガンベッタなど、第三共和制初期の政治家が受けつぐ植民地主義の正統的な議論の本質が、思想家のマニフェストとして、ここに凝縮されたかたちで披瀝されている。「共和国の創立者[61]」と称えられるジュール・フェリーは、文部大臣や首相を歴任し、非宗教的な義務教育の普及に貢献する一方で、植民地拡張政策を積極的に推進した。具体的には、チュニジアの保護領化、マダガスカルの植民地化、コンゴやトンキンへの侵出によって、フランス植民地帝国の形成に尽力した共和主義陣営の頭目である。そのジュール・フェリーは、一八八五年七月二十九日の議会演説で「優れた人種は劣った人種に対して権利をもつ」と断言して反対派の野次を浴びた。それはたしかに、ジュール・フェリーの恥ずべき人種主義が露呈する一方で、植民地主義の暴走を戒める良識派が正当に反発したかのような印象を与えるエピソードではあった[62]。

ただし、後続の言葉はこうだ――「優れた人種には権利がある、なぜなら彼らは劣った人種に対し、義務を負うからであります。彼らは劣った人種を文明化する権利をもつのです」。ジュール・フェリーのイデオロギーを問うことは、当面の目標ではないのだが、「優れた人種」という形容が、次のような文脈で使われるとき、植民地主義との関係は微妙にシフトして、短絡的な思考に揺さぶりをかけるように思われる――「優れた人種の責任である教育と文明化の使命を肝に銘じた入植者は、まことに稀少であります。負けた人種をよりよきものにできると信じる者は、さらに稀少なのであります。彼らは口々に、その負けた人種は手のつけようがない、教育不可能だと語ります。〔…〕彼らは三百万の人間を前にして、抑圧的な政策しか考えつかないのです」。アルジェリア植民地の現場を批判した文章からの引用である。議論の前提となるのは、ただたんに「文明化あるいは教育の使命」を実感する人間だけが「優れた人種」の名に値するという了解であり、それ以上ではない。植民地史の大家シャルル＝ロベール・アジュロンは、この文例をふまえて、ジュール・フェリーの「反植民地主義」を論証する引用集を作ることも充分可能だと、多少のア

イロニーをこめて示唆している。(63)

文明の概念も変容する

そこであらためて、虚心にルナンの文章を読みなおしてみよう。イギリスのインド支配につづいて、五、六世紀のゲルマンによるヨーロッパ征服が肯定されているのだが、その何気ないつながりに注目しよう。ミシュレの文明史に立ちもどるなら、太古のインドに発する「光の奔流」の先端が、ついにヨーロッパに到達した歴史的な事件が、ここでルナンが淡々と「ゲルマンによる征服」と呼ぶ出来事だった。

いずれにしてもアーリアこそが、人類の最良の部分、「優れた人種」だという了解は、ミシュレとルナンに共通するものである。しかも、こうした人種概念は、ヨーロッパ内部の力関係の解析にも適用されるのであり、たとえば普仏戦争は、アーリア賛歌に奇妙なバイアスのかかった生々しさを与えていた。すなわち、フランスがドイツに負けたのは、「劣った人種」であるからだという議論があり、じつのところ人種のヒエラルキーは、客観的な根拠とは無縁に構築されるフィクションの最たるものといえる。

ジュール・フェリーの周辺で流通していた典型的な植民地主義の言説は「ヨーロッパ人種かつキリスト教文明の諸国家」(**les nations de race européenne et de civilisation chrétienne**) に「文明化の使命」を託そうというものだった。(64)「ヨーロッパ人種」という単数形の範疇が想定されていること、ナポレオンには理解しがたいであろう「キリスト教文明」という自己認識がいつのまにか形成されてしまっていることに注目しておきたい。

経済学者シャルル・ジイドによれば、ラテン人種、とりわけフランス人という人種は、植民地の人民の優れた「教育者」であるという。ヨーロッパも、ラテンも、フランスも、ゲルマンも、そしてセムとアーリアも、すべてが「人種」という語彙によって切り分けられ、実体化されている時代こそ、ほかならぬ植民地主義の全盛期なのである。本書第Ⅱ部で指摘したように、十九世紀の末までは、「民族」(ethnie) という語は存在しなかったのだから、わたしたちにとって大いに違和感のある区分であっても、race という言葉が使われる現場においては、律儀に「人種」という訳語を踏襲してゆかなければならない。アンリ・ロランスによれば、

十九世紀後半の文献に目を通してみると、文明の概念が、意味を変えてしまったような印象を受ける。世紀の前半においては、啓蒙思想の論理にならい、歴史の向かうべきところとして人間の平等を推進していたが、今や、文明の概念は、さまざまの不平等を歴史的に正当化する論理を採用しているのである。一八五〇年前後に、西欧思想のなかで、抑圧されていたものの大々的な揺り戻しが起きた。人種をめぐるイデオロギーがふたたび姿をあらわしたのである。(65)

ご記憶のように一八五〇年前後とは、フランスが事実上の奴隷解放を実現した時期にほかならない。新しい人種イデオロギーが、十八世紀の博物学が駆使した人種概念と異なるとしたら、その相違点は何か。啓蒙の時代の形態的な人種論は、第Ⅰ部でビュフォンを引きながら検討してみたが、そこでもすでに、アフリカの黒人や植民地の先住民が明らかに劣った人種とみなされていた。決定的に変わったのは、おそらく「文明」との関係である。いやむしろ「文明」の概念が変化したために、おのずと「人種」の概念も奇怪な変貌をとげたというべきかもしれない。

啓蒙の世紀における「文明」の概念は、いわば相対主義的な視点をかかえこんでいた。遠い植民地の島々が、ルソー、ブーガンヴィル、ディドロ、ベルナルダン・ド・サン゠ピエールにとってユートピアでありえたのは、文明の不在という主題が、たんなる欠如にとどまらず、ヨーロッパ文明の自己批判を導く契機となっていたからだ。たとえ寓話的な設定であろうとも、旅行記に描かれたタヒチの先住民は、ヨーロッパ人を説得するに足る独自の世界観をもつのである。「文明」と「未開」あるいは「文明」と「野蛮」の対立が、「ヨーロッパ文明」と「オリエント」の対立

に置き換えられたとき、いったい何がおきたのか。

もともと神学や教会と無縁なところで育まれた「文明」という価値は、発端において非宗教的なものであり、すでに確認したようにエジプト遠征の時点でも、「文明」は信仰の問題とは切り離されていた。そのことをボナパルト将軍は誇らしげに兵士に告げたのだった。一八三〇年代以降、イスラーム世界の植民地化が切迫した課題となったとき、フランスはみずからが「キリスト教文明」であることを、不意に思い出したかのような具合だった。奇妙なことに、この自覚が信仰生活や教会への回帰を誘発することはない。むしろ固有の宗教を立脚点とする新たなアイデンティティの模索へと、ヨーロッパは向かっていったように思われる。

その一方では、世界のあらゆる地域に対し圧倒的優位に立つ西欧が、唯一の生きた文明の頂点に身をおいて、オリエントの砂に埋もれた古の諸文明のなかに、自己の淵源を訪ねるという知の営みが、十九世紀を通じて大々的に展開されていた。こうして学問としてのオリエンタリズムが一つの温床となり、セム対アーリアという構図を背景とする「人種主義」が醸成されてゆく。それは知の体系を装った、新手のイデオロギーだった。

それというのも、やや意外なことながら、これまで断りなく使ってきた「人種主義」(racisme)という言葉は、十九世紀には存在していない。ジャーナリズムにおける初出は一九〇二年、辞書の登録としての初出は、一九三二年の『二十世紀ラルース大辞典』であるらしい(66)。この辞典による「人種主義者」(raciste)の解説は「ユダヤ人その他を排斥しみずからが純粋ドイツ民族であると主張するドイツ国家社会主義者たちに与えられた名称」となっており、この時点で流通していた「人種主義」の概念が、セムとアーリアの対立、あるいはむしろ「反セム主義」の思想と不可分であること、そして十九世紀後半に誕生した人種イデオロギーが、世紀末を越えて二十世紀のヨーロッパ文明を揺るがす巨大な亀裂にまで成長したことが、おのずと推察されるのである。さらに現代の『トレゾール・フランス語辞典』の「人種主義」の項を引いてみると、「複数の人種のあいだ、民族のあいだにヒエラルキーを想定する議論や信念の総体」と、より一般的に定義されている。

ふり返ってみれば、一八〇六年にブルーメンバッハが地理的な分布に基づいて提案したコーカサス人種、アメリカ人種、モンゴリア人種、エチオピア人種、マレー人種の五分類と、十九世紀末に定着する白人、黄色人種、黒人という三分類、あるいはセムとアーリアという対立は、たしかに本質が異なっていると思われる。十八世紀におけるビュフォンの場合もそうだったが、人間が自己を完全性のモデルとして、他者の美醜を測定するのは、いつの時代、どこの地域においても共通する現象だ。しかし、啓蒙の世紀は、人類の全体が白人を頂点とするピラミッドを構成するとはおそらく考えなかったのであり、何よりも人種の優劣が植民地支配の権利を正当化するとは公言しなかった。すくなくとも当時、博物学の具体的な知識は、「文明化の使命」などという政治イデオロギーと結託しなかった。いっぽう『十九世紀ラルース大辞典』の定義によれば「アーリア」とは、古代インドにおいて「黄色人種と黒人を支配した人種」にほかならない。じつのところ白・黄色・黒という分割そのものが、ビュフォンやブルーメンバッハの想定した空間的分類とは異なって、すでに上下関係の色分けなのである。

言語と血

「人種主義」は、あまりに複雑にして広範な問題であり、星の数ほどもある先行研究を、もとよりわたしは渉猟などしていない。それにしても、元来はヨーロッパの外部を探索する途上で立ち上げられた人種概念が、ヨーロッパ内部の読解に適用されてゆくプロセスを、やはり一瞥だけはしておきたい。とりあえず切り口を「言語」と「血」の問題に限定してみよう。

まずは今日の公式見解を引用する——「ヨーロッパ人をゲルマン系・ラテン系・スラヴ系と分けることには、たとえ言語学的に見て実際の利益があるとしても、人種的な価値はなんらない。アーリア人種については多言を要しない。アーリアというのはさまざまな人種が用いる言語の総体をさす語なのである。同様にセム人種といってはならず、セム語族というべきである」。[67] 今さらのような指摘ではあるが、あらためてこう確認しなければならないという事実が、過去の誤謬がいかに根強いかを物語っているのかもしれない。くり返し示したように、セムもアーリアも、本来は十八世紀後半に、新興の学問であるオリエンタリズムのなかで、言語学的な範疇として形成された概念でありながら、十九世紀後半から二十世紀にかけて、いわば恣意的に転用された結果、まぎれもなく「人種」の呼称となったのだ。

そうした経緯に貢献したフランスの思想家の一人が、『セム諸語の一般史』の著者ルナンであり、この碩学の信ずるところによれば、一つの民（peuple）の言語と精髄（ジェニー）は不可分であり、そこに「人種」のアイデンティティが求められるはずだった。すなわちインド＝ヨーロッパ人の側には、屈折言語、複雑なシンタックス、多神教的な想像力、概念操作の天分（ジェニー）があり、セム人の側には、画一性、一神教的直観、宗教の天分（ジェニー）があるという。[68]「母なるガンジス河」の項で紹介した、シュレーゲルによるアーリアとの出会いの熱狂を思いだしていただきたい。これを膨大な知見とともに雄大な見取り図に展開した学問的業績が、ルナンの諸著作であり、この展望に多少とも呼応する文明論を詩的散文で朗々と謳いあげたのが、ミシュレによる『人類の聖書』ということになる。

そのミシュレも、ヨーロッパの歴史と地理を考えるときに、「言語」と「人種」そして民の「精髄（ジェニー）」をキーワードとしていたように思われる。本書第Ⅱ部で『タブロー・ド・ラ・フランス』を読みながら予告したように、浩瀚な『フランス史』の冒頭をひもといてみただけで、そのことは確認できる。『フランス史』第一篇のタイトルは「ケルト人、イベリア人、ローマ人」、「第二篇」は「ドイツ人」（文中の用語は、むしろ「ゲルマン」なのだが）となっている。第一篇の第一章「ケルト人とイベリア人」、幕開けの一文は、ギリシアの歴史・地理の文筆家ストラボンを引用し、「あらゆるガリア人種に共通する性格」を「激昂しやすく戦闘を好む」「単純で悪意がない」等々と定義する。「ガル〔古代ガリア人〕あるいはケルト人」と呼ばれる者たちの精髄（ジェニー）は「運動、攻撃、そして征服」なのである。もう一方の人種イベリア人は、ガリアの南部にガリア人とならんで昔から住んでおり、その典型的な姿と言語はバスクの山岳地帯に温存されている。その天分（ジェニー）に関しては、「凡庸で勤勉」という形容があり、農耕と鉱山に従事する民は、もともと土地に執着しており、ローマの暴政に抵抗したときは例外的な勇気を見せたものの、それは抵抗のための勇気であり、ガリア人の攻撃的な勇気とはちがうのだという解説がつづく(69)。

要するに「ガリア人とイベリア人は正反対」という論述の構成は、隣接するものを対立的に描く『タブロー・ド・ラ・フランス』にも、『人類の聖書』にも相通じるものといえる。ページを先に進んで第四章の冒頭を開く。「これまでのまとめ、様々のシステム、先住民の人種および外国の人種の影響、フランス語のケルト語およびラテン語起源、ケルト人種の運命」と説明的にならぶ言葉は、タイトルというより内容の見出しと言ったほうがあたっているけれど、おかげで思考の流れはおのずと推察される。こうして「言語は民の精髄（ジェニー）の忠実な表徴、その性格の表現、その精神生活の開示、いわば大文字の言葉（ヴェルブ）である(70)」という一文に、ミシュレの言語本質主義が要約される。「ケルト人、イベリア人、ローマ人」が先住するガリアの地に、蛮族である「ドイツ人」が侵入し、ゲルマンの支配があったのち、「人種の融合」をへてフランスの国民性（ナショナリティ）が成立した。以上のような見取り図を背景に、紀元一〇〇〇年をして「ネイション」としてのフランス誕生の時点とみなすという歴史観が、第二篇の終わりに語られる。さらにページをめくると第三篇『タブロー・ド・ラ・フランス』の皮切りに「フランスの歴史はフランス語とともに始まる。言語は国民性の主たる表徴である」という宣言がくるのだが、その段取りは、すでに詳述した。

言語によるアイデンティティの確定という主題そのものは、もとより近代の発明とはいえない。象徴的な物語として知られたものに、旧約聖書「士師記」第十二章、ギレアド人が余所者のエフライム人に苦手な発音をさせてみて、相手が敵方であることを見抜き、その場で亡き者にするという逸話がある。おそらく新しいのは言語に集団の精髄（ジェニー）が宿るという発想であり、それが「国民国家」や「人種主義」の基盤ともなったところが、ヨーロッパ近代を特徴づける現象なのである。

ここでふたたび「フランスは人間だがドイツは人種である」という『タブロー』の結語を引こう。ヨーロッパの本質は「人種の融合」からなるという解釈は、ミシュレを引かずとも、オーギュスタン・ティエリやウォルター・スコットなどの先例に遡ることができる。そのヨーロッパの内部にあって、融合＝混血をまぬがれてきた「純血」の民が、ドイツ人だとミシュレは主張したいのか。

じつのところ十九世紀に通用していたゲルマン系、アーリア系といった範疇は、人によりまちまちの分類がなされており、それぞれの範疇を確定する厳密な境界線や根拠があるとはかぎらない。そうしたなかで独自の定義にもとづき、もっぱら「血」の問題としてゲルマン系アーリアの圧倒的優位を説いたのが、ゴビノーだった。「人種主義」の悪しき元祖とみなされるゴビノーの著作『人種不平等論』は、すくなくとも構造的には、ミシュレの『人類の聖書』から、さほどへだたってはいない。すでに話題にした第三篇から第四篇の「目次」を以下に訳出する。

第三篇　中央アジアの文明による南方および南東への光明
　第一章　アーリア人　バラモンとその社会システム
　第二章　バラモン教の発展
　第三章　仏教、その敗退　今日のインド
　第四章　黄色人種
　第五章　中国人
　第六章　白人の起源
第四篇　南西のセム化した文明
　第一章　歴史は白人のネイションにおいてしか存在しない。ほぼ全ての文明が、地球の西方（オクシデント）において発展したのは、なにゆえか。

水を汲むバラモンの女たち——ビュルヌフの『フランス領インド』から『フランス植民地領土』に再録された図版．アーリアは高貴な民であるというメッセージが読みとれよう．

第二章　ゾロアスター教
第三章　先住ギリシア人　セム人の植民者
　　　ギリシア系アーリア人
第四章　セム系のギリシア人

中央アジアに発する純血のアーリア人は、南東のインドにおいては仏教と黄色人種に脅かされ、南西のギリシアにおいては、セムとの混血にさらされる。東西の危険が相似形に迫っているという大きな構図が見てとれよう。つづく第五篇のタイトルは「セム化したヨーロッパ文明」であり、ゴビノーによれば、北ヨーロッパ最古の先住民はアメリカ大陸や北アジアから進出した黄色人種にほかならず、いっぽうケルト人とスラブ人は、はじめてヨーロッパの北部と東部に住みついた白人なのである。黄色人種と白人の混血である小柄な人間たちが、こうしてヨーロッパ中世の農奴となってゆく(71)。第五篇第七章「セム化したローマ」では、人種の坩堝と化した帝国が、いかに敗者の血を混入されて醜悪なものへと堕落していったかが熱をこめて語られる。

過激な人種主義的言説の淵源とみなされるゴビノーは、

一見逆説的ながら、「純血主義」を信奉するあまり、現実には植民地拡大に断固として反対を唱えていた。アンリ・ロランスが示唆するところによれば、ゴビノーが同時代のフランスで全面的に受け入れられなかったのは――かならずしも差別的な思想ゆえではなくて――アーリアの凋落という悲観的な文明論のためであり、ほかならぬこの点において、彼は未来を信じるルナンとは袂を分かつのである。(72)

ヨーロッパのなかのアーリアとセム

アーリアとセムの対立を軸とする以上のような歴史観・文明論が、まぎれもない学問的な正論とみなされていた時代、「人種」と「階級」をめぐるイメージは、いつしか相互補完的なものとなり、相互に関連づけられた。金髪碧眼で長身の貴族は、ゲルマン系の純血種。これに対し、ずんぐりしていかつい庶民は、ケルト・ガリア人系の混血種。とはいえこのような貴族と庶民階級についての紋切り型の了解も、にわかに創出されたわけではない。ティエリやギゾーなど、王政復古期の自由主義的な歴史家たちが、人種間の闘争を歴史の原動力として捉え、新しいフランス史を構築するなかで、おのずと再浮上したものだった。(73)

人種という神話にはきわめて説得力があり、便利だったので、ヨーロッパ社会内部にも適用された。たとえばフランスは、二つの民族が合体してできた国とみなされた。勝者(フランク人、貴族と戦士)と敗者(ガリア人、農民と平民)というわけだ。フランス革命はこの二民族を対立させ、その逆説的結果として、依然「フランク人」が支配しているが、富は「ガリア人」の手中にあるような社会が生まれ、後者から商工業ブルジョワジーが誕生した。フランク人の末裔を自負する者は、貴族主義的な言説を生み出すことになるが、たとえばゴビノーの主張するところによれば、人類史上重要なものはすべてアーリア人の手になるもので、社会の頽廃は彼らと劣等民の混血に由来するのだった（一八七〇年のフランスのプロイセンに対する敗北は、彼にはその証拠の一つと思われた）。フランスの「ガリア」起源を主張する者は、より大衆的で民主主義的な態度をとり、カエサルに立ち向かった大昔の英雄から、「ガリアのアステリックス」（漫画のキャラクター）に至る、ケルト神話を練り上げてゆくことになった。[74]

フランスという国は誰のものなのか、あるいはむしろ、どの「階級」がフランス性を担うのか。この一見ナイーヴな疑問をめぐって、議論は展開されるのだが、ギゾーの『ヨーロッパ文明史』（一八二八）は、ここでも基本文献とみなされる。冒頭近く、各論併記というかたちで紹介された三つの潮流は、以下のようなものだ。[75]第一は、ブーランヴィリエ伯爵（一六五八―一七二二）に代表される貴族主権主義。すなわちローマ帝国の崩壊後、貴族階級を構成したゲルマン系の征服民が、近代ヨーロッパの礎を作ったのであり、君主と庶民は貴族の権利を簒奪しているとみなされる。第二はジャン＝バティスト・デュボス（一六七〇―一七四二）による君主制擁護の弁。やはりゲルマン系である王族は、じつのところローマの皇帝から権利を委譲され、先住のガリア人に求められて君主となったのであり、支配の正統性を一身に担うというのである。ちなみに貴族か君主かという論争は、上記二人の立て役者の名とともにモンテスキュー『法の精神』のなかでも検討されており、知識人の多くにとっては、馴染みのものであったにちがいない。[76]さて第三の主張は、予想されるように庶民階級にこそ主権があるというものだ。これが明文化された革命原理が、ほかならぬエマニュエル・ジョゼフ・シエース（一七四八―一八三六）の『第三身分とは何か』（一七八九）である。革命を肯定するのである以上、当然の論理だが、フランスの歴史を抑圧と侵害と収奪の政治史と断じ、国民のアイデンティティを回復する唯一の道は、あのゼロ地点――「征服の前にあった年代」――に立ちもどることにあるとシエースは宣言した。[77]

ゲルマンによる征服の前、すなわちローマ帝国支配下の混血ガリア人（ガロ＝ロマン人）が、本当のフランス人だというテーゼは、民衆を真の「国民」とみなす共和主義の水脈の一つとなるだろう。ただし、ご記憶のように、ミシュレによる「ネイション」の成立は、ガロ＝ロマン系とゲルマン系の混血が完了した紀元一〇〇〇年であり、さらにふり返ってみれば、本来ガリア人はゲルマン人と同系統の白人である。しかし、それぞれの歴史的展望の正当性や矛盾は検討の埒外としよう。

　要するに、とりあえず確認したいことは、以下の二点につきる。すでに革命に先立って、庶民と貴族と君主という三つの階級が、ゲルマンの征服を転回点とする人種間の闘争という文脈で語られていた。そこでは発言者の立脚する場によって、三者三様の物語、あるいは歴史のヴィジョンが紡ぎ出されていたはずだ。次にギゾーあたりから、十九世紀的な「人種階級論」とでも呼ぶべきものが徐々に構成されてゆく。こうしてゲルマンに代表される「アーリアの血」という妄想のはぐくまれる温床が、いつしか準備されるだろう。

「純血」という発想は、したがって、というよりむしろ当然のことながら、「人種」にも「階級」にも自在に適用しうるものなのだ。その典型はゴビノーの思想だが、これがフランスから輸出されて、ヨーロッパ内部の異物を排除しようとするナチズムに受けつがれた。ドイツの「純血」を求める政策は、ユダヤという異人種と「劣等遺伝子」をかかえた下級な国民を、同質の不穏な分子とみなして問題化した。これはヨーロッパ近代の人種主義が内包する理論から、ごく自然に導かれる帰結だった。

　かつて異なる宗教を信じる者として排斥されたユダヤ人が、今や信仰の有無とは無縁な地平において、周到な科学的知見の荷担するイデオロギーにより、あらためて断罪されたのである。「反セム主義」という呼称が登場するのは世紀末。sémite（セム人）を今日の仏和辞書で引くと「ユダヤ人」は誤用と記されており、そこに仄めかされているのは、ヨーロッパ内部のセムという否定的な役割が、「アーリア」の信奉者によって「ユダヤ人種」に強制的にあてがわれたという経緯である。問題の「アーリア」という価値が十八世紀後半の発明である以上、なるほどそれは、十九世紀にいたるまで、片鱗たりと存在したはずのない構図だった。

プルーストの場合

文明の意識の土台ともなったはずのこうした構図は、時代の思潮のなかに遍在していたと思われる。どぎついイデオロギー色を帯びることのない文学作品などにも、それは浸透していたのではないか。たとえばゴビノーやルナンより半世紀ほど遅れてこの世に生を享けたプルーストの場合はどうか。『失われた時を求めて』の著者は、かりそめにも「人種主義」の嫌疑などかけてはならぬ、芸術至上主義の文豪である。ただし生身のプルーストは、母方からユダヤの血を受けている。いっぽう、作品中に登場する「私＝語り手」は、生粋のフランス人という設定で、少年の頃ヴァカンスを過ごしたコンブレーの町の隣人スワンと、学校仲間のブロックとが、まぎれもないユダヤ人である。しかも物語のなかで回想されるのは、ユダヤ人将校ドレフュスのスパイ容疑をめぐってフランス全国民の意見が割れた時期であり、作品中で「反セム主義」と呼ばれるのは、実質的には「反ユダヤ主義」のケースにしぼられる。

ユダヤ系の金融界につらなる大ブルジョワで、社交界の寵児でもあるスワンの論理構成は、単純明確だ。彼が語り手に説明したところによれば、ゲルマント公爵は、反ドレフュス派であるがゆえに、「反ユダヤ主義者」(antisémite)であり、一族は「千年にわたる封建制を血のなかにもっている」のだから、当然のこととして「別の人種」(une autre race) とみなされる。[78] 容貌でいえば、かつて語り手が憧れたゲルマント公爵夫人は、青い目に金髪、鼻筋の通った典型的アーリア人。ゲルマント大公は、ドイツ訛りのフランス語を話し、大公夫人はバイエルンの出身。シャルリュス男爵は、神聖ローマ帝国領と因縁をもつ爵位を継承し、第一次世界大戦中も公然たるドイツ贔屓でとおしていた。同族結婚をくり返したこれらの人々は、まさに「純血のゲルマン」であるがゆえにゲルマントを名乗る。

この大作のなかで、思いのほか頻繁に使われる「人種」という語彙を、いっそ片端から検索してみたほうが、全体像を捉えるには近道かもしれない。[79]「人種」の兆候が一族の共有する相貌に歴然とあらわれているのは、貴族階級の頂点にいて、王家にも優る家系図を誇るゲルマント。その一方には、一目でわかる「鼻」のかたちでユダヤ性を誇示する人々がいる。しかもアーリア系の集団とセム系の集団は、人種本質論の信奉者という共通性をもつ。いいかえれば、二つの集団に属する者たちは、本人が、この語彙をキーワードとして世界を読み解いている。自己意識が人種に根ざしているだけでなく、共同体にとっての他者に対し――本人が貴族であれば、ブルジョワとユダヤ人に対し、本人がユダヤ人であれば、とりわけ貴族に対し――まさしく「別の人種」に対するときのまなざしを向ける（語り手は、そのまなざしを傍観者として観察し、これを逐一書きとめる）。

古き善きフランスの魂を伝えるかのように見えるのは、むろんアーリアでもセムでもない人々だ。たとえばコンブレーの素朴な店員で、性悪なところはあるけれど、鄙びた村の教会の彫刻にそっくりなテオドール[80]。語り手の家族に仕えるフランソワーズは、ゲルマント公爵夫人と相通じる古風な発音のフランス語を話し、『回想録』で名高い実在の人物サン＝シモン公爵風の格調高い表現を、不意に使って語り手を驚かせたりする。封建制の時代から、土地に根づいた領主様と農民は折々の交流をかさね、その結果、何世紀にもおよぶ平凡な日常生活のなかで、ささやかな風情や、人間の絆や、言葉の断片が、厚い地層のように堆積されてきたのである。語り手はそうした些細なものの集積に、フランス人という由緒ある国民のアイデンティティを探し求めることができると考えているように見える。

語り手は視点の提供者である。つまり、そうしたフランスとヨーロッパの全体を視野に入れ、『失われた時を求めて』という作品に結晶させてゆく媒体のような存在である。作品の冒頭に、その語り手の保守的な親族が、階級の壁を越えることを忌み嫌い、「ヒンズー的」な発想にしたがって、カーストの掟を守らぬスワンの華麗な社交生活やいかがわしい結婚を、それこそ問答無用といわんばかりに非難するというエピソードがおかれている[81]。ブルジョワ階級の志向する、このような秩序維持型のモラルが、実質的に敗退するところで『失われた時を求めて』の全篇が終わる。物語の内容としては、スワンと高級娼婦オデットのあいだに生まれたジルベルトが、ゲルマントの貴公子サン＝ルーと結婚し、ここで「ヒンズー的」な階級秩序が、一度は大きく揺らいでいる。さらに、その婚姻の象徴である初々しい一人娘が、大団円のパーティで語り手のまえに出現するという場面で、全篇が幕となるのである。

しかし考えてみれば、出生の曖昧なオデットが、もともと庶民と上流階級の「混血」である可能性は高い。したがって彼女のやってのけた最大の違反行為はむしろ、ユダヤ人スワンの血を注がれた一人娘を純血の貴族に嫁がせて、セムとアーリアの血を攪拌してしまったことにあるのではないか。なるほどよくいわれるように、オデットは最後にゲルマント公爵の愛人になることで、フランス国内における階級の上昇を劇的なかたちで実現する。しかし、二世代の女がごく自然ななりゆきで出産したために、ゲルマンとユダヤを隔てる「人種」の壁が崩壊したとすれば、これはヨーロッパ文明が理論化した世界秩序への挑戦となるはずだ。

『失われた時を求めて』のなかで、ミシュレやルナンの文明論が議論の対象になり、セムとアーリアについて語り手が私見を披露するようなことはないのだが、それはそれとして、ここで一例を紹介したように、特定の集団に属する特定の人物たちが、時代の法則にしたがって「人種」という語彙を運用する場面は少なからずある。さらに「人種」をめぐるフランス国民の根深い執着と葛藤は、作品の結構そのものとかかわっている。プルーストが同時代の「人種主義」の思考様式を知悉しており、その意味でも傑出したモラリストであることが、こうしていわば間接的に証明されるのである。

3 記述されたイスラーム世界

牛とゴキブリと不信の徒

あらためて指摘するまでもないが、ユーラシア大陸の西に突き出た半島にすぎぬヨーロッパにとって、歴史的なライバルは、新大陸でもアフリカ大陸でもなく、大洋の島々でも、大陸の東半分を占めるアジアでもなく、テリトリーの南面をぐるりと囲繞するイスラーム勢力だった。ためしに仏和辞典を引いてみると、「トルコ」の項には蔑称「冷酷無情な奴」とあり、一方「アラブ」については、今日ではもはや特記すべき差別化はないように見えるけれど、それでも『十九世紀ラルース大辞典』には、「残酷」「無情」という意味がならんでいる。近代ヨーロッパの自己意識は、文明としてのイスラームを無造作に否定する仕草によって支えられていたにちがいない。

しかし、差別と被差別という二元論に陥らぬよう、みずからを戒めつつ考えよう。以下に試みるのは、他者に対する蔑称が、微妙にニュアンスを変えながら文明や国家や民族の境界をこえ、しだいに変貌してゆく様を、一つの寓話のように——なにしろそこには「牛」と「ゴキブリ」が登場する——再構成してみようというものだ。

フランス世紀末のオリエンタリズムといえば、かならず名の挙がるピエール・ロティが、まだ無名の海軍士官だった一八七九年に、匿名で発表した処女作の冒頭に近い文章をまず読んでみる。

アジヤデはぼくをじっと見つめていた。これがトルコの男のまえであったなら、身を隠したにちがいない。しかしジアウル〔原注——不信の徒〕は男ではない。たかだか珍奇な存在にすぎないのであって、のんびり見物しても不都合はないのである。恐るべき鋼鉄の船に乗って祖国を脅かすためにやってきた外国人たちのひとりが、こんな若造で、しかもその風貌には見苦しいところも凶暴なところもないことに、彼女はびっくりしているらしかった。(82)

舞台は凋落するオスマン帝国のサロニカとイスタンブル。列強の艦隊に乗り組んできた軍人である語り手と、まだ幼さの残るハレムの女奴隷との、鮮烈な出会いの場面である。「ジアウル」は、ムスリムが一般にキリスト教徒を呼ぶときに使う「ギャーブル」がフランス語に訛ったものといわれる。当時の教養あるフランス人読者なら、注に頼らずともバイロン卿の有名な詩篇やドラクロワの同名の絵画を思い浮かべることができたかもしれない。それほどにイスラームの女とキリスト教徒の青年との許されぬ恋という主題は、一世を風靡したものだった。ロマン派好みの流行現象に後押しされて、フランス語の辞書に取り込まれたこの語彙は、そもそもは口にすることが憚られるほどに無礼な蔑称、罵りの言葉であったのだが、その記憶が薄れてしまい、やがては危険にして甘美なるオリエントの誘惑という、エグゾティスムの香りさえ放つにいたったと思われる。フローベールの『紋切り型辞典』によれば——「ジアウル——意味不明の荒々しい言葉。しかしオリエントに関係することはわかっている」。

調べてみると、十九世紀には「ジアウル」giaour という語彙の由来をめぐる一定の了解があったことがわかる。じっさい『ラルース大辞典』には、これが「ギアウル」ghiaour という発音で登録されており、その ghiav なる語は、本来「牡牛」を意味するペルシア語が、トルコ語に導入されたものであると説かれている。もともとムスリムは、不信の徒に対し、この上ない侮蔑を抱いてきたために、「犬よりは少しマシだけれど人間よりは少し劣る者」として異教徒に接しており、つい最近までは異教徒には「黒いターバン」で目印をつけ、裁判での証言を禁止し、馬車の使用を許さないなどの差別をおこなっていた。それは「恐るべき不寛容」である、とラルースは慨嘆する。

こうした語源話というものは、往々にして、言語学的な信憑性は突きとめがたいのだが、それにしても、一つの語彙がはらむかもしれぬ、錯綜したファンタスムという観点からして、大いに興味を誘うのである。おそらくラルースが記述の根拠とした諸説のなかには、十七世紀末にオリエントを旅して貴重な旅日誌を遺したジャン・シャルダンの証言も入っていたにちがいない。イスラーム化以前のペルシアで勢力をもっており、シャルダンの滞在当時も、それなりの存在感を与える集団であったゾロアスター教徒に関する記述のなかに、その証言は書きこまれている。

> 彼らはインドでは昔の呼称である「パールシー」と呼ばれている。ペルシアでは「グブラン」(Guebran) あるいは「ゲーブル」(Guèbres) と呼ばれるが、これはアラビア語の「ガウル」(gaur) すなわち「不信の徒」あるいは「偶像崇拝者」に由来し、トルコ人はこれを「ギアウル」(giaour/guiaòur) と発音して、キリスト教徒および自分とは異なる宗教の人々すべてに、この名を使う[83]。

ちなみに「パールシー」は、インドに住む者が国境の彼方「ペルシア」から来た余所者を指していう言葉であったらしいのだが、問題は、一つの言葉が、どこに発し、いかに境界線を越えて定着し、さらに変身してゆくかという経緯である。あるいはむしろ、その経緯と称して構築される物語――引用されるほどに信憑性をましてゆく物語――である。

一八一一年にシャルダンの旅行記の校訂版を刊行したラングレスは、この段落に注をつけ、**Gâour** とは、不信の徒を意味するアラビア語 **kâfer** の複数形 **kâfoùr** が訛ったものであると指摘している。すなわち、ラングレス説によれば、ペルシア語がアラビア語から借用した言葉が、さらにトルコ語に伝えられたことになる。トルコ人は、ユダヤ人とキリスト教徒を呼ぶときに、たえずこの言葉を口にする、とシャルダンはいう。さらに蘊蓄を傾けて、ヘブライ語では **chaver** はペルシアの祭司、そしてペルシア人そのものを指すのだが、これは「ウジ虫」に匹敵する蔑称であろうと指摘する。また一説によれば、「ガウ」(**gau/gâoù**) は牝牛である。それというのも、インドから来る人間は牛を尊ぶからであり、エジプトにおいては、牛は神格さえ付与されている――というわけで、シャルダン自身は最後の牝牛説に全面的に与しているわけではないのだが、イスラームが異教徒を呼ぶときに「牛」が登場しなければならない理由は、とりあえず謎解きができたことにしよう。ヒンズーからエジプト神話にまで共通する聖牛崇拝という異教の風習を卑下した呼称(たとえば「牛野郎」ぐらいか)が横滑りして、本来、牛とは無縁なキリスト教徒、ユダヤ教徒にあてはめられたというわけだ。

そうしたわけで語の起源に一直線に遡ること自体が、足元のおぼつかぬ作業であるのだが、派生語といわれる一連の言葉があって、これがさながら迷走する気球のように、思いがけない軌跡を描く。まず語源とされるアラビア語の **kâfer** あるいは **kâfoùr** だが、シャルダンや注釈者ラングレスの指摘が確信にみちているのは当然であって、それというのも、これはコーランが異教徒を呼ぶ名称にほかならない。フランスで出版されている現代の『イスラーム辞典』(84)には、そのコーランの原典から「一〇九　無信仰者」などの用例が示されている。単数形 **kâfir** と複数形 **kâfirûn, kuffâr** は、辞典の解説によれば、ヨーロッパ各地に以下のように変貌しながら伝播した。

アラビア語の ***kâfir*** は、のちにトルコ語では ***giawur*** フランス語では **giaour** の形をとって蔑称となった。トルコ語はスラヴ系の諸語に広まった。一方で ***kâfir*** はスペイン語 **cafre** に姿を変え、***kuffâr*** はフランス語 **cafard** に姿を変えた。

地中海対岸への侵攻を契機として19世紀のフランスで培われたモール幻想は，18世紀のポリネシア幻想に匹敵する．「羞恥とヴェール」という主題が共通することは指摘するまでもない．この伝統は20世紀中葉の通俗小説にまで引きつがれる――『魅惑の牢獄にて』『ヴェールの女』『浮気なアフリカ』『ヴェールをはがされた女』『復讐』『魅惑の苑』『モロッコの愛』『放蕩娘ライタ』等のタイトルは分析の必要もないだろう．

「カフィル」は、聖典のなかで「不信の徒」を批判する断章で使われており、神学論争の用語でもあるらしいから、本来は、さほど下品な罵りの言葉ではなかったということか。つぎにキリスト教圏に入ってからの変貌を追うために、スペイン語 **cafre** を辞書で引いてみると、「(南アフリカのバンツー系の)カフィル人」と説明されており[85]、フランス語 **cafard** は、「(古)信心ぶった人、偽善者」そして「ゴキブリ」の意味であるという[86]。今日のフランス語圏イスラーム学の見解では、「牛」との関係は忘れられ、かわりに「ゴキブリ」との結びつきが示唆されているのである。

それにしても、スペイン語で突如「バンツー系」の黒人が登場するのはなにゆえか。十九世紀の文献に親しんだ者なら、そういえばアフリカの南方に **Cafrerie** と呼ばれる土地があった、と思いあたるだろう。それは地理的空間としては、まことに茫漠としたものであり、『ラルース大辞典』は、モザンビークから喜望峰にかけての地域と指定したのちに、かつてはインド洋からスーダン、そしてギニアまでを結ぶ広大な土地を指したものだ、と断っている。もともと「不信の徒が住む土地」という意味なのだから、イスラームの布教に伴って、こう呼ばれる地域が南に遠のいて、限定されていったとしても不思議はない。ちなみに **Cafrerie** に住む者を **Cafre** と呼ぶという定義は、同じく『ラルース大辞典』に載っており、これがアラビア語の「カフィル」という蔑称に由来するという説明もなされている。インド洋を舞台とした『ポールとヴィルジニー』の場合、語彙解説に上記ラルースと同様の定義がなされたうえで、じっさいにマスカレーニュ諸島では、出身や民族を問わず、白人ではない人種としての黒人のすべてを「カーフル」と呼んでいたらしいと記されている[87]。

ところで現代のフランス語の辞典、そしてわが国の定評ある人類学事典によれば、「カフィル人」はアフリカ大陸の南ではなく、ユーラシア大陸の中央に住んでいる。アフガニスタン北東部の山岳地帯に居住し、二十世紀初頭までイスラーム化に抵抗したインド＝ヨーロッパ系の民族を指すのである。正確には、イスラームに改宗したのちに、「光の国」を意味する「ヌリスタン」という名称を与えられ、いわば改名した民族がそれであるという[88]。

以上、イスラームが異教徒を名指す蔑称が、フランス語文献に浸透したケースを、たまたま目についたかぎりにおいて、拾ってみた。言葉の放浪現象のようなこのエピソードの寓意はなにか。たとえばイスラームにとっての「光の国」への上昇は、ミシュレにとってはアーリア世界の一翼が「闇の国」に沈んだことを意味したにちがいない、と指摘することはできる。それはまた、ヨーロッパを中心とする世界観を相対化する手続きの一つにはなるかもしれない。すくなくとも、あまりにも単純な二元論的還元への警鐘にはなろう。

要するにわたしが示唆したいモラルは、こうだ。ヨーロッパを中心に、固定した視点をもって世界を描くなら、見慣れた風景が、常套的な言葉によってなぞられるだけで終わってしまうかもしれない。これに対して、言葉を見ようとすることで、視点はおのずと移動する。透明な思考の道具とみなされている言語を対象として捉えなおし、言葉の移動や変容を記述する視点が、ときには歴史の分析にとっても有効であるかもしれない。

これを前置きとして、イスラーム世界に関連する文学作品を、いくつか読み解いてみたいのだが、目的はアンソロジー的な紹介でもなく、文学史的な展望を素描することでもない。一方では言語を分析の対象としつつ、他方では歴史の具体性を参照するという方法を、きわめて少数の例ではあるが、実践してみたい。そのうえで、ルナンが先導した第三共和制の文明観、そのなかに組み込まれた他者論に立ち返ってみようというのである。

ミゲル・デ・セルバンテス・サアベドラの貴重な体験

キリスト教文明とイスラーム文明は、地中海をはさんで対峙する。覇権争いの山場となったのが、歴史に名高い一五七一年のレパントの海戦である。スペイン王フィリペ二世と教皇ピウス五世とヴェネツィア共和国のあいだで、反オスマン・トルコ同盟が、この闘いの直前に結成され、ここで初めて、キリスト教勢力がオスマン帝国に対し、一応の軍事的勝利をおさめた。これに先立つこと半世紀、地中海世界は、双璧の対決する時代に入っていた。スペイン国王カルロス一世は神聖ローマ皇帝に選出されてカール五世(在位一五一九―五六)を名乗り、ルネサンス期ヨーロッパのカトリック世界を代表する君主とみなされていた。これに相対し、オスマン帝国の頂点を築き、ニース、ハンガリー、そしてウィーンにまで攻撃を仕掛けたスレイマン一世(在位一五二〇—六六)を、西欧は「壮麗者」と呼んだ。「文明史」の曲がり角といえようか。それはブローデルが名著『地中海』[89]で描いた時代であり、プルーストの『失われた時を求めて』の冒頭で、語り手が眠りに陥りながら一体化する世界でもある。といってもプルーストは「フランソワ一世とカール五世の抗争」を思うだけで、夢にスレイマンは登場しないらしいのだが、じっさいのところ、神聖ローマ帝国皇帝の位への野心を砕かれ、国土を東西から脅かされていたフランス国王フランソワ一世(在位一五一五—四七)にとって、仇敵は、同じカトリック世界のカール五世だった。敵の敵は味方という論法で、フランソワ一世はオスマン帝国のスレイマンと同盟を組んだ。両者は何度か共同の作戦を練ってキリスト教世界の内部に攻撃を仕掛けており、この伝統は次世代にまで受け継がれる。一五六九年には、セリム二世とシャルル九世とのあいだに「キャピチュレーション」をめぐる条約が結ばれた。オスマン帝国が、フランス王の臣民に低率の関税特権を保障し、東地中海からアルジェにいたる停泊地での大使や領事の保護を約束したものであり、これが契機となって、フランスの通商がヴェネツィアなどヨーロッパの強豪をしばらくは凌ぐことになる。フランスとオスマン帝国との連帯は、今日でさえ——ある

1571年レパントの海戦では450隻のガレー船と12万の兵が衝突した．キリスト教世界の勝利を言祝ぐ寓意画．

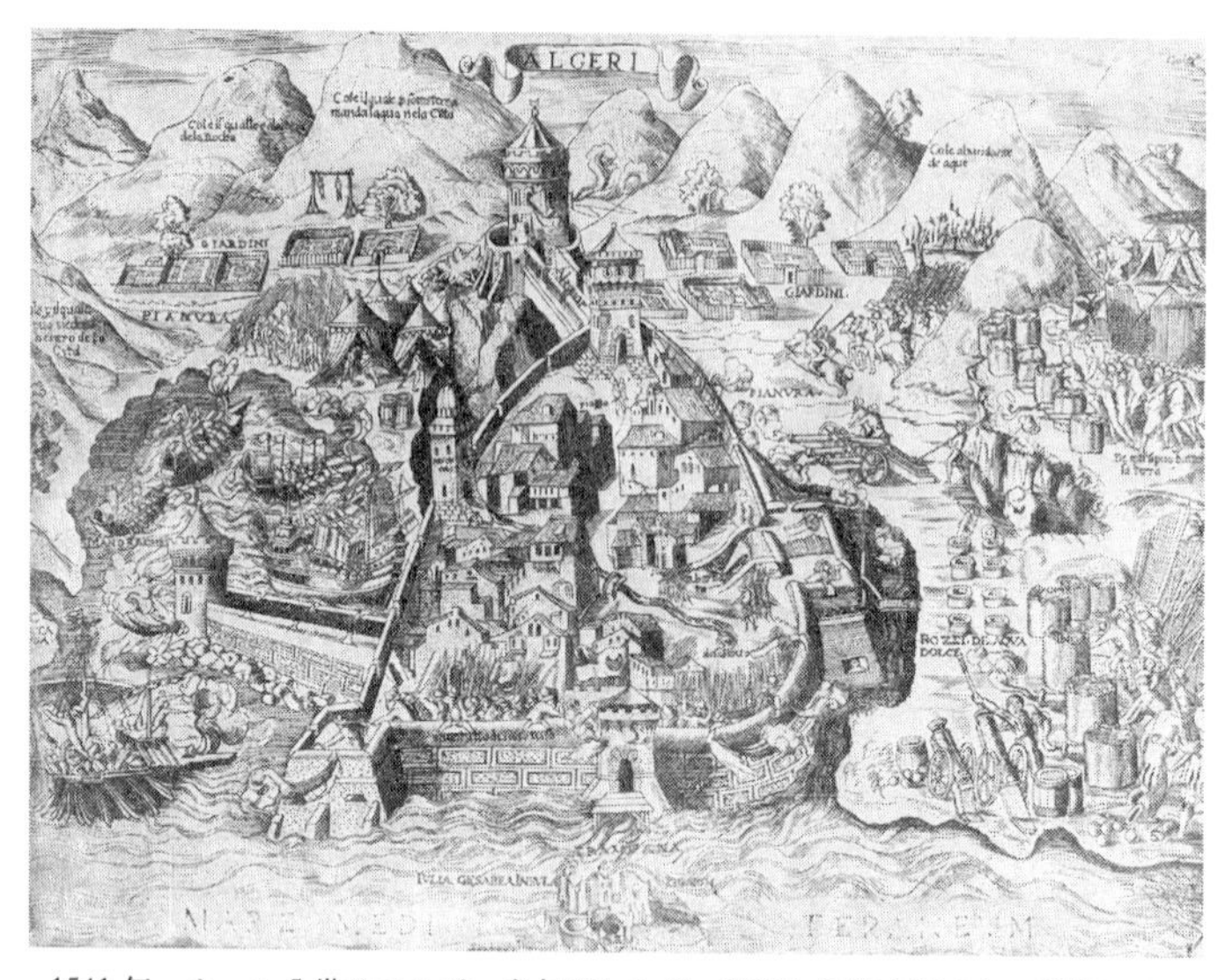

1541 年，カール 5 世はアルジェを包囲したが，荒海に作戦を阻まれて退却した．

いは今日だからこそ？——ある種の異常事態と見えるらしい。あるオスマン帝国史は、この間の経緯を「スキャンダラスな同盟」と形容しているが、同時代の人間にとって、軍事および経済の利権を優先した同盟関係が、じっさいにどの程度、キリスト教信仰に対する重大な裏切り行為であったのか、あらためて考えるべき問題かもしれない[90]。

十字軍以来、キリスト教陣営とイスラーム陣営との抗争はつづいていたが、経済・文化交流が途絶えていたわけではない。ましてやルネサンスとは、ヘレニズム文明の遺産を相続したビザンティン帝国の栄華(地理的にはオスマン・トルコの帝都となるコンスタンティノープル)を憧憬し、「東方からの海の風をうけて」ヨーロッパが蘇生するという話なのである[91]。それにまた、対イスラームの神聖同盟が一応の勝利をおさめたといっても、これはカトリック勢力の全体を糾合したものではなかったし、近代ナショナリズムが想定する「国交断絶」のような現象は、おそらくどこにも存在しなかった。いや、その上にヨーロッパの内部では、すでにプロテスタントの台頭がめざましく、いずれ見るようにカトリックにとって、ある時期のイスラームとプロテスタントは、いってみれば互換可能な敵となる。

さて記念すべきこの海戦に、二十四歳の勇敢な兵士として参加していたのが、のちに『ドン・キホーテ』の作者となる人物である。この騎士物語のパロディは、フランス小説を専門とする研究者にとって、ヨーロッパ近代文学の嚆矢という意味で必読の書だが、作者のイスラーム体験は、ほとんど興味の対象にすらならない。しかし、まずは視点を変えて、地中海の戦乱と交流の歴史をひもといてみよう。一五七五年、退役してナポリから帰国の途についたおり、不運にも悪名高きバルバリーの海賊に捕らえられ、アルジェに虜囚として連れ去られたミゲル・デ・セルバンテスの証言が、文明論的な見地から、いかに貴重なものか、おのずと了解されるはずである。

すでに何度か本書の参考文献に登場しているが、*The Making of Europe* と題した五ヵ国語同時出版の画期的な歴史叢書がある。わが国でも『叢書ヨーロッパ』というタイトルで、平凡社から順次翻訳が出ているが、まだ邦訳のない一冊、フランコ・カルディーニの『ヨーロッパとイスラーム――齟齬の歴史』を、この章では、たびたび参照することになるだろう。イタリア中世史の専門家が語る、セルバンテスのアルジェ虜囚経験とは、次のようなものだ。

> 幾たびか脱走を企てたのち、彼は一五八〇年にようやく身代金を払って解放された。このエピソードから『ドン・キホーテ　前篇』、第三九―四一章「捕虜の身の上話」と呼ばれる感動的な物語が生まれたのである。セルバンテスの捕虜生活でもっとも驚くべき点は（のちに彼自身、あやうくイスラームに改宗するところだったのではないかという疑惑をかけられ、これを否定しなければならなかったのだが）、アルジェの総督（ベイ）、ハサン・パシャとの交友である。それというのも、総督は脱走の試みを罰することがなかったばかりか、若き郷士（イダルゴ）を側近のごとく遇したからである。
>
> キリスト教徒の虜囚という身分と、〔イスラームへの〕改宗者という身分があり、一方から他方へ移行することは、しばしば自然に行われた。それというのも、両者のあいだには、ある種の近親性が存在したからである。ミゲルとハサンとの不思議な友情とわれわれを隔てている四世紀の沈黙のヴェールを、今さらはがすことのできる

者はいるまい。たしかなのは、セルバンテスのような人物であれば、ムスリムの世界について、アンダルシアとマグレブの地平をこえる知識をもっていたということだ。[92]

もはや劇的な新資料の発見など望めそうにない『ドン・キホーテ』研究のなかで、作者のイスラーム体験は、残された貴重なスポットであるらしく、わが国で近年出版された新訳でも牛島信明氏の「解説」に、その要点が示されている。[93] 集団脱走の首謀者であったセルバンテスが、なにゆえ処刑されずにすんだのか。その謎については、今日いくつかの解釈があるようだが、おそらくもっとも一般的なのは、連合艦隊の総司令官ドン・フアン・デ・アウストゥリア(カール五世の庶子でフィリペ二世の異母弟)宛ての推薦状を携えていたために、大物と誤解されたという説。ほかにも、じつは敵方の間諜だったという説や、上記のカルディーニが仄めかしている改宗説などがある。なにしろ『ドン・キホーテ』のなかには、その名もサアベドラ(セルバンテスの正式名の一部)という改宗者が登場し、やりたい放題をやって串刺しの刑にもならなかった、と報告されているのだから、これも魅力的な謎解きではある。

作品のなかでは傍系のエピソードにすぎぬ「捕虜の物語」に、わたしが大いに惹かれる理由は、これがキリスト教信仰と個人のアイデンティティにかかわる物語であるからだ。まず確認しておかなければならないが、セルバンテスの作品に「スペイン国民文学の金字塔」というお墨付きが与えられたのは、ヨーロッパの内部を区分するものとして「国民文学」と「文学史」が顕揚されるようになった時期のことである。いいかえれば、セルバンテス自身はユゴーと同じ意味合いで国民作家たらんとしたはずはないし、ドン・キホーテにもサンチョにも、バルザックの作中人物のような国民の意識はない。

絶対王政の時代、軍隊に身を投じることは、何よりも職業の選択であり、その際に雇用者は国王であって、結果としてスペインという国家への帰属感が生じてゆく。作中人物の《捕虜》も、青年のとき「戦争において神と国王陛下にお仕えする」と誓って家を出た。しかも、その語るところによれば、地中海における敵は、あくまでも「トルコ人」だった。つまり、イスラームが邪宗として断罪されることはいっさいないのである。だとすれば「キリスト教徒」の意識は、対イスラームという次元で、どのように機能していたか。それにまた、トルコ人、アラブ人、モーロ人などは、ヨーロッパ人の目に、どのような個別の相貌をもつ者として映っていたのだろう。

アルジェの《浴場》とキリスト教徒のモーロ娘

『ドン・キホーテ　前篇』(一六〇五)の第三十九―四十一章の前後では、波瀾万丈の恋物語が、三つ絡んで一気に解決をみるのだが、ここでは「捕虜の身の上話」にかかわる部分だけを抽出する。第三七章、たまたまドン・キホーテとサンチョが投宿した旅籠に、人品卑しからぬ四十がらみの男がモーロ娘とともにあらわれる。ヴェールをはずせば目を奪われるほどに麗しいモーロ娘は、キリスト教徒の国に住むことを夢見て故郷をはなれたというのだが、「キリスト教徒の言葉」は話せない。そこで服装から《捕虜》と知れる男のほうが、自分の半生を物語り、謎めいた娘を伴っている理由を明かすことになる。

彼は国王陛下の軍隊に入り、対トルコの海戦でめざましい働きをしたものの、敵方に捕らえられ、奴隷としてコンスタンティノープルに拉致された。そのままトルコ海軍のガレー船に繋がれて、キリスト教徒の戦いぶりを敵方からつぶさに観察した。その後、主人が死んで持ち主が替わり、アルジェの《浴場》baño に拘留される身となった(ちなみに、この奇妙な呼び名は、もともと浴場を監獄に転用したところからきたらしく、フランス語の徒刑場 bagne もこれに由来する)。牢獄とはいえジャン・ヴァルジャンの徒刑場にくらべれば、はるかに長閑(のどか)な環境で、《捕虜》はたまたま中庭をぶらついていたときに、富豪のモーロ人の一人娘に見初められ、大金をわたされて仲間を募り、ついに脱走に成功したのである。

『ドン・キホーテ』にかぎらず、啓蒙の時代、そして世紀末のピエール・ロティにいたるまで、広く認められる現

17 世紀のアルジェ．アヴリーヌの版画.

象なのだが、ヨーロッパの側からイスラームを記述する文献に「オスマン帝国」という語彙はめったにあらわれない。スレイマンもセリム二世も、「トルコの皇帝」と名指しされるのが普通なのだ。しかし当のイスラーム世界にとって「スルタン」は、預言者ムハンマドの後継者として、信仰と世俗の権力の頂点におり、異教徒、異民族を含む帝国内の臣民すべてのうえに君臨するものだ。ナポレオンが「フランス人の皇帝」を名乗ったような意味で、スレイマンが「トルコ人の皇帝」を自任していたかといえば、断じて否という答えが返ってくるだろう。ここにはすでに、重大な認識のずれ、あるいは今日にまで及ぶキリスト教世界とイスラーム世界との齟齬の発端がある。

それでは物語のなかで「トルコ人」と呼ばれるのは誰かというと、たんに「トルコの皇帝」に仕える軍人や役人であるらしい。語り手の主人となった二人(一方はアルジェ総督から海軍提督に出世した男、もう一方はコンスタンティノープルで富を蓄え、アルジェ総督になった男)は、いずれも残忍きわまる人物だが、もとはといえばヨーロッパの岸辺から地中海に乗りだしてトルコ軍に捕まり、イスラームに改宗して出世をきわめたという経歴のもちぬしだ。つまり彼らの出自はキリスト教の国であって、民族的にトルコ人であるという保証はまったくない。アルジェに在住する「土地のトルコ人」についても、同じことがいえるだろう。トルコの正規兵のほか、「アラブ人」と「モーロ人」も対キリスト教徒の戦いに馳せ参じているが(94)、「卑劣なアラブ人」が投降したキリスト教徒を裏切るエピソードも語られており、語り手(あるいは想定された読者)の共感は明らかに「トルコ人」と「アラブ人」を排除して、「モーロ人」に向けられている。アジアから到来した獰猛なトルコ人、砂漠の遊牧民につらなるアラブ人とちがい、一世紀前にはイベリア半島のどこかで栄華をきわめていたかもしれぬモーロ人たちは、じっさい文化的素養において西欧化されていた。

「捕虜の物語」では、娘が脱走者たちと落ち合う瞬間に偶然居合わせてしまったために、拉致されて人気のない浜に置き去りにされる父親というのが、おそらくは「理想のモーロ人」である。トルコ人の粗暴を嫌い、様子を探りにきた《捕虜》がキリスト教徒であることを知りながら鄭重に遇し、そのうえ不運なことに、娘と男との二重の仄めかしを孕んだ会話を、スペイン語で通訳までしてしまう。船上で、じつは娘が《捕虜》と示し合わせて家出をしたのだと悟ったときに、善きイスラーム教徒として、あらんかぎりの呪いの言葉を吐くけれど、最後には、遠ざかってゆく娘に向かい浜辺から呼びかけて、すべてを赦すから父親を見捨てないでくれ、と哀願する。ヨーロッパ市民社会のメンタリティをとりこんだ情愛深い父であるという意味で、唯一血の通ったイスラーム教徒なのである。

行動力があり毅然とした娘も、《捕虜》とのあいだに対等な信頼関係を築いている。愛する父を棄ててまで、キリスト教徒の男についてゆこうとする決意も、正しい信仰を求める健気な心根ゆえというアリバイが、一応はあるように見える。

ここで唐突ながらメアリ・シェリーの『フランケンシュタイン』(一八一八)を比較の対象にもちだせば、よく似た設定のエピソードがあって、ヒロインはヨーロッパの言葉を片言しか話せぬアラビア娘。母はキリスト教の洗礼を受けたアラビア人で、トルコ人に捕らえられて奴隷に売られ、美貌のおかげで正式に結婚することができたという。つまり「トルコ人」の実父をもつ者が、終始「アラビア娘」と呼ばれるのだが、そのことに矛盾や不都合はないらしい。詳細は省くが、このアラビア娘も、父を棄ててフランス人の青年のもとに走る。ただし、ここでは父親が強欲な商人で、命の恩人である青年を裏切っているために、娘の出奔は、むしろ義理堅い愛の証しであることが示唆される[95]。それに啓蒙の世紀をへたのちに書かれたこの小説では、母親の受けた洗礼という設定で、信仰の問題はあっさり解決されており、これは傍系の主題にすらならない。

これに対して『ドン・キホーテ』には、キリスト教とイスラームが対峙する地中海世界が、奥深い展望のもとに描きこまれており、それはブローデルの雄渾な歴史絵図とも見合っている。

> 人間はキリスト教世界からイスラーム世界へと列をなして移動する。イスラーム世界は、冒険と儲けがあるという見通しから、人々を引きつける。〔…〕
>
> イスラームの国々と接触のあるキリスト教徒は、しばしば信仰の放棄に目を眩まされる。アフリカの要塞では、スペインの駐屯部隊は脱走と流行病で多くの兵士を失った。一五六〇年、ジェルバでは、要塞がトルコ人の手に落ちる前に、数多くのスペイン人が、「信仰と仲間を棄てて」敵に合流していた。〔…〕誘惑が非常に強いので、聖職者までもまぬがれない。フランスに向かうフランス国王の大使のお伴をし、途中でスペインの官憲に逮捕するように訴えられるあの「トルコ人」は、元ハンガリーの司祭である。このケースはきわめて稀であるはずがない。〔…〕
>
> おそらく無意識のうちに、トルコはその門戸を開き、キリスト教徒は門戸を閉じた。数の優位の結果としてのキリスト教の不寛容は人々を招来せずに、はねつける。キリスト教の不寛容がその領地から追放するものすべて――一四九二年のユダヤ人、十六世紀ならびに一六〇九―一四年のモリスコ――が、自由意志による追放者の分に付け加わる。すべてイスラーム世界に向かって出発する[96]。

一四九二年、スペイン王国がグラナダを占領し、イベリア半島におけるイスラーム政権が崩壊するのだが、キリスト教側はこれを「国土回復（レコンキスタ）」と呼んで、その後もイスラーム教徒とユダヤ教徒を地中海の彼方に追いやった。一方「モリスコ」とは、キリスト教に改宗してスペインに残ることをえらんだイスラーム教徒の子孫を指す(97)。一六一五年に上梓された『ドン・キホーテ　後篇』第六十三―六十五章には、もう一人の「キリスト教徒のモーロ娘」が登場し、迫害されるモリスコとしての数奇な運命を語る。前篇、第三十九―四十一章のエピソードと同様、イスラームの信仰をめぐる切迫した政治問題を視野に入れて、この小説は構成されている。歴史から離脱しているように見えるのは特権的な主人公だけであり、作品世界の構造は、同時代性にしっかり根をおろしているのである。

文体論の視点から

そうした次第で十六世紀以来、キリスト教世界は大々的に異質なるものを排除して、同じ宗教、同じ文化を共有する均質なる国民の育成にとりくんだ。これに対してイスラーム世界は、宗教的な理由で土地を追われた者から、キリスト教国の冒険者や流れ者まで、種々雑多な人間を、それこそ海綿のように吸い込んだ。ブローデルの文章にもあるように、イスラーム世界では改宗さえすれば、もとキリスト教の聖職者でさえ出世にさまたげはなかったから、おそらくは圧倒的な数のヨーロッパ人が、信仰を放棄して「トルコ人になる(98)」(se faire Turc) ことを選んだはずだ。その一方では、なおのこと、イスラーム圏の「隠れキリシタン」という主題が、ヨーロッパの視点から、美化され神話化されたともいえるだろう。

ここで『ドン・キホーテ　前篇』の麗しきモーロ娘に話はもどる。セルバンテスほどの作家であれば、「キリスト教徒の言葉」を話さぬモーロ娘の言語パフォーマンスについて、精妙な仕掛けを構築している可能性は大いにある。文体論の大家レオ・シュピッツァーの卓抜な分析を参照するなら、娘がのっけから「キリスト教徒の言葉を話さない」(no sabía hablar cristiano)と紹介されるところから、信仰という主題が明確化されるという指摘がある。娘は、ソライダという名をもちながら、洗礼名を先取りするかのようにマリーアと名乗ることに執着する。父親にも知られずに、彼女がキリスト教信仰を密かに温めつづけたのは、キリスト教徒の女奴隷に育てられたからであり、「レーラ・マリエン」すなわち処女マリアを深く信仰しているのである。《捕虜》の保証するところによれば、「魂においてはすでにキリスト教徒」である娘が、信仰について熱っぽく語るとき、不思議なことに、頻繁にくり返される「レーラ・マリエン」だけでなく、サラー(お祈り)やアラーといった信仰の用語はすべて、執拗に原語のまま引用される。なぜか？　おそらくは、宗教を語る言葉としてのアラビア語の尊厳という問題がここにある。シュピッツァーによれば、キリスト教の神が「アラー」と呼ばれることは、いわば外部の視点の導入にあたり、ある種の「入れ替え」とみなすことができる(99)。

アラビア語で思考してきた人間が、洗礼を受け名前を変えるだけでキリスト教徒になれるというのである。そこで前提とされるのは、アラビア語と不可分であるイスラームの、宗教としての尊厳ではないか。神の真理にまで到達しうる言語であるアラビア語に対し、トルコ語はあからさまに下位におかれている、とレオ・シュピッツァーは指摘する。「捕虜の身の上話」には、おそらくローカル・カラーへの配慮という動機もあって、リングア・フランカ(混成言語)を含め、地中海諸言語への周到な言及がなされているのだが、そのなかでトルコ語は「浴場」などの即物的な語彙が多いというのである。もっともこれは、小説家セルバンテスの作為だけが原因ではあるまい。イスラーム世界において、信仰にかかわる領域はじっさいに、コーランの言葉によって統轄されていたのだから。

『フランケンシュタイン』のアラビア娘は、ヨーロッパの言語(物語の設定ではフランス語)を初歩から習得する。フランケンシュタインが創造した名のない怪物は、そのアラビア娘が到来した一家の物置にひそみ、アラビア娘の教育を盗み見ることによって、みずからを教育する。与えられた教材は三つ、『失楽園』と『プルターク英雄伝』の一巻と『若きヴェルテルの悩み』である。すなわちキリスト教の信仰と共和国の起源と感情生活の手引きというセット。これをもって、アラビア娘と名のない怪物は、文明のゼロ地点からヨーロッパの市民社会にまで引き上げられるというわけだ。

『ドン・キホーテ』のモーロ娘の場合、教育はすでにほぼ、完了しているといえる。だがなおのこと、優しい父を棄てて異国にわたるという決断が、複雑な陰影をはらむ。セルバンテスは、ここでもドラマの決定的な瞬間に、巧妙な仕掛けを設けている。父親が置き去りにされる入り江は、《カーバ・ルミア岬》の根方にあるのだが、これはモーロ人たちの呼び名で《キリスト教徒の悪女岬》を意味するという。物語のうえの意味深長な偶然は、作者の側からすれば、読者の解釈を誘うために用意された作為であるはずだ。ソライダはじつは悪女だという仄めかしだろうか。すくなくとも、父を否認したことで、罪の深淵を覗いてしまったとはいえるだろう(100)。しかし、かつて使徒たちも血縁を棄ててイエスにしたがったのだから、市民社会のモラルを否認することで、神の恩寵がくだるという見方もできる。その場合、むしろ逆説的な救済の論理が暗示されていることにもなるだろう。非凡な小説家は、結論を誘導するために解説を書き加えたりしない。本物の小説は、つねに複数の解釈に向けて開かれているだろう。

ともあれセルバンテスは、イスラームの信仰を横目で眺めながら、五年間もアルジェで暮らしたのだった。かりにこの作家が、おのれの信仰に埋没せず、宗教について余裕のある歴史的評価をあたえるほどの、卓越した近代人であったとしたら、と想像してみよう。じっさい、アルジェ総督とのあいだには「友情」の絆さえあったのかもしれないというのに、物語のなかで、キリスト教からイスラームへの改宗者が、一様に怪物的な人非人として切って棄てられるところが、そもそも奇妙ではないか。その一方で、キリスト教徒のモーロ娘は、このうえなく真摯で気高い模範的な改宗者である。現実世界の平板な描写としては、対比があまりに極端で図式的であり、ここにパロディの効果――特性の異常な誇張を通した暗黙の批判――がひそかに意図されていないとは考えにくい。

続篇で語られる「モリスコ」のエピソードでは、理不尽で苛酷な追放政策のために辛酸をなめた、当のモール人の男が、以下のように述懐する。

国王陛下がわしらの追放という大役を委任なさった、サラサール伯爵のドン・ベルナルディーノ・デ・ベラスコというのは、肚のすわった大人物で、彼には嘆願も、約束も、賂も、涙も、まったく効き目がありません。〔…〕あの方は、わしらモーロ族のことを、全員が堕落し、腐敗していると見なして、それをゆっくり治す膏薬を貼るかわりに、ひと思いに焼きごてで焼き取ろうとなさっています。〔…〕あの方の努力はすべて、わしらの民族の誰ひとりとして、スペインにこっそりと居残ったりしない、ということに向けられています。すなわち、大勢のモーロ族によってかきたてられていた不安と恐れがすっかり除去され、きれいになったスペインの大地に、居残ったモーロ人が、ちょうど地のなかに隠れていた根のように、時がたつにつれてまた芽を出し、毒のある実を結んだりしないようにするためなのです。したがって、モーロ族追放というのは偉大なフィリーペ三世の大英断で、その実行をかのドン・ベルナルディーノ・デ・ベラスコに委任なさったことは、歴史に残る実に周到な人事であったと言わねばなりません[101]。

被害者に加害者の論理を代弁させることで、アイロニーの距離が生じるといえないだろうか。キリスト教世界の「きれいになった大地」という妄想が、まさに不寛容と迫害をはぐくむ温床であることを、セルバンテスは見抜いていたにちがいない。すくなくとも、わたしはそう確信する。もとより信仰の問題が自由に語れる時代ではなかった。小説家にもアリバイは必要だった。小説とは、著者のイデオロギーをそのままに、語り手や特定の人物に託して語らせる手段ではない。それは複雑で多義的な、読み解かれることを期待して差し出される言語装置なのである。

地中海の魅惑と恐怖

セルバンテスが、地中海対岸の文明を軽んじてはいなかった証拠は、ほかにもある。言語の尊厳という問題にはすでにふれたが、これも同種の象徴的な逸話といえる。前篇第八章は、勇猛なビスカヤ人と諍いをおこしたドン・キホーテが、敵の振りかざした剣をはったと睨んで身構えた瞬間に、作者の原稿が途切れ、語り手がしきりに嘆く、という滑稽にして倒錯的な場面で終わる。つづく第九章で、同じ語り手が、トレードの市場に少年が売りにきた古いノートの束を好奇心から手に取ってみたら、アラビア語が書いてあり、これを「スペイン語に通じたモーロ人」に翻訳してもらったところ、なんたる僥倖か、件のあっぱれな騎士の物語であった、というボルヘス好みの展開になる。要するに「アラビアの歴史家、シデ・ハメーテ・ベネンヘーリによって著された、ドン・キホーテ・デ・ラ・マンチャ伝」なる原書が想定されているという点にだけ、ここでは注目しよう。アラビア語に関しては、通訳を見つけることは簡単であり、「それどころかアラビア語よりもっと優れた、もっと古い言語の通訳を探すことさえできた」[102]とあるから、（後に「セム語」として括られる）アラビア語およびヘブライ語は、「キリスト教徒の言葉」に優るとも劣らぬ言語として、一目置かれているのである。

見方をかえれば、トルコ語から翻訳された『ドン・キホーテ』というものは想像しえないことになるだろう。これも後のルナンの評価だが、「トルコ語の文章を一つ引いてみると、しばしば、十語のうちにトルコ語は一つとしてなかったりする[103]」という。中央アジアから到来した集団が築いたオスマンの広大な帝国は、人間だけでなく、宗教も文化も、そして言語までも乾いた砂のように吸収し、徐々に土台が形成されたからである。

同じ一神教の聖典を読みながら枝分かれしていったユダヤ教、キリスト教、イスラーム教の民のあいだには、同族意識と近親憎悪の感情が相半ばしていたものと思われる。じっさいイベリア半島に住んだモーロ人、サラセン人などは、ヨーロッパにとって身近な「フォルクロール」の一部にさえなっていた[104]。これに対してトルコは遠来の、正体不明の異人なのである。フランス語には Türk と Turc の使い分けがあり、古風な綴りの前者については、以下のように説明されている。

Türk：「強い」を意味する名詞。六世紀頃に中央アジアに現れた多数の住民を指し、いくつかの王朝の起源となった。これらの住民は、イランを征服して西アジアに広がり、そこでトルコ（一〇二五年以降のアナトリアにおけるセルジューク・トルコ）を建国した。――この言葉をフランス語化した Turc Turque は、アナトリア文明（オスマン、等）のみについて使われ、中央アジアの起源と区別される[105]。

すでにイスラーム化していたセルジューク・トルコに替わり、十四世紀にアナトリアから打って出たオスマン人が、ブルガリアのニコポリスで十字軍と対決するのが、一三九六年、その半世紀後一四五三年にコンスタンティノープルが陥落し、以後、何世紀かにわたりヨーロッパを震撼させる大帝国の礎が築かれる。しかしここでも、イスラームとキリスト教との対決は、不思議な浸潤を許すものであったことを忘れてはなるまい。カトリック世界にとって、プロテスタントの反逆とオスマン・トルコの脅威とは、文字どおり内患外憂をなしていた。エラスムスのように、イスラームを教化することが可能だと考える者もおり、ルターの場合、イスラームを批判はしたけれど、実質的な攻撃の矢はもっぱらカトリックに向けられていた。フランコ・カルディーニをふたたびここで引用するなら、

宗教改革が起きると、西欧のキリスト教徒の一部は、コンスタンティノープル陥落の直前にオリエントのキリスト教徒がとったのと同じ態度をとった。すなわちミトラ〔司教の帽子〕よりターバンのほうがましだというのである。教会法学者や宗教裁判所判事は、様々の異端や東方教会の分離派を「不信の徒よりも悪い」とみなして断罪する伝統があり、これに対してプロテスタントの側は、教皇とその取り巻きは、トルコより破廉恥で危険であるとやり返した。今後長きにわたって、カトリックとプロテスタントは、おたがいに相手が「不信の徒」と共犯関係にあるという非難を投げ合うことになるだろう。相手方と手を結ぶくらいなら、いっそトルコと手を結んだほうがよい、とまでは、さすがに公言しなかったかもしれないが[106]。

こうしてカトリックはプロテスタントとイスラームの「類似」を説き、プロテスタントはカトリックの堕落をイスラーム以下だと酷評した。カルディーニによれば、宗教改革がもたらした、この種の論争のなかから、ようやくイスラームについての積極的な議論が立ち上がってゆくのである。

一五四三年にはチューリヒの神学者ビブリアンダーなる人物が、ルターの後ろ盾を得て、コーランのラテン語訳を出版するのだが、内容は四世紀前に行われた不完全な翻訳に頼っていた。ちなみにヨーロッパでラテン語以外の翻訳を初めて試みたのは、オスマン帝国ともっとも縁の深い都市ヴェネツィアである。記念すべき一五四七年のイタリア語版も、触れ込みとは異なって、中世のラテン語訳を基にしたものであるという(107)。それでも、人々はイスラームという宗教を知り、トルコという国が、不敗の軍隊と機能的な行政機構に守られた、堂々たる法治国家であることを学んだのだった。

旧約聖書の賢者と同じ名をもつスレイマン(ソロモン)は、キリスト教世界でも、志操高潔な名君として評価されていた。モンテーニュは「うぬぼれ」について語るとき、スレイマンを例に引き、条約を守る賢明さを称えている(108)。正義と秩序の帝国というイメージと、荒々しく残虐な風習をもつ強国のイメージが、トルコをめぐる様々の神話を支えていた。「ローマの平和」との比較が人々の口の端にのぼったのは、偉大な帝国という認識が共有されてからだった。コンスタンティノープルは、ビザンティン帝国の遺産をうけついで豪奢なイスラームの都に変身し、ヨーロッパの人々を眩惑した(109)。モリエールの『町人貴族』からモーツァルトの『コジ・ファン・トゥッテ』『後宮からの逃走』にいたるまで、しだいにトルコも絢爛豪華な「フォルクロール」の素材を提供するようになる。

一五七一年のレパントの海戦以降、地中海でキリスト教徒とイスラーム教徒の大艦隊が正面から戦を交えることは絶えてなかった。だがその一方で、ブローデルが指摘するように、他の好戦的暴力が跳梁することになる。海賊行為そのものは、じっさいホメロスの時代から存在するのだが、キリスト教とイスラーム教の宗教対立の狭間で展開された「私掠」については、いくつかの基礎知識をふまえておかなければならない。文明論のレヴェルにおいて、これが見逃せぬテーマであることは、『ドン・キホーテ』も『ロビンソン・クルーソー』も、そして『カンディード』も、それぞれにバルバリーの海賊を登場させているのだから、あらためて強調する必要もないだろう。

しばしば「海賊」とセットになる「バルバリー」とは何か。これが古代ギリシアの視点による「野蛮（ベルベル）」に由来する呼称であり、地理的には、エジプトから大西洋岸にいたる地中海南海岸を指すという解釈は、ほぼ定説になっている[110]。一方、「私掠」とは合法的な戦いであり、たとえば攻撃の予告とか、「私掠免許状」といった公的な装いによって、「犯罪」と一線を画している。私掠船は後ろ盾である国家に掠奪品の一部を上納する。ちなみに「免許状」がじっさいに機能したのは、大西洋上で、キリスト教徒同士の海賊行為が問題になるときだけだったという指摘もある。なるほど地中海では、キリスト教徒とイスラーム教徒が原則として交戦状態にあったのだから、攻撃をしかけるのに「免許」は必要ないというのも、一応の理屈であろう。大艦隊から私掠船へと戦いの形態が変化することによって、その中心地も移動した。イスラーム側はコンスタンティノープルからアルジェへ、キリスト教側はマドリードやメッシーナ(シチリア島)からマルタ島、リヴォルノ、ピサへ。

ところでブローデルによれば、西欧の歴史家は、ごく最近まで、イスラーム教徒の海賊、それもバルバリーの海賊しか見ないように教えてきたという[111]。歴史の事実としては、キリスト教徒の住む岸辺にも、アルジェと相同の奴隷市場と牢獄があり、「強制収容所を思わせる世界」は地中海全体を「風土病」のように包み込んでいた。それにまた、海の荒くれ者になることは、生業（なりわい）の選択であって、祖国や宗教への忠誠を誓うことではない。それゆえ「合法性」を忘れ、ヴェネツィア船籍の豪奢な商船を襲撃するキリスト教徒が少なからずいたとしても不思議ではなかった。

『ドン・キホーテ』のなかで、スペインの海岸を目前にした《捕虜》とモーロ娘の一行は、正体不明の海賊に襲われる。乗員はフランス語を話していた。あとで判明したことだが、ラ・ロシェル船籍であることを隠してスペインの近海を荒らし、ときには接岸して掠奪品の取引をやったりしているらしい。同時代の読者であれば、なぜセルバンテスがラ・ロシェルの海賊を登場させたのか、ただちに理解したにちがいない。

スペイン人を襲撃するフランスの私掠船．テオドル・ド・ブリ『大旅行』(1590年）より．

十六世紀、大西洋と新世界におけるスペインの覇権を脅かしたのはフランス人であり、その最大の拠点はラ・ロシェル。しかもここはユグノーと呼ばれるカルヴァン派プロテスタントが居住して、繁栄をきわめる海運都市だった。(112)『ドン・キホーテ』に登場するこの海賊船の船長は、描き方からして、際立ったところのない人物だ。にもかかわらず彼は、《捕虜》たちを小型ボートに乗せて解放し、美貌のソライダをかばい、路銀までもたせてやる。信仰の問題に触れているわけではないけれど、プロテスタントである可能性の高いキリスト教徒の海賊を、無名のまま、血の通った人間として登場させたことが、無意味であろうはずはない。カトリック、プロテスタント、イスラームが三つ巴の戦いをくり広げる時代に生きながら、『ドン・キホーテ』の作者は、信仰の異なる者を鬼畜のごとく描こうとする時代の風潮に対して距離をおき、これを軽妙に揶揄しているようにさえ見える。いずれヴォルテールが痛烈に批判することになる「狂信」から、これほど隔たった精神はないだろう。

遥かなるペルシア

敵の敵は味方、という論法をふたたび持ち出すなら、オスマン帝国の東端で国境を接するペルシアは、ヨーロッパにとって潜在的な盟友でありうるはずだった。じっさい十五世紀から、西欧の旅行者、商人、使節が、遠いアジアのイスラーム圏に赴いていた。十六世紀初頭、オスマン・トルコのセリム一世と対決したサファヴィー朝ペルシアは、その後、着実に勢力を拡大する。ローマにも劣らぬ壮麗な都イスファハーンを、ジャン・シャルダンが訪れたのは、十七世紀の後半。一七一一年に、その数奇な経験を語った見聞録がオランダの書肆から上梓された。これにモンテスキューが霊感を得て、あの『ペルシア人の手紙』(一七二一)が執筆されたといわれている。

羽田正『勲爵士シャルダンの生涯』を参照しながら、啓蒙の世紀への架け橋ともいえる人物を点描してみよう。本書第Ⅰ部「ビュフォンの人種論」の項、グルジアの美女にまつわる話で、すでに言及した著作である。一六四三年、パリで生まれたシャルダンが、オリエントに旅立ったのは、弱冠二十歳をまわったばかりの頃である。後見人にあたる年長者が同行していたが、教養主義的な「グランド・ツアー」が流行するのは一世紀のちのこと。旅の目的は物見遊山ではなく、家業の宝石商を営むためだった。第一回は一六六四年から五年数ヵ月、第二回は一六七一年から九年近く、シャルダンは商いを成功させつつ、計十四年あまりの大旅行を行った。滞在地は、トルコ、ペルシアはもとより、ムガル朝インドまでを含む、広大なイスラーム圏の諸都市である。

それにしても、「旅に対する熱い情熱」という言葉を著書の「序文」に書きこんだシャルダンが、きわめて知的な人物であり、本書の語彙でいうなら「知の領域としてのオリエント」を先駆けとして探求したことはまちがいない。さまざまの意味で啓発される羽田氏の著作から、二つの論点を本書の文脈につなげてみたい。第一は、ナショナリティの問題、第二は宗教の問題だが、著者も指摘するように両者は深くかかわっている。

一六七二年、シャルダンは、イスタンブルに寄港したときに、フランスとオスマン朝の外交関係が悪化したあおりを受け、足止めを食う。ヨーロッパ人を受け入れるイスラーム世界では、すでに「国籍」による待遇の峻別があり、一方、イスラーム世界の内部では、「オスマン朝人」と「サファヴィー朝人」というたぐいの対立は存在しなかった。たとえばペルシアからイスタンブルにやってくる商人の大方は、みずからを「アルメニア正教徒」というふうに認識していたというのである[113]。この証言が興味深いのは、シャルダン自身が、のちに「国籍」を変えた人物であるからだ。

なるほどヨーロッパ人は、カトリックやプロテスタントである以前に、すでにフランス人やイギリス人であったにちがいない。しかしこの時代において、フランス人であるという意識は、どのようなものだったのか。想像することは容易ではないけれど、それが十九世紀的な国民のアイデンティティとは別物であったことはまちがいない。

シャルダン『イスファハーン誌』より，王宮内「大衣服庫」と呼ばれる建物のサロン．中央には斑岩で縁どりされた泉水，壁は碧玉，床には金糸と絹糸で織り上げた絨毯…….

絶対君主制の時代、国籍とは国王の臣民を意味するものであり、そのことを抜きにしたナショナリティの選択はありえなかった。君主は国家（エタ）を具現する想像上の人格というべき存在で、直接的な権力の行使とは次元の異なる象徴的な機能を付与されていた。フランス人であるという意識がかかわるのも、おそらくこの象徴の領域ではないか。ジャン＝マリー・アポストリデスが『機械としての王』で述べるところによれば、十七世紀、とりわけ太陽王ルイ十四世の時代において、たとえば知的・芸術的活動のすべては国王＝国家に対する奉仕とみなされた。個々の著作に「国王の允可状」(privilège du roi) が与えられて、はじめて「著作権」らしきものが生じるという時代だった。シャルダンも、処女作『ソレイマーンの戴冠』を、国王に捧げており、つづく著作も、本来は同じ君主に献呈されるはずだった(114)。そうしたことは、個人的な忠誠心の表れであると同時に、公的な儀礼ないしは手続きとしての側面をもっていたはずだ。その国王＝国家により、文化的な貢献が認められた場合には、貴族の称号を与えられる可能性も開かれていた(115)。

パリの宮廷とロンドンの宮廷が、こうした文化貢献に対し、同等の評価基準をもって対応していたかどうかは定かではない。しかし、事実として、二度目の大旅行を終えたシャルダンは、相応の財産と、オリエントに関する傑出した知見とを携えてイギリスにわたり、ロンドンの王立協会の研究活動に参加して、時を移さず「サー」の称号を得てしまったのである。羽田氏の指摘するように、シャルダンの新しい「国籍」が、何によって購われたかは、今となっては、謎のままだろう。これに対して、なぜシャルダンがイギリス人になることを望んだかは、比較的容易に推察されるという。

一五九八年、アンリ四世がナントの勅令によって、信仰の自由を認めて以来、フランス国内のプロテスタントの立場は相対的に改善されてはいたものの、ルイ十三世、十四世は、ふたたび弾圧を強化して、一六八五年十月には、ついにナントの勅令が廃止された。この時期に国外に脱出したプロテスタントは二〇万ともいわれ、シャルダンも、おそらくは宗教上の理由からイギリスへ移住したユグノーの一人だった。

プロテスタント信仰のために祖国フランスを棄てることになる人物の証言として、一七一一年に出版された『ペルシア旅行記』を読んでみよう。シャルダンが、ペルシア語を学び、イスラーム教シーア派の基本的な信条を客観的に理解して紹介し、ゾロアスター教、ユダヤ教の信徒の生活や住環境をつぶさに観察して報告し、インド系の住民、ア

ペルシアの男女．ル・ブルインの旅行記の挿絵(1718年)．

ルメニア正教会の信徒、グルジア系キリスト教徒に関しても、現代の用語でいえば、エスニシティやマイノリティ問題として、逐一検討する様は、読者の感慨を誘うにちがいない。なによりも、シャルダンの知性は、キリスト教とは異なる原理によって導かれたオリエント世界の自律性、その尊厳と叡智に向かって開かれている。

イスファハーンでは、イエズス会士とアルメニア人が、迫害を受けることもなく神学論争をやっている[116]。イスラーム世界は本質的に、信仰の異なる者に対して寛容である、それにひきかえ……、という思いが行間に読みとれるようなところさえあって、じっさい、出版に際して削除されたカトリック教会批判の部分というのは、イスラームとの比較文化論的な視点から引き出された考察であっただろうと想像されるのだ[117]。

ルソーも絶賛したという包括的な記述は、たしかに十八世紀半ばの『百科全書』、いや、その後の辞書・事典一般の構成さえも、先取りしているように見える[118]。ただし「旅行記」とは文芸の一ジャンルでもあって、読書の愉しみに供されるものだ。グルジアの美女、娼婦との出会い、伝え聞いた冒険やエピソードなど、娯楽の要素を巧みに盛り込むうちに、ノン・フィクションからフィクションの領域へと横滑りできる。十九世紀にいたるまで、たとえばネルヴァルの『東方紀行』でも、存分に活用された手法である。

モンテスキューの『ペルシア人の手紙』は、啓蒙の世紀におけるペルシア幻想と新しいオリエントの主題化を代表する作品である。ジャンルの定義からはじめれば、書簡体の紀行文という形式のフィクションということになる。この著作が、その先駆と呼ぶべきタヴェルニエの旅行記[119]から、具体的な情報の大半を得ていることは、一般の文学史にも記されている。シャルダンとタヴェルニエの権威を盾に、本物のペルシア人よりペルシアがわかったような顔をするという、滑稽な出来事が報告される。作品の成立事情を明かす著者の目配せにちがいない。

それはともかく、この作品自体は見聞録でもなく、思想書でもなく、まぎれもない創作である。つまり「オリエント」は、描写されているのではなく、読み解かれるべき主題として、そこにあるのだが、まずはイスラームをめぐる当時の知的活動の状況を、ここで一瞥しておきたい。

この時代のオリエント通の一人に、『千夜一夜』(一七〇四―一七)の翻訳で名を残すアントワーヌ・ガランがいる。一六七二年、シャルダンは二度目の旅の経由地イスタンブルで、外交筋の職にあったガランと出会い、意気投合したらしい。ガランはイスラームの三言語――アラビア語、ペルシア語、トルコ語――および現代ギリシア語に通じ、一七〇九年にコレージュ・ロワイヤルのアラビア語教授に就任した。同じコレージュ・ロワイヤルの教授バルテルミー・デルブロによる『東洋全書』[120](一六九七)は、ガランが解説を書いて著者の死後に出版された。ネルヴァルが『東方紀行』を、そしてフローベールが『聖アントワーヌの誘惑』を執筆するときに参照する、基本文献である。シャルダンが一六六八年にインドのスーラトで邂逅した人物、帰国して『ムガル帝国誌』(一六七〇―七二)を出版することになるフランソワ・ベルニエの名も挙げておかなければならない。イスタンブルでシャルダンは、評判の新刊書をガランに貸与したというのだから、世紀の変わり目の先駆的な「オリエンタリスト」たちは、偶然か必然か、どこかで交流しているのである。

これらの人々のもたらした知見により、ユーフラテス河の東岸からインドまでが、新たな「オリエント」の地理的空間として浮上する。ユーフラテス河の西岸から東地中海沿岸のアジア側にいたる土地は、「レヴァント」と呼ばれ、相対的には馴染みの深い地域となるだろう。十八世紀の幕開けに、アラブ、トルコ、ペルシア、ムガル朝インドまでが、一挙に増大した情報とともに個別化され、ヨーロッパの視野に入ってくるのである。

学問研究としての「オリエンタリズム」と「イスラーム学」は、この時点で成立した。一六九一年と一六九八年には、コーランの正確なラテン語訳に神学的な批判を添えた浩瀚な二巻本がパドヴァで出版された。トルコ研究の進展は、むしろ緩慢であったらしいが、一七九四年、ローマで上梓されたラテン語の「トルコ語文法」には、その着実な成果が認められる(121)。

オリエントの叡智

以上を前置きとして『ペルシア人の手紙』を読もうというのだが、物語の設定はこうだ。年輩の貴人ユスベクと若者リカが、イスファハーンを後にして、ヨーロッパを訪れる。故郷の友人、知人、そしてハレムの女たちや宦官までを交え、相当数の人間のあいだで手紙がやりとりされ、ユスベクの寵愛するロクサーヌの裏切りと自殺というメロドラマ風の結末もあったりして、その豊穣にして複雑な内容を要約することはむずかしい。ただし、異邦人の無知ゆえとも見える、しばしば喜劇的なエピソードや暴論のたぐいから、逆説的な真理が浮かび上がるという仕掛けは一貫しており、これが最終的に、オリエントの叡智を借りた「ヨーロッパ文明批判」となるのである。

たとえば、ユスベクが従兄のイスラーム修道者(デルヴィーシュ)に宛てた第三五の手紙。導入の部分は、キリスト教徒はトルコ人のように最後の審判の日に地獄落ちになるだろうか、という問いからはじまっている。イスラーム世界の内部でシーア派のペルシアと全面的に対立するスンナ派のトルコより、異教のヨーロッパのほうが、冷静に見つめられるというユスベクの心理からして、いかにもモンテスキューらしいアイロニーが効いているのだが、カトリックとプロテスタントの対立によって二分されたヨーロッパに、イスラームの内紛を嗤う資格はない。

ユスベクの判断によれば、キリスト教徒は、奇蹟を信じるという意味で「不信の徒」とは異なり、むしろ預言者の到来以前の闇にいた、不幸な偶像崇拝者に近いかもしれないという。彼らの宗教をつぶさに検討したところ、その信条や礼拝には、イスラームの真正な宗教と本質的な相違はないように見える。

彼らもわれわれ同様、おのれの善根の不足、神との仲介者が必要であることを認めています。いたるところで、わたしはマホメットの教えを見出すのです。ただし、マホメット自身は、どこにも見当たらないわけですが。われわれが何をしようと、いずれ「真理」というものが現れて、それを包みこんでいる闇をつらぬくにちがいありません。「永遠の存在」は、いつの日か、地上にまことの信者のみを見出すことになるでしょう。すべてを消耗させる時間というものが、誤謬さえ破壊するはずです。すべての人間が、じつは同じ旗幟のもとに集うていることを発見して、驚くことになるのです[122]。

語られているのは、具体的な教義の対立を越えたところで、開示された「真理」を共有できるはずだという信念である。一神教の融和を夢見る理想主義を、イスラームのペルシア人に語らせているところが面白いのであり、アジア人でさえ、このくらいの聡明さを備えているという仄めかしと考えてさしつかえあるまい。キリスト教とイスラーム教だけの問題ではない。カトリックとプロテスタントの血みどろの闘争への、あるいは宗教の違いを根拠とした弾圧や戦争すべてへの、率直な批判と警鐘を、ヨーロッパの外部から発信させるという工夫なのだ。

もっとも問題の手紙には、「多妻制」を擁護する論陣を張ったドイツ人牧師の大著が紹介されたりもする。つまり、キリスト教はイスラームの教えと矛盾しない、という一見神学的で高級な議論に、ハレムをめぐる論争という、あからさまに通俗的な話題が折り込まれているのである。それに、ユスベクが問答無用のトルコ嫌いであることも手伝って、全体の印象は、いささか胡散臭(うさんくさ)いものになる。終始、ペルシア人の傑出した知性が著者モンテスキューを代弁しているわけではない。

とりあえずオリエントの「叡智」(sagesse)とわたしが呼んでみたものは、したがって、必ずしも高度な知性と倫理観といった実態を指し示すわけではない。そうではなく、ヨーロッパのキリスト教世界だけが普遍的真理を保持する唯一の場だという思いこみが一方にあり、これに対して、そうではないかもしれない、と疑義をさしはさむ立場が他方にあるとして、後者の足場となるのが「オリエント」と呼ばれるトポスなのである。西欧を外側から映し出す「鏡としてのオリエント」という言い方もできるだろう。

あるいはむしろ「寓話のなかのオリエント」を、ここで話題にすべきかもしれない。わたしが思い浮かべているのは、ヴォルテールの哲学的コント、とりわけ『ザディーグ』(一七四七)のような作品だ。

時は昔、ユーフラテス河の畔バビロンの物語。主人公ザディーグは、容姿端麗、頭脳明晰、資産もある哲人風の若者だが、妻に裏切られ、謎解きの才が災いして冤罪をこうむり、宰相になってからは王妃との仲を疑われて国外に逃亡し、遠くエジプトに流れて商人の奴隷となり、数々の艱難辛苦を乗り越えたのち、未亡人となった王妃とついに結ばれて知勇兼備の名君となる。ザディーグは、著者自身が望む「哲人の典型」「自画像」であり、「全編を通じ、架空の舞台と人物とで当時のフランスの社会政治を辛辣な風刺を交えた軽妙な筆で写し、敵に復讐している」というのが、文学事典の解説だが[123]、その「架空の舞台」は、実在の地名をもった古代都市である。しかも作品の細部には、ゾロアスターの教義にはじまり、新鮮な「オリエンタリズム」の成果がふんだんに盛り込まれている[124]。いやむしろ、ブームに乗って発展する「オリエンタリズム」の知見と幻想の内部から、さながらそのパロディのように、作品が生成したのではないかと推察されるのだ。

「ナラトロジー」（語りの技法の分析）の用語でいえば、「パラテクスト」（序文など、本文の外側に置かれた仕掛け）の部分に、それはあらわれている。まずはタイトル『ザディーグあるいは運命』には「オリエントの物語」と副題がつき、さらに「賛辞」（approbation）と題した断章がつづく。「自分は学識と才知に恵まれた人間であるが、この手稿を読んで、なかなか面白く為になり、これなら小説嫌いの人にもお勧めできると考えた。それゆえカディスレスケルのまえでは、唾棄すべき作品だと言っておいた」——という趣旨の短文だが、「見出された手稿」という話は、十八世紀によく使われた文学的トリックだ。さらに「カディスレスケル」という耳慣れぬ言葉が、エグゾティックな雰囲気を醸し出すのだが、オスマン・トルコの大審問官のような職を指すらしいこの言葉は、当時の読者に馴染みのものだったのだろうか。ともかく「手稿」は、トルコで発見されて、正体不明の「わたし」によってヨーロッパにもたらされたものと推測される仕組みになっており、さらに、この「賛辞」のあとには「サアディーによるスルタン・シェラへの献辞となる書簡」という、ほぼ一ページの文章がある。ちなみにサアディーは、十八世紀フランスでは、すでに翻訳もあり、よく知られていた十三世紀ペルシアの大詩人(125)。そのサアディーが麗しき王妃に捧げる言葉には、長髯のデルヴィーシュよりむしろ、聡明な女性に賢者の物語の真価を判定していただきたいという献辞のほかに、作品の由来が報告されている。もともとはカルデア語で書かれた古の説話が、アラビア語に翻訳されたものだが、それは折しも『千夜一夜』や『千日一日(126)』がアラビア人やペルシア人によって書かれはじめた時期であり、当時、スルタンとその后たちは、これら二作と『ザディーグ』との優劣をめぐり論争したものだ、とまことしやかに述べられる。

こうした「パラテクスト」は、文学の「仕掛け」あるいは「遊び」である。しかし、虚構を立ち上げるための外装の部分にこそ、同時代の文化的な情景が、色鮮やかに映し出されている可能性がある。

一七〇四年にアントワーヌ・ガランの『千夜一夜』第一巻が世に出たころから、オリエント物の出版ブームが起きて、おそらくはテクストの信憑性はあまり問われずに、商人、探検家、外交使節、修道会士、等々の見聞録や、オリエントの諸言語で書かれた伝承や文学作品の翻訳が山のように刊行された。そうした状況を背景として、『ペルシア人の手紙』は「見聞録」のスタイルを借用し、『ザディーグ』は『千夜一夜』に代表される説話のスタイルを模倣して、いわば時流に乗って書かれた作品なのである。『ザディーグ』の本体をなす十九の説話は、主人公と王妃の童話的な純愛のほかに、女の不貞、男の嫉妬と猜疑心、裁判の巧みな弁護、忠義と裏切り、等々の普遍的な主題を扱っており、その意味では、たしかに同時代のフランス社会への痛烈な風刺として読み解ける。だがそれだけでなく、この作品が、物語の舞台はもとより、文学の技法までを、古のオリエントから借りたと称していることを忘れてはならない。

しかも「寓話」として描かれたオリエント世界では、最終的に聡明で有徳な人間が顕揚されている。『あるがままの世界』や『バビロンの姫君』など、ほかにもヴォルテールのコントには、主人公たちが、ユーラシア大陸の実在の土地や神話伝承の空間を縦横に経めぐって、人生の意味と世界を律する掟を学ぶ物語がすくなからずある。そこはもはや、身近なイスラーム圏ではなく、はるか昔の、古代の知恵を秘めたアジアである。啓蒙の世紀における、こうした文学的主題としての「オリエント」は、ある意味ではすでに「ユートピア空間」となっている。ちょうど『ポールとヴィルジニー』の舞台となる大洋の小島が、そうであったように。

キリスト教世界の不寛容について

ヴォルテールの哲学的コントの代表作『カンディードあるいは楽天主義説』（一七五九）は、文学の領域でいえばルソー『新エロイーズ』につぐ十八世紀二番目のベストセラーである。『ペルシア人の手紙』と同様、著者の名を秘して出版されたけれど、それはなかば公然の秘密。匿名とは、裏を返せば、違反性のつよい書物であることを自覚しているという告白ないしは宣言のようなものだ。

ライプニッツが『神義論』（一七一〇）で披瀝した楽天説を、徹底的に論駁しようという趣旨は、タイトルにも明確に示されており、「一切万事最善」という世界観が破綻してゆく様を、波瀾万丈の物語がつづってゆく。語りの構造は『ザディーグ』ほどに複雑ではないが、「ラルフ博士のドイツ文よりの翻訳、ならびにキリスト紀元一七五九年ミンデンにて博士死去の際、そのポケット中より発見されたる補遺」とタイトルのかたわらに記されている。これも「見出された手稿」という発想だ。

幕開けはドイツのウェストファリア。登場人物は、城主の夫妻と令嬢キュネゴンド、その兄と居候の青年カンディード、楽天主義を代弁する家庭教師のパングロスなどが主なところ。カンディードは令嬢に懸想して城を追い出される。とりあえず傭兵になり、無一文で彷徨するうちに、零落したパングロスに再会し、リスボンに到着するが、同時に大地震に遭遇し、その地でパングロスは異端裁判にかけられ落命する。一方、戦争で落命したはずのキュネゴンドは、同じリスボンでハレムの女になっていた。令嬢に再会し、そのパトロンを殺したカンディードは、恋人と婆やを連れて新大陸のブエノスアイレスにわたる。そこでは、これも落命したはずのキュネゴンドの兄が、イエズス会の神父として権勢をふるっており、三人は再会を歓び合うが、それもつかのま、兄は身分違いの結婚に反対し、ふりかざした剣の勢いで、カンディードに殺されてしまう。カンディードは、混血の奴隷カカンボとともに逃走する。類人猿らしきものや食人種の大耳族と出会ったのち、エル・ドラド（インカ帝国を指すらしい黄金郷）にたどりつき、金銀財宝にかこまれて、しばらくは平和に暮らすが、望郷の念にかられてオランダ領スリナムへ向かい、手足を切断された奴隷などを見たのちに(127)、カンディードは、カカンボと別れ、強欲なオランダ人にエル・ドラドから持ち出した財宝のあらかたを巻き上げられ、フランス船でヨーロッパにもどり、パリを経由してヴェネツィアへ向かう。カカンボは、ブエノスアイレスからキュネゴンドを救出し、そこでカンディードと落ち合う手筈になっていた。ようやくあらわれたカカンボは、元トルコ皇帝アフメット三世の奴隷になっており、その報告によれば、キュネゴンドはコンスタンティノープルで同じく奴隷の身となって、皿洗いなどをやっているという。とり急ぎカンディードたちが乗り込んだトルコ人のガレー船では、意外や、死んだはずのパングロスとキュネゴンドの兄が、並んでオールを漕いでいた。

奴隷になった者たち全員を、カンディードが買い戻し、残り少ない財産で、小さな農園を買い「おのれの庭をたがやさねばならない」という教訓を得た、というところで幕。

波瀾万丈、荒唐無稽な筋書きを紹介したのは、「コント」というジャンルの醍醐味を、いささかなりとも伝えたかったからだ。もとより「コント」はレアリスム小説とは別種の空想物語であるのだが、なおのこと、実在の地名や地理上の空間の選択に、寓意的な意味がこめられていないはずはない。リスボンの大地震も、南米パラグアイへの軍船派遣も、砂糖生産のための苛酷な奴隷制も、ヴェネツィアのカーニヴァルで遭遇する退位した君主たちも、すべて同時代のアクチュアリティ、現代でいえばジャーナリスティックな話題なのである。イスラーム世界との交流についても、読み解かれるべきトリックが、きっとあるにちがいない。

物語の結末の舞台となるのは、コンスタンティノープルの近郊、プロポンティード(マルマラ海)の岸辺である。見る影もなく容姿の衰えた、高飛車な中年女キュネゴンドと義理堅く結婚したカンディードは、さすがに幸福を手にしたとは考えない。教えを求めて、パングロスとともに、デルヴィーシュのもとを訪ねるが、すげなく追い返された帰り道、見るからに平凡なトルコ人の老人が、気取らぬ口ぶりで、自足することの大切さを二人に語り聞かせるのである。

再洗礼派のプロテスタント、異端審問の裁判長、イエズス会の神父、そしてイスラームのデルヴィーシュ等、この作品には神学論争で発言権をもつ者が、すくなからず登場するけれど、カンディードのまえでは誰ひとり、真摯に人生を語ろうとはしない。真の教えを授けたのは、一介の農民だった。不寛容なキリスト教世界からはじき出された主人公と友人たちは、こうして最後にささやかな平和を手に入れる。ヨーロッパの終わるところ、アジアのはじまる岸辺でもたらされる啓示を、わたしは「オリエントの叡智」の一例と解釈したい。

しかし目前の地中海は、十八世紀においては、あいかわらず海賊の跳梁する不穏な世界だった。キュネゴンドに仕える老婆の身の上話は、劇的をとおりこして悪夢のようですらある。法王の娘として生まれた絶世の美女が、モロッコの海賊に捕らえられ、いかがわしい仕打ちを受け、弄ばれ、九死に一生を得て、売り飛ばされるというエピソードには、巷の怖い噂が、ここぞとばかりに盛り込まれているのだろう(128)。それにしても、いちばん怪しげな話について、「信心深いマルタの騎士たち〔十字軍の末裔であるキリスト教徒〕も、トルコの男女を捕らえたときには、同じことをやる」という、さりげない説明がついていることを見逃してはならない。海賊もガレー船も、イスラームだけの現象ではなかった。ブローデルの指摘にもあったように、キリスト教世界の側でも、せっせとムスリムの奴隷を入手しており、「トルコ人」はガレー船の漕ぎ手を指す一般名詞となるほどだった。やがて供給が足りなくなると、犯罪者とプロテスタントの徒刑囚が「トルコ人」の代用品になった。プロテスタント信仰をもつことが国事犯とみなされる時代にあっては、自然な事のなりゆきだった。『カンディード』の時代、ガレー船はいまだ過去のものではない(129)。

物語の出発点、ドイツのウェストファリアには、泥沼のような宗教戦争の思い出が染み込んでいる(130)。ポルトガルでは異端裁判が、身に覚えのない人間までを血祭りにあげる。カンディードがスリナムで出会う手足を切断された奴隷は、オランダ人の主人をもつことが強調されていた。地中海にはイスラームの海賊船、ガレー船が跋扈する。一方、パリが舞台となるのは、風俗的な色気話であって、旅も終わりに近づいた頃、カンディードはふと玄人の女性の誘惑に負ける。こんなふうに全体をふり返ってみると、戦争から宗教弾圧まで、極限的な悪は、すべてフランスの外部にあるようにも見える。しかし祖国礼賛がヴォルテールの意図ではあるまい。そもそもが「ラルフ博士」なるドイツ人が書いた手稿という設定で、ウェストファリアの城主は「ツンダー・テン・トロンク」という、耳障りなドイツ語を茶化したような名前であるのに、主人公は「天真爛漫」を意味する軽やかなフランス名になっている。むろん著者がその不自然に気づかぬはずはない。フランス語で読まれたときに、たとえば国内のカトリック勢力からは断罪されず、しかも読者が主人公に一体化できるようにという洒落た韜晦ないしは悪戯だろう。ためしに城主と主人公の名を入れ替えてみれば、これが解釈不可能な作品となることは明らかだ。

宗教的な理由による弾圧が横行する時代に書かれた、宗教的な主題のテクストは、つねにある種の戦略性を秘めている。不寛容な権力に対し、直接的な異議申し立てをすることの危険を、文筆家は知っているからだ。それにフランス国王の臣民が、たとえ匿名であろうとも、フランスという国家を悪の温床として描けないのは当然ではないか。新教徒カラースの冤罪事件に正面から取り組んだ『寛容論』(一七六三)では、普遍的な問題構成が、そして『ザディーグ』や『カンディード』や『自然児(アンジェニュ)』(131)(一七六七)のようなフィクションでは、喜劇仕立ての寓話的な設定が、その種の戦略にあたるだろう。寓話のなかの人物は、無垢や純愛、あるいは楽天主義や悲観主義というイデオロギー、また宗教についての寛容や不寛容、等々の明確な主題を担っている。

戯曲『マホメットあるいは狂信』(一七四二上演)では、予告されたとおり「狂信」という現象を、イスラームの預言者が一身に体現することになるのだが、そのことから、ヴォルテール自身がイスラームを狂信的な宗教とみなしていたと結論するのは、したがって早計なのである。十九世紀の読者、すくなくとも『ラルース大辞典』の執筆者は、これが不寛容な時代の戦略性にみちた作品であるとみなして読み解いていた。解説の冒頭部分を訳出する。

ムスリムの狂信を攻撃することで、ヴォルテールが、あらゆる狂信に対して闘いを挑んでいることは自明であろう。宗教の情熱が高じて、逸脱や罪にいたることがあると証明してみせるのが、その隠された意図だった。キリスト教への攻撃は、かなりヴェールがかけられていたから、教皇ベネディクトゥス十四世に、この『マホメット』を献呈することができたのである。文芸愛好家である教皇は、友好的な書簡でこれに応え、教皇としての祝福を作者に授けている。しかるに教皇は、この悲劇を読むときに相当の善意をもってしなければ、作品全体を受け入れる気にはなれなかったはずである(132)。

ラルースによれば、教皇への献呈という仕草には、作者一流のアイロニーがこめられている。ヨーロッパ内部で「狂信」のもたらしている不寛容を告発するために、ヴォルテールは、ヨーロッパの外部を舞台にした寓話を構成し、素知らぬ顔で当事者に差し出すのである。「オリエントの叡智」も「ムスリムの狂信」も、結局のところは「キリスト教世界の不寛容」を告発するための、巧妙な置き換えであったと思われる。

4　非宗教性(ライシテ)の時代のキリスト教

国家と宗教

毒舌家のヴォルテールは、とりわけ『哲学辞典』（一七六四）などで、聖書の激越な批判、というよりむしろ、揚げ足取りのようなことをやっている。そもそも「哲学」を称する辞典に、これほど宗教関係の語彙がならぶこと自体が、啓蒙の世紀ならではの、特殊事情なのかもしれない。冒頭から項目を順に見てゆくと、「神父」(Abbé)「アブラハム」「アダム」といった具合であり、さらに「神」「イエスの神性」「教義」「創世記」「異端審問」「奇蹟」「モーセ」「ヨブ」等々と並べてみると、これは「キリスト教辞典」あるいは「宗教辞典」ではないかと思われるほどだ。たとえば「教理問答」の項目には、中国人、日本人、ムスリムなどが登場し、喜劇がかった調子で、時には法螺話のように、対話形式の比較宗教論が展開される。

辛辣な批評の手近な例を挙げれば、「アブラハム」については、ユダヤ人もアラビア人もこの著名人がご祖先様だと主張するけれど、なぜ同じ人間が同時に別のところにいて、別のことをやり、別の集団の先祖になれたのか、まるで辻褄が合わない、この古代人の異様な長寿に説明がつくか、妻を妹と偽って歓待にあずかるとは何たる狡猾さ、等々。「キリスト教」については、イエスの家系の記述が福音書によって異なり、相互に矛盾があるのはどうしたことか、同時代のユダヤの歴史家フラヴィウス・ヨセフスがイエスの誕生について何も語らないのはどうしたことか、等々。しかるに、ここが肝心な点なのだが、ヴォルテールにとって、宗教そのものをこきおろすこと、ましてや神の存在を否定することは、最終的な意図ではない。Aの最後の項目、「無神論者、無神論」(Athée, athéisme) で、プロテスタントの哲学者ピエール・ベールに言及した部分に、おそらくは率直な、著者の見解が記されている。

つぎにベールは、偶像崇拝が無神論より危険かどうか、神を信じないことが神について不当な考えをいだくことより大きな罪かどうか、を検討する。この点では、彼はプルタルコスと同意見である。悪い意見をもつよりはなんの意見もないほうがすぐれている、と彼は信じた。しかしプルタルコスには気の毒だが、ギリシア人にとっては、まったくなにも怖れないよりもケレスやネプトゥヌスやユピテルを怖れるほうがかぎりなく有益であったことは、明瞭である。誓約は神聖であるとみなされるべきこと、偽誓が罰せられると考える人々のほうが、偽誓をしても罰を受けないと考える人々より、信用されるべきであることは、明白である。文明化した都市 (ville policée) でも、まったく宗教をもたないよりは、悪い宗教にせよもっているほうがかぎりなく役立つことは、異論の余地がない。

したがってベールは、狂信と無神論のいずれがより危険であるかをむしろ検討すべきであったように思われる。もちろん狂信のほうが千倍も有害である。なぜならば、無神論は血腥(ちなまぐさ)い情念を吹きこまないが、狂信はそれを吹きこむし、無神論は罪悪に反対しないが、狂信はそれを犯させるからである(133)。

要するに、宗教は、たとえ悪しきものであっても、人間のモラルを律するという意味で貴重であり、したがって無神論は偶像崇拝にも劣る。一方で、宗教の内部にある狂信は、罪悪の動機となるから、無神論にも劣る。つまり、狂信よりは無神論が、無神論よりは偶像崇拝がましであり、これを超えたところに、真正の宗教があるというわけだ。したがってヴォルテールは――あるいはヴォルテールでさえも？――文明化した国家には、宗教が必要不可欠であると考えているのだが、ここで啓蒙の時代における君主制という政体を考慮に入れなければならない。ルネ・レモン『ヨーロッパにおける宗教と社会』によれば、

> アンシアン・レジームにおいて、国家は固有の信仰をもつものとされる（l'Etat est confessionnel）。国家は、諸個人とまったく同様に、一つの宗教をもつ。もたなくてもよいという話は、想像さえできないのだ。かりに宗教をもたなければ、無神論を標榜することになる。ところが、たとえ個人であっても、無神論は禁止され訴追されるのだから。ところで国家が宗教をもつ場合、一つの宗教しかもてないのである。複数の宗教を実践してよいというのは、これもまた納得できぬ話だろう(134)。

confession とは、明確に標榜する信仰や宗派のことであって、内面の問題として実践する信仰（foi）とも、超越的な存在を信じ（croyance）あるいはこれを礼拝する行為（culte）とも、異なるレヴェルの用語である(135)。フランスやスペインはカトリック、イギリスはプロテスタントの国教会、かつての東ローマ帝国は正教会、といったものが **confession** であり、絶対君主制のもとでは国王の信仰がすなわち国家の信仰となる。いいかえれば、君主の信仰を分かち合わぬ者は、善き臣民たりえない。

そうした制約を承知のうえで、ヴォルテールは宗教を肯定する。「もし神が存在しなければ、それを発明しなければなるまい」という言葉は、ヴォルテールの名言として、フローベールの『紋切り型辞典』に登録されているほどなのだ(136)。かくも宗教的な時代における「寛容」（tolérance）とは、情緒的な要請ではなく、まさに「信仰をもつ国家」（**Etat confessionnel**）の政治課題であるはずだった。ルネ・レモンによれば、ヨーロッパで唯一、制度的に「寛容」

が保証された例は、フランスの十七世紀、正確にはナントの勅令が発布された一五九八年から、一六八五年における廃止までの期間であるという。対岸のイギリスでは、長老派教会の伝統をもつスコットランドとイギリス国教会のもとにあるイングランドが、一七〇七年に統合されて大ブリテン連合王国となり、国内では実質的な「寛容」が保証されていた。『哲学書簡』（一七三四）に見られるように、ヴォルテールがフランスの「不寛容」を批判するときに、戦略的モデルとしたのは、このイギリスだった(137)。

これに対して「非宗教性」(laïcité) とは何か。それは、国家によって宗教が制度化された社会における「寛容・不寛容」の問題とは、まったく次元の異なるものであるだろう。一七八九年八月二十六日、立憲国民議会が発布した『人権宣言』の第十条「意見の自由」の項。

> いかなる者も、その意見について、それが宗教的なものであっても、その表明が法律によって定められる公の秩序を乱さない限り、不安をもたないようにされなければならない。

Nul ne doit être inquiété pour ses opinions, même religieuses という原文の、ささやかな一語、「さえも」(même) の重みとニュアンスを推しはかってみよう。「宗教的意見」という言葉は、自明であるけれど、念のためつけ加えられたのか、それとも、これをつけ加えることは、大英断だったのか。

プロテスタントに対する最小限の譲歩が認められたのが、ようやく二年前のことだった。しかるに、この条文によって、多くの人々が命を賭けた宗教上の信念は、さまざまの意見の一つになってしまったのである。各自がおのれの信仰 **confession** を、さまざまの意見の一つとして、自由に選択できるようになれば、それと同時に、何百年もつづいた国教としてのカトリックという伝統が解体される。意味するところは「信仰をもつ国家」の終焉であり、同時に、宗教とはいっさい係わりのない「市民権」(citoyenneté) が成立する。これはフランスという国家にとって、前代未聞の決断だった[138]。

非宗教的（ライック）な共和国のヴォルテール的精神

法的な用語としての「ライシテ」は、次のように定義される。

政教分離。国家の非宗教性◇国家の統治・行政権限のすべてが、宗教団体によって関与されず、また宗教問題に関与することもなく、世俗的機関により行使される原則。国家が反宗教的であるべきこと (laïcisme) を意味するわけではない。国家の宗教的中立性あるいは国家と教会(宗教団体)の分離を指すこともある。フランスでは、政教分離原則は第三共和政下で確立した。一八八二年三月二十八日法および一八八六年十月三十日法は非宗教的な公教育制度を設営し、ついで一九〇五年十二月九日法によって政教条約 concordat は一方的に破棄され、国家がいかなる教派についても承認、俸給、助成金を与えない旨が定められた[139]。

フランス革命によって、国家は confessionnel なものから laïque なものへ、いったんは公式に変わったはずだった。しかし一八〇一年、ナポレオンが新たな「政教条約」を結んで以来、ローマ教皇庁と国家とのあいだの相互承認という関係は、第二帝政の終わりまで実質的に生きていた。歴史的にふり返ってみれば、革命後の一世紀、第一共和制から帝政、復古王政、ブルジョワ王政、第二共和制、第二帝政と、目まぐるしく変わる政体は、教皇を頂点とする教会権力と、曖昧な妥協と離反の仕草をとりつづけていた。その間「ライシテ」という概念は、上記引用にあるように、制度的に実現されるにはほど遠い、宙づりの課題にとどまっていた。そもそもこの語彙自体、『ラルース大辞典』の解説はわずか数行で、かろうじて登録されているにすぎないのである。

「貧婪にして凶暴なる専制君主ルイ 14 世は，竜騎兵による新教徒迫害に着手して，軍と教会の悪名高き連携に先鞭をつけました」

「ルイ 15 世は魅力あふれる王侯であり，今日たいそう珍重されている，あの繊細な家具のスタイルにその名を遺しておられます」

「ルイ 15 世は，破廉恥なふるまいと卑劣な行いにより……」

「ナポレオン 1 世の不滅の栄光が，ヨーロッパを照らしたのです．忠実な擲弾兵たちは仏頂面をしながら決してお側を離れようとしませんでした」

「ルイ・フィリップは聡明で穏やかな国王であり，その治世においてフランスは，家庭生活の歓びを味わうことができました」

「この古びた洋梨は，イギリスのまえで平伏し，外国に対する弱腰のために，たえず我々に屈辱をもたらしたのです」

自由な教育

小生は，子供たちに 1 つだけの学説を示して，片眼鏡で歴史を見せることの危険を予測する者であり，右側と左側，2 部構成の歴史の授業を L 氏に提案するつもりです．

子供はいずれ自分の意見をもつようになるでしょう．たとえば

「ルイ 14 世は，かつて地上を支配した王のなかで，もっとも偉大な王様です……．芸術の，軍隊の，そして文芸の栄光に輝き……」

「血潮がフランスに溢れたのであります．殉教者である国王と 100 万をこえる英雄を，革命は殺戮しました」

「未曾有の昂揚のなかで，3 つの身分が一体となりました．革命の誉れは，大衆の融和をもたらしたことにあり……」

「ルイ 18 世の中尉にすぎぬブオナパルテなる人物は，やんごとなき主君を裏切り……」

共和国の「ライシテ」原則は，公教育の現場における宗教の介入を排除する．これに対抗して，カトリック勢力は「教育の自由」を唱えたのだった．しかし要注意!「教会の教える歴史」(左) と「共和国の教える歴史」(右) では，ご覧のとおり歴史の明暗がまるきり逆転するのである．『イリュストラシオン』誌より，アンリオ画 (1901 年).

谷川稔『十字架と三色旗』は、本書第Ⅱ部、フランス語の普及に関する段落ですでに引用したが、歴史学の立場から「ライシテ」の問題を総合的に記述するという、大きな展望にささえられた著作である。じっさい「カトリックと共和派の熾烈な闘争」という政治力学は、学校教育から一般家庭での徳育、そして文学や歴史などの知的活動の全領域にまで、深くかかわっていたはずだ。その典型的な風景は、谷川氏の著作に描かれているから、ここでふたたびとりあげることはしない。それにしても、カトリックが「国教」であることを放棄して、一八〇一年の政教条約で得たステータスとは、いかなるものだったのか。それは「共和国政府は、カトリックにして使徒伝来のローマの宗教が、フランス市民の大多数の宗教であることを認める[140]」というものであるのだが、その場合、「大多数の宗教」でしかないカトリックとプロテスタントやユダヤ教とのあいだには、もはや本質的格差、つまり合法と非合法の対立は、すくなくとも表向きは存在しないことになる。しかしその一方で、一般の市民生活、とりわけ農村の生活における、カトリック教会の隠然たる影響力は生きていた。村の司祭は、冠婚葬祭や初等教育に携わる。何百年も土地に根づいてきた生活の慣習が、一朝一夕に変化するはずはないのである。

しかしそうだとすれば、十九世紀をつうじて徐々に進行し、第三共和制で結実するはずの根源的な変化を、どのような位相で捉えればよいのだろう。とりわけ「ライシテ」との関連でしばしばいわれる「ヴォルテール的な精神」とは、なにを含意するものか。こころみに「ヴォルテール的」(voltairien) という語を、今日のフランス語の辞書で引いてみると、ひと言「非宗教的な」(irréligieux) とあるが、それだけでは納得できない。仏和辞典には「反教権的懐疑主義についていう」との注記があり、具体性においては、こちらがまさっている[141]。

フローベールは、第二帝政期を代表する「ヴォルテール的精神」であったといえるかもしれない。私淑という意味では『カンディード』を筆頭に「コント」をくり返し読んでいた。また文体においてヴォルテールの散文にまさるものはないと称賛した。その戯曲を分析し、書簡集を高く評価した。いや、なによりも、宗教を哲学的に語るという姿勢において、この啓蒙思想家を師と仰いでいたように見える。そのフローベールの書簡集から、意味深長と思われる文章を三つ、重複をいとわず引用する。

ほらこれで、われわれは教権至上主義にどっぷりはまりこんだ。民主主義の愚かしさの成果が、まさにこれですよ！　かりに、ジャン・ジャック〔ルソー〕の道、つまりネオ＝カトリシスム、ゴチック、友愛なんてやつが選ばれず、ド・ヴォルテール氏の大道を人が歩みつづけてきたならば、われわれは、こんなひどいことにならなくてすんだのに。フランスは、ベルギーの二の舞になるだろう、つまり二つの陣営にばっさりと分割されるだろう[142]。

われわれがこんなふうに、倫理的にも政治的にも落ちるところまで落ちたのは、ド・ヴォルテール氏の大道、つまり「正義」と「権利」の大道を歩む替わりに、ルソーの小径を選んでしまったからだ。なにしろこちらは「感情」によって、われわれをカトリシズムに連れもどそうとする。「友愛」などでなく「公正」を心掛けたなら、「高所」に達したにちがいないのだが[143]！

ナポレオン三世の治世の末期。教皇庁、イタリア、オーストリア、プロイセンなどとの外交関係が錯綜し、議会が紛糾した時期の手紙である。フローベールの用法が規範となると主張したいわけではないけれど、ヴォルテール対ルソーという二項対立が、予想外に微妙であることは確認できよう。「〔宗教〕感情」を糸口としたカトリシズムへの回帰という主題については、『三つの物語』の『純な心』のヒロイン、女中のフェリシテが、牧歌的な日常と田舎の教会での陶酔をへて、篤い信仰の世界に入ってゆくという物語が想起される。フローベールのいう「ルソー的」とは、じつは反宗教でも反キリスト教でもなく、寡黙な「宗教感情」への沈潜であり、結果として「カトリック教会」に利するものなのだ。一方、集団的陶酔、あるいは「友愛」が、政治においてはジャコバン主義の革命神話に行きつくことは容易に理解できる。もとよりフランス革命は、宗教そのものを排除はしなかった。ルソーを先達とするロベスピエールが、無神論を駆逐し人民に新しい宗教を提供するために「最高存在」の祭典を挙行したという事実を思いおこすまでもあるまい。

しかし「ド・ヴォルテール氏の大道」が、「正義」と「権利」と「公正」の道だという一方的な提言は、かならずしも納得がゆくものではないだろう。そこで、宗教について哲学に語らせることだけが、狂信を回避する道だという信念を、フローベールが披瀝した断章を引く。

> ジェッダの虐殺には、衝撃を受けました。今もオリエントで起きていること全般について衝撃を受けています。私には、きわめて重大であると思われるのです。これは宗教戦争の始まりですよ。なにしろ、宗教の問題は決着をつけざるを得ないからです。ところが人は沈黙を守っている。でも結局、気にかかっているのは、この問題だけなんです。哲学が沈黙しつづけたり、奥歯に物のはさまったような言い方をしつづけたりすることは許されない。見ていてごらんなさい、そのうち、こうしたことすべてに、剣で決着をつけることになりますよ。
>
> 　どの政府もこの件については、度しがたい馬鹿をやっている。ムスリムに対して、兵と大砲を送ろうとしているのです。彼らに必要なものがあるとすれば、それはヴォルテールですよ！　いずれもっと居丈高に、これは狂信だ、と叫ぶことになるでしょう！　誰に責任があると思います？　それにね、じわじわと、紛争がヨーロッパにまで、やってくるでしょう。今から百年後、ヨーロッパにはもう二種類の民しかいないかもしれませんよ。一方にはカトリック、他方には哲学者。[144]

カトリックと闘わねばならぬ者は、プロテスタントでもムスリムでもなく、哲学者なのだ。こうした文脈で、くり返し「ヴォルテール」という名が唐突にあらわれるという事実を、記憶にとどめておこう。

じっさいフローベールは、キリスト教および宗教一般の由来と葛藤という問題に直面したときに、ある近代的な身の処し方を模索し、発見していったと思われる。これをとりあえず「哲学的な思考」の選択と呼んでおきたい。第Ⅲ部冒頭の「砂漠と隠者」でとりあげた主題、とりわけ「宗教感情」の記述という主題は、その一側面ということになる。ほかにもいくつかの一見異なるレヴェルの現象を「ヴォルテール」という符帳にむすびつけることができそうだ。

『ボヴァリー夫人』のブールニジャンから『ブヴァールとペキュシェ』のジュフロワまで、同時代をあつかった小説に登場する司祭たちは、そろって、かなりの愚物と見える。制度化された宗教としてのカトリック、市民の精神生活に介入する教権のカリカチュアであろう。

革命によって国家の信仰 (confession) からはじめて解放された時代において、キリスト教の成立とヨーロッパ文明のアイデンティティについて考察することは、「文学」の使命、いや「文学」だけでなく「歴史」や「哲学」や「大辞典」まで、人文諸科学の責務であるといえた。なるほどライックな時代は、宗教に無関心な者を育てるが、ふり返ってみれば、信仰の時代には、宗教について思うところを直截に語る権利がなかったのである。十九世紀のフランスで、ヴォルテールの息子を自任する者たちは、相対的には大きな自由を享受した。フローベールの辛辣な批判精神が発揮される土壌はととのっていた。

ミシュレやルナンやラルースの例でも見たように、比較宗教学的な視点は、十九世紀の知の営みをつらぬいていた。『イエス伝』の大衆向けリライト版においてさえ、イスラーム、仏教、バラモン教、ゾロアスター教などとの相違や類似が、縦横に喚起されている。フローベールの『聖アントワーヌの誘惑』とは、カトリックが受けつぐことになる初期キリスト教の信仰を、諸宗教の一つとして、数々の異端や、仏教やヒンドゥーや地中海世界の神話のかたわらに位置づけるという目論見でもあった。そうしたわけでじっさいに「キリスト教研究」と「オリエンタリズム」とは、相互に深く関与しつつ展開されてきたのだが、『哲学辞典』から「コント」や戯曲の主題までを通観してみれば、これも「ヴォルテール的な精神」の遺産とみなすことができるように思われる。いずれにせよ、このような「精神」を受けついだ世代にとって、「オリエント」がエグゾティスムの美的意匠にとどまるはずはなかった。またそれが、現代から古代世界へ、ヨーロッパからその外部へという逃避だけを意味したはずもなかった。

旅に出るオリエンタリストたち

ジャン＝クロード・ベルシェ編『オリエント旅行――十九世紀レヴァントにおけるフランス人旅行家のアンソロジー』[145]と題した書物がある。「オリエント旅行」(voyage en Orient)というフランス語は、歴史的には一七七二年に英語から翻訳された書物ではじめて使われ、一八三五年、ラマルティーヌの旅行記によって、その地理的な了解が定着したらしい。撰文集の「目次」を開けば、想定される旅先のリストがおのずとできるのだが、それはギリシア、小アジア、コンスタンティノープル、シリア・パレスティナ、エジプト、そして砂漠。まさしく東地中海沿岸、レヴァント地方である。しかし一方で、学問としての「オリエンタリズム」が、十九世紀を通じて「極東」にまで対象領域を拡げたことは、すでに見たとおり。もとより原義は「東方」にすぎないこの語彙は、「地名」でも「地域名」でもない。アメーバのようにかたちを変えつつ移動するのである。

撰文集は、一七八〇年から一九二〇年にいたる何百編かの文献から、およそ五〇をおさめたというのだが、フランス革命から第一次世界大戦までを切り取ったこの時期を特徴づけるイデオロギーとは何か。現象としての旅行ブーム、旅行記ブームを説明するはずの、深い動機が思想的潮流としてあるはずだ。ベルシェの「序文」から、要点を明解にまとめた段落を訳出する。

十九世紀ヨーロッパは、普遍的な総合を実現することが使命であると考えており、これを達成するために、源泉に回帰する必要を覚えていた。歴史学的なものであろうと言語学的なものであろうと、「オリエンタリスト」たちの学問は、大半が考古学的なものである。発掘すること、白日のもとに曝すこと、解読すること、再構成すること、それが彼らの学問の執念だった。ロマン主義がとりわけ好んだイメージの一つに、パリンプセスト〔前の文字を消して新しく書写する羊皮紙写本〕というものがある。記号は埋もれている、意味はかすんでしまっている、しかし到達できるはずだ、じっさいそれはそこにある、後ろ側に、あるいは下の方に。表面に書かれた文字を消してしまえば、それらを見ないことにすればいいのである。そうすれば、われわれの過去が、われわれの財産が、掘り出せるだろう。こんなふうにパリンプセストのオリエントを想像することは、多少ともイスラームを簒奪者として見下すことを意味している。われわれの遺産を回収するために、イスラームを、たんなる歴史の余談とみなすことを意味しているのである。昔の旅行記の場合、こうした思い上がりは探しても見つからない。生まれた土地へのこうした象徴的回帰は、まぎれもなく植民地化の企画である。この種の旅行文学をムスリムの読者が読んだとき、不快な気分になることがあるのは、そのためだ。ヨーロッパ人たちは、諸文明の自称・継続性を盾にとり、今日にわかに祖国と彼らがみなしたものに、あらためて所有権を主張する。十九世紀が「オリエント」と呼ぶものは、ネルヴァルの言葉を借りるなら「母なる土地」であり、原初の子宮であり、幼少期というファンタスムにほかならない。オリエント旅行という儀式が退行的な性格を有していることが、すでに推察されるだろう(146)。

というわけで、話はおのずとネルヴァルへと向かうはずなのだが、その前に、ミシュレの『人類の聖書』にも、これらの指摘が申し分なくあてはまることを想起しておきたい。人類の歴史が一つの人生に比較され、文明の起源が母胎のイメージで語られること。それは「オリエント旅行」という実践を伴った十九世紀のオリエンタリズム——エドワード・W・サイードが告発した植民地主義的なオリエンタリズム——に共通の性格となるのである。『ドン・キホーテ』はいうまでもなく、未知との出会いを語るシャルダンのペルシア紀行にも、起源に遡るという発想が、つまり母胎回帰の願望がない。

じつのところ十九世紀後半の爛熟したオリエンタリズムは、「デジャ・ヴュ」(既視感)の経験のうえに成り立っている。それというのも、埋もれた記号が何であるのかを、旅行者はあらかじめ知っている。読まれた文献が、生きた経験に先行するからである。一八五〇年、カイロに到着したフローベールは、発見があるというより、再発見があると叔父に報告し、聖地、ジェリコ、ヨルダン、死海をめぐったのちには、母に宛てた手紙で、空も、山も、駱駝の風情も、女たちの衣装も、すでに旧約聖書に書きこまれているものばかり、一瞬ごとに、そのページが生きた光景となって眼にとびこんでくる、と感動を書きつづる[147]。フローベールは発表を前提とした「旅行記」を執筆はしなかったから、ネルヴァルとの比較にも、ある種の留保は必要だけれど、死後におおやけにされた「旅行ノート」から判断するかぎり、レヴァントの現実に関しては、奇妙に視界がかすんでいるのではないかと思われる。絵画的な断片には注目するが、その一方で現前するイスラームに焦点を定め、総合的に検討しようという意気込みが、フローベールにはなかったようなのだ。『聖アントワーヌの誘惑』と『ヘロディア』の著者にとって、エジプト・シリアは、やはりキリスト教をはぐくんだ土地だった。

ネルヴァルがオリエント旅行をおこなったのは、一八四二年末からほぼ一年間、旅行記の出版は一八五一年であり、フローベールとの時間差は、さほど大きいとはいえない。にもかかわらず、ネルヴァルの『東方紀行』には、ずっと若々しいオリエンタリズムの諸相が複合的にあらわれている。ヴォルネーが定式化した「文明の旅」というジャンルの頂点、ゴーティエからロティへといたる新たなエグゾティスムへの結節点とみなすことが許されよう。

まずイスラームとの関係について。十七世紀の末にコーランの正確なラテン語訳が出版されて以来、一七八七年には、クロード＝エティエンヌ・サヴァリによるフランス語訳が上梓された。エジプトに三年間滞在し、八〇年代に『マホメット伝』『マホメットの教え』『エジプト書簡』などを矢継ぎ早に出版したオリエンタリストの業績は、ネルヴァルにとっても、重要な情報源だった。コーランのフランス語訳は、十九世紀半ばには出版社シャルパンティエからの新訳も出て、複数の版が存在する[148]。それゆえネルヴァルが丁寧にイスラームの聖典を読んでいることが、きわめて特異だとはいえないかもしれない。しかし、どのような読み方をしたのかを、確認しておくことは無意味ではあるまい。

ネルヴァルの文献学と時事問題

邦訳『ネルヴァル全集』の『東方紀行』に、「第一巻の補遺——現代エジプト人の風俗」と題しておさめられた文章がある[149]。その冒頭のページを開くと、通説の誤謬を糾すという論調で、イスラームの女性は蔑視されるどころか、ヨーロッパの女性に劣らぬ自由と権利をもっている、姦通も法にしたがって処罰される、等々の指摘がある。

こうしたことすべてはコーランに書かれている。コーランの中には福音書と同じくさまざまなことが書かれていて、それを権力者たちが自分たちの都合の良いように説明し、修正するというのは本当だ。福音書は奴隷制について態度を明らかにしなかった。そしてヨーロッパの植民地では別としても、キリスト教徒たちはオリエントで、トルコ人と同じように奴隷を使っている。しかし、チュニスのベイ〔チュニジア総督〕は、自分の国では奴隷制度を廃止したところだが、イスラム教の教えに背いたわけではない。だからこれは時間の問題にすぎない。それにしても、オリエントの奴隷制がじつにうまくいっていることに驚かない旅行者がいるだろうか？　奴隷はほとんど養子と言ってもよく、家族の一部となっている。彼はしばしば主人の相続人になる。つまり、主人の死んだ時にはほとんどいつも、生計の手段を保証してやって、彼を解放するのである。イスラム教の国々の奴隷制というものは、自分の力に自信を持っている一つの社会が、未開の民族に対して試みる、同化のための一方法にすぎない、と思うべきなのだ[150]。

チュニジアの奴隷制廃止は一八四六年。一八四八年には、フランスにつづき、オランダ、デンマークなどの植民地における奴隷制廃止が宣言される。四〇年代は、トクヴィル、シェルシェールがイスラームの奴隷制を議会で告発し、「奴隷制廃止協会」が大々的に運動を展開した時期でもあった。さながら奴隷制礼賛のようなこの文章によって、ネルヴァルが奴隷制廃止の歴史文献に引用されることはむろんない。とはいえ彼がイスラームを自律的な文明として見る目には、性急なイデオロギーを排除した――ある意味で「ヴォルテール的」な――余裕さえ感じられはしないだろうか。

『東方紀行』の本文には、旅人の「ぼく」自身が、奴隷商人から「ジャワの娘」(「黄色人種」は珍品だった)を買い取って共同生活をはじめるという、おそらくもっともポピュラーで、現代人の目には不謹慎なエピソードがある。カイロを去るにあたり、「自由の身」にしてあげようと提案すると、一笑に付され、それくらいなら元の奴隷商人に「売り戻して」ほしい、と娘にはねつけられるというオチは、ほろ苦く滑稽で、西欧の身勝手な男にとって明らかに分が悪い。じっさい娘の台詞は事の本質を突いているのかもしれなくて、語り手の「ぼく」は、奴隷のステータス、奴隷の権利、といったものが、冗談ではなく存在する社会なのだと結論する。

白人の男がオリエントの女奴隷を買う物語である以上、あからさまに「植民地主義的」な逸話であるといわねばならない。ただし、この経験から導かれるのは、コーランに書かれた奴隷保護の教訓が、イスラーム社会では今も「法」として機能しているという認識である。一方、福音書の成立した時代のローマ・ユダヤ社会も、奴隷制のうえに成り立っていたのだが、キリスト教の聖典は、なぜか奴隷という弱者について固く沈黙を守っている。ネルヴァルは、これを批判的な注記として「補遺」に書きこんでいるのである。

ヨーロッパのキリスト教内部にカトリックとプロテスタント、イエズス会とジャンセニスト、等々の桎梏があったように、イスラーム世界にも教説による熾烈な対立が存在する。そのこと自体は、シャルダンやモンテスキューも大きな関心を払っていた。異端やセクトを含めたイスラームの理解は、十九世紀前半において、どこまで進んでいたのだろうか。コーランの翻訳と解釈のみならず、学問としてのオリエンタリズムが蓄積した文献資料は、すでに膨大な量になっていたはずだ。そうした知的・文化的環境に促され、オリエントを舞台にした文学作品を執筆する者は、どのような意図で、どの程度の執念をもって、文献学に身を投じるか。フローベールも、こんな言い方が許されるとしたら、文献にまみれて小説を書いた作家だった。しかし彼の念頭にあったのは、史実の忠実な再現というような、単純明快な使命感ではなかった。ネルヴァルも稀覯本を含めて能う限りの資料にあたる。「編者あとがき」によれば、結果として『東方紀行』は「書物の中の旅」の様相を呈するまでになった[151]。膨大な文献は、なるほど文学的霊感の源泉、美の意匠の宝庫であったにちがいない。だがそれだけではあるまい。

図書館の薄暗がりで眠る文献と、ヨーロッパの世論を沸かせる時事的な主題とが、いとも簡単に結びつく。そのような場に「オリエント旅行記」を位置づけてみることができるかもしれない。フローベールは過去の記号を透視することを好んだが、ネルヴァルの視線は、重層的に世界を捉えている。じっさいにジャーナリズムに身をおいた人間が、連載記事として書いた文章が、『東方紀行』のもとになっているのである。それに旅行ブームと抱き合わせの「旅行記」というジャンルは、「情報誌」の側面をもつだろう。こうした複雑な背景の事情を想起したうえで、イスラームのドゥルーズ派というテーマが、いかに作品に組み込まれているかを一瞥しておきたい。

それは、まさしくレヴァント地方の時事問題なのである。邦訳の「注解」にも詳しく記されているように、独特の教説を掲げるこのイスラーム少数派は、シリア、レバノンで、キリスト教の少数派であるマロン派と対立抗争をくり返した。いや正確にいうならば、「瀕死のトルコ」の後釜に座ろうとするヨーロッパ列強の介入によって、その対立が激化した。こうした現代史に相当する局面は、「ドゥルーズ派とマロン派」と題した長い章の「I　レバノンの王子」に、ノン・フィクション風の構成で盛り込まれる。そして地元の老人が「あの頃はドゥルーズもマロンも仲良く暮らしていた」と述懐し、「わしらに殺し合いをさせて喜ぶ外国の悪い連中」などと証言するのである[152]。

「Ⅲ　カリフ・ハーキムの物語」は、同じ章に一見は孤立した「島」のように置かれた長いテクストで、ドゥルーズ教の開祖といわれるファティマ朝第六代カリフ、ハーキムの狂気と謎に満ちた人生を描く。これに先立つ「ドゥルーズ派のシャイフ」の断章は、教義そのものの解説にあてられており、いずれも、文献からそのまま抜け出してきたようなページである。預言者や異端の教祖を描くこと、宗教やセクトの誕生と、その葛藤に注目することは、時代の先端をゆく哲学的・文学的課題だった。『聖アントワーヌの誘惑』や『ヘロディア』がよい例だ。いやルナンの『イエス伝』にも、同じ水脈が流れているのだし、そもそも十九世紀は数十のイエス伝をかぞえるという。ヴィクトル・ユゴー『諸世紀の伝説』にはキリストもマホメットも登場する。『ラルース大辞典』は、宗教としてのイスラームを軽んじる一方で、マホメットには大きなスペースを割いている。いや一般論として、超越的な存在、超自然的な現象をいかに語るかは、「科学の世紀」の大問題であるのだが、この点はむしろ次項で考えよう。

『東方紀行』においては、一連のドゥルーズ派をめぐる展開の、いわば導入編となっているのが、カイロの城壁のそば、アル゠ナスル門近くにあるカリフ・ハーキムのモスクの紹介である。観光ガイドのような描写のあとで、文明の起源を訪ねる旅行者（ツーリスト）は、こう述懐する。

> それにここは今なお太古の母なる土地であり、われらのヨーロッパはここでギリシア、ローマを通り抜け、起源にまで遡るのを感じるのではないか？　宗教、道徳、産業、一切はこの神秘的だがまた近づきやすくもある中心から発し、原初の天才たちはわれわれのためにここで知恵を汲んだ。〔…〕こうしてオルペウスも、モーセも、あるいはわれわれにとっては馴染みの薄い名前だが、インド人がラーマ〔ヴィシュヌ神の一化身〕と呼ぶ立法者も、同じ教えと信仰の富を持ち帰り、それが国や人種に応じて形を変えながらも、いずこでも永続する文明を築いたのである。古代エジプトの特徴をなすのは、まさにこの普遍性と、さらには同化の思想であって、後にローマが

それをおのれの権力と栄光のためのみに模倣した[153]。

ヴォルネーの場合と異なって、ネルヴァルの文明論によるエジプトは、キリスト教の起源の地であることにより特権化されるわけではない[154]。ミシュレにとってのガンジス河がそうであるように、ナイル河は諸文明の源泉とみなされる——しかもネルヴァルの世界には、セム対アーリアという対立の構図がない。おそらくは、この奥深い、「普遍性」と「同化」を称揚する文明論が背景に広がっているために、ネルヴァルのイスラーム理解は、ヴォルテール的な意味で「寛容」なのである。イスラームとキリスト教を本質的には対等の文明とみなし、同一平面に置いて、相違よりは近似の相のもとに描き出すという意味でネルヴァルは、わずか十数年後のルナンから大きく隔たっている。

こうしたことすべてを考えあわせれば、イスラーム教は、普通キリスト教社会にあるとされている高潔な感情をいささかも排斥するものではない、と結論すべきだろう。様々な相違はこれまでのところ、思想の根源というよりは多分にその様式にあった。イスラーム教徒たちは実際は、キリスト教の一宗派のようなものを構成しているにすぎない。プロテスタントの異端の多くは、彼らより福音書の原理に忠実であるとは言えないのだ。だからこそ、トルコ人と結婚するキリスト教徒の女性は決して改宗を強いられることはない。コーランが信者に禁じているのは、偶像崇拝者の女性との結婚だけである。そしてコーランは、神が唯一であるとするすべての宗教の信者は、自分の魂を救済することができると認めている[155]。

『東方紀行』でネルヴァルがこのように語った九年後のことである。ナポレオン三世は、イギリスの支援を受けたドゥルーズ派に相対し、キリスト教徒保護の名目でマロン派を支援する軍隊をシリアに送り、これに同行する「フェニキア調査団」のポストをエルネスト・ルナンに提供した。一八六〇年の夏にベイルートに到着したルナンは、考古学調査に携わったのち、パレスティナにおもむき、レバノンの山地を訪れる。ルナンはこの旅の最中に、同行した最愛の姉を病で失い、みずからも生死の境をさまよって、書きはじめた『イエス伝』の草稿とともに帰国した。

年が明けて一八六二年の初め、コレージュ・ド・フランスでセム語の教授に任命されたルナンは『文明史におけるセム人の寄与について』と題した開講講義をおこなった。そこで「イエス、この比類なき人間」と語ったために、カトリック勢力の猛攻撃を受け、教壇を去ったという経緯は、すでに紹介した。一八六三年の『イエス伝』は、学問としてのオリエンタリズムと文献学、そしてオリエント旅行の生身の経験との出会いから生成した。ネルヴァルの『東方紀行』のかたわらにこれを置いてみることは、さほど唐突ではないはずであり、一方では、ミシュレの『人類の聖書』が、ルナンの『イエス伝』の向こうを張って書かれたという事実も、ここで想起しておくべきかもしれない(156)。

世界史のなかのイエス

『ラルース大辞典』によれば、津々浦々のつましい家庭にもその大衆向けリライト版は置かれていたといわれる『イエス伝(157)』、出版現象としても世間を驚かせたミリオン・セラー、たちまち何種類もの翻訳が出てヨーロッパ的なスケールの読者層を獲得してしまった宗教書は、以下のように書きはじめられる。宗教書？　いやじつは、それがすでに問題なのだ。

世界史における決定的な事件は、人類のもっとも高貴なる部分が、漠然と多神教(パガニスム)と呼ばれる範疇の古代諸宗教から、神の唯一性、三位一体、神の子の受肉に基づく宗教へと移行したという大変革である。この改宗がなしとげられるためには、千年近い歳月が必要だった。新しい宗教が形をなすまでに、すくなくとも三百年が費やされた。しかし、ここで問題になっている大変革の起源となったのは、アウグストゥスとティベリウスの治世で起きた一つの出来事である。当時、一人の傑出した人物があらわれ、大胆な行動力と、その人が鼓吹することのできた愛によって、人類がその後もつことになる信仰の対象を創造し、その出発点を記したのだった[158]。

やはり「宗教書」ではなく「宗教史」と呼ぶべきか。わたしたちがこの導入に違和感を覚えないとすれば、それはたんに、今日ではこうしたアプローチが公認の学問的スタイルになってしまっているからだ。国王が神の名において国家を統治していた時代には、そしてフランス革命後であってもカトリック教会の内部であれば、超越的な原理について、このように語りおこすことはありえない。なぜならこの記述によれば、神が人間を創造する以前に、人間が宗教を創造することになるのだから。

　人間は動物から区別されるやいなや、宗教的になった。つまり自然のなかに現実を超える何かを、そして自分自身にとっては死を超える何かを認めたのである。この感情は、何千年ものあいだ、じつに奇怪な方向に道を踏みはずしてきた。多くの人種にあっては、粗野なかたちの魔術師信仰をのりこえぬままになっており、それは今でもオセアニアのある地域で見出すことができる。またいくつかの民にあっては、宗教感情が、おぞましい殺戮の光景へと行きつくこともあり、これはメキシコの古代宗教の特徴をなしている。ほかの国々、とりわけアフリカでは物神崇拝をのりこえることができなかった[159]。

　つづいて古代文明へと話題はうつり、中国の「凡庸な常識」と、バビロニアとシリアの「奇妙な官能性」にふれたあと、エジプトの「物神崇拝の外観にもかかわらず、形而上学的な教義と高度の象徴性」をもつ宗教に、一定の評価を与えはするのだが、これが「人類の信仰」につながることはなかった、と断ったうえで、次なる展望として、例のセム対アーリアという構図を導き入れるのである。これまでに見たところと重複する部分もあるが、なおのこと議論を忠実に追ってみたい。

魂の詩、信仰、自由、公正、献身は、二つの偉大な人種とともに世界に登場する。ある意味では、これら二人種が人類を作ったとも言えて、それはすなわち、インド＝ヨーロッパ人種とセム人種である。インド＝ヨーロッパ人種の最初の宗教的直観は本質において自然主義的なものであった。しかしそれは、深遠で倫理的な自然主義であり、人間が愛をこめて自然を抱擁することであり、永遠の感情に満たされた甘美な詩情であった。要するに、ゲルマンとケルトの精髄（ジェニー）が、すなわちシェイクスピアやゲーテのような人物が、のちに語ることになるものすべての原理なのだった。それは宗教とも反省的な倫理ともちがい、憂愁であり、優しさであり、想像力だった。それはとりわけ、誠実さであり、言葉をかえれば倫理と宗教の本質をなす条件だった。しかるに人類の信仰がこの地からもたらされることはなかった。なんとなれば、こうした古からの礼拝の様式が多神教から離脱することは容易ではなく、明解な象徴に到達することができなかったからだ。バラモン教が今日まで生きながらえているのは、インドが備えていると思われる、驚くべき保存の力という特性ゆえだろう。仏教は、西方への布教の試みにことごとく失敗した。ドルイド教は、もっぱら国民的な形式にとどまって、普遍的な射程をもつにいたらなかった。ギリシアによる改革の試み、オルフェウス教、古代宗教の秘儀のたぐいは、人々の魂に実のある糧をもたらしはしなかった。ペルシアだけが、ほとんど一神教に近く、巧みに構築された教義に基づく宗教を作りあげた。しかしこの構築物そのものが、模倣あるいは借用からなっているという可能性は、大いにある。いずれにせよ、ペルシアは世界を改宗させなかった。それどころか、イスラームが神の唯一性を宣言し、旗幟を翻して国境に姿を現すと、たちどころに改宗してしまった。

人類の宗教を作ったという栄誉を手にするのはセム人種である。歴史の舞台から遥か離れたところ、すでに頽廃した世界の動乱を知らぬ天幕のしたで、ベドウィンの族長は世界の信仰を育んでいたのである。シリアの享楽的な神の礼拝を強く厭う心、きわめて簡略な儀式のかたち、礼拝堂の徹底した不在、ささやかなセラフィム[160]のようなものに簡略化された偶像、こうしたことすべてが、族長の信仰の優越を物語っている。あらゆる遊牧のセム部族のなかで、錚々たる運命をあゆむべきことをすでに徴づけられていたのは、ベニ＝イスラエルの部族であった。古の時代からエジプトとの交流があり、結果としてそこから借用したものは少なくないはずだが、その広がりを推しはかることはむずかしい。しかしそのことで、偶像崇拝への嫌悪は増したにちがいないのである。遠い遠い昔に石版のうえに書かれた、ひとつの「律法」ないしは「トーラー」と呼ばれるものが、偉大な解放者モーセにまで伝えられたのだが、ここにはすでに、一神教の掟が記され、エジプトおよびカルデアの制度にくらべた場合、社会的な平等と倫理性への力強い萌芽が認められる[161]。

というわけで、ようやく旧約聖書の「モーセ五書」（「創世記」「出エジプト記」「レビ記」「民数記」「申命記」）成立の時点までできたわけだが、セム人を称揚するこの段落には、意味深長な原注がつけられている。問題となるのは、「人類の宗教を作ったという栄誉を手にするのはセム人種である」という段落冒頭の部分。「セム人種」とは「セム系の言語の一つを話す、あるいは話した人々」を指すのであって、それ以上の意味はない。不正確な呼称であるが、「ゴチック建築」や「アラビア数字」と似たような言い方であり、便宜上のものだ、という説明である。ユダヤ教からキリスト教へといたる一神教の誕生にかかわった、かつての「セム人種」は歴史的な存在とみなす。十九世紀において地中海の対岸に住むアラブ人、そして世界に四散して住みついているユダヤ人とのあいだの連続性は保証しないという断りであろう。

途方もないスケールで開幕する第一章は、かくして「世界史のなかのイエスの場[162]」と題される。太古のユーラシア大陸と地中海から、さながら一挙にカメラがズームアップするように、ユダヤの歴史、メシアの到来へと話題がしぼ

少年イエスは，オリエント風のやり方で読み書きを習ったことだろう．『イエス伝』普及版のゴッドフロワ・デュランによる挿絵．

られる。第二章「イエスの少年期と青年期」は「イエスはナザレに生まれた」という一文にはじまっており、その伝記的事実にかかわる出典として、とりわけ四福音書との対応関係が詳細に、原注に記されてゆく。当然のことではあるが、聖書は『イエス伝』にとって特権的な資料であり、福音書は内部の矛盾を分析検討しつつ文献学的に依拠すべきテクストとして扱われる。ここでルナンとヴォルテールは、すでに決定的に袂を分かっている。

第二章の最後のページでは、とりわけ旅行記ふうの描写が目にとまる。イエスの視界に入っていたにちがいないガリラヤの風景が、エグゾティックな地名とともに、パノラマのように点描されてゆく。第三章は「イエスの教育」と題されて、読み書きの訓練という話題につづく部分では、イエスはアラム語で話していたはずで、おそらくヘブライ語で聖書原典を読むことはできなかっただろう、などと指摘されている。読者に想定されているのは、教育に熱意を注ぐ国民国家の知識人なのである。

長大な作品の全体に目をとおす余裕はないのだが、まず時代と環境を提示して、出生から少年期へと「一つの人生」を書きついでゆく技法そのものは、レアリスム小説の典型と本質的に変わりがない。「人間的なイエス」は、じっさい身近な小説の主人公のように描かれるのである。「イエス、この比類なき人間」という挑発的な提言を含むコレージュ・ド・フランスの講義は、このようにして一冊の書物に結実した。

アーリア人種のキリスト教

忘れてならないのは、十九世紀後半から二十世紀にかけて、天文学的な数のイエスの物語が、『レ・ミゼラブル』や『二人の子供のフランス巡歴』と同じように——とくにルナンの『イエス伝』普及版に関しては、読者層という意味でも、読み方という意味でも、おそらくまったく同じように——読まれていたという事実である。それは、歴史のある時点において、ある社会環境に生まれた人間が、成長し死んでゆく、一つの生涯を記述した作品であり、それゆえ訳語も『イエスの生涯』のほうが正確にちがいない。すくなくともそれは、フローベールが中世の伝承のスタイルを借りて書いた『聖ジュリアン伝』とは異なる表象の形式なのである。「史的イエス」(Historical Jesus)「イエスの歴史性」と呼ばれるものが、フランスで「歴史」と「レアリスム小説」と「オリエント旅行記」の時代に急浮上するのは、偶然ではないだろう。

いうまでもないことだが、「イエスとは誰か？」という問いは、文学や歴史の主題である以前に、宗教の問いであった。W・E・ホーダーンによれば、カトリック正統信仰への挑戦としてプロテスタントの批判精神が生んだもっとも重要な主題の一つが、この「史的イエス」という概念であったという。じっさい霊的・超越的存在であるキリストを信仰の語彙で語ることをひとまず棚上げにして、歴史的存在としての生身のイエスを研究することは、すぐれて近代的な企てであるはずだった。

ナザレのイエスとは誰であり、何であったのか。キリスト教の歴史において、この問い以上に古く、かつ根本的な問いはなかったと言ってよいであろう。〔…〕しかしながら、この問いを扱うそれぞれの当事者が、自分の信仰上の立場あるいは確信を相対化し、その規制からいったん自由になって、むしろ現に与えられている限りの史料を吟味し、それを一定の方法的自覚に基づいて処理することを初めて目指すようになったのは、西欧思想史の上では、いわゆる啓蒙主義時代以降のことである。それが近代的な意味での新約聖書学の成立した時であり、同時にイエス「研究」が始まった時であった。そしてそれは、それ以後主としてドイツ語圏で目覚ましい進展を遂げることになった。(163)

大貫隆、佐藤研編『イエス研究史――古代から現代まで』の「まえがき」から引用した。このような意味での「イエス研究」のフランスにおける旗頭が、ルナンだった。一八七〇年、ゴドフロワ・デュランの挿絵入り普及版の出版にさいして、著者は『イエス伝』の読者のなかに、もともと信仰をもつ者は多くはない、したがって、この本が信仰の凋落に拍車をかけたということはない、と述べている。統計資料に裏づけられた発言であるかどうかは問わぬことにしよう。むしろ興味深いのは、「信仰」(foi) と「キリスト教精神」(esprit chrétien) を区別して、後者の浸透には大いに貢献したはずだと自賛する、ルナンの発想そのものだろう。キリスト教は、神学者が考えるような意味での「啓示」ではなく、「素晴らしい伝統」であり、ギリシアの古典を学ぶことが、知性を養うために必要であるように、キリスト教は、人類の倫理的・宗教的な教育に不可欠だ、というのが、つづく議論なのである。そうなると、これはキリスト教世界に住む者であれば、信仰をもつ者も、もたぬ者も、避けてとおれぬ問題提起ではないか。(164)

もともと『イエス伝』は、全七巻におよぶ『キリスト教起源史』(一八六三―八一) の第一巻として構想されたものであり、著者の野心は、プロテスタント神学の実績と実証的な歴史主義にささえられた新しいイエス像の模索にとどまりはしなかった。キリスト教世界の過去をふりかえり、その起源となった歴史の諸相を総合的に描くこと――この壮大な計画の目標は、いささか強引に要約するならば、信仰の問題が(国家に強制されるのではなく)個人の自由選択にゆだねられ、信仰をもつ者ともたぬ者が(抗争するのではなく)同じ「キリスト教文明」に属する者として「伝統」を分かち合い、共同体の意識をもつにいたることにある。「信仰」と「キリスト教精神」の峻別は、おそらくこの目標あるいは意図に深くかかわっている。いいかえれば「キリスト教精神」は、「信仰」をもたぬ者をも動員する文明の検討課題となったのだ。

わたしが参照しているローベル・ラフォン版『キリスト教起源史』には、編者ロディス・レタによる周到な「辞典」(ルナンのキーワードおよび主題解説)が挿入されているのだが、「ルナンへの評価」と題した項目には、二段組の小さな活字で四〇ページにおよぶ同時代の批判と称賛の両論が収録されており、ルナンという存在の大きさが、どの陣営にとっても無視できぬものであったことが推察される。ところで、今日もっともよく知られているルナンの著作は『国民とは何か』であって、日仏の研究者による鋭利な関連論考とともに一九九七年に上梓された翻訳は、わが国でも広く読まれている。(165)「国民とは日々の人民投票である」という標語が、普仏戦争に敗退して出発した第三共和制フランスの「国民」を定義するという文脈で、どのような陰影を帯びるのか。現代のヨーロッパ共同体建設にもかかわるこの重要な問題は、ルナンの邦訳を含む同名の書物にゆずるとして、ここで想起しておきたいのは、ルナンとドイツ的なるものとの関係である。一八八二年、明らかにドイツに抵抗して、すなわちドイツの「人種原則」に対してフランスの「人民投票」という選択的原則を向き合わせることにより、いわば戦略的に理論化されたこの小冊子が、ルナンのすべてではむろんない。その前後には、キリスト教とヨーロッパ文明をめぐる長い思考の蓄積があり、すでに指摘したように、ドイツ系の思想はその尽きせぬ源泉となってきた。ドイツ、フランスを分離させるのではなく、文明の共同体として融合させうる「インド゠アーリア」という概念も、そうした系譜の思考とみなすことができる。

ところで『文明史におけるセム人の寄与について』の論点は、まさに「人種」と「宗教」が切り結ぶところに位置している。ひと言でいうなら、キリスト教は最終的にアーリアのものになった、とルナンは考えているのである。

インド゠ヨーロッパの民は、セム人の教義を採用することにより、その個性を失ってしまったのでしょうか。むろんそのようなことはありません。セムの宗教を取り入れることにより、われわれはこれを根本から変貌させてしまったからです。おおかたの人が考えるキリスト教とは、じつのところ、われわれが作ったものなのです[166]。

神の国の到来という黙示録的な信仰に支配された原始キリスト教は、「ユダヤ的な装いを破り捨てて、その創始者の高潔な意識にたちもどり、セム的な精神のくびきをはずされた」ときに、真に勝利したというのである。アーリアの詩情に満たされたキリスト教に、ユダヤ人とムスリムが示す反感が、まさにアーリア化による変貌の証拠とみなされよう、というのが、ルナンの論旨である。『イエス伝』の執筆は、こうした宗教史的了解の延長上にある、実践的な企画にほかならない。

セム的なるものとルナンの宗教史

ヨーロッパ文明の神髄ともいえるはずの、アーリア化されたキリスト教とは、いかなるものか。『キリスト教起源史Ⅰ』の「序文」で編者ロディス・レタが、きわめて重要であるからと断って長く引用する資料を参照しよう。タイトルは「現代社会の宗教の未来」、一八六〇年に雑誌「ルヴュ・デ・ドゥ・モンド」に掲載された論考であり、執筆の時期からしても、『イエス伝』の基点とみなすことができる。

世界は永遠に宗教的なものであるだろう。そして広い意味でのキリスト教は、宗教というものの切り札なのである。――キリスト教は果てしなく変わる可能性を秘めている。――ネイションの名を冠した教会であろうと、教皇権至上主義のかたちをとるものであろうと、キリスト教の公的な機構は、消滅する運命にある。初期の三世紀がそうであったように、内部に無数の多様性をふくむ、自由で個人的なキリスト教。ヨーロッパの宗教の未来とは、そうしたものであるだろう。世界の政治のなかで、宗教はしだいに重要性を失ってゆく運命にあると信じる者もいるし、あらゆる宗教の最終的な到達点は、ある種の理神論であろうと考える者もいるが、彼らはいずれも間違っている。宗教は、それ自体としてあるものだ。それゆえ諸学派の哲学が、これにとってかわることはないだろう。理神論は、自分こそ科学的であると主張しているが、それが宗教よりも科学的であるということはない。それは抽象的な神話学といえるが、要するにある種の神話学なのである。理神論は奇蹟を必要とする。その神は、摂理としてこの世の事象に介入するのであり、日輪の歩みを止めたヨシュア〔モーセの後継者〕の神と本質において変わらない。〔…〕イエスによって宣言された、教義優先(ドグマティック)ではまったくない宗教原理は、永遠に発展をつづけるだろう。この原理がそなえる無限の柔軟性のために、ますます高度な徴がもたらされ、いずれにせよ、人間の文化のさまざまに異なる位階において、個々の能力に見合った礼拝の様式が生み出されることだろう。

　多くの人にとって、このような解答はユートピアだと思われるだろう。ここで何らかの対策を練るべきだとか、法制度を改革すべきだという話がもちだされるのであれば、その感想は正しい。しかし、そのような改革によって、人類の偉大な変貌がなしとげられるはずはないのである。〔…〕ところでかりに、もはや撤回されるはずのない大原則があるとすれば、それは魂の領域は自由の領域であるということだ。現代ヨーロッパの三つの力、すなわちフランスの民主主義とドイツの精髄(ジェニー)と、イギリスの精神(エスプリ)が、この点については合意しているのである。教皇権至上主義は、未来のない徒党にむすびついている。〔…〕古のローマはわれわれすべてにとって母であるかもしれないが、たまたまアメリカやオセアニアの奥地に生まれついたキリスト教徒たちが、文明と信仰とをその母から授かった者たちと同様に、ローマに対して服従の絆を保ちつづけなければならないとは言えるまい。自由なキリスト教のみが、永遠であり、普遍的なのだ(167)。

ここで「自由なキリスト教」と呼ばれたものが、かつて布教という大義名分により植民地化された、遠隔のキリスト教圏を視野に入れて立論されていることは、念を押すまでもない。被植民者にとって、ローマはみずからの歴史の母ではない、したがって教皇はキリスト教世界全体に君臨する権利をもたない、というのが議論の骨子である。つづいてルナンは、教会を頂点とする宗教の公的制度が個人の信仰の領域に立ち入ることを厳しく戒めて、決定的なひと言を書きつける。

この理想にもっとも近いのが、プロテスタンティズムであることは、異論の余地がない。国家との絆を徐々に断ち切って、今日のプロテスタンティズムは、宗教の自由な組織、キリスト教徒の連合という最終的な結論に至ろうとしているのである(168)。

このように定義されたプロテスタンティズムに近似する「自由なキリスト教」は、ルナンによればヨーロッパ諸国民の宗教というだけでなく、人類の普遍宗教、世界宗教となるはずなのである。そのありようは、多様性をはらんだ初期キリスト教をモデルとしたものになるだろう。そのためには、福音書に語られた純粋な宗教思想が生きていた時代に、まず立ち返らなければならない。『キリスト教起源史』は、こうして過去への遡航であると同時に、人類の未来の書ともなるのである。

『キリスト教起源史』全七巻の最後のページを、ルナンは同時代に向けての省察で閉じる――「祖国」と「家庭」こそが人間の結びつきのもっとも自然なかたちであるのだが、魂の糧は宗教がもたらすものであり、世俗の権力とむすびつかぬ宗教の完璧なモデルがあるとすれば、それは初期二五〇年間のキリスト教徒の自由な交わりのなかに示されている、と(169)。

この理想主義的で、いささか楽天的なキリスト教のイメージが、ブルジョワ的な市民生活の価値観と、国民国家の安泰と、ヨーロッパの全世界に対する覇権とを、矛盾なく統括して実現することは、あらためて指摘するまでもないだろう。ルナンが第三共和制のイデオローグとなる理由と原因は、このヨーロッパ中心主義的なキリスト教文明論にある。

ここでもう一度、一八六二年の『文明史におけるセム人の寄与について』をとりあげてみたい。それというのも、今や「普遍宗教」としての「自由なキリスト教」が立ち上げられたというときに、ヨーロッパ文明の目前で、一つの陣営があくまでも抵抗の姿勢を見せている。ほかならぬイスラームである。しかもこの対決は、二十一世紀に入った今日も、沈静するどころか絶望的な混迷の様相を呈している。なぜか？

この敵対関係の淵源を、そこにさながら歴史の必然があるかのように説き明かしてみせたのも、ルナン自身だった。その宗教史的な見取り図によれば、セム人種に固有の第三の宗教は、キリスト教がアーリア化される過程において、頑迷なる拒絶の表明として形成されたというのである。インド゠ヨーロッパ人種の住む広大な地域のなかで、ギリシア・ラテンの世界が完全にキリスト教化され、ペルシアとインドだけが変質した古来の宗教に依存しているという段階を、ルナンは「比類なき勝利」と呼ぶのだが、

しかしこの比類なき勝利ののちも、セム人種の宗教的な豊穣さは枯渇しなかったのです。ギリシア・ラテンの文明に吸収されたキリスト教は、西欧のものになりました。ところが、ほかならぬ揺籃の地オリエントにおいて、キリスト教は、最大の障碍に会いつづけていたのです。とりわけアラビアは、七世紀にも、キリスト教徒になる決断をするにいたりませんでした。ユダヤ教とキリスト教とのあいだ、土着的な迷信と古の族長的な信仰の思い出とのあいだで揺れ動き、さらにインド゠ヨーロッパ人種がキリスト教の懐に導き入れた神話的要素に強い違和感を覚え、アラビアはアブラハムの宗教に立ちもどろうと考えたのであります。かくしてイスラミスムが創始されました。そのイスラミスムは、アジアの堕落した諸宗教のなかにあっては、圧倒的に優位なものとして立

ち現れました。ササン朝ペルシアにおいて、キリスト教を圧倒するほどに強力であったパールシー教を一気に打ち倒し、これを小さな宗派（セクト）の立場に追いやってしまいます。ついでインドは、みずから改宗したわけではありませんが、その老いた万神殿（パンテオン）で、神の唯一性が高らかに宣言されるのを見ることになりました。ひと言でいうなら、イスラミスムは、キリスト教がいまだ改宗させるにいたらなかった異教徒のほとんどすべてを、一神教の傘下に入れてしまったのです。今日、それはアフリカの征服によって、使命を貫徹しようとしています。じじつ、アフリカは、今現在、ほとんどムスリム化しています。取るに足らぬ例外をのぞけば、世界はこうしてセム人たちの一神教の布教によって、ほぼ完全に征服されつくされたのです[170]。

このあとに、「イデオロギーとしての人種概念」の項で引用した、恐るべきアンチセミティスムの段落がくる。いわく、「現在の時点において、ヨーロッパ文明が広く伝播するために欠かせぬ条件は、純粋にセム的な事柄を破壊すること、イスラミスムの神権的な権力を破壊することです。〔…〕イスラームとはヨーロッパの完全否定なのであります。〔…〕セム的な精神の恐るべき単純さのために、人間の頭脳は縮こまり、繊細な思考に対し、微妙な感情に対し、そして理性的な探求に対し閉ざされてしまい、ただ『神は神なり』という果てしなき同語反復に向き合うことになるのです」。その延長上で、「キリスト教文明」による地球制覇の夢が語られても、もはや驚くにはあたらないだろう。

未来は、皆さん、それゆえヨーロッパのものであり、ヨーロッパだけのものなのです。ヨーロッパは世界を征服するでありましょう。その宗教を、すなわち人権と、自由と、人間の尊厳と、また人類の懐には何かしら神聖なものが抱かれているという、この信仰を、世界に広めることでありましょう。あらゆる次元において、インド＝ヨーロッパ系の民にとっての進歩とは、セム的な精神から遠ざかることを意味するはずなのです。われわれの宗教は、ユダヤ的なものを、ますます脱ぎ捨ててゆくはずです。魂の事柄にかかわる政治的な組織を、ますます排除してゆくはずです。それは、心の宗教、個々人の内なる詩情となるでしょう[171]。

こうした「心の宗教」や「内なる詩情」が、語の正確な意味において「宗教」と呼べるものであるか否かは、問わぬことにしよう。いずれにせよルナンは、制度的なレヴェルでの「非宗教性」の理念に矛盾せぬ「個人の宗教」について、あるいはむしろ、それ自体がいわば脱宗教化されたキリスト教について、学問的な用語で語ることに成功したのである。このキリスト教を携えて、ヨーロッパは世界を制覇するだろう、とりわけセム的なるものとの闘いに邁進するだろう、と彼は預言した。ルナンの知的・思想的活動の全体に組み込まれたヨーロッパ文明の覇権という発想が、具体的なプログラムとなったとき、これは、矛盾なく提示できる未来の物語だった。本書第I部の奴隷制廃止の場面でも、そのひとこまを見たのだが、植民地化の時代のヨーロッパは、外部世界に対しては、まぎれもない「キリスト教文明」として名乗りを挙げていた。しかも、内部においては信仰の自由を確保して、奇妙な二段構えの相貌を見せていた。そのようなヨーロッパの理論化を、ルナンは一手に引き受けて、なしとげてしまったのである。

くり返し、確認しておこう。格調高い『国民とは何か』によってフランス共和国の国民的原理を説いたルナンが、詩情ゆたかな『イエス伝』によって大衆にまで親しまれ、一時期は植民地化に賛同し、じつは極端なイスラーム嫌いであった、という話をしたかったわけではない。

「非宗教性」の時代にふさわしいキリスト教のあり方を考究し、セム語の文献学的知識の集大成として、セム対アーリアという対立軸のうえにオリエンタリズムのモデルを構築し、その結果、人種イデオロギーの理論化にも荷担して、さらにアーリア的なヨーロッパ文明の普遍性を信じ、民主主義・自由主義・個人主義のフランスを称え、そうしたことすべてを、奔流のように力強いフランス語で、ときには攻撃的な雄弁をもって語りつづけた一人の思想家がいた。いやむしろ、近代ヨーロッパの文明と呼ばれるものが、宿命的に、そのような思想家を生んだ、というべきかもしれない。

フローベールの百科事典

ヨーロッパ文明について語るためのアカデミックな定式は存在しないけれど、フローベール研究には、伝統と具体的な読解の蓄積がある。しかし本書の幕引きに、学生時代からわたしが親しんできた作家をもう一度召喚するのは、かならずしもその伝統に立ち返る心積もりからではない。とはいえ考えてみれば、『聖アントワーヌの誘惑』から書きおこした第Ⅲ部を、『ブヴァールとペキュシェ』によって閉じることは、かならずしも伝統からの逸脱とはいえないかもしれない。生命力のある伝統は、たえず書き換えられているからだ。ギュスターヴ・ランソンの文学史が異なる系譜に位置づけた二つの作品を、「分身」という言葉によってあらためて結びつけたのは、ほかならぬ『幻想の図書館』のミシェル・フーコーだった。

『聖アントワーヌ』のなかには、『ブヴァールとペキュシェ』を呼び招くようなもの、そのグロテスクな影法師のような、ひどく小さくもあり巨大にも感じられる分身のような何かがある。『誘惑』を書きおえたとたんに、フローベールは、彼にとっては最後のものとなるこのテクストを書きはじめた。構成要素は同じである。これも書物からなる書物、ひとつの文化全体を学びとった百科事典、隠遁生活における誘惑、長々とつづく試練、妄想と信仰の駆け引きなのだ(172)。

砂漠の隠者ならぬ、ノルマンディの田舎に蟄居した中年の年金生活者二名が、世にいう「学問研究」に熱中し、分類整理された幻想の図書館の「印刷された紙の果てしなき繁茂」に誘惑される様を思い描いていただきたい。一対の登場人物は、とりよせた文献の偶発的な知の開示を信じ、これを検証しては裏切られ、失望から次なる「学問分野」

へと移行する。とりあえずはレアリスム小説の体裁をとるこの未完の遺作は、こうして喜劇的でもありグロテスクでもある知の彷徨の物語となった。

一八七四年八月に書きはじめられた『ブヴァール』が、一八八〇年五月八日、作家の突然の死によって中断されたとき、ほぼ完成された小説形式の第一部第十章、つまり最終章の断片的な草稿に、こんな文章が書きつけられていた。

> 現代の人間は進歩途上にある。
> ヨーロッパはアジアによって若返るだろう。歴史の法則によれば、文明はオリエントからオクシデントへと歩むからである――中国の役割、――二つの人類はついに融合することになろう(173)。

登場人物であるブヴァールや聖アントワーヌと、作者のフローベールが奇妙に似通って見えるのは、ルーアン郊外のクロワッセに蟄居して文学の「誘惑」に身をまかせ、いや身をすり減らして生きた小説家が、みずからの「隠者」風の相貌を誇示するためもある。しかし、だからといって作家が世界から孤絶することはないだろう。「芸術のための芸術」を掲げ、完璧な文体の彫琢のために生涯を費やしたと豪語するこの文学至上主義者は、ユゴーやミシュレやルナンと生身の人間として交わった。彼らの作品をすべて読み、しばしば読み返しながら執筆した。それゆえ上記断章の「オリエント対オクシデント」の構図にも、「人類の融合」という標語にも、まずはユゴー的な、ミシュレ的な、あるいはルナン的な世界観が、多少とも共有され、反映されていると考えてよい。

しかし忘れてならないのは、フーコーが「一つの文化全体を学びとった百科事典」というときに、想定されているのは、通常の事典の場合とは異なって、客観的な事実へといたるための手段ではないということだ。『ブヴァール』の第二巻におさめられる予定だった『紋切り型辞典』と同じく、この「百科事典」風の第一巻は、時代の公認の知、定式化されて世に流通する自称科学的な思考の集積からなっており、反省的な思考とは無縁に読みとられ、口にされる言葉が、そのままページのうえに書き写されている。引用された言葉と引用者とのあいだには、それゆえアイロニーという距離がある。まかりまちがっても、フローベールという個人が、未来における「人類の融合」を確信していたなどと断定してはならないのである。

むしろすべての提言に「人(on)のいうところによれば」と補ってみよう。あるいは「人」のかわりに、ユゴー、ミシュレ、ルナンなどの固有名をいったん貼りつけてみてもよいのだが、これらの国民的作家たちの生んだ言説が、あるいはその平明なヴァージョンが、国民の意識を共有する一般大衆のあいだに流通し、無限に反復されるうちに匿名のものとなり、やがて「紋切り型」にまでなったとき、「辞典」の編纂者を自任する作家の言語的直感が、発された一連の言葉を捕らえ、書き写すのである。「紋切り型」とは、人が思わずそのように語らされてしまう言葉の連なりをいう。

以上のことをふまえたうえで、この「百科事典」を手に、これまで素描してきた「ヨーロッパ文明論」の要点をふり返ってみたい。

たとえば第十章であつかわれる「教育」は、国民国家の至上命題である。二人の登場人物は、孤児の少年と少女を育てることを思いつくのだが、小説論的にみても、彼ら大人たちが自己教育の成果を問われるわけだから、これは全編の反芻と総決算を可能ならしめる、巧みな設定といえる。予想されたように悪童たちの反抗と暴虐に万策尽きた二人は、

「こうなったらもう宗教をやってみるしかないな」とブヴァール。

ペキュシェはとんでもないという。そいつはプログラムからはずしてあったはずだ。[174]

誰もが口にする流行の議論と賛否両論の併記。これが物語進行の基本パターンだ。教育の「非宗教性（ライシテ）」については、第六章、二月革命が破綻したのちに司祭が公教育に介入し、しがない田舎教師をいじめる話が伏線になっている。宗教と信仰とヴォルテール的な懐疑は、第九章の中心テーマだが、

そこでペキュシェは、イエスについてどう考えてよいものやらわからなくなった。三福音書は、ひとりの人間であるとする。聖ヨハネの場合、一節では神に均（ひと）しい者のようにも思われるが、ほかの一節では神より低い者と認めているようでもある。(175)

ルナンならずとも、イエスの本性に迫らずしてキリスト教を語れるはずはないのである。さらに「神話学者」になったペキュシェは、聖母マリアをイシスに、カトリックの聖体の秘蹟をペルシアの聖なる樹木の秘儀に、バッカスをモーセになぞらえて「諸宗教の同一性」を説く。(176)「宗教史」を語れば、

一神教はヘブライ人に、三位一体はインド人に由来する。ロゴスはプラトンに、聖母マリアはアジアに帰すべきものだ。(177)

ここでも言表の正誤は問わぬことにしよう。砂漠の隠者と同様に、ノルマンディの片田舎に住む登場人物は、「オリエンタリズム」の文献から借用した言葉を語っている。この同時代小説に「オリエント」という言葉は、すでに引用した「文明」の断章にただの一回あらわれるだけなのだが、にもかかわらず、それは潜在的なキーワードであるはずだ。十九世紀の宗教史というディシプリンが、十八世紀来の学問としての「オリエンタリズム」の内部から立ち上げられたという経緯を思い返せば、これが『ブヴァール』第九章の背景となる知の領域であることは、当然予想され

るだろう。それにしても強引な引用とは、パロディであり、解体である。『ブヴァール』という小説は、同時代の知の営みを、項目ごとの断片にして通俗化する。登場人物が「百科事典」風の解説を反復して口に出し、それが一種の「笑劇（ファルス）」となる。

『紋切り型辞典』には、愚言とも見えるが、正論でもあるような、ブルジョワが得々として口にしそうな言い回しや短文がならび、ときには発話者の表情までが指示されている。

> 宗教——それもまた「社会」の礎（いしずえ）の一つ。
> 　大衆には必要なものですな。
> あまりゆきすぎるのは困りもの。
> 「ご先祖様の宗教」というときは、しんみりした口調で。(178)

何かが話題になったら、すかさずこう言ってみよう、そうすれば時流に乗った人間に見える、という皮肉な指南書として差し出された辞典。しかし、内容が愚かしいと一笑に付すことができるのか。考えてみれば、ルナンの高邁な著作には、宗教が社会の礎であり、一般市民が健全な信仰をもつことが重要であり、狂信は戒めるべきであり、先祖伝来のキリスト教にこそヨーロッパのアイデンティティがあると書かれているではないか。そう、つまり『ブヴァール』の全体を、一言一句おろそかにせず、徹底して生真面目に、知の背景を探りつつ、内容に即して読んでゆけば、「キリスト教文明」の本質が見えてくるかもしれない。

第九章の導入には「宗教感情」という問題が、念入りに提示されていたことも忘れてはなるまい。人生の虚無を痛感し、死の観念に囚われた二人は、雪の降り積もる夜、自殺を決行しようと思い立つ。が、滑稽な行き違いがあったのち、暗い野辺を歩んで教会のミサに向かう羊飼いたちの姿に心を奪われて、彼らは「好奇心」から出かけていくのである。

生暖かい空気のなかで、二人は不思議な心の平安を感じていた。先ほどの荒れ狂う思いが、波のしずまるように穏やかになっていった。〔…〕
司祭は両腕で高々と聖体を捧げもった。そのとき歓喜の歌声が一斉に鳴り響いた。天使たちの王の足下に跪くようにと人々を誘っているのである。ブヴァールとペキュシェは思わず知らずそのなかに溶けこんだ。すると魂のなかに、ほのぼのと黎明が立ちこめるかのようだった[179]。

この「黎明」を、砂漠の隠者は「慈悲の泉」と呼んだのだった。

第八章の最後に記されたこのエピソードから、さらにページを遡り、「哲学」や「宇宙論」を経由して、第六章の「共和主義」の問題へ、第五章の「国民文学」の検討へ――冒頭の一文に「彼らはまずウォルター・スコットを読んだ」と明記されている――という具合にして、知の領域を自在に移行することができるだろう。第四章、第三章には「ナショナル・ヒストリー」の立ち上げや、「創世記」と「地質学」および「考古学」との比較論がある。第二章では登場人物たちが、さまざまの「庭園の美学」を参照してグロテスクな「風景庭園」をつくりあげている。第一章では、かつてベルナルダン・ド・サン＝ピエールが園長をつとめたパリ植物園の博物館を訪れて、おそらくは遠い植民地に思いを馳せながら、温室のガラスごしに「毒気を発する」熱帯植物に見とれたりもする。とりわけ「レバノン杉について彼らが感嘆したのは、それが帽子に入れられて運ばれてきたことだった[180]」。

旧約聖書のなかで頻繁に謳われ、「雅歌」では美しい青年のメタファーとなるレバノン杉は、棕櫚の木とならび、キリスト教的な詩情をおのずと醸（かも）し出す。東地中海地域の「オリエンタリズム」にとって、いわば紋章のような樹木である。パリ植物園のそれは、新旧の大陸を駆けめぐった植物ハンターにして十八世紀を代表する植物学者（ボタニスト）、ベルナール・ド・ジュシウが、一七三四年にイギリスの植物園から貴重な苗木を二株もらいうけたときの一方が、百五十年かけて見事な大樹に育ったものだった。貴重な二株の苗木を手にもって、博物館に向かうパリの路上を歩いていたときに、ジュシウはその一方を落として鉢が割れ、仕方がないので、苗木の生えた土塊(つちくれ)を帽子に入れて運んだのである。このささやかな事故から、一つの伝説が誕生した。ジュシウは苗木をシリアから帽子に入れて持ち帰り、砂漠をこえるときには愛(いと)しい植物のために自分の飲み水をささげたという物語――ブヴァールたちが、肝心の樹木そっちのけで「感嘆」しなければならぬ、有名な逸話である。

紹介した逸話の出典は、『ラルース大辞典』の「杉」(cèdre)の項。このようにフローベールの「百科事典」とラルースの「大辞典」を向きあわせ、丁寧に読み合わせてゆくことで、一八七〇年代を基点とする新たなヨーロッパ文明論を書きおこすこともできるだろう。

しかし、そのときに念頭におかねばならぬことがある。ラルースの懇切な解説と『紋切り型辞典』にも収録された「杉」の項の記述――「植物園の杉は、帽子に入れて運ばれてきた」――とは、異なる水準の言語であるはずだ。ラルースは生真面目で実直な姿勢をつらぬいて、フローベールは批判的で皮肉で攻撃的な距離をおき、同時代の知の言説にかかわっている？　とりあえずは、そうもいえるだろう。しかし、フローベールと言語の関係は、より受動的で、倒錯的かつ官能的なものであるようにも思われる。いずれにせよ、そのことを考えるのは、「文学」と「批評」に固有の課題であるだろう。

あとがき

たとえば歴史学との対話が可能になるような、開かれた文学研究をめざすこと――それはたしかに「制度改革」に促された課題だった。じっさいに足を踏み出してみれば、それは新天地への旅立ちにも似た経験だったように思われる。

この書物はそれにしても、ささやかな「序説」にすぎない。今日の地球の様相を語るためには、欧米の原理が世界を一元化するプロセスそのものを、批判的に追体験することが、まず求められるだろう。一八七〇年代以降について、アジア・アフリカとヨーロッパの出会いや、二つの大陸におおいかぶさるイスラーム圏とキリスト教世界との対立抗争を、具体的な歴史の出来事を背景におき、言説や語彙のレヴェルで分析することが必要になるだろう。ここでいう「批判」とは、明確な検証のトポスを設定し、特定の時代環境の視座を再構成しつつ考察するというほどの意味である。

「白人」たちは、どのような野心と魅惑と恐怖にとりつかれて密林や砂漠を踏破したものか。あるいは壮麗な文明の廃墟に遭遇したものか。冒頭の章「ブラック・アフリカと探検家たち」の項で素描したように、一八六二年にはジュール・ヴェルヌ『気球に乗って五週間』が大評判になる。一八七一年には行方不明の探検家リヴィングストンをアメリカのジャーナリストが発見し、これも一大スクープとなっていた。その後、列強の植民地化が急速に進展して三〇年がたち、一九〇二年コンラッドの『闇の奥』が darkness としてのアフリカを、主人公の最後の叫び――The horror!　The horror!（中野好夫の訳文は「地獄だ！　地獄だ！」）――に託して指し示したのだった。一方、アジアの「闇」は、手に余る「野蛮」の猛威というよりむしろ、奇怪な宗教や古文書や崩れ落ちた寺院とともに、そして一見ひ弱な身体と強靭な精神をもつ「黄色人種」とともに立ちあらわれた。フランス語の文献でいえば、アンリ・ムオの探検記にはじまって、ロティ、マルロー、デュラスなどの作品に、「西欧」による「極東」の発見と馴致のいきさつを連続的に見てとることができる。

昨年はユゴーの生誕二百周年を記念する出版事業や研究交流の活動が、世界各地で展開された。アメリカの奴隷制に抗議する「国民作家」の姿が、そこで顕揚されるのは予想されるところだが、一方で、以下のようなスピーチも、これが語られた状況とともに喚起しておきたい。時は一八七九年、奴隷制廃止の記念祝賀会において、ヴィクトル・シェルシェールをかたわらにおいたユゴーは、アフリカの植民地化推進のために諸国民を糾合した。彼は「歴史不在」の大陸を、コンラッドを先取りするように「恐るべきものの極限」(ce qui est absolu dans l'horreur) と呼び、フランスとイギリスという「植民者の民」「自由で偉大な民」による「野蛮」との闘いに祝福を贈る (Victor Hugo, «Discours sur l'Afrique», *Œuvres complètes, Politique*, Robert Laffont, Bouquins, 1985, p. 1009–1012)。いや思い返せば二月革命後の一八四九年、ヨーロッパ内部の融和を祈念する「パリ平和会議」において、ユゴーはすでに重鎮の風貌を見せながら、「たがいに傷つけ合うのではなく、平和に世界に拡散してゆこう！ 革命をやるのではなく、植民地をつくろうではないか！」と呼びかけて満場の喝采を浴びていた。「ヨーロッパ合衆国」(les Etats-Unis d'Europe) というスローガンが明示的に掲げられたという意味で、しばしば言及される演説である (Victor Hugo, «Congrès de la Paix à Paris, 1849. Discours d'ouverture», *ibid.*, p. 299–304)。この平和会議の閉会式は、一五七二年の「聖バルテルミーの虐殺」と同じ八月二十四日におかれていた。そしてカトリックとプロテスタントの聖職者が、演説者ユゴーの誘いに応え、割れんばかりの拍手につつまれて抱擁するという儀式が盛りこまれたのだった (Victor Hugo, «Cloture du Congrès de la Paix, 24 août 1849», *ibid.*, p. 305–307)。文豪の体現する「キリスト教文明」の曖昧な陰影を、最後にもう一度直視しておこう。

本書の構想が芽生えてから、ほぼ三年になる。その間、執筆と前後するように、ミシュレ『人類の聖書』、ロジェ＝ポル・ドロワ『虚無の信仰』、ピエール・ノラ『記憶の場』など、関連の翻訳書が上梓され、心強い旅の道連れに出会ったような気がしている。人文科学書の不振がいわれるけれど、それでも見わたせば格調高い出版の企画がないわけではないし、何よりもユゴーやルナンの廉価で学術的な原書がたやすく手に入る時代である。居ながらにして模索と彷徨をつづけることができるだけでも仕合わせではないか。

そうしたわけで、日仏の昨今の出版物からも様々の刺激をうけながら、本書は実質的に「書き下ろし」として執筆された。ただし全体の序章にあたる「一八七〇年代の地球儀とポリネシア幻想」は、切りつめたかたちで新書館の『大航海』（二〇〇〇年二月号）に「ポリネシア幻想とコロニアリズム」というタイトルで掲載され、奴隷制に関しても、中間報告のつもりで地域文化研究専攻の紀要『ODYSSEUS』（二〇〇一年度）に、五〇枚ほどにまとめた論文「奴隷制廃止とフランス共和国」を載せている。さらに第Ⅱ部の第2章「『ナショナル・ヒストリー』から『国民文学』へ」は、岩波講座『文学9——フィクションか歴史か』（二〇〇二年）に寄稿した「国民教育と文学という制度——フランス近代の歴史小説」と並行して書いた。これを初出と呼ぶには原型をとどめぬほど形を変えてしまっているが、同じ資料から枝分かれした痕跡が「知名度アンケート」などの断章にのこされている。

東京大学出版会でシリーズ・リベラルアーツの一冊として『恋愛小説のレトリック——『ボヴァリー夫人』を読む』を上梓したのとほぼ同時期に、新書館においてメリメの『カルメン』とピエール・ロティの『アジヤデ』を翻訳する機会に恵まれた。ここで解説的な「訳注」と長大な「あとがき」という方式が定着し、さらに『サロメ誕生』では順番が逆転して一〇〇ページの論考にフローベールの『ヘロディア』とワイルドの『サロメ』を添えるかたちになった。遠慮がちにベネディクト・アンダーソンを引いた「ボヴァリー夫人論」のときからすれば、ずいぶんと多様な「地域文化」が見えてきたという思いはある。とりわけ「サロメ論」として書いた「聖書とオリエントの地政学」は、あらたな出発点となり、エルネスト・ルナンという存在に、地球儀の裏側の日本から、大きな枠組みで、もう一度アプローチしてみたいという計画が、一八七〇年代を照準とするヨーロッパ文明批判という構想に発展した。ところで問題の一八七〇年代に、『ボヴァリー夫人』の著者は『聖アントワーヌの誘惑』を書きあげ、『ヘロディア』を含む『三つの物語』を上梓し、『ブヴァールとペキュシェ』の執筆に邁進して世を去った。それゆえ本書は、迂遠なフローベール論の試みといえないこともない。たとえばフローベールが『ヘロディア』の作品世界について「すべてを支配していたのは人種の問題 (la question des races) です」というときに、いったい何を含意していたか。それを考えるために、「人種」という語の用法を二世紀ほどにわたって検討してみることは無意味ではないだろう。

いくたびも翻訳や論考をおおやけにする機会をつくっていただき、とりわけルナンをめぐる貴重な示唆をくださった新書館の三浦雅士さんには、深い恩義を感じている。たぐいまれな評論家にして編集者である人物によって、大学で教鞭をとる者が育成されるという言い方が許されるとしたら、わたしの場合はまさにそれに当たる。

東京大学出版会の羽鳥和芳さんには、今回の書物はいうまでもなく、『小説というオブリガート――ミラン・クンデラを読む』の出版以来、全面的にお世話になっている。きびしい批評眼とにこやかな笑顔によって、いつもはげまされる編集者にして友人である。最後に斉藤美潮さんへの感謝をひと言。一年半前の盛夏、東京大学教養学部フランス語部会の共通教材 *Passages* の煩瑣な編集作業が佳境に入ったころには、彼女への信頼はゆるぎないものになっていた。若い女性編集者と執筆者のわたしのあいだにあるものを、いささか無造作に「ソリダリテ」(連帯) と呼んでみたい。要するに斉藤さんとともに本をつくるのは楽しいのである。

二〇〇三年　立春

工藤庸子

ゆるやかな三部作をめぐって

地域文化研究のために

『ヨーロッパ文明批判序説』(二〇〇三年)『近代ヨーロッパ宗教文化論』(二〇一三年)『評伝 スタール夫人と近代ヨーロッパ』(二〇一六年)は、十数年にわたる模索のプロセスを示す連作である。当初から目標の設定されていた企画が完結したというわけではまったくないのだが、第三作は、ささやかながら何かを終えたという安堵感と、思いもよらぬ新鮮なテーマに遭遇したという昂揚感をもって刊行された。品切れになっていた第一作が復刊し、三人姉妹のような姿が書店で見られるようになることは、著者にとって殊の外うれしい。

これが最後の本になるかもしれないという仄かな不安は、久しい以前から身中に巣くった同居人のようなものになっている。年齢からしても自然なことだろう。フランス文学が輝いていた一九六〇年代に、わたしは東京大学文学部に進学し、一九九〇年に母校の教養学部に着任した。終戦直後の一九四九年に発足した前期課程において、半世紀にわたり継承されてきたカリキュラムの抜本的な改革が進行中であり、一九八三年に設置された総合文化研究科の重点化が検討され始めた時期である。制度的には一九九六年に地域文化研究専攻の立ちあげが完了するのだが、これに学問的な内実を与えることが、所属する教員の課題となっていた。いま大学に籍を置き、あまたの困難に直面する人文社会系の研究者たちにとって多少は参考になることもあろうから、具体的な風景を思いおこすことをお許し願いたい。

記憶によれば、そもそも「地域研究」なのか「地域文化研究」なのか、というところから検討委員会の議論は始まった。Area Studies とは第二次世界大戦終了後、米ソの冷戦という状況を踏まえ、いわゆる「第三世界」にかかわる知識や情報を収集するというアメリカの世界戦略が示されたとき、ヨーロッパの伝統に倣って学部を編成してきた大学が、国家的な期待に応えるべく新設した枠組であるという。東京大学大学院総合文化研究科の小さな委員会においても、確固としたモデルを念頭に置いて発言したのは、南北アメリカを研究対象とする社会科学系の教員たちだった。むしろ「文化」という夾雑物を入れることで、特定の国の特定の方法論や世界観が拘束的な権威をもってしまうことを防ぎたい。何人かのメンバーがそう主張したのは、知的な願望という以前に、切迫した難問を克服する必要に迫られていたからでもあった。制度改革によくある事態だが、当時、教養学部教授会のおよそ三分の一が外国語の担当者で占められており、重点化とは、ありていに言えば、大学院の文系専攻に文学系の教員の居場所を確保するという暗黙の要請を伴う組織再編にほかならなかった。検討委員会では、研究実績をもつ年長者たちの学問論争が延々と果てしなくつづき、ある日、若手教員たちの自発的な連帯から劇的な素早さで構想が練りあげられたのだが、その経緯は省く。わたし自身も、こうした現場の事情に促されておのずと未知の領域に親しむようになり、見通しが立ったところで、この書物を執筆した。学位請求論文としてこれを専攻に提出したときには、早めに退職して他大学に移ることが決まっていたから、自称「卒業論文」という構えだった。

十年以上の距離を置き、さながら他人の本であるかのように『ヨーロッパ文明批判序説』に向き合ってみる。フランス近代小説によって鍛えられ、読解の手法を学んだ者にとり、視野を広げて新たに立論すること自体はさほどむずかしくない、と著者は自負していたのだろうか。文献を駆使して総合文化研究科にふさわしい論点を見出せばよいのだから、と考えて、日本では読む者も少なかったフランス植民地史の基本書を読み、邦訳もなかったピエール・ノラ編『記憶の場』を繙き、『十九世紀ラルース大辞典』は語彙の意味を確認する手段として使うのではなく、ヨーロッパ近代の知性と世界観を反映する媒体として分析し、文学史的な評価とは異なる尺度によって大小さまざまの文学作品をえらんで全体の議論に組みこんだ。結果として「奴隷制」から「オリエンタリズム」まで、「アーリアとセム」

という二項対立の構図から「光のキリスト教文明と闇のイスラーム」という捏造された象徴体系まで、そして地理的な空間としては、アメリカ、アフリカ、東南アジア、さらには海と島というトポスにまで照明を当てることができた——などと臆面もなく自賛すると、それではまるで、テリトリー拡張をめざす知的植民地主義ではないかと言われそうな気がしてくる。当たらぬといえども遠からず。じっさい地球上のあらゆる地域について文学と他の分野との対話が可能であることを示そうという強い意思、文学の居場所を広く求めたいという熱意がはたらいていたのは事実なのだから。さまざまの見解がありうるだろうが、わたし自身は「地域文化研究」とは学際的な刺戟と陶冶の期待される「枠組」であり、方法論的に統一された「ディシプリン」ではないと考えている。

文学の居場所

大教室で公開審査が行われたのは二〇〇三年の九月だった。審査員のお名前を敬称抜きで挙げるなら、主査は石井洋二郎（地域文化研究）、副査は蓮實重彥（表象文化論）、古田元夫（地域文化研究）、羽田正（東洋文化研究所）、池上俊一（地域文化研究）という贅沢な顔ぶれであり、それぞれに鋭いご指摘をいただいたが、なかでも蓮實重彥先生は、入念に準備された二ページのコメントを終了後に送付してくださった。聴衆としてあの場にいた人たちは、語られる言葉の華麗なレトリックに幻惑されたまま、個々の批判に含まれる否定的ニュアンスと肯定的ニュアンスの微妙な絡み合いを測りかねているうちに審査が終わってしまったという印象を抱いたかもしれない。すくなくともそれは、わたし自身の体験だった。ゆるやかな三部作を書きおえたいま、あのときの貴重な文章をあらためて手にとってみる。二点のみ、確認しておこう。

あなたは文学を「抑制」し、文学の快楽を「自粛」しているのか、という趣旨の、軽い笑いを含んだ質問について。そうであったかもしれない、と思う。まずは対話を求める相手の関心やマナーを優先するというのは動機として自然であり、いってみればスタール夫人や母ネッケル夫人のサロンの礼節のようなものだろう。隣接する表象文化論や比較文学・比較文化、あるいは言語情報科学などとの差異化・棲み分けという課題も念頭にあった。

第二点は、はるかに重大である。論文の第一部については、ハンナ・アーレントの『全体主義の起源』を導入して理論化を優先したり、「ポストコロニアル」な視点に立って自己を正当化したり、あるいはサイードを「正典(カノン)」として援用したり、というふうな性急な手続きによらず、ひたすら植民地をめぐる想像力の問題として、テクストを丹念に(コメントによれば「優雅」に)読み解いてゆく姿勢に共鳴してくださった。第二部以下については、しだいに評価が辛口になってゆくのだが、その理由を、いまなら自覚的に語れそうな気がする。要するに、個々の話題は相互に連関しており対話の相手が増えてゆくことが無意味ではないとしても、この手法では、書けば書くほど論理構成が反覆的かつ断片的になる。そして全体を見通すダイナミックな理論が示されぬまま、じわじわと「二元論の陥穽」に接近してしまう。

当時、境界のあいまいな複数の新領域が注目を浴びていた。その一つ「カルチュラル・スタディーズ」の発祥の地はヨーロッパ(イギリス)ということになっているらしい。西欧のヘゲモニー対ローカルな文化、支配と被支配という二項対立の図式が刷り込まれているという意味で、旧植民地を足場とした「ポストコロニアル批評」や新大陸の「地域研究」の血族といえる。共通するのは「可視的な権力」として立ちはだかる支配的機能の摘発という姿勢をつらぬいて、定められた文脈のうえに多種多様な主題をまんべんなく配置してゆく手法だろう。しかるに弱者と強者、被害者と加害者という、もともと見えている対立の構図を指さして、これを濃淡の筆により隈取りするというだけのことならば、たとえ果てしなく論じつづけても、何も論証したことにならないのではないか。これが「二元論の陥穽」という言葉の示唆するところだろう。

かりに近代批判を志すならば、むしろ「不可視の権力」をこそ描出すべきなのであり、そのためには別様の、大胆な工夫と周到な戦略と粘り強い論述が必要となる——ミシェル・フーコーやジル・ドゥルーズを思考の糧として『凡庸な芸術家の肖像』や『帝国の陰謀』の著者となったその方は、そう考えておられたにちがいない。

それはそれとして、二元論そのものを排除する資格は、わたしたちにはないと思われる。経済難民にせよ、内戦による亡命者にせよ、あるいは欧米で移民二世や三世として生きる者たちにせよ、西欧による植民地支配の記憶を抱えた広大な地域の負荷を背負う弱者たちは、目前の可視化された権力に対し、保障を求める自然な権利をもっている。その声を掬いあげる学問的な枠組を充実させなければならない。一方でジャーナリズムやソーシャルメディアが平易な二元論を歓迎し、シンプルな偽情報が氾濫する今日の危機的な状況に対しては、いかに迂遠に思われようとも、それぞれの立ち位置から抵抗しなければならない。性急な結論に抗い、みずから思考する主体を育成することこそが、まさしく大学の責務なのだから。いわゆる「第三世界」や「イスラーム世界」や「カリブ世界」のために居場所を確保せよというだけの話ではない。ヨーロッパが英独仏という三つの国民国家で成り立っていないことは自明なのだから、いずれにせよ国境を越える視座と世界を複合的なものとして捉える努力が求められるだろう。

というわけでふり返ってみれば、わたしが地域文化研究の所属になったのは制度的な偶然にすぎないのだが、いつのまにか **mariage de raison**（見合い結婚）が情熱恋愛のような具合になっていた。教育の現場で潑剌とした若者たちに励まされ、一冊の本を書いた余録かもしれない。一般読者と出版界にも、いまよりは余裕と活力があったということか、『文明批判序説』は二年間で七刷という反響を得ることができた。東京大学の学生新聞が取材に来てくれた。初々しい記者たちとの冗談めかしたやりとりを、懐かしく思いだす――先生はフランス文学の出身でしょう？　なのにヨーロッパを批判するわけですか？　それって自虐史観じゃありません？――critique というのはね、否定でも肯定でもない、愛なのよ、わかるかな、緊張と危うさを孕んだ愛着、これはフランス文学の常識です。

学際的な人文学をめざして

もし自分の生きた証しとして本を一冊だけ携えて三途の川を渡れといわれたら、わたしは迷いなく二冊目の『宗教文化論』を手に取るだろう。『文明批判序説』を書いたことで理解したのは、ヨーロッパとその外部（あるいは内在的な他者)とのあいだに生じた亀裂と歴史的な葛藤を指摘するという作業は、果てしなくつづけられるということだった。あれは「卒業論文」だったのだから、この先は専攻の枠組に縛られぬ自由な展望をもちたいという思いもあった。何よりも、あの「序説」では肝心の「近代ヨーロッパ」の形象とそこに生きた市民たちの姿は描かれておらず、まったく抽象的なままだった。しかし、まさにそれこそが、十九世紀フランス小説の関心事であり存在理由だったのではないか。

仕切り直しの「本論」を書くとして、まずは書物を構造化する概念装置を見出さなければならない。おりしも一八〇四年の民法典制定から二百周年、一九〇五年の政教分離法制定から百周年という節目の時期に当たり、フランスでは大学やジャーナリズムで活発な議論が展開されていた。ムスリムのスカーフ着用の是非をめぐり、国是としてのライシテが問いなおされる大論争もあった。そうした動向からも刺戟を受けて「神の法」と「人の法」がせめぎあう空間として近代ヨーロッパを構造的に捉えるという目標を見定めた。『記憶の場』の薄いページをめくりながらジャン・カルボニエの論文「コード・シヴィル」を読んだときには、洗練された文体をとおして一条の光が射したかのように胸がときめいた。民法典は宗教について完全に沈黙を守ることを決断し、その事実によって神秘的ともいえる象徴体系を孕むことになったというのである。

当初から、この無言の行は否応なく目についた。とりわけ婚姻という重大問題についてはそうだった、なにしろ何世紀ものあいだ教会法が牛耳ってきた事柄なのだから。とにかく完璧な無言の行であり、唯一、目配せのようなものがあるとしたら、それは九〇九条(聖職者であれ医者であれ、死の床にある者に対し遺言を示唆誘導してはならない)だろう。じっさい民法典のなかに「告解」は不在なのだが、現実の社会には「告解」が存在しつづけている。ここで宗教から法が分離されたのであり、法と宗教は今も分離されたままになっている。このlaïcisation は一九〇五年になしとげられたとみなされることがあまりに多いのだが、決定的な日付は一八〇四年である。沈黙という言語に翻訳されたもうひとつの象徴が、民法典とともに国民的な記憶におさめられた[1]。

「人の法」の叡智が「神の法」をめぐる沈黙をもたらしたとカルボニエは理解しているのであり、これを「ライシザシオン」と呼ぶのは、フランス固有の「ライシテ」の精神が、ここで誕生したからにほかならない。こうして十九世紀の幕開けに、少なくとも立法という水準においては宗教と世俗の棲み分けがいちはやく確定した。その一方で、現実の市民生活において聖職者の存在は人の誕生や臨終や婚姻に欠かせぬものでありつづけた。教区の司祭が「告解」をとおして信徒たちの親密圏に介入し、国家が置き去りにした女子教育を修道会が引きうけており、村の教会は死者を迎える墓を管理した。聖と俗の掟に二重に縛られた人生の悲喜劇とその個別的な風景に、そもそも文学が無関心であろうはずはない。

近代小説の王道が「姦通小説」であり、このジャンルではヒロインの死亡率が相対的に高いと以前から確信していたし、馴染みの作品は山ほどあった。民法制定のプロセスを調べ、ナポレオン法典が理想とする社会や家庭の構成と男女・親子の関係は具体的にいかなるものなのか、じっくり考えながら文豪の代表作を分析しているうちに、じつは、ふつふつと割り切れぬ思いがわき上がってきたのである。大方が法学部出身である作家たちの世界観に無自覚に刷り込まれた男性中心主義に、どう向き合えばよいものか。とりあえず「ヨーロッパ近代の秩序」とわたしが呼んでいる、あの拘束的で不可視の権力に、抗いつつ思考する方法はないものか。

「女たちの声――国民文学の彼方へ」という表題の終章を設けたのは、新たな視座を獲得したいという思いからだった。社会生活・家庭生活の本質にかかわる「ジェンダー秩序」を揺るがした作家として、プルーストはコレットとならび、この章に再登場する。ユダヤ系で同性愛の男性作家は、模範的な既婚者とはいいがたいバイセクシュアルの女性作家と同じく、ナポレオン法典には馴染まない。プルーストが法学部の授業にあきたらず、創設されてまもないパリ政治学院のアルベール・ソレルのもとに通ったのは、理由があってのことにちがいない。

プルーストやコレットより一世紀前に生き、ナポレオン法典に代表される「近代秩序」の生成に全身全霊をもって抵抗したのが、スタール夫人である。ルイ十六世の大臣ネッケルを父にもつジェルメーヌは、スウェーデンの外交官と結婚してフランス革命に立憲王党派として参画し、恐怖政治が終了したテルミドール期には共和主義に傾倒してその可能性に賭け、ブリュメールのクーデタ以降は第一統領ナポレオンと対立し、帝政期には反独裁を象徴する亡命者となってヨーロッパ的な名声を得た。大方の文学史においては、古めかしい自伝的恋愛小説を書いた著名だが読む必要のない女性作家という評価が何十年も踏襲されているけれど、自由主義研究の領域で、思想家スタール夫人の肖像は一新されている。ピエール・ロザンヴァロンやリュシアン・ジョームなどの政治学、フランソワ・フュレとモナ・オズーフ共編『フランス革命事典』やブラニスラフ・バチコの革命史などを参照しながら、スタール夫人の著作を一通り読んでみた――初期の先鋭な政治論、長篇の恋愛小説と文芸評論からなる四つの代表作、遺著となった浩瀚な革命史まで。そして、これほど圧倒的なスケールをもつ女性が、二世紀前のフランスにいた！　と思わず感嘆符をつけるほど深い敬意と共感をいだくことになったのだが、さて、その敬意と共感をいかにして書物のかたちにできるのか。

学位論文から出発した三部作は、大学を基盤とした学際的な人文学の試みとして締めくくりたいと考えていた。「知性の評伝」という日本語としては耳慣れぬレッテルを用意したのは、もっぱら親密圏にかかずらう「女の一生」風の叙述からかぎりなく遠いという趣旨であり、フランスでは作家や思想家の知的営みに照準を定めた biographie intellectuelle は確立したジャンルになっている。それにしても、わが国では一握りの専門家しか読まぬ女性作家を、研究者の層が厚いとはいえぬ政治思想史と革命史の交叉する場で読み解くという選択が、一般の読者を遠ざけてしまうかもしれないという懸念はあった。しかし、とわたしは自分に言い聞かせたのである――ヨーロッパ近代の知が男性中心主義だとすれば、これに対抗するためには、まさしく「知の水準」において周囲を圧倒した女性の生に迫ることを真摯にめざすべきではないか。スタール夫人にかかわる初めてのモノグラフィーが、男性中心主義におもねる

「女物」であってはならない。

蓮實重彥先生が、三十余年温めてこられた『「ボヴァリー夫人」論』を二〇一四年の春に上梓して、翌年には『凡庸な芸術家の肖像』が再刊され、ついで不意打ちのように『伯爵夫人』が出現して話題を呼んだのは、わたしが『スタール夫人』を執筆していた時期だった。座談会や書評や解説や『論集　蓮實重彥』の編纂をとおして目前の巨大な知性と向き合いながら二世紀前の異国の女性の評伝を書くという、いささか分裂症気味の状況のなかで、ある種の殻を脱ぎ捨てることができたと感じている。いまにして思えば『宗教文化論』を書きおえるまで、わたしは実質的に第一世代の女性研究者であることの自覚と負荷と責任を封印してきたのである。『文明批判序説』につづき『宗教文化論』と『スタール夫人』の批判的読者となってくださった蓮實先生とのトークセッションや『伯爵夫人』をめぐる対話やエッセイなどをおさめた小さな書物（『〈淫靡さ〉について』羽鳥書店より近刊）では、そうしたことも率直に語らせていただいた。いまでは寛容な共著者でもある方に、万感の思いをささげたい。

女性と世論とヨーロッパ

さて自分が女であることを「抑圧」も「自粛」もせずに世界を眺めてみよう。男性中心主義的な家族制度を基盤とする市民社会を構築し、これを世界中に輸出したのは、なるほど近代ヨーロッパだった。しかし形式においては民主的な選挙により女性大統領誕生の期待を裏切ったアメリカは――ジェンダー論的には目下のところ――解放への歩みを半世紀ほど巻き戻してしまったように見える。とすれば、拘束的な社会秩序の箍（たが）を弛めるという企図の表明と実践において、やはりヨーロッパは先陣を切っているのではないか。自由に生きたいと願う女性が参照し、探究すべきグローバルな歴史の水脈がそこにあり、「自由主義の母」などと呼ばれることもあるスタール夫人は、その源泉のひとつを守っている。

父ネッケルは「世論の政治家」だった。ロザンヴァロンが好んで取りあげるエピソードだが、一七八一年、ルイ十六世の財務長官だったとき『国王への財務報告書』を公表。史上初めての「情報公開」という快挙は財政の透明性という近代国家の課題を明るみに出し、世論の圧倒的な支持を得た。数字だらけの公文書なのに、なんと八万部以上が出回ったとされる。(2) ジュネーヴ出身の銀行家でプロテスタントの外国人であるネッケルは、世論の強力な支持がなければアンシャン・レジームの貴族の人脈や宮廷の秘密政治に対抗できないことを知っていた。

スタール夫人は「世論の思想家」になった。一八〇二年に刊行された書簡体小説『デルフィーヌ』はサロンの会話が素材となっており「オピニオン」という語彙が頻出する。通信の秘密という発想がなかった時代、手紙はサロンで読みあげられたり、筆写のコピーが回覧されたりすることもあり、ときにはソーシャルメディアのように機能した。スタール夫人は「世論」や「代表制」をめぐる政治的論考も発表しているが、「書かれる言葉」と同等に「語られる言葉」の有効性を信じていたという意味で、とりわけ今日的な――NPO的な社会性と形容したいところだけれど――「声」の人だった。そうはいっても革命期のサロンで何が起き、どんな会話が交わされていたか、いまさら復元できるのか、という疑問に対しては、無数の手紙や回想録や雑多なアーカイヴを駆使した手堅い研究は、すでに存在すると答えておこう。(3) 口承性(オラリテ)が文学の問題でもあることはいうまでもない。

父と娘はともにイギリス贔屓だった。一七七六年、初めての家族旅行で十歳のジェルメーヌはドーバー海峡を越え、ロンドンでは著名人たちに会い、英国下院を見学したという。(4) フランス革命が勃発したときネッケルは、英国の代議制を範とした立憲王制をめざしたが、世論の急進化に抗しきれず、支持を失って政治から退いた。その後スタール夫人はジャコバンの恐怖政治から逃れたときに数ヵ月、さらにナポレオン帝政の末期に一年弱、イギリスに身を寄せて安らぎを得る。ドイツ、イタリア、オーストリア、ロシア、スウェーデンにも滞在したが、プロテスタントの国イギリスへの愛着は別格だった。革命と独裁に翻弄された人生だったから、なおのこと「安定した国制」と「個人の自由」という価値が輝いて見えたにちがいない。

nationalité という言葉を初めて「国民性」という意味で使ったのはスタール夫人だといわれるが、じっさい諸国民のヨーロッパを俯瞰するという姿勢は『文学論』はじめ代表作をつらぬいている。『コリンヌ』は、イタリアの女とスコットランドの男の愛の物語。『ドイツ論』は反フランス的という名目で皇帝の命令により断裁されてしまったが、亡命先のロンドンで甦る。夫人の死の翌年に刊行された『フランス革命についての省察』は、父の思い出にささげられている。革命と帝政と復古王政の現時点までを客観的な「歴史」として叙述しようという野心作であり、未完の章は「イギリス論」に当てられるはずだった。

これはEUやBrexitにまで言及しうる話題だが、ドーバー海峡を「繋ぐ海」と理解するか「隔てる海」と理解するかによって、対立する二つのヨーロッパ像が描かれる。ナポレオンの対英戦争と大陸封鎖は後者の最たるものだった。これに対してスタール夫人はアングロサクソンの国々との宥和と交流なくしては、世界の平和は実現できないと考えていた。幼いころから馴染んだネッケル夫人のサロンは、コスモポリタンなことで知られていた。当時の警察の調査報告(目的は外国から潜入する諜報員の監視)を精査した研究によれば、サロンを訪れる外国人の数という意味で、ネッケル邸は群を抜いてトップなのである(5)。なかでも英米の外交筋は常連であり、スウェーデン大使夫人となったジェルメーヌは英語もできたから、それとなく国際関係の情報を収集したり、ときには戯れの恋を演じてみたりしたらしい。スタール夫人が父からゆずり受けたコペの城館はレマン湖の畔にあって共和国の歴史をもつジュネーヴからも遠からず、帝政期には反ナポレオンの思想的拠点となった。

最後に引用を一つ。リュシアン・ジョームの『消された個人』は「主体の自由主義の形成——スタール夫人とバンジャマン・コンスタン」と題した章を皮切りに、フランス自由主義の思想的系譜を論じた堂々たる著作だが、同じ著者が二〇一〇年に刊行した小ぶりな書物の劈頭のページから。

ヨーロッパだって？　とりわけフランスではそうだけれど、このアイデアがいったい何を包含しているのか、もはやわれわれはわからなくなっているように思われる——要するに、それは職業政治家たちが造りあげたものであり、(二〇〇九年の)いまではさまざまの不都合が、賛同と信頼を上回ってしまったということなのか。だがそれは、われわれが生きている現在をそうあらしめた確固たる歴史的・文化的現実が、ヨーロッパが生命を与えた人間的な企画に固有の意味合いが、しだいに人の記憶から薄れてゆくはずだということも、同時に含意するにちがいない。そんなことはありえない、あってはならないのだ。ヨーロッパの人びとが漂流しはじめて、自分たちが実現したもの、世界にもたらしたものの恩恵を、みすみす手放してしまうことになろうから。(6)

ジョン・ロックについての考察から始まる小ぶりな書物の表題は『ヨーロッパ精神とは何か?』――たとえ迂遠であろうとも「移民問題」でも「政治」でも「経済」でも「軍事」でもないヨーロッパを、敢えていまこそ語ろうと著者は提案するのである。「文化」でも「アイデンティティ」でもなく「精神」esprit であることも肝要だろう。表現の符合は偶然ではあるまい。じつはスタール夫人の『ドイツ論』にも、こんな一文があった――「現代において求められるのは、ヨーロッパ精神をもつことなのである」(7)

二〇一七年　春

工藤庸子

人名索引

ア　行

アジュロン，シャルル＝ロベール　Ageron, Charles-Robert　329

アディソン，ジョゼフ　Addison, Joseph　50, 51, 177

アポストリデス，ジャン＝マリー　Apostolidès, Jean-Marie　370

アンクティル＝デュペロン　Anquetil-Duperron, Abraham-Hyacinthe　302, 311, 312

安西信一　50, 52

岩尾龍太郎　31

ヴァシェ・ド・ラプージュ，ジョルジュ　Vacher de la Pouge, Georges　262

ヴァレリー，ポール　Valéry, Paul　210

ヴィーコ　Vico, Giambattista　241, 246, 247

ヴィガレロ，ジョルジュ　Vigarello, Georges　181, 182

ヴィダル・ド・ラ・ブラーシュ　Vidal de la Blache, Paul　158, 159, 202

ウェールズ，H. G.　Wells, Herbert George　43

ウェルギリウス　Virgile (Publius Vergilius Maro)　16

ヴェルジェス，フランソワーズ　Vergès, Françoise　125, 127

ヴェルヌ，ジュール　Verne, Jules　4, 7, 8, 15, 21, 23, 24, 35, 145, 225, 265

ヴォヴェル，ミシェル　Vovelle, Michel　201

ウォリス，サミュエル　Wallis, Samuel　89

ヴォルテール　Voltaire, François Marie Arouet　13, 45, 91, 104, 176, 209–211, 367, 375, 377, 380, 381, 384, 387, 390, 391, 393, 401, 406

ヴォルネー　Volney, Constantin François de Chassebœuf, comte de　268, 285, 287, 302, 396, 401

エスキロス　Esquiros, Henri-Alphonse　197

エラスムス　Erasme, Didier (Desiderius Erasmus)　364

エルブロ，バルテルミー・ド　Herbelot, Barthélemy d'　294, 296, 372

オウエン，ロバート　Owen, Robert　257

大野一道　197

オズーフ，ジャック　Ozouf, Jacques　171

オズーフ，モナ　Ozouf, Mona　111, 171, 174, 197, 201

オリー，パスカル　Ory, Pascal　232, 233

カ　行

カミュ，アルベール　Camus, Albert　210

ガラン，アントワーヌ　Galland, Antoine　372, 376

カルディーニ，フランコ　Cardini, Franco　353, 364, 365

川勝平太　141

カント，イマヌエル　Kant, Immanuel　244

ギゾー，フランソワ　Guizot, François Pierre Guillaume　148, 193, 241, 254–256, 292, 298, 321, 338–340

キネ，エドガール　Quinet, Edgar　194, 199, 240, 241, 302, 304

ギボン，エドワード　Gibbon, Edward　193, 298

キングレイク，アレグザンダー　Kinglake, Alexander　178

クーザン，ヴィクトル　Cousin, Victor　242, 300, 301, 303, 314

クセノフォン　Xénophon　240

クック，ジェイムズ　Cook, James　6, 15, 18, 25, 89

クック，トーマス　Cook, Thomas　5, 6, 25, 179, 180

クラークソン，トーマス　Clarkson, Thomas　108

グリッサン，エドゥアール　Glissant, Edouard　113, 131, 143

クロイツァー，フリードリヒ　Creuzer, Friedrich　296, 300, 311

ゲーテ　Geothe, Johann Wolfgang von　151, 244

ゴーギャン，ポール　Gauguin, Paul　22

ゴーティエ，フロランス　Gauthier, Florence　396

コールブルック，ヘンリー・トーマス　Cole-

brook, Henry Thomas　301
ゴッホ，フィンセント・ファン　Gogh, Vincent van　22
ゴビノー，アルチュール・ド　Gobineau, Josephe Arthur de　254–256, 259, 262, 303, 308, 309, 312, 336, 337, 341
コルネイユ　Corneille, Pierre　209
コルバン，アラン　Corbin, Alain　28, 83
コント，オーギュスト　Comte, Auguste　270–272
コンドルセ　Condorcet, Marie-Jean　244
コンフィアン，ラファエル　Confiant, Raphaël　131
コンラッド，ジョーゼフ　Conrad, Joseph　136

サ　行

サイード　Said, Edward W.　395
サヴァリ，クロード＝エティエンヌ　Savary, Claude-Etienne　396
サシ，シルヴェストル・ド　Sacy, Silvestre de　302
サンゴール　Senghor, Léopold Sédar　94
サン＝シモン　Saint-Simon, Claude Henri de Rouvroy, comte de　192, 195, 199, 244, 256
サン＝テグジュペリ　Saint-Exupéry, Antoine de　210
サンド，ジョルジュ　Sand, George (Aurore Dupin)　82, 204
ジイド　Gide, André　210
ジイド，シャルル　Gide, Charles　330
シェイクスピア，ウィリアム　Shakespeare, William　26
シエース，エマニュエル・ジョゼフ　Sieyès, Emmanuel Joseph　339
シェリー，メアリ　Shelley, Mary Wollstonecraft　357
シェリング　Schelling, Friedrich Wilhelm Joseph von　302
シェルシェール，ヴィクトル　Schœlcher, Victor　99, 108, 117, 120, 122–126, 129–131, 310, 398
シャトーブリアン　Chateaubriand, François René, vicomte de　191–193, 195, 209, 279
シャモワゾー，パトリック　Chamoiseau, Patrick　131
シャルダン，ジャン　Chardin, Jean　87, 347, 368–372, 396, 399
シャルティエ，ロジェ　Chartier, Roger　160, 161
シャンポリオン　Champollion, Jean François　288
シュヴァリエ，ルイ　Chevalier, Louis　219
ジュシウ，ベルナール・ド　Jussieu, Bernard de　422
シュピッツァー，レオ　Spitzer, Leo　359, 360
シュライエルマッハー　Schleiermacher, Friedrich Ernst Daniel　270, 302
シュレーゲル，フリードリヒ・フォン　Schlegel, Friedrich von　299, 300, 308, 334
ショーペンハウアー　Schopenhauer, Arthur　302, 307
白石隆　138
ジロレ，アンヌ　Girollet, Anne　122, 124
スコット，ウォルター　Scott, Walter, Sir　183–185, 188, 189, 224, 336, 421
スタール夫人　Staël, Germaine Necker, baronne de, dite Mme de　195, 225
スタンダール　Stendhal (Henri Beyle)　179, 180, 204, 225, 228, 292
ストー，ハリエット・ビーチャー　Stowe, Harriet Beecher　103, 107
セゼール，エメ　Césaire, Aimé　94, 99, 113, 128, 131
セルバンテス・サアベドラ，ミゲル・デ　Cervantes Saavedra, Miguel de　350, 353, 354, 359–362, 366
ソシュール，フェルディナン・ド　Saussure, Ferdinand de　261, 262

タ　行

タキトゥス　Tacitus, Cornelius　240
立川健二　153
谷川稔　156, 390
ダランベール　Alembert, Jean Le Rond d'　16, 151, 230, 234
デ・アミーチス，E.　De Amicis, Edmondo　172
ティエール，アドルフ　Thiers, Louis Adolphe　193–195, 241
ティエス，アンヌ＝マリ　Thiesse, Anne-Marie　147, 150, 183
ティエリ，オーギュスタン　Thierry, Augus-

tin　148, 184, 188, 189, 191, 192, 194, 203, 209, 241, 336, 338
ディドロ　Diderot, Denis　18, 65, 66, 151, 176, 230, 268, 331
テーヌ，イポリット　Taine, Hippolyte　200, 308
デカルト　Descartes, René　244
デフォー，ダニエル　Defoe, Daniel　51
デュ・カン，マクシム　Du Camp, Maxime　280
テュフロ，ポール　Tuffrau, Paul　205, 206
デュマ(ペール)，アレクサンドル　Dumas, Alexandre (Dumas père)　120, 208, 210
トゥキディデス　Thoukydides　240
トクヴィル，アレクシス・ド　Tocqueville, Alexis de　119, 148, 194, 398
トマス，キース　Thomas, Keith　49, 50
ドロワ，ロジェ＝ポル　Droit, Roger-Pol　299, 301, 303, 318

ナ　行

ネルヴァル，ジェラール・ド　Nerval, Gérard de　5, 120, 179, 322, 372, 395–399, 401, 402
ノラ，ピエール　Nora, Pierre　100, 202, 205
ノルマン，ダニエル　Nordman, Daniel　143, 144, 146, 159

ハ　行

パイヤール，イヴァン・G.　Paillard, Yvan G.　10
バクル，ヘンリー　Buckle, Henry Thomas　254, 256
バッジオーニ，ダニエル　Baggioni, Daniel　153, 154
羽田正　368, 370
バルザック　Balzac, Honoré de　162, 193, 204, 210, 226, 227, 229, 251, 279, 354
バルベー・ドールヴィイ　Barbey d'Aurevilly, Jules　279
ヒューム，ピーター　Hulme, Peter　31
ビュトール，ミシェル　Butor, Michel　256
ビュフォン　Buffon, Georges-Louis Leclerc, comte de　72, 76, 84, 85, 88–92, 263, 333
ビュルヌフ，ウージェーヌ　Burneuf, Eugène　296, 307, 311
平井正穂　31
ファノン，フランツ　Fanon, Frantz　131
フィヒテ　Fichte, Johann Gottlieb　302
ブーガンヴィル　Bougainville, Louis Antoine　14–18, 31, 32, 53, 65, 66, 74, 81, 88, 89, 176, 283, 285, 331
フーコー，ミシェル　Foucault, Michel　293, 295, 416, 417
フーリエ　Fourier, Charles　195, 199, 244
フェリー，ジュール　Ferry, Jules　122, 196, 212, 329, 330
フュレ，フランソワ　Furet, François　111, 197, 201
ブラウン，ピーター　Brown, Peter　281
ブラン，ルイ　Blanc, Jean Joseph Louis　117, 195, 196, 199
ブランシュヴィク，アンリ　Brunschwig, Henri　10
ブリュノ，G.　Bruno, G.　171
プルースト，ジャック　Proust, Jacques　14
プルースト，マルセル　Proust, Marcel　210, 341, 343, 351
プルードン，ピエール・ジョゼフ　Proudhon, Pierre Joseph　195, 199, 233, 234, 244
ブルーメンバッハ　Blumenbach, Johann Friedrich　263, 333
ブローデル，フェルナン　Braudel, Fernand　351, 359, 365, 366
フローベール，ギュスターヴ　Flaubert, Gustave　5–7, 68, 81, 91, 120, 179, 193, 199, 200, 204, 205, 210, 213, 215, 216, 220–222, 277–280, 289, 295–298, 304, 311, 318, 322, 345, 372, 390–393, 396, 407, 416–418, 422
ヘーゲル　Hegel, Georg Wilhelm Friedrich　242, 302, 306, 314, 315
ベーコン，フランシス　Bacon, Francis　244
ベール，ピエール　Bayle, Pierre　258, 382
ベルシェ，ジャン＝クロード　Berchet, Jean-Claude　394
ヘルダー，ヨハン・ゴットフリート　Herder, Johann Gottfried　151, 152, 156, 194, 241, 299, 300
ベルナベ，ジャン　Bernabé, Jean　131
ベルナルダン・ド・サン＝ピエール　Bernardin de Saint-Pierre, Jacques Henri　12, 31, 32, 44–47, 49, 53, 57, 60, 63, 66, 68, 71, 74–76, 80–82, 88, 89, 104, 106–108, 176, 331, 421
ベルニエ，フランソワ　Bernier, François　372

ヘロドトス　Herodotos　214, 240
ホーダーン，W. E.　Hordern, William E.　278, 407
ボードレール，シャルル　Baudelaire, Charles　12, 213, 215
ボシュエ　Bossuet, Jacques Bénigne　207, 241, 242, 245, 247
ボナパルト，ナポレオン(ナポレオン 1 世)　Bonaparte, Napoléon　5, 11, 13, 81, 97–98, 101, 113, 129, 235–238, 285, 288–289, 293, 321–324, 330, 332, 356, 387
ボナパルト，ルイ・ナポレオン(ナポレオン 3 世)　Bonaparte, Charles Louis Napoléon　11, 100, 199, 237, 238, 325, 391, 401
ポミアン，クシシトフ　Krzysztof, Pomian　248
ホメロス　Homère (Homeros)　148–150, 154, 184, 192, 214, 215, 239
ボローニュ，ジャン・クロード　Bologne, Jean Claude　62

マ　行

正木恒夫　31
マルクス，カール　Marx, Karl　200
マルロー，アンドレ　Malraux, André　135, 139, 210
ミシュレ，ジュール　Michelet, Jules　84, 146–148, 157–160, 162–169, 182, 183, 188, 194, 196–200, 202, 203, 209, 211, 213, 215, 223, 251, 269, 311, 313–320, 334, 336, 339, 343, 350, 393, 395, 401, 402, 417, 418
メイエール，ジャン　Meyer, Jean　12, 18, 95
メリメ，プロスペル　Mérimée, Prosper　108, 110, 113, 204
モア，トーマス　More, Thomas　13
モーロ，フレデリック　Mauro, Frédéric　10
モリエール　Molière (Jean-Baptiste Poquelin)　204, 207, 209, 210, 365
モロー・ド・サン＝メリー　Moreau de Saint-Méry, Médéric-Louis-Elie　115, 265
モワザン，クレマン　Moisan, Clément　206, 208
モンテーニュ　Montaigne, Michel Eyquem de　365
モンテスキュー　Montesquieu, Charles Louis de Secondat, baron de　104, 105, 172, 176, 246, 339, 372, 374, 375, 397

ヤ　行

ヤコノ，グザヴィエ　Yacono, Xavier　10
山田登世子　28
ユゴー，ヴィクトル　Hugo, Victor　103, 113, 116–118, 130, 148, 180, 182, 183, 205, 209–213, 215, 216, 220–222, 234, 263, 269, 400, 417, 418

ラ　行

ラヴィス，エルネスト　Lavisse, Ernest　158, 202–204, 207
ラコー，ジャン＝ミシェル　Racault, Jean-Michel　54
ラシーヌ　Racine, Jean　204, 207, 209
ラ・フォンテーヌ　La Fontaine, Jean de　207, 209, 210
ラマルティーヌ　Lamartine, Alphonse de　195, 197, 209, 392
ラルース，ピエール　Larousse, Pierre　34, 195, 230–235, 239, 240, 242–245, 247–251, 253–256, 258, 261, 263, 266, 269, 270, 272, 273, 292, 296, 297, 320, 345, 346, 381, 393, 420
ランソン，ギュスターヴ　Lanson, Gustave　204–206, 209, 212, 213, 277, 278, 416
リード，エリック　Leed, Eric J.　178
リヴァロル　Rivarol, Antoine, le comte de　152, 157, 158
リトレ，エミール　Littré, Maximilien Paul Emile　232
リョンロート　Lönnrot, Elias　154
リンネ　Linné, Carl von　91, 263
ルソー，ジャン＝ジャック　Roussau, Jean-Jacques　13, 15, 45, 46, 63, 65, 85, 209, 224, 245, 331, 371, 377, 391, 392
ルター　Luther, Martin　364
ルナン，エルネスト　Renan, Ernest　148, 167, 182, 200, 209, 215, 232, 250, 259, 260, 269, 304, 320, 326–330, 333, 334, 341, 343, 350, 393, 400–402, 406–410, 412, 415, 418, 420
ルルー，ピエール　Leroux, Pierre　302
レモン，ルネ　Rémond, René　385
ロティ，ピエール　Loti, Pierre　13, 19, 21, 22, 26, 87, 135, 138, 179, 344, 396
ロランス，アンリ　Laurens, Henry　283, 321, 322, 324, 331, 338

図版出典一覧

第 I 部　島と植民地

1　1870 年代の地球儀とポリネシア幻想

p. 18　Michel Panoff, *Tahiti Métisse*, Editions Denoël, 1989, p. 97.

p. 21　Pierre Loti, *Le Mariage de Loti*, GF-Flammarion, 1991, 口絵.

2　「絶海の孤島」から「愛の楽園」まで

p. 35　Ch. de La Roncière, *Histoire de la découverte de la Terre : explorateurs et conquérants*, Librairie Larousse, 1938, p. 100.

p. 41　デイヴィッド・ブルーエット『《ロビンソン・クルーソー》挿絵物語——近代西洋の二百年(1719-1920)』ダニエル・デフォー研究会訳，関西大学出版部，1998 年，114 ページ.

p. 43　Jean-Robert Henry et Lucienne Martini (dir.), *Littératures et temps colonial*, Edisud, 1999, p. 330.

p. 50　*Le Domaine colonial français I*, Les Editions du Cygne, 1929, p. 382.

p. 58　Michel Charpentier et Jeanne Charpentier, *Littérature XVIII*[e] *siècle : textes et documents*, Nathan, 1987, 図版ページ p. xx.

p. 59　*ibid.*, p. 327.

p. 67 (上)　ジェイムズ・クック『太平洋探検』下，増田義郎訳，岩波書店，17・18 世紀大旅行記叢書，1994 年，83 ページ.

p. 67 (右下)　*Le Domaine colonial français II*, Les Editions du Cygne, 1929, p. 112.

p. 67 (左下)　*ibid.*, p. 112.

3　黒人奴隷と植民地

p. 72　*ibid.*, p. 295.

p. 77　Bernardin de Saint-Pierre, *Voyage à l'île de France : un officier du roi à l'île Maurice, 1768-1770*, La Découverte, 1983, 表紙.

p. 81 (右)　*Le Domaine colonial français I*, p. 358.

p. 81 (左)　*ibid.*, p. 362.

p. 92 (右)　Katérina Stenou, *Images de l'Autre. La différence : du mythe au préjugé*, Editions du Seuil/UNESCO, 1998, p. 60.

p. 92 (左)　*ibid.*, p. 61.

4　フランス共和国の奴隷制廃止派(アボリシオニスト)たち

p. 98　*Le Domaine colonial français I*, p. 281.

p. 112 (上)　Robert Deville et Nicolas Georges, *Les Départements d'outre-mer : l'autre décolonisation*, Editions Gallimard, 1996, p. 34.

p. 112 (下)　*ibid.*, p. 34.

p. 118　L'esclavage aux Etats-Unis! «Victor Hugo au cœur du monde», Ministère des

Affaires étrangères, Direction générale de la Coopération internationale et Développement. Direction de la Coopération culturelle et du Français, 2002.

p. 121 (上)　Nicolas Bancel, Pascal Blanchard et Francis Delabarre, *Images d'empire*, Editions de La Martinière/La Documentation Française, 1997, p. 13.

p. 121 (下)　*ibid.*, p. 163.

p. 129　*Le Domaine colonial français I*, p. 277.

第 II 部　言説としての共和国

1　国境の修辞学——ミシュレの方へ

p. 137　*Le Domaine colonial français IV*, p. 264.

p. 139　白石隆『海の帝国——アジアをどう考えるか』中公新書，2000 年，47 ページ.

p. 140　同上，109 ページ.

p. 142　*Le Domaine colonial français I*, p. 450.

p. 146　Daniel Nordman, *Frontières de France : de l'espace au territoire XVI*[e]*-XIX*[e] *siècle*, Editions Gallimard, 1998, 図版 9.

p. 160　Pierre Nora (dir.), *Les Lieux de mémoire*, tome 2, Gallimard, 1997, p. 2938.

p. 169　Dominique Rincé et Bernard Lecherbonnier, *Littérature XIX*[e] *siècle : textes et documents*, Nathan, 1986, p. 569.

p. 173　G. Bruno, *Le tour de la France par deux enfants*, Francis Lacassin (éd.), *Des Enfants sur les routes*, Robert Laffont, 1994, p. 738.

p. 176　デーヴィッド・アーウィン『新古典主義』鈴木杜幾子訳，岩波書店，2001 年，53 ページ.

p. 180　Marc Boyer, *L'Invention du tourisme*, Editions Gallimard, 1996, p. 140.

2　「ナショナル・ヒストリー」から「国民文学」へ——ヴィクトル・ユゴーを求めて

p. 190　*Les Lieux de mémoire*, tome 3, p. 4329.

p. 194　Dominique Rincé et Bernard Lecherbonnier, *op. cit.*, p. 344.

p. 197　*Les Lieux de mémoire*, tome 1, p. 397.

p. 210 (上)　Exposition «Victor Hugo : l'homme océan» (20 mars–23 juin 2002), présentée par Bibliothèque Nationale de France, Editions du Seuil, 2002, p. 125.

p. 210 (下)　*ibid.*, p. 204.

p. 216　Exposition «Victor Hugo raconté par la caricature» (4 mai-1er septembre), Editions de musées de la Ville de Paris, 2002, p. 72.

3　共和国の辞典——ピエール・ラルースをめぐって

p. 231　Pierre Larousse, *Grand dictionnaire universel du XIX*[e] *siècle*, tome 1, Slatkine, 1982, 扉.

p. 233　Dominique Rincé et Bernard Lecherbonnier, *op. cit.*, p. 319.

p. 236　Pierre Larousse, *op. cit.*, tome 2, p. 117.

p. 246　*L'Illustration : l'Exposition coloniale*, Album hors série, 25 juillet 1831.

p. 263　Katérina Stenou, *op. cit.*, p. 83.

第 III 部　キリスト教と文明の意識

1　知の領域としてのオリエント

p. 284　*Les Collections de l'Histoire*, n° 8, juin 2000, la Société d'éditions scientifiques, p. 81.

p. 286　*Le Domaine colonial français I*, p. 289.

p. 287　*Description de l'Egypte : publiée sous les ordres de Napoléon Bonaparte*, Bibliothèque de l'Image, 1993, PL 157.

p. 290　*Le Domaine colonial français II*, p. 204.

p. 292　Ch. de La Roncière, *Histoire de la découverte de la Terre*, p. 22.

p. 294　小林康夫，石田英敬，松浦寿輝編『ミシェル・フーコー思考集成』II，筑摩書房，1999 年，59 ページ.

p. 304　同上，54 ページ.

p. 307　*Le Domaine colonial français I*, p. 405.

2　セム対アーリア

p. 314　*Le Domaine colonial français I*, p. 406.

p. 324　*ibid.*, p. 299.

p. 325　*ibid.*, p. 298.

p. 337　*ibid.*, p. 404.

3　記述されたイスラーム世界

p. 348　Jean-Robert Henry et Lucienne Martini (dir.), *Littératures et temps colonial*, p. 193–194.

p. 351　アンドレ・ジスベール，ルネ・ビュルレ『地中海の覇者ガレー船』深沢克己監修，創元社 [知の再発見]，1999 年，60 ページ.

p. 352　*Le Domaine colonial français I*, p. 64.

p. 356　*Le Domaine colonial français II*, p. 8.

p. 367　*Le Domaine colonial français I*, p. 53.

p. 369　羽田正編著『シャルダン『イスファハーン誌』研究——17 世紀イスラム圏都市の肖像』東京大学出版会，1996 年，52 ページ.

p. 371　Ch. de La Roncière, *Histoire de la découverte de la Terre*, p. 185.

4　非宗教性(ライシテ)の時代のキリスト教

p. 388–389　*L'Illustration*, no. 8 (années 1899–1903), *Histoire d'un siècle : 1843–1944*, Le Livre de Paris, 1985, p. 151.

p. 406　エルネスト・ルナン『イエスの生涯』忽那錦吾，上村くにこ訳，人文書院，2000 年，27 ページ.

文献一覧

網羅的な文献目録ではなく，読者の便宜のために作成したものであり，本文と注で言及あるいは引用したものに限られている．欧語文献は，主な作品については本文中に刊行年を示し，「文献一覧」には，参照された版の刊行年のみ記した．なお邦語文献は，著書・訳書が発表された時代を示すために，原則として初版の刊行年を記した．

I 欧語文献(著書，論文，等)

Ageron, Carles-Robert. «Jules Ferry et la colonisation», *Jules Ferry, fondateur de la République*, actes du colloque organisé par l'Ecole des Hautes Etudes en Sciences Sociales présentés par François Furet, Editions de l'Ecole des Hautes Etudes, 1985.

Arzalier, Francis. «Les mutations de l'idéologie coloniale en France avant 1848 : de l'esclavagisme à l'abolitionnisme», *Les abolitions de l'esclavage : de L. F. Sonthonax à V. Schœlcher, 1793, 1794, 1848*, Presses Universitaires de Vincennes, Editions UNESCO, 1995.

Baggioni, Daniel. *Langues et nations en Europe*, Editions Payot, 1997.

Balzac. *L'Auberge rouge, La Comédie humaine*, XI, sous la direction de Pierre-Georges Castex, Editions Gallimard, Bibliothèque de la Pléiade, 1980.

Beaune, Colette. *Naissance de la nation France*, Editions Gallimard, 1985.

Ben-Amos, Avner. «Les funérailles de Victor Hugo : apothéose de l'événement spectacle», *Les Lieux de mémoire*, tome 1, sous la direction de Pierre Nora, Editions Gallimard, Quarto, 1997.

Berchet, Jean-Claude. *Le voyage en Orient : anthologie des voyageurs français dans le Levant au XIXe siècle*, Robert Laffont, Bouquins, 1985.

Bernardin de Saint-Pierre. *Voyage à l'île de France : un officier du roi à l'île Maurice, 1768–1770*, introduction et notes d'Yves Bénot, Editions La Découverte, 1983.

——. *Paul et Virginie*, présentation, notes et variantes par Jean-Michel Racault, édition critique du texte de 1789, Le Livre de Poche, 1999.

Bologne, Jean Claude. *Histoire de la pudeur*, Olivier Orban, 1986.

——. *Les Allusions bibliques : dictionnaire commenté des expressions d'origine biblique*, Larousse, 1991.

Bougainville. *Voyage autour du monde*, préface de Jacques Proust, Editions Gallimard, folio, 1982.

Bowker, John. *Le Grand Livre de la Bible*, traduction et adaptation de Claude-Bernard Costecalde, Larousse, cerf, 1999.

Bruno, G. *Le tour de la France par deux enfants : devoir et patrie*, 1877, *Des Enfants sur les routes*, édition présentée et établie par Francis Lacassin, Robert Laffont, Bouquins, 1994.

Brunschwig, Henri. *Mythes et réalités de l'impérialisme colonial français 1871–1914*, Librairie Armand Colin, 1960.

Buffon. *De l'homme*, présentation et notes de Michèle Duchet, François Maspero, 1971.

Butor, Michel. «L'île au bout du monde», *Répertoire III*, Les Editions de Minuit, 1968.

Cardini, Franco. *Europe et Islam : histoire d'un malentendu*, traduit de l'italien par Jean-Pierre Bardos, Editions du Seuil, Points Histoire, 2002, la première édition parue en 2000, dans la collection «Faire l'Europe».

Champion, Jean-Marcel. «30 Floréal an X : le rétablissement de l'esclavage par Bonaparte», *Les abolitions de l'esclavage : de L. F. Sonthonax à V. Schœlcher, 1793, 1794, 1848.*

Chardin, Jean. *Voyages du Chevalier Chardin, en Perse, et autres lieux de l'Orient*, tome huitième, par L. Langlès, Le Normant, Imprimeur-Libraire, 1811.

Chartier, Roger. «La ligne Saint-Malo-Genève», *Les Lieux de mémoire*, tome 2.

Cousin, Victor. *Cours de Philosophie : introduction à l'histoire de la philosophie*, Pichon et Didier, Editeurs, 1828.

Droit, Roger-Pol. *L'Oubli de l'Inde : une amnésie philosophique*, édition revue et corrigée, Presses Universitaires de France, 1989.

——. *Le culte du néant : les philosophes et le Bouddha*, Editions du Seuil, 1997.

Eve, Prosper. «Esclaves et esclavage à l'île de France : marronage et répression à travers les récits de quelques administrateurs et voyageurs (1722–1830)», *Esclavage, résistances et abolitions*, sous la directions de Marcel Dorigny, Editions du CTHS, 1999.

Flaubert, Gustave. *Quidquid volueris*, *Œuvres complètes*, Editions du Seuil, 1964.

——. *Correspondance*, tome 1–4, édition établie, présentée et annotée par Jean Bruneau, Editions Gallimard, Bibliothèque de la Pléiade, 1973–98.

——. *La Tentation de Saint Antoine*, édition de Claudine Gothot-Mersch, Editions Gallimard, folio, 1983.

——. *Bouvard et Pécuchet*, édition de Claudine Gothot-Mersch, Editions Gallimard, folio, 1993.

Gauchet, Marcel. «Les "Lettres sur l'histoire de France" d'Augustin Thierry : "L'alliance austère du patriotisme et de la science"», *Les Lieux de mémoire*, tome 1.

Gauguin, Paul. *Oviri, écrits d'un sauvage*, Editions Gallimard, folio, 1974.

Gauthier, Florence. «Le rôle de la députation de Saint-Domingue dans l'abolition de l'esclavage», *Les abolitions de l'esclavage : de L. F. Sonthonax à V. Schœlcher, 1793, 1794, 1848.*

Gengembre, Gérard. «De Bug-Jargal à Toussaint Louverture : le romantisme et l'esclave révolté», *Les abolitions de l'esclavage : de L. F. Sonthonax à V. Schœlcher, 1793, 1794, 1848.*

Girollet, Anne. «Les "quatre vieilles colonies": la dialectique de l'assimilation et du principe de départementalisation chez Victor Schœlcher», *Esclavage, résistances et abolitions.*

——. *Victor Schœlcher, abolitionniste et républicain : approche juridique et politique de l'œuvre d'un fondateur de la République*, Edition Karthala, 2000.

Glissant, Edouard. *Le Discours antillais*, Editions du Seuil, 1981.

Gobineau. *Œuvres*, tome 1, édition publiée sous la direction de Jean Gaulmier, Editions Gallimard, Bibliothèque de la Pléiade, 1983.

Guizot, François-Pierre Guillaume. *Histoire de la civilisation en Europe, depuis la chute de l'Empire romain jusqu'à la Révolution française*, quatorzième édition, Didier et Cie, Libraires-Editeurs, 1875.

Hugo, Victor. *La Légende des siècles*, édition établie et annotée par Jacques Truchet, Editions Gallimard, Bibliothèque de la Pléiade, 1950.

——. *Le dernier jour d'un condamné, précédé de Bug-Jargal*, préface, notices et notes de Roger Borderie, Editions Gallimard, folio, 1970.

Jullian, Camille. «Notes sur l'histoire de France au XIXe siècle», introduction aux *Extraits des historiens français du XIXe siècle*, Hachette, 1897.

La Roncière, Ch. de. *Histoire de la découverte de la Terre : explorateurs et conquérants*, Librairie Larousse, 1938.

Lanson, G. et Tuffrau, P. *Manuel illustré d'Histoire de la littérature française : de l'origine à l'époque contemporaine*, Librairie Hachette, 1931.

Laurens, Henry. *Le Royaume impossible*, Armand Colin, 1990.

——. *L'expédition d'Egypte 1789–1801*, nouvelle édition complétée et mise à jour par l'auteur, Editions du Seuil, 1997.

Lestringant, Frank. «L'insulaire des Lumières : esquisse introductive», *L'insularité : thématique et représentations*, textes réunis par Jean-Claude Marimoutou et Jean-Michel Racault, Université de la Réunion, L'Harmattan, 1995.

Leterrier, Sophie-Anne. *Le XIXe siècle historien, anthologie raisonnée*, Belin, 1997.

Loti, Pierre. *Le Mariage de Loti*, GF-Flammarion, 1991.

——. *Le Roman d'un enfant*, GF-Flammarion, 1997.

Martin, Jean. *Lexique de la colonisation française*, Dalloz, 1988.

Mauro, Frédéric. *L'Expansion européenne 1600–1870*, Presses Universitaires de France, 1964.

Meyer, Jean. *L'Europe et la conquête du monde*, Armand Colin, 1975.

Michelet, Jules. *Histoire de la Révolution française*, présentation de Claude Mettra, Robert Laffont, Bouquins, 1979.

——. *Le Moyen âge, Histoire de France*, préface de Claude Mettra, Robert Laffont, Bouquins, 1981.

——. «La France devant l'Europe», *Œuvres complètes, XX, 1866–1871*, éditées par Paul Viallaneix, Flammarion, 1987.

——. *Tableau de la France*, préface de Georges Duby, Editions Complexe, 1995.

——. *La Bible de l'humanité*, préface de Claude Mettra, Editions Complexe, 1998.

Milo, Daniel. «Les classiques scolaires», *Les Lieux de mémoire*, tome 2.

Montesquieu. *Lettres persanes, Œuvres complètes*, tome 1, texte présenté et annoté par Roger Caillois, Editions Gallimard, Bibliothèque de la Pléiade, 1949.

——. *De l'Esprit des lois, Œuvres complètes*, texte présenté et annoté par Roger Caillois, Editions Gallimard, Bibliothèque de la Pléiade, 1951.

Mérimée, Prosper. *Tamango, Théâtre de Clara Gazul, Romans et nouvelles*, édition établie, présentée et annotée par Jean Mallion et Pierre Salomon, Editions Gallimard, Bibliothèque de la Pléiade, 1978.

Nora, Pierre. «"L'Histoire de France" de Lavissse», *Les Lieux de mémoire*, tome 1.

——. «Lavisse, instituteur national : Le "Petit Lavisse", évangile de la République», *Les Lieux de mémoire*, tome 1.

Nordman, Daniel. «Les Guides-Joanne : ancêtres de Guides Bleus», *Les Lieux de mémoire*, tome 1.

——. «Des limites d'Etat aux frontières nationales», *Les Lieux de mémoire*, tome 1.

——. *Frontières de France : de l'espace au territoire, XVIe-XIXe siècle*, Editions Gallimard,

1998.

Ory, Pascal. «Le "Grand Dictionnaire" de Pierre Larousse, Alphabet de la République», *Les Lieux de mémoire*, tome 1.

Ozouf, Jacques et Mona. «"Le tour de la France par deux enfants" : le petit livre rouge de la République», *Les Lieux de mémoire*, tome 1.

Ozouf, Mona. «Le Panthéon : l'Ecole normale des morts», *Les Lieux de mémoire*, tome 1.

Paillard, Yvan G. *Expansion occidentale et dépendance mondiale : fin du XVIII*[e] *siècle /1914*, Armand Colin, 1994.

Petitier, Paule. *La Géographie de Michelet : territoire et modèles naturels dans les premières œuvres de Michelet*, L'Harmattan, 1997.

Rémond, René. *Religion et société en Europe : essai sur la sécularisation des sociétés européennes aux XIX*[e] *et XX*[e] *siècles (1789–1998)*, Editions du Seuil, 1998.

Renan, Ernest. *Histoire et parole, Œuvres diverses*, choix de textes, introductions, chronologie et commentaires de Laudyce Rétat, Robert Laffont, Bouquins, 1984.

——. «La Réforme intellectuelle et morale de la France», *La Réforme intellectuelle et morale*, textes présentés par Henri Mazel, Editions Complexe, 1990.

——. «De la part des peuples sémitiques dans l'histoire de la civilisation», leçon d'ouverture au Collège de France, 1862, *Qu'est-ce qu'une nation? et autres essais politiques*, textes choisis et présentés par Joël Roman, Pocket, 1992.

——. *L'Avenir de la science*, présentation, chronologie, bibliographie par Annie Petit, GF-Flammarion, 1995.

——. *Histoire des origines du christianisme*, tome 1–2, édition établie et présentée par Laudyce Rétat, Robert Laffont, Bouquins, 1995.

Ruscio, Alain. *Le Crédo de l'homme blanc : regards coloniaux français, XIX*[e]*—XX*[e] *siècles*, Editions Complexe, 1995.

Saussure, Ferdinand de. *Cours de linguistique générale*, édition préparée par Tullio de Mauro, Payot, 1986.

Scemla, Jean-Jo. *Le voyage en Polynésie, anthologie des voyageurs occidentaux de Cook à Segalen*, Robert Laffont, Bouquins, 1994.

Schœlcher, Victor. *Esclavage et colonisation*, avant-propos par Ch.-A. Julien, introduction par Aimé Césaire, textes choisis et annotés par Emile Tersen, Presses Universitaires de France, 1948.

Seznec, Jean. *Les Sources de l'Episode des Dieux dans "La Tentation de Saint Antoine"* (première version, 1849), Librairie philosophique J. Vrin, 1940.

——. *Nouvelles études sur "La Tentation de Saint Antoine"*, The Warburg Institute, University of London, 1949.

Solé, Robert. *L'Egypte, passion française*, Editions du Seuil, 1997.

Spitzer, Leo. «Perspectivism in "Don Quijote"», *Linguistics and Literary History : essays in stylistics*, Princeton University Press, 1967.

Thierry, Augustin. *Lettres sur l'histoire de France pour servir d'introduction à cette histoire*, Sautelet, 1827.

——. *Récits des temps mérovingiens*, introduction de Philippe Le Maître, Critérion, 1990.

Thiesse, Anne-Marie. *La Création des identités nationales : Europe XVIII*[e]*-XX*[e] *siècle*, Editions du Seuil, 1999.

Tocqueville, Alexis de. *De la colonie en Alegérie*, présentation de Tzvetan Todorov, Editions Complexe, 1988.

——. *De la démocratie en Amérique—1*, Editions Gallimard, folio, 2000.

Vergès, Françoise. «Une citoyenneté paradoxale, affranchis, colonisés et citoyens des Vieilles Colonies», *L'abolition de l'esclavage : un combat pour les droits de l'homme*, textes réunis et présentés par Chantal Georgel, en collaboration avec Françoise Vergès et Alain Vivien, Editions Complexe, 1998.

Vigarello, Georges. «Le tour de France», *Les Lieux de mémoire*, tome 3.

Volney, C.-F. *Œuvres, III, Voyage en Syrie et en Egypte, Considérations sur la guerre des Turcs*, Fayard, 1998.

Voltaire. *Dictionnaire philosophique*, édition présentée et annotée par Alain Pons, Editions Gallimard, folio, 1994.

II その他の欧語文献(辞書・事典，論文集，等)

Le Dictionnaire universel d'Antoine Furetière, 1690 (Réimpression : SNL-Le Robert, 1984).

Le Grand dictionnaire universel du XIXe siècle de Pierre Larousse, 1866–1879 (Réimpression : Slatkine, 1982).

Trésor de la langue française, Dictionnaire de la langue du XIXe et du XXe siècle (1789–1960), publié sous la direction de Paul Imbs, Editions du Centre National de la Recherche Scientifique, 1971–94.

Dictionnaire historique de l'islam, Dominique et Janine Sourdel, Presses Universitaires de France, 1996.

CD-ROM *Encyclopædia Universalis*, version 7.

Le Domaine colonial français I—IV, Les Editions du Cygne, 1929–30.

Histoire de la France coloniale, I—La conquête (des origines à 1870), II—L'apogée (1871–1931), III-Le déclin (1931 à nos jours), Armand Colin, Agora, 1991.

Les abolitions de l'esclavage : de L. F. Sonthonax à V Schœlcher, 1793, 1794, 1848, Presses Universitaires de Vincennes, Editions UNESCO, 1995.

Les Lieux de mémoire, tome 1–3, sous la direction de Pierre Nora, Editions Gallimard, Quarto, 1997.

L'abolition de l'esclavage : un combat pour les droits de l'homme, textes réunis et présentés par Chantal Georgel, en collaboration avec Françoise Vergès et Alain Vivien, Editions Complexe, 1998.

Esclavage, résistances et abolitions, sous la direction de Marcel Dorigny, Editions du CTHS, 1999.

III 邦語文献(著書，論文，等)

アーウィン，デーヴィッド 『新古典主義』鈴木杜幾子訳，岩波書店，2001 年.

アポストリデス，ジャン＝マリー 『機械としての王』水林章訳，みすず書房，1996 年.

安西信一 『イギリス風景式庭園の美学——〈開かれた庭〉のパラドックス』東京大学出版会，2000 年.

岩尾龍太郎 『ロビンソンの砦』青土社，1994 年.

ヴィガレロ，ジョルジュ 「ツール・ド・フランス」杉本淑彦訳，『思想』911 号(2000 年 5 月)，岩波書店.

ヴェルヌ，ジュール 『気球に乗って五週間』手塚伸一訳，集英社文庫，1993 年.
—— 『八十日間世界一周』鈴木啓二訳，岩波文庫，2001 年.
ヴォルテール 『カンディード』吉村正一郎訳，岩波文庫，1956 年.
—— 『ヴォルテール，ディドロ，ダランベール』責任編集，串田孫一，中央公論社 [世界の名著 35]，1980 年.
大塚久雄 『文学と人間像』東京大学出版会，1965 年.
大貫隆，佐藤研編 『イエス研究史——古代から現代まで』日本基督教団出版局，1998 年.
大野一道 『ミシュレ伝』藤原書店，1989 年.
カシャン，フランソワーズ 『ゴーギャン』高階秀爾監修，創元社 [知の再発見]，1992 年.
加藤隆 「E. ルナンから A. シュヴァイツァーまでのイエス研究」大貫，佐藤編『イエス研究史』.
加藤祐三，川北稔著 『アジアと欧米世界』中央公論社 [世界の歴史 25]，1998 年.
樺山紘一 『ルネサンスと地中海』中央公論社 [世界の歴史 16]，1996 年.
川勝平太 『文明の海洋史観』中公叢書，1997 年.
紀平英作，亀井俊介 『アメリカ合衆国の膨張』中央公論社 [世界の歴史 23]，1998 年.
ギボン，エドワード 『ローマ帝国衰亡史 II』中野好夫訳，筑摩書房，1978 年.
クック，ジェイムズ 『太平洋探検記』上下巻，増田義郎訳，岩波書店，1992 年.
工藤庸子 『サロメ誕生』新書館，2001 年.
コーディングリ，デイヴィッド 『海賊大全』増田義郎監修，増田義郎，竹内和世訳，東洋書林，2000 年.
コルバン，アラン 『においの歴史——嗅覚と社会的想像力』山田登世子，鹿島茂訳，新評論，1988 年.
—— 『浜辺の誕生——海と人間の系譜学』福井和美訳，藤原書店，1992 年.
佐藤彰一，池上俊一 『西ヨーロッパ世界の形成』中央公論社 [世界の歴史 10]，1997 年.
佐藤次高 『マムルーク——異教の世界からきたイスラムの支配者たち』東京大学出版会，1991 年.
シヴェルブシュ，ヴォルフガング 『鉄道旅行の歴史』加藤二郎訳，法政大学出版局，1982 年.
シェリー，メアリ 『フランケンシュタイン』臼田昭訳，国書刊行会，1979 年.
ジスベール，アンドレ / ビュルレ，ルネ 『地中海の覇者ガレー船』深沢克己監修，創元社 [知の再発見]，1999 年.
ジャルダン，アンドレ 『トクヴィル伝』大津真作訳，晶文社，1994 年.
シュヴァリエ，ルイ 『労働階級と危険な階級』喜安朗，木下賢一，相良匡俊訳，みすず書房，1993 年.
白石隆 『海の帝国——アジアをどう考えるか』中公新書，2000 年.
杉本淑彦 『文明の帝国——ジュール・ヴェルヌとフランス帝国主義文化』山川出版社，1995 年.
スコット，ウォルター 『アイヴァンホー』菊池武一訳，岩波文庫，上巻 1964 年，下巻 1974 年.
スタンダール 『恋愛論』大岡昇平訳，新潮文庫，1970 年.
スチュワート，ジェームズ・B. 『アメリカ黒人解放前史——奴隷制廃止運動(アボリショニズム)』真下剛訳，明石書店，1994 年.
セルバンテス 『ドン・キホーテ』前後篇，牛島信明訳，岩波書店，1999 年.
タイユミット，エティエンヌ 『太平洋探検史——幻の大陸を求めて』増田義郎監修，創元社

[知の再発見]，1993 年.
多木浩二 『船がゆく――キャプテン・クック　支配の航跡』新書館，1998 年.
武田龍夫 『物語　北欧の歴史』中公新書，1993 年.
竹田英尚 『文明と野蛮のディスクール――異文化支配の思想史 (I)』ミネルヴァ書房，2000 年.
ダジャンス，ブリュノ 『アンコール・ワット』石澤良昭監修，創元社 [知の再発見]，1995 年.
立川健二 『ポストナショナリズムの精神』現代書館，2000 年.
谷川稔 『十字架と三色旗――もうひとつの近代フランス』山川出版社，1997 年.
谷川稔，北原敦，鈴木健夫，松岡健次 『近代ヨーロッパの情熱と苦悩』中央公論新社 [世界の歴史 22]，1999 年.
ティエリ，オーギュスタン 『メロヴィング王朝史話』上下巻，小島輝正訳，岩波文庫，1992 年.
ディドロ 『ブーガンヴィル航海記補遺』中川久定訳，『ヴォルテール，ディドロ，ダランベール』中央公論社 [世界の名著 35]，1980 年.
デフォー，ダニエル 『ロビンソン・クルーソー』平井正穂訳，岩波文庫，上巻 1967 年，下巻 1971 年.
トマス，キース 『人間と自然界――近代イギリスにおける自然観の変遷』山内昶監訳，中島俊郎，山内彰訳，法政大学出版局，1989 年.
ドロワ，ロジェ＝ポル 『虚無の信仰――西欧はなぜ仏教を怖れたか』島田裕巳，田桐正彦訳，トランスヴュー，2002 年.
新倉俊一 『中世を旅する』白水社，1999 年.
ネルヴァル 『東方紀行』野崎歓，橋本綱訳，『ネルヴァル全集 Ⅲ』中村真一郎，入沢康夫監修，田村毅，丸山義博編，筑摩書房，1998 年.
ノラ，ピエール編 『記憶の場』 全 3 巻，谷川稔監訳，岩波書店，2002–03 年.
羽田正 『勲爵士シャルダンの生涯』中央公論新社，1999 年.
羽田正編著 『シャルダン『イスファハーン誌』研究――17 世紀イスラム圏都市の肖像』東京大学出版会，1996 年.
ビタール，テレーズ 『オスマン帝国の栄光』鈴木董監修，創元社 [知の再発見]，1995 年.
ヒューム，ピーター 『征服の修辞学――ヨーロッパとカリブ海先住民　1492–1797 年』岩尾龍太郎，正木恒夫，本橋哲也訳，法政大学出版局，1995 年.
平野千果子 『フランス植民地主義の歴史――奴隷制廃止から植民地帝国の崩壊まで』人文書院，2002 年.
ブーガンヴィル 『世界周航記』山本淳一訳，中川久定解説，岩波書店，1990 年.
フーコー，ミシェル 『幻想の図書館』工藤庸子訳，『ミシェル・フーコー思考集成 Ⅱ』筑摩書房，1999 年.
フォンターナ，ジョゼップ 『鏡のなかのヨーロッパ――歪められた過去』立石博高・花方寿行訳，平凡社，2000 年.
フォンテット，フランソワ・ド 『人種差別』高演義訳，白水社 [文庫クセジュ]，1989 年.
深沢克己 『海港と文明――近世フランスの港町』山川出版社，2002 年.
プルースト 『失われた時を求めて』全 13 巻，鈴木道彦訳，集英社，1996–2001 年.
ブローデル，フェルナン 『地中海』I―V，浜名優美訳，藤原書店，1991–95 年.
フロベール，ギュスターヴ 『ブヴァールとペキュシェ』全 3 巻，鈴木健郎訳，岩波文庫，1954–55 年.

—— 『感情教育』山田𣝣訳，中央公論社，1972 年.
—— 『聖アントワヌの誘惑』渡辺一夫訳，『ボヴァリー夫人，他』集英社 [世界の文学 17]，1976 年.
—— 『ボヴァリー夫人』山田𣝣，山田稔訳，中央公論社 [世界の文学セレクション 36]，1994 年.
—— 『フロベールのエジプト』斎藤昌三訳，法政大学出版局，1998 年.
ヘーゲル 『歴史哲学講義』長谷川宏訳，岩波文庫，1994 年.
ホーダーン，W. E. 『現代キリスト教神学入門』布施濤雄訳，日本基督教団出版局，1969 年.
ボードレール 『ボードレール全集 II』阿部良雄訳，筑摩書房，1984 年.
ポミアン，クシシトフ 「フランク人とガリア人」，ピエール・ノラ編『記憶の場』1，谷川稔監訳，岩波書店，2002 年.
ボローニュ，ジャン・クロード 『羞恥の歴史』大矢タカヤス訳，筑摩書房，1994 年.
本城靖久 『トーマス・クックの旅』講談社現代新書，1996 年.
正木恒夫 『植民地幻想――イギリス文学と非ヨーロッパ』みすず書房，1995 年.
松本俊男 『博物学の欲望――リンネと時代精神』講談社現代新書，1992 年.
マルクス，カール 『ルイ・ボナパルトのブリュメール十八日』伊藤新一，北条元一訳，岩波文庫，1954 年.
マルロー，アンドレ 『王道』川村克己訳，中央公論社 [世界の文学セレクション 36]，1994 年.
三倉康博 「セルバンテスとアルジェ――『アルジェの生活』及び『捕虜の物語』『アルジェの浴場』に関する研究」東京大学大学院総合文化研究科地域文化研究専攻 2001 年度修士論文.
ミシュレ，ジュール 『世界史入門――ヴィーコから「アナール」へ』大野一道訳，藤原書店，1993 年.
—— 『人類の聖書』大野一道訳，藤原書店，2001 年.
メイエール，ジャン 『奴隷と奴隷商人』猿谷要監修，創元社 [知の再発見]，1992 年.
モワザン，クレマン 『文学史再考』広田昌義訳，白水社 [文庫クセジュ]，1996 年.
モンテーニュ 『モンテーニュ』責任編集，荒木昭太郎，中央公論社 [世界の名著 24]，1979 年.
モンテスキュー 『モンテスキュー』責任編集，井上幸治，中央公論社 [世界の名著 34]，1980 年.
ヤコノ，グザヴィエ 『フランス植民地帝国の歴史』平野千果子訳，白水社 [文庫クセジュ]，1998 年.
山内昌之 『近代イスラームの挑戦』中央公論社 [世界の歴史 20]，1996 年.
山田登世子 『リゾート世紀末――水の記憶の旅』筑摩書房，1998 年.
ユゴー，ヴィクトル 『レ・ミゼラブル』全 5 巻，佐藤朔訳，新潮文庫，1967 年.
ユゴン，アンヌ 『アフリカ大陸探検史』堀信行監修，創元社 [知の再発見]，1993 年.
リード，エリック 『旅の思想史――ギルガメシュ叙事詩から世界観光旅行へ』伊藤誓訳，法政大学出版局，1993 年.
ルソー，ジャン＝ジャック 『新エロイーズ』全 4 巻，安士正夫訳，岩波文庫，1960–61 年.
ルナン，エルネスト 『イエスの生涯』忽那錦吾，上村くにこ訳，人文書院，2000 年.
ルナン，E. フィヒテ，J. G. ロマン，J. バリバール，E. 鵜飼哲 『国民とは何か』鵜飼哲，細見和之，上野成利，大西雅一郎訳，河出書房新社，1997 年.
レオナール，エミール＝G. 『プロテスタントの歴史』渡辺信夫訳，白水社 [文庫クセジュ]，

1968年.
レペニース，ヴォルフ 『十八世紀の文人科学者たち——リンネ，ビュフォン，ヴィンケルマン，G. フォルスター，E. ダーウィン』小川さくえ訳，法政大学出版局，1992年.
ロティ，ピエール 『アジヤデ』工藤庸子訳，新書館，2000年.

IV その他の邦語文献(辞書・事典，等)

『フランス文学史』 全3巻，ランソン，G.　テュフロ，P.，有永弘人，新庄嘉章，鈴木力衛，村上菊一郎訳，中央公論社，1955–63年.
『フランス文学辞典』 日本フランス語フランス文学会，白水社，1974年.
『聖書』 新共同訳，日本聖書協会，1988年.
『文化人類学事典』 弘文堂，縮刷版，1994年.
『フランス革命事典』 全7巻，フランソワ・フュレ，モナ・オズーフ編，河野健二，坂上孝，富永茂樹監訳，みすず書房，1998–2000年.
『フランス法辞典』 山口俊夫編，東京大学出版会，2002年.

注

第I部 島と植民地

1 1870年代の地球儀とポリネシア幻想

(1) ジュール・ヴェルヌ『八十日間世界一周』鈴木啓二訳，岩波文庫，2001年，32-33ページ.

(2) 鉄道という交通手段とフォッグ氏の世界認識とのあいだには，明らかな相同性が認められよう．ヴォルフガング・シヴェルブシュによれば，鉄道の登場は次のような理由によって「旅行小説」というジャンルの衰退をもたらした――「鉄道が風景の中を突っ走る速度と数学的な直線性が，旅行者と通過する空間の間の親密な関係を破壊する．この経緯を説明するために提示されたエルヴィン・シュトラウスの概念を使って言えば，風景空間 (der Landschaftraum) が地理的空間 (der geographische Raum) になったのである」．『鉄道旅行の歴史』加藤二郎訳，法政大学出版局，1982年，70ページ.

(3) 『ネルヴァル全集 Ⅲ』『東方紀行』野崎歓，橋本綱訳，中村真一郎，入沢康夫監修，田村毅，丸山義博編集，筑摩書房，1998年，92ページ.

(4) 本城靖久『トーマス・クックの旅』講談社現代新書，1996年，148-161ページ.

(5) ギュスターヴ・フロベール『フロベールのエジプト』斎藤昌三訳，法政大学出版局，1998年，180ページ.

(6) スコットランドの貴族ジェイムズ・ブルースは，1770年エチオピアのゴンダルに到着．ナイルの上流を遡り，タナ湖から流れ落ちる滝を確認した．これが青ナイルの水源である.

(7) アンヌ・ユゴン『アフリカ大陸探検史』堀信行監修，創元社[知の再発見]，1993年，45-59ページ.

(8) ジュール・ヴェルヌ『気球に乗って五週間』手塚伸一訳，集英社文庫，1993年.

(9) ジュール・ヴェルヌの作品にあらわれる人種差別，とりわけ黒人蔑視の傾向については，フランス植民史の専門家による以下の労作を参照のこと．杉本淑彦『文明の帝国――ジュール・ヴェルヌとフランス帝国主義文化』山川出版社，1995年.

(10) ユゴン『アフリカ大陸探検史』159ページ.

(11) タイトルはいずれも仮に訳してみたものである．原著は以下のとおり．
Henri Brunschwig, *Mythes et réalités de l'impérialisme colonial français 1871-1914*, Librairie Armand Colin, 1960.
Frédéric Mauro, *L'Expansion européenne 1600-1870*, Presses Universitaires de France, 1964.
Histoire de la France coloniale, I—La conquête(des origines à 1870), II—L'apogée (1871-1931), III—Le déclin(1931 à nos jours), Armand Colin, Agora, 1991.

(12) グザヴィエ・ヤコノ『フランス植民地帝国の歴史』平野千果子訳，白水社[文庫クセジュ]，1998年．なお，平野千果子『フランス植民地主義の歴史――奴隷制廃止から植民

地帝国の崩壊まで』(人文書院，2002 年）は，日本語で書き下ろされたフランス植民地問題の通史として，ほとんど唯一のものであり，本書執筆中，さまざまの刺激をうけた.

(13) Yvan G. Paillard, *Expansion occidentale et dépendance mondiale : fin du XVIII*[e] *siècle/1914*, Armand Colin, 1994.

(14) 谷川稔，北原敦，鈴木健夫，村岡健次『近代ヨーロッパの情熱と苦悩』中央公論新社 [世界の歴史 22]，1999 年，123–125 ページ.

(15) Jean Meyer, *L'Europe et la conquête du monde*, Armand Colin, 1975, p. 281.

(16) ピエール・ロティにおける「オリエント」の主題化については『アジヤデ』の「解説」のなかで考察した(工藤庸子訳，新書館，2000 年).

(17) ルソーについては，Michel Butor, «L'île au bout du monde», *Répertoire III*, Les Editions de Minuit, 1968, p. 92. なお *L'insularité : thématique et représentations*, textes réunis par Jean-Claude Marimoutou et Jean-Michel Racault, Université de la Réunion, L'Harmattan, 1995 は，文学と植民地史，民族学などを横断する学際的な論文集成であり，参考になる.

(18) Bougainville, *Voyage autour du monde*, préface de Jacques Proust, Editions Gallimard, folio, 1982, p. 7. 翻訳については，ブーガンヴィル『世界周航記』(山本淳一訳，中川久定解説，岩波書店，1990 年）を参照. ただし本書の読解に沿うよう，訳語は自分でえらんだ. 引用文について，歴史的事実を補足するなら，七年戦争終結のさいのパリ条約で，フランスは，とくにインドの拠点とカナダを失った. ブーガンヴィルは植民地争奪戦に直接にかかわる現場の海軍士官である.

(19) 「南方大陸」については，クック『太平洋探検記』上，増田義郎訳，岩波書店，1992 年「解説」，多木浩二『船がゆく——キャプテン・クック　支配の航跡』新書館，1998 年，第 8 章「幻の «テラ・アウストラリス・インコグニタ»」，エティエンヌ・タイユミット『太平洋探検史——幻の大陸を求めて』増田義郎監修，創元社 [知の再発見]，1993 年，第 4 章「クックと南方大陸伝説の崩壊」等を参照.

(20) ラ・ブードゥーズに同乗したコメルソンが，おそらくは『世界周航記』の前宣伝の意図もあって「メルキュール・ド・フランス」(1769 年 11 月）誌上に発表した一文『ヌーヴェル・シテール島への追伸』では，もっとあからさまに「幸福の島」「ユートピア」といった呼称が使われている. Bougainville, *Voyage autour du monde*, préface, p. 22.

(21) Pierre Loti, *Le Roman d'un enfant*, GF-Flammarion, 1997, p. 107.

(22) Pierre Loti, *Le Mariage de Loti*, GF-Flammarion, 1991, p. 53.

(23) *ibid.*, p. 121–123.

(24) Jean-Jo Scemla, *Le voyage en Polynésie, anthologie des voyageurs occidentaux de Cook à Segalen*, Robert Laffont, Bouquins, 1994 の巻末年表による.

(25) フランソワーズ・カシャン『ゴーギャン』高階秀爾監修，創元社 [知の再発見]，1992 年，70 ページ.

(26) Paul Gauguin, *Oviri, écrits d'un sauvage*, Editions Gallimard, folio, 1974, p. 64–65.

(27) *Le Domaine colonial français I—IV*, Les Editions du Cygne, 1929–30.

(28) *Le Domaine colonial français III*, p. 108.

(29) *ibid.*, p. 128–129.

(30) Jean Martin, *Lexique de la colonisation française*, Dalloz, 1988.

(31) *Le Domaine colonial français III*, p. 116.

2 「絶海の孤島」から「愛の楽園」まで

(32) ギュスターヴ・フロベール『ボヴァリー夫人』山田𣝣, 山田稔訳, 中央公論社, [世界の文学セレクション 36], 1994年, 第2部第2章, 85–86ページ. ただし解釈にそって多少変更したところがある.

(33) アラン・コルバン『浜辺の誕生——海と人間の系譜学』福井和美訳, 藤原書店, 1992年. 山田登世子『リゾート世紀末——水の記憶の旅』筑摩書房, 1998年.

(34) コルバン『浜辺の誕生』57ページ.

(35) アラン・コルバン『においの歴史——嗅覚と社会的想像力』山田登世子, 鹿島茂訳, 新評論, 1988年, 62–63ページ.

(36) ダニエル・デフォー『ロビンソン・クルーソー』上, 平井正穂訳, 岩波文庫, 1967年.

(37) ピーター・ヒューム『征服の修辞学——ヨーロッパとカリブ海先住民 1492–1797年』岩尾龍太郎, 正木恒夫, 本橋哲也訳, 法政大学出版局, 1995年. 岩尾龍太郎『ロビンソンの砦』青土社, 1994年. 正木恒夫『植民地幻想——イギリス文学と非ヨーロッパ』みすず書房, 1995年.

(38) Bernardin de Saint-Pierre, *Paul et Virginie*, présentation, notes et variantes par Jean-Michel Racault, édition critique du texte de 1789, Le Livre de Poche, 1999, p. 179.

(39) *ibid.*, glossaire, p. 71.

(40) デフォー『ロビンソン・クルーソー』上, 58ページ.

(41) ジャン・メイエール『奴隷と奴隷商人』猿谷要監修, 創元社[知の再発見], 1992年, 19ページ.

(42) デフォー『ロビンソン・クルーソー』上, 288ページ.

(43) 正木『植民地幻想』第3章「スー族, そしてコロンブス」, 第6章「ロビンソン・パラドックス」, 竹田英尚『文明と野蛮のディスクール——異文化支配の思想史(I)』ミネルヴァ書房, 2000年, 第5章「«人食い人種» の観念体系」参照. 著者たちがくり返し述べているように,「食人の風習」をめぐる言説は, もっぱら「観念」なのであり, 強烈な他者性そして他者恐怖の表出の記号とみなすことができる. そのような風習が実在するものであったか否かという問題は, ここでは考察の対象としない.

(44) *Le Dictionnaire universel d'Antoine Furetière*, 1690. 参照したのは SNL-Le Robert, 1984 の復刻版である.

(45) Pierre Larousse, *Grand dictionnaire universel du XIXe siècle : français, historique, géographique, mythologique, bibliographique, littéraire, artistique, scientifique, etc.*, Slatkine, 1982, réimpression de l'édition de Paris, 1866–79.

(46) Ch. de La Roncière, *Histoire de la découverte de la Terre : explorateurs et conquérants*, Librairie Larousse, 1938.

(47) *ibid.*, p. 100–101.

(48)「絶海の孤島」というあまりに座りのよい日本語があるために, イメージが過剰に隈取りされていると言えなくもない. ちなみに該当箇所の原典は——and how I was a prisoner, locked up with the eternal bars and bolts of the ocean.

(49) フライデイをのぞけば，鸚鵡は名をあたえられた唯一の存在であり，しかもロビンソンの名を呼ぶという特権は，「奴隷」にすぎぬフライデイにも許されなかったものだ．フローベールの短篇小説『純な心』もそうした例なのだが，言葉(ヴェルブ)を操る動物は，神との媒介者となる．

(50) デフォー『ロビンソン・クルーソー』上，230–232 ページ．

(51) 岩波文庫の訳者，平井正穂は「資本主義とプロテスタンティズムとの関連というコンテキスト」において作品を読み解いている．そこで参照されるのは大塚久雄『文学と人間像』(東京大学出版会，1965 年) 所収の「経済人ロビンソン・クルーソウ」であり，英語圏のポストコロニアル批評は，批判するにせよ，前提とするにせよ，この論考を出発点にすることが多いように見える．

(52) 啓蒙の世紀における「島」が，しばしば「実験の場」(lieux d'expérimentation) としての戦略的な意味をもつという指摘については，以下の論文を参照．Frank Lestringant, «L'insulaire des Lumières : esquisse introductive», *L'insularité : thématique et représentations*, p. 89–96.

(53) マスカレーニュ諸島は，フランス島(今日のモーリシャス島)，レユニオン島などからなる．

(54) Bernardin de Saint-Pierre, *Voyage à l'île de France : un officier du roi à l'île Maurice, 1768–1770*, introduction et notes d'Yves Bénot, Editions La Découverte, 1983, p. 67.

『ポールとヴィルジニー』のなかでは，ヴィルジニーの帰還を待ちわびるポールが「3ヵ月以内」で着くはずというが，注によれば，これは非現実的な数字である．直行便でさえ，4ヵ月以上というのが常識であったらしい．*Paul et Virginie*, p. 227.

参考までに，コロンブスは 1492 年 8 月 3 日にパロス港から出航し，カナリア諸島に寄港したのち，一気に西方の大海原をめざして 10 月 12 日，2ヵ月と 9 日でバハマ諸島のひとつに到達している．アジアへ向かう航路は，南半球を迂回しなければならず，ヨーロッパにとっては，同じユーラシア大陸の外海とはいえ，新世界よりはるかに遠いのである．

(55) *Paul et Virginie*, p. 179.

(56) *Voyage à l'île de France*, p. 178.

(57) *Paul et Virginie*, introduction, p. 36.

(58) 後述するように，当時「クレオール」という語は，「植民地で生まれた者」という意味で使われていた．

(59) *Paul et Virginie*, p. 129.

(60) デフォー『ロビンソン・クルーソー』上，17 ページ．

(61) 新共同訳『聖書』日本聖書協会，1988 年，「創世記」2. 8–9.

éden という言葉は，もとは耕作されていない草原のような更地を指したものらしいが，ヘブライ語の聖書において「楽園」の意味を付与され，神が人間のために木を植えた庭という了解ができたという．Jean Claude Bologne, *Les Allusions bibliques : dictionnaire commenté des expressions d'origine biblique*, Larousse, 1991, p. 190.

(62) *Paul et Virginie*, p. 150–156.

(63) 「レアリスム小説の風景描写」と記述される内容が異なるというわけではない．そうではなく，語りの技法(narratologie) の時間的・空間的構成が，まず異なっている．すな

わち，フローベール以降，ゾラなどのレアリスム小説の典型とみなされる描写では，特定の視点人物が移動しつつ目に入ったものを順次記録するという手法が基本となっている．これに対して，ベルナルダンの記述では，時間的・空間的な拘束はいっさいなくて，まさに神の手がエデンに植樹するように，荒れ地のあちこちに，またたくうちに大木が茂り，花が咲き乱れるのである．

(64) キース・トマス『人間と自然界——近代イギリスにおける自然観の変遷』山内昶監訳，中島俊郎，山内彰訳，法政大学出版局，1989 年，第 5 章「樹木と草花」参照．戸外の散策，自然との直接的な交流という発想が存在しなかった時代の王侯貴族は，もっぱら馬車によって移動したという．

(65) 同上，342–344 ページ．

(66) 安西信一『イギリス風景式庭園の美学——〈開かれた庭〉のパラドックス』東京大学出版会，2000 年，114 ページ．

(67) デフォー『ロビンソン・クルーソー』上，137 ページ．

(68) 安西『イギリス風景式庭園の美学』112 ページ．

(69) *Paul et Virginie*, p. 160–161.

(70) 自然神学と新しい感受性の問題については，コルバン『浜辺の誕生』70–88 ページに明快な解説がなされているが，ここでは，その問題に立ち返ることはしない．

(71) ボアズが決意する以前に，姑に使嗾されたルツが族長の寝床に忍んでゆくという逸話があり，ヴィクトル・ユゴーは，この場面を名高い「眠れるボアズ」で歌っている．ベルナルダンの記述では，おそらくは意図的に，この部分が省略されている．

(72) *Paul et Virginie*, p. 164, note.

(73) *ibid.*, p. 169–170.

(74) *ibid.*, p. 171, note 1. 語彙のレヴェルで明確な対応があるわけではないが，夫と妻の，あるいは青年と乙女の「相聞歌」とみなされる詩的な対話形式が，「雅歌」を思わせるというのである．西欧近代の恋愛と「雅歌」との関係については，以下の書物で触れたことがある．『サロメ誕生』新書館，2001 年，76 ページ．

(75) デフォー『ロビンソン・クルーソー』上，130 ページ．ただし，この部分は平井正穂訳ではなく，聖書引用の一貫性を優先して新共同訳によった．

(76) デフォー『ロビンソン・クルーソー』上，295 ページ．

著者デフォーは，非国教会系のプロテスタント(ピューリタン)の家系である．新約聖書，とりわけ福音書への言及が多いことは予想される．次のような意図的な引用——登場人物にとっては偶然に読んだ断章(175 ページ)——には，教訓的な作為が露呈して見えよう．「それればかりか，わたしたちとお前たちとの間には大きな淵があって，ここからお前たちの方へ渡ろうとしてもできないし，そこからわたしたちのほうに越えて来ることもできない」(「ルカによる福音書」16. 26)，「なぜなら，すべて世にあるもの，肉の欲，目の欲，生活のおごりは，御父から出ないで，世から出るからです」(「ヨハネの手紙一」2. 3–16)．

(77) *Paul et Virginie*, p. 247.

(78) *ibid.*, p. 240–241.

(79) *ibid.*, p. 243.

(80) Jean Claude Bologne, *Histoire de la pudeur*, Olivier Orban, 1986. ジャン・クロー

ド・ボローニュ『羞恥の歴史』大矢タカヤス訳，筑摩書房，1994年.

(81) 『羞恥の歴史』7ページ.

(82) プリニウスが『博物誌』のなかに書き記し，今日では世界中で，ほとんど小話のように流通しているのは，水死体が上向きに浮くか，下向きに浮くかは，死者が男か女かによって決まるという話である.

(83) ジャン＝ジャック・ルソー『新エロイーズ』全4巻，安士正夫訳，岩波文庫，1960-61年.(四)第6部，書簡11，263ページ.

(84) 同上，第5部，書簡10，63-64ページ.

(85) 『新エロイーズ』(一)第1部，書簡46，212ページ.

(86) ディドロ『ブーガンヴィル航海記補遺』中川久定訳，『ヴォルテール，ディドロ，ダランベール』責任編集，串田孫一，中央公論社[世界の名著35]，1980年，380-381ページ.

(87) 同上，362ページ.

(88) 同上，368-399ページ.

(89) 同上「解説」46ページ.

(90) *Paul et Virginie*, avant-propos, p. 93. 原注によれば「南の海」(la mer du Sud)が単数形でおかれた場合，「太平洋」を指すのが普通であったという.

(91) ベルナルダンの2人の子供のうち，ヴィルジニーは1794年生まれ，ポールは1798生まれである.

(92) *Paul et Virginie*, préambule de 1806, p. 269.

(93) *ibid.*, introduction par Jean-Michel Racault, p. 5.

(94) 19世紀フランス文学の大きな柱となる「恋愛心理小説」というジャンルに，『ポールとヴィルジニー』が及ぼした影響は，今日では想像しにくいほど大きかったものと思われる. ベルナルダン自身の証言によれば，これは『自然の研究』という哲学的著作の「気晴らし，骨休め」として，また発見された「法則の適用」を意図して書かれた小品にすぎないという(*Paul et Virginie*, préambule de 1806, p. 268). 幸薄き2つの家族に，著者の哲学的思考が「適用」されて物語がつづられてゆく実験的な性格を，あらためて強調しておこう. おそらくはそれゆえに，いくつかの場面では，与えられた主題を造形することが一義的な目標となる. すべての心理的現象は原因と結果の連鎖からなるはずだと考える近代合理主義からすると，不可解で唐突な場面展開もすくなくない. おそらく19世紀文学が学んだのは，そうした意味で「古風」な小説技法ではなく，純化された愛という，一つの「神話」だった.

(95) フロベール『ボヴァリー夫人』第I部6章，39ページ.

(96) 同上，第I部5章，205ページ.

3 黒人奴隷と植民地

(97) 以下の段落と同様，歴史的事実と植民地史における位置づけについては，次の著作を参照. Jean Mayer, Jean Tarrade, Annie Rey-Goldzeiguer, *Histoire de la France coloniale, I—La conquête*, p. 178-187.

(98) 『カンディード』において，南米のどこかにあるらしい黄金郷(エル・ドラド)の隣接地にスリナム(ギュイヤヌの隣)が位置づけられていることからもわかるように，植民地幻想のひとつ「黄金」への夢が，この地域への無駄な執着につながったといわれる. 同

上，p. 179.

(99) *Histoire de la France coloniale, I*, p. 186.

(100) Bernardin de Saint-Pierre, *Voyage à l'île de France*, Lettre II, p. 114, note 10.
「愛の島」として並び称せられるポリネシアには，奴隷はいなかった．同じように植民地化の道を辿るにしても，この相違は決定的である．

(101) Buffon, *De l'homme*, présentation et notes de Michèle Duchet, François Maspero, 1971, p. 278.

(102) *Paul et Virginie*, p. 124–125. 及び glossaire 参照.

(103) *ibid.*, p. 137, note 1.

(104) *ibid.*, p. 147, note 1.

(105) Bernardin de Saint-Pierre, *Voyage à l'île de France*, Lettre XVI, p. 149.
フランス島で逃亡奴隷が盗賊の集団となり，時には白人入植者が農場を放棄するほどの危険な存在になっていたことは，ガンドン神父の報告(1732 年)によって知られていた．cf. Prosper Eve, «Esclaves et esclavage à l'île de France : marronage et répression à travers les récits de quelques administrateurs et voyageurs (1722–1830)», *Esclavage, résistances et abolitions*, sous la direction de Marcel Dorigny, Editions du CTHS, 1999, p. 110.

(106) lieue maritime は，およそ 5.5 キロメートル．

(107) *Paul et Virginie*, glossaire によれば，habitant という言葉は，「植民地において国から耕作地を与えられた人間」を指し，カリブ海域とインド洋の島で使われた．ベルナルダンは，みずからを「ヨーロッパの旅行者」と規定し，定住を前提とした入植者とのあいだに一線を画している．

(108) Bernardin de Saint-Pierre, *Voyage à l'île de France*, Lettre XVI, p. 118–119.

(109) Anne Girollet, *Victor Schœlcher, abolitionniste et républicain : approche juridique et politique de l'œuvre d'un fondateur de la République*, Edition Karthala, 2000, p.178.
第二共和制による奴隷制廃止に最大の貢献をもたらしたヴィクトル・シェルシェールについて，法学・政治学の立場から論じた最新の研究成果である．

(110) Bernardin de Saint-Pierre, *Voyage à l'île de France*, Lettre XVII, p. 169.

(111) *ibid.*, Lettre XII, p. 117.

(112) *ibid.*, p. 115.

(113) 18 世紀にかぎったことではないが，どの土地の住民をいかなる名称で呼ぶかについては，しばしば議論があり，決着を見ないことも多かった．たとえばビュフォンは，マダガスカルと近隣諸島の住民は，Nègres ではなく Cafres とみなすべきだと言っている．*De l'homme*, p. 274.

(114) *Voyage à l'île de France*, Lettre XII, p. 116. なお Balambous は，日本の人類学事典はいうまでもなく，『19 世紀ラルース大辞典』にも載っていない．

(115) Bernardin de Saint-Pierre, *Voyage à l'île de France*, Lettre XII, p. 117.

(116) *ibid.*, p. 120.

(117) *ibid.*, Lettre XI, p. 112.

(118) *Paul et Virginie*, glossaire, p.65. スペイン語の criollo に由来するといわれる créole という語彙は，2 つのルートからフランス語に導入されたという．一方は，スペイン語

の翻訳にあたる標準フランス語の語彙であり，他方は，アンティル諸島で使われた口語の語彙(1670年頃)である．

(119)　Bernardin de Saint-Pierre, *Voyage à l'île de France*, Lettre XI, p. 113–114. すでに紹介した「奴隷狩り」が趣味であるというクレオール女性は，大柄でぎすぎすして，すぐ笞をふりまわす．また，ベルナルダンの庇護を求めてきた逃亡奴隷は，自分が眠っているあいだに女主人が汚物を唇になすりつけ，これを嘗めないと笞で打つと訴えたという(Lettre XII, p. 119)．このエピソードは，『ポールとヴィルジニー』の逃亡奴隷のエピソードと無縁ではないだろう．奇妙なことに，ベルナルダンは，この奴隷が「ほとんど白人のような女」だったと言い添えている．そのことで，サディズムの劇的効果が増すかのように…….

(120)　Bernardin de Saint-Pierre, *Voyage à l'île de France*, avant-propos, p. 25–26.

(121)　コルバン『浜辺の誕生』87–88ページ．

(122)　Bernardin de Saint-Pierre, *Voyage à l'île de France*, lettre IV, p. 45–46.

(123)　*ibid.*, p. 50.

(124)　histoire naturelleというフランス語には，「博物学」「博物誌」「自然史」などの訳語があてられる．

(125)　1749年の末に最初の3巻が出版された『博物誌』は，1788年までに36巻を数えることになる．初版は6週間で売り切れとなり，1年間にあらたに2版が増刷された．その後『ビュフォンの魅力』といったタイトルの大衆向きの出版が陸続とあらわれ，その数は250を超えるという．ヴォルフ・レペニース『十八世紀の文人科学者たち——リンネ，ビュフォン，ヴィンケルマン，G. フォルスター，E. ダーウィン』小川さくえ訳，法政大学出版局，1992年，52ページ．

(126)　Buffon, *De l'homme*, p. 270–271.

(127)　じじつ，フライデイもそうであったように，この地域に住む人種の大方は，黒人よりは肌の色が明るいことが知られていた．その原因は，ビュフォンによって，主に「習俗」の違いという観点から検討されている．*ibid.*, p. 292.

(128)　*ibid.*, p. 318–319.

(129)　*ibid.*, p. 319.

(130)　ビュフォンもそうした人道主義者の一員である——「彼ら(黒人)はしたがって，心根は優しいし，あらゆる徳の萌芽をもっているのである．私は，彼らのことを書くにつけ，彼らのおかれた状況を哀れに思わずにはいられない．奴隷の身分に落とされ，何一つ手に入れることもできずに，たえず働かなければならないとは，それだけで充分に不幸だといえないだろうか．その上に，彼らを追い立て，打擲(ちょうちゃく)し，畜生のように扱う必要があるのだろうか．貪欲な利益追求ゆえに習慣となってしまったこの非道な扱いに対して，人は義憤を覚えるに違いない．我々の定めた法律のおかげで，主人たちの暴虐に歯止めがかけられ，奴隷たちの悲惨が一定の限度におさめられていることは事実であるが」．*ibid.*, p. 283.

(131)　イスタンブルからミングレリアに向かう船中で見かけた女奴隷について，シャルダンは，こう書いている——「彼女はじつに美しい顔立ちをしていて，ほんとうに抜けるように白い肌をしていた．私は，いまだかつてこれほど美しい乳房も，これほど円やかな胸も，これほど滑らかな肌も見たことがない．この美人は欲望と同情の念を同時にかき

立てたものだ」．またペルシア王の後宮に，グルジア出身の女性が多いとの証言もある．羽田正『勲爵士シャルダンの生涯』中央公論新社，1999年，78, 126ページ．

(132)　ブーガンヴィル『世界周航記』226ページ．

(133)　Bernardin de Saint-Pierre, *Voyage à l'île de France*, Lettre XIX, p. 180.

(134)　デフォー『ロビンソン・クルーソー』上，275ページ．

(135)　Gustave Flaubert, *Quidquid volueris*, *Œuvres complètes*, Editions du Seuil, 1964, p. 102-113. いうまでもないが，「怪物」の概念も時代によって変遷する．中世にまで遡れば，それは無頭人のような架空の形象，むしろ神話伝承の「妖怪」と呼びたくなるような諸々の存在であり，17世紀末の *Dictionnaire de Furetière* では「自然の秩序に反したもの」と定義されている．ビュフォンもその記述を試みているが，身体の器官の異常という視点は，むしろ解剖学的な「奇形」の概念に近い．

(136)　この名称が使われたのは，第10版，1758年のことである．松本俊男『博物学の欲望——リンネと時代精神』講談社現代新書，1992年，85ページ．

(137)　ヴォルテール『カンディード』吉村正一郎訳，岩波文庫，1956年，77-79ページ．

(138)　人間と動物の境界線については，ビュフォンの前掲書 *De l'homme* の序文にあたる Michèle Duchet の論文 «L'anthropologie de Buffon» p. 10-15 に手際よくまとめられている．

4　フランス共和国の奴隷制廃止派(アボリシオニスト)たち

(139)　「当時，黒人の売買はひろく一般におこなわれていたわけではなく，実際にはスペイン，ポルトガルの国王の特別の許可(アシエント)のもとに国家による独占事業としておこなわれていた」．デフォー『ロビンソン・クルーソー』上，58ページ．

(140)　佐藤次高『マムルーク——異教の世界からきたイスラムの支配者たち』 東京大学出版会，1991年，「まえがき」ii-iii ページ．

(141)　*L'abolition de l'esclavage : un combat pour les droits de l'homme*, textes réunis et présentés par Chantal Georgel, en collaboration avec Françoise Vergès et Alain Vivien, Editions Complexe, 1998, préface par Henri Leclerc, p. 13.

(142)　「政令」の本文および解説は，*ibid.*, p. 138-139 参照．

(143)　Florence Gauthier, «Le rôle de la députation de Saint-Domingue dans l'abolition de l'esclavage», *Les abolitions de l'esclavage : de L. F. Sonthonax à V. Schœlcher, 1793, 1794, 1848*, Presses Universitaires de Vincennes, Editions UNESCO, 1995, p. 199-211.

　エドゥアール・グリッサンをエピグラフに引いたゴーティエの論考は，本国の「フランス革命」という激震を受けとめて，独自の「サン＝ドマング革命」が遂行されたという主旨のものである．被植民者の主体的なかかわりを考慮に入れて，植民地固有の視点を立てるという意味で，正当な議論であるといえよう．なお，上記論文集は，1994年2月，パリ第八大学でおこなわれたシンポジウムの成果であり，内容は充実している．表題の1793年は，国民公会が，すでに2年間反乱のつづくサン＝ドマングに対し，単独で奴隷解放を認めた年．ソントナクスは，現地に派遣された委員である．

(144)　Jean-Marcel Champion, «30 Floréal an X : le rétablissement de l'esclavage par Bonaparte», *ibid.*, p. 265-272.

(145)　「奴隷商人は，彼らの闇の売買を追跡する軍艦から逃れるために，新しい型の船をつ

くった．より長く，速く，巧妙なものであったが，幅が狭かったので，奴隷の待遇はもっとも劣悪であった．そして，抜き打ち検査にあった奴隷商人が証拠を隠そうとして，積み荷である奴隷を海に放り投げることがあったので，悲惨をきわめた．1825–65年のあいだに1287人の奴隷商人が捕まったが，100万人以上の奴隷が，ポルトガル，ブラジル，スペインなどの船を使ってアメリカへ運ばれた」．ジャン・メイエール『奴隷と奴隷商人』117ページ．

メイエールの記述は，1820年代のフランス国籍の船による売買の頻度を，かなり低めに評価しているように思われる(同書，116ページ)．*Les abolitions de l'esclavage : de L.F. Sonthonax à V. Schœlcher, 1793, 1794, 1848* の巻末の年譜にも，「ルイ18世は，奴隷貿易の廃止を承認するが，王政復古期に，これは実行されなかった」との注記がある．

(146) Victor Schœlcher, *Esclavage et colonisation*, avant-propos par Ch.-A. Julien, introduction par Aimé Césaire, textes choisis et annotés par Emile Tersen, Presses Universitaires de France, 1948, p. 1. 出版年からも推測されるように，奴隷解放100年を記念したシェルシェールの論集であり，Colonie et Empire という叢書に収められている．

(147) 1870年，第二帝政崩壊直後の臨時政府(ガンベッタ大統領)の時期には，アドルフ・クレミューが「政令」を起草して，アルジェリア在住のユダヤ人にフランス市民権を与えることに成功した．クレミューは，1848年，奴隷制廃止の政令起草にも名を連ねており，「法律」ではなく「政令」によったのは，おそらく同様の戦略からである．黒人とユダヤ人の解放という課題は，フランス革命の置き土産であり，第二共和制，第三共和制の幕開けに，いわばどさくさまぎれの解決を試みて，一定の成果をあげているのである．

(148) Schœlcher, *Esclavage et colonisation*, p. 152.

(149) *Les Lieux de mémoire*, tome 1–3, sous la direction de Pierre Nora, Editions Gallimard, Quarto, 1997, tome 1, présentation par Pierre Nora, p. 17. ただし，第I部 La République の初版は，1984年である．

(150) この年譜は，以下のテクストをもとに，修正・補足したものである．*L'abolition de l'esclavage : un combat pour les droits de l'homme*, p. 161–164. 学問的にマージナルな領域であった奴隷制の研究は，基礎的な実証のレヴェルにおいても，多くの欠落があるように見受けられる．ここに掲載した年譜も，とりあえずの参考資料でしかない．

(151) 加藤祐三，川北稔『アジアと欧米世界』中央公論社[世界の歴史25]，1998年，251–253ページ．

(152) Bernardin de Saint-Pierre, *Voyage à l'île de France*, introduction, p. 16.

(153) ヴォルテール『カンディード』97–98ページ．宣教師への批判とは，以下のような台詞である――「おいらを改宗させたオランダの物神様は，日曜のたんびに，おいらは白人も黒人もみんなアダムの子だとおっしゃる．おいら，系譜学者じゃねえが，もしこの宣教師らのいうことが本当なら，おいらはみな又従兄弟だ．してみりゃあ，親類をこんなむごい目にあわせるなんて，ねえ旦那，とてもできるこっちゃない」．

(154) しかるに，この導入文と仕掛けを無視して，部分的引用によって「『法の精神』の著者モンテスキューといえば，奴隷制擁護派の代表的人物であった」(傍点は引用者)と断定する論調には，頷きがたいものがある(加藤，川北『アジアと欧米世界』213, 215ページ)．もっとも，同じテクストが，フランス系歴史学では「奴隷制廃止」の，イギリス系歴史学では「奴隷制擁護」の文献として読まれているとしたら，それはまた，別の意味

で，興味を誘われる現象かもしれない．

(155) Montesquieu, *De l'Esprit des lois, Œuvres complètes*, tome 2, texte présenté et annoté par Roger Caillois, Editions Gallimard, Bibliothèque de la Pléiade, 1951, p. 494.

(156) Bernardin de Saint-Pierre, *Voyage à l'île de France*, Lettre XII, p. 121.

(157) ポワーヴル自身も「奴隷制廃止」の歴史に名を残した人物である．Bernardin de Saint-Pierre, *Voyage à l'île de France*, introduction, p. 15.

(158) Bernardin de Saint-Pierre, *Voyage à l'île de France*, Lettre XII, p. 122.

(159) Gérard Gengembre, «De Bug-Jargal à Toussaint Louverture : le romantisme et l'esclave révolté», *Les abolitions de l'esclavage : de L. F. Sonthonax à V. Schœlcher, 1793, 1794, 1848*, p. 309–310.

(160) Bernardin de Saint-Pierre, *Voyage à l'île de France*, Lettre XVIII, p. 179, note.

(161) ただし，受賞作はなかった．

(162) 1821年版のフランス語訳のタイトルは以下のとおり．*Le Cri des Africains contre les Européens leurs oppresseurs, ou Coup d'œil sur le commerce homicide appelé traite des Noirs*, par Thomas Clarkson, traduit de l'anglais par B. La Roche, Londres. cf. Mérimée, *Théâtre de Clara Gazul*, *Romans et nouvelles*, édition établie, présentée et annotée par Jean Mallion et Pierre Salomon, Editions Gallimard, Bibliothèque de la Pléiade, 1978. *Tamango*, notice, p. 1340, note 3. 訳出したのは，上記プレイヤード版の『タマンゴ』解説中で使われている1822年版のフランス語タイトル．

(163) Mérimee, *Tamango*, notice, p. 1339.

(164) 「私掠船」(corsaire) とは，政府の許可を得た掠奪船であり，風来坊である「海賊」(pirate) とは区別される．戦闘能力を備えた船は，堂々と敵方の船を襲撃し，戦利品の一部を政府に上納するのである．乗組員は，仮に捕虜となった場合も，犯罪者としてではなく「戦犯」として扱われた．

(165) Mérimée, *Tamango*, notice, p. 1338.

(166) *ibid.*, p. 1348, note 11. この事実がメリメの知人であるスタール男爵によって告発されたのは，『タマンゴ』出版の3年前である．

(167) *ibid.*, p. 1348, note 5.

(168) フランソワ・フュレ，モナ・オズーフ編『フランス革命事典』全7巻，河野健二，坂上孝，富永茂樹監訳，みすず書房，1998–2000年，第1巻，163ページ．ちなみに「サン＝ドマング」と呼ばれるフランス領ヒスパニオラ島は，ベルギーと同じ面積をもっていた．

(169) Yvan G. Paillard, *Expansion occidentale et dépendance mondiale*, p. 38.

この人口調査の項目自体が，当時のカリブ海の状況を雄弁に物語っている．ベルナルダンの旅行記から推察されるのは，1870年のフランス島で，社会集団としての「混血」は，おそらく脅威とは感じられていないという事実である．治安上の問題は，むしろ「逃亡奴隷」だった．

(170) 「黒人法」によれば，子供は母方の身分に属することになっていた．母親が自由人であれば，子供も自由人になれたのである．

(171) ここまでの記述は，主として上記 Paillard, *Expansion occidentale et dépendance mondiale*, p. 38–39 による．

カリブ世界の混乱は，白人対黒人，農場主対奴隷という二項対立によって引き起こされたものではない．それはまず，ヨーロッパにおける政治的動乱という大きな力学に左右されながら，隣接する島々や他国の植民地の個別的な事情からも影響を受ける．そうしたなかで「白人」と「黒人」の中間層である「混血」の予測しがたい動きが，事態の不透明性を増していたはずである．

(172)　Aimé Césaire, *La Tragédie du roi Christophe*. Edouard Glissant, *Monsieur Toussain*.

(173)　Victor Hugo, *Le dernier jour d'un condamné, précédé de Bug-Jargal*, préface, notices et notes de Roger Borderie, Editions Gallimard, folio, 1970, préface de 1832, p. 23.

なお19世紀における文学的テーマとしての「奴隷の反乱」は，ユゴーからラマルティーヌへと受け継がれていった．cf. Gérard Gengembre, «De Bug-Jargal à Toussain Louverture : le romantisme et l'esclave révolté», p. 309–316.

(174)　17世紀イギリスの女性作家 Aphra Behn の小説で，*Oronoko ou le royal esclave* (1688) というタイトルで仏訳された作品は，18世紀にも読み継がれ，王者の風格をもつ奴隷という神話を作りあげていた．*L'abolition de l'esclavage : un combat pour les droits de l'homme*, p. 77.

(175)　Hugo, *Le dernier jour d'un condamné, précédé de Bug-Jargal*, p. 38. なお，モロー・ド・サン＝メリーは，山師的な物書きではない．その『サン＝ドマングのヒスパニオラ島のフランス領についての記述』は，上記『フランス革命事典』も依拠する基本文献である．

(176)　Hugo, *Le dernier jour d'un condamné, précédé de Bug-Jargal*, préface de 1832, p. 24.

(177)　ジェームズ・B・スチュワート『アメリカ黒人解放前史——奴隷制廃止運動(アボリショニズム)』真下剛訳，明石書店，1994年，213–217ページ．

(178)　*L'abolition de l'esclavage : un combat pour les droits de l'homme*, p. 132–134.

(179)　Alexis de Tocqueville, *De la démocratie en Amérique—1*, Editions Gallimard, folio, 2000, préface d'André Jardin, 1986, p. 7–9.

(180)　アンドレ・ジャルダン『トクヴィル伝』大津真作訳，晶文社，1994年，198ページ．

(181)　Alexis de Tocqueville, *De la colonie en Alegérie*, présentation de Tzvetan Todorov, Editions Complexe, 1988. トクヴィルが1837年から41年にかけて行った政治演説，1847年の調査報告などが抄録されている．奴隷制については，トドロフによる「序文」を参照．p. 11.

(182)　*ibid.*, p. 179.

(183)　Francis Arzalier, «Les mutations de l'idéologie coloniale en France avant 1848 : de l'esclavagisme à l'abolitionnisme», *Les abolitions de l'esclavage : de L. F. Sonthonax à V. Schœlcher, 1793, 1794, 1848*, p. 306. アレクサンドル・デュマはイスラムの奴隷が登場する小説をいくつか書いている．この論考では扱う余裕はないが，ハーレムの女奴隷という主題も，ヨーロッパの目でとらえたイスラム奴隷という範疇で検討する必要があろう．

(184)　旅行にでかけたのは，ネルヴァルが1942年からほぼ1年，フローベールが1849–51年．「旅行記」の出版は，前者が1851年，後者は死後出版で1910年．

(185) Francis Arzalier, «Les mutations de l'idéologie coloniale en France avant 1848», p. 307.

(186) Anne Girollet, *Victor Schœlcher, abolitionniste et républicain*, p. 14.

(187) *ibid.*, p. 103.

(188) *ibid.*, p. 105.

(189) *ibid.*, p. 276. この問題については，同じ著者による以下の論文にも言及されている. Anne Girollet, «Les "quatre vieilles colonies": la dialectique de l'assimilation et du principe de départementalisation chez Victor Schœlcher», *Esclavage, résistances et abolitions*, p. 332.

(190) Françoise Vergès, «Une citoyenneté paradoxale, affranchis, colonisés et citoyens des Vieilles Colonies», *L'abolition de l'esclavage : un combat pour les droits de l'homme*, p. 17–45. 以下，2 段落は，この論考に拠る.

(191) Paillard, *Expansion occidentale et dépendance mondiale*, p. 86.

(192) Jean Meyer, Jean Tarrade, Annie Rey-Goldzeiguer, *Histoire de la France coloniale, I—La conquête*, p 576.

(193) Paillard, *Expansion occidentale et dépendance mondiale*, p. 102–109. 著者は「抑制から拡張へ——フランスの場合」と題した章に，「無計画な征服」(1815–48)「着実な拡張」(1848–70) という項目を立てて論じている.

(194) Vergès, «Une citoyenneté paradoxale, affranchis, colonisés et citoyens des Vieilles Colonies», p. 30.

(195) Girollet, *Victor Schœlcher, abolitionniste et républicain*, p. 100.

(196) *ibid.*, p. 238. ちなみに，この文章は二月革命以前，1842 年に書かれており，まさに未来の夢というにふさわしい.

第II部　言説としての共和国

1　国境の修辞学——ミシュレの方へ

(1) ブリュノ・ダジャンス『アンコール・ワット』石澤良昭監修，創元社 [知の再発見], 1995 年，108–109 ページ.

(2) 中国で義和団の運動に対抗する 8 ヵ国連合の軍事行動があったとき，ロティは実戦には参加しなかったが，事件後の調査という名目で北京に滞在した. 西太后の玉座を含む清朝の美術品 800 キロを，彼はフランスに搬送し，自宅を改造した博物館のコレクションに加えたのだった. コロニアリズムに深く関与したこの「文化人」のなかでは，アンコールの遺跡保存という主張と，敗戦国からの略奪という行為が，さしたる抵抗もなく同居しているのである.

(3) アンドレ・マルロー『王道』川村克己訳，中央公論社 [世界の文学セレクション 36] 1994 年，234 ページ.

(4) 白石隆『海の帝国——アジアをどう考えるか』中公新書，2000 年.

(5) 王が中心を占めるという意味では，クリフォード・ギアツの「ヌガラ」を想起させるところもないではないが，「ヌガラ」は完結した(つまり囲い込まれた閉鎖的な)空間とみなされており，大きな政治システムのなかで成長・衰退をくりかえす「まんだら」とは，異なるものだというのが，『海の帝国』の著者による指摘である.

(6)　川勝平太『文明の海洋史観』中公叢書，1997年，142ページ.

(7)　Edouard Glissant, *Le Discours antillais*, Editions du Seuil, 1981.

(8)　いずれ見るように，ヨーロッパにとっての地中海は，まさに「文明の起源」としての内海であり，グリッサンも陸に抱かれた2つの海を対比的に捉えている.

(9)　Daniel Nordman, *Frontières de France : de l'espace au territoire, XVIe-XIXe siècle*, Editions Gallimard, 1998.

(10)　*ibid.*, p. 37.「17世紀末」の例文は，フュルティエールのフランス語辞典より.

(11)　Nordman, «Des limites d'Etat aux frontières nationales», *Les Lieux de mémoire*, tome 1, p. 1137.

(12)　Nordman, *Frontières de France*, p. 66.

(13)　紀平英作，亀井俊介『アメリカ合衆国の膨張』中央公論社[世界の歴史 23]，1998年. 著者は1890年の国勢調査を図版に引いて，開拓の終了，あるいは「フロンティアの消滅」を語っており，結果として19世紀がすっぽりと「膨張の時代」に入る. 232ページ参照.

　ちなみに英語では「ボーダー」という言葉が，国や州を隔てるものとして使われる. それはまた，しばしば「越える」べきものとしてイメージされるのだが，「フロンティア」は「拡大」するものだ. こうした短絡的な比較論は，あまり意味がないけれど，お望みならヨーロッパの「国境」は，両者の力学を兼ね備えるといってもよい.

(14)　Jules Michelet, *Le Moyen âge, Histoire de France*, préface de Claude Mettra, Robert Laffont, Bouquins, 1981, p. 185. カロリング朝のシャルルマーニュは，現在の独仏を含むほど広大な領土を有したが，その後継者ルイ1世・敬虔王の没後，長子ロテールが皇位継承権を主張すると，弟たちルイ(ルートヴィヒ)とシャルルは，これに承伏せず，長兄に対抗して共に闘うことを誓い合った. 正確には，842年2月14日，まず年長のルイがシャルル陣営の将兵にわかるように「ロマン語」(ラテン語がくずれ俗化した民衆語で，フランス語の先駆的形態とみなされる)で誓いを述べ，ついでシャルルがルイ陣営の将兵にわかるように「チュートン語」(ゲルマン語)でほぼ同じ内容の誓いを述べた. この「ストラスブールの誓約」が「フランス語最古の文献」といわれるものである. 同盟が功を奏して，843年のヴェルダン条約により，シャルルはロマン語圏の西フランクを継承し，これがフランスという国家の母胎となった. 新倉俊一『中世を旅する』白水社，1999年，13-14ページ参照.

(15)　Michelet, *Le Moyen âge*, p. 15.

(16)　Jules Michelet, *Tableau de la France*, préface de Georges Duby, Editions Complexe, 1995, p. 12. ロラン・バルトの引用からはじまるジョルジュ・デュビーの「序文」もまた，「テクストの快楽」を約束する滋味豊かな名文である.

(17)　*ibid.*, p. 11.

(18)　Anne-Marie Thiesse, *La Création des identités nationales : Europe XVIIIe-XXe siècle*, Editions du Seuil, 1999, p. 11-12.

　著者はここで，著者自身の歴史観を主張しているのであって，nation という語彙をめぐる了解が，一様でないことはいうまでもない. Colette Beaune, *Naissance de la nation France*, Editions Gallimard, 1985 は，「国民感情」(sentiment national) が徐々に形成されてゆく過程を，建国神話から書きはじめ，15世紀で筆をおいている. これに対してミシュレは，10世紀前後にフランスの国家的統一が達成されたとみなし，長大な『フラン

ス史』のこの時点に，地理学的な記述として『タブロー・ド・ラ・フランス』を挿入するのである．

(19) *Fragments of Ancien Poetry, collected in the Highlands of Scotland and translated from the gaelic or erse language by James Macpherson.*

(20) *Fingal, an Ancien Epic Poem, in 6 books, together with several other Poems composed by Ossian, the son of Fingal; translated from the gaelic language by James Macpherson.*

(21) Thiesse, *La Création des identités nationales*, p. 23–26.

(22) *ibid.*, p. 31.

(23) *ibid.*, p. 21.

(24) *ibid.*, p. 34–43. 言語論については p. 37–39 参照.

(25) Daniel Baggioni, *Langues et nations en Europe*, Editions Payot, 1997, p. 62–64. ヨーロッパ 36 ヵ国の国名，最古の文献，最古の文法書，言語の公認，文学言語の成立，国家・国民的基盤の成立，国家・国民的基盤の安定，という項目を立て，年代を書きこんで一覧表にした資料は，とりわけ貴重である．

(26) 立川健二『ポストナショナリズムの精神』現代書館，2000 年．わが国では研究者のあいだでしか知られていないバッジオーニについて，その業績と問題提起に深い共感を寄せつつ，総合的に語った好著である．とくに第 3 章，第 4 章を参照．

(27) Baggioni, *Langues et nations en Europe*, p. 243–245. Thiesse, *La Création des identités nationales*, p. 112–115. 武田龍夫『物語　北欧の歴史』中公新書，1993 年，152–158 ページ．

(28) 谷川稔『十字架と三色旗——もうひとつの近代フランス』山川出版社，1997 年，141–148 ページ．谷川，北原，鈴木，村岡『近代ヨーロッパの情熱と苦悩』，139–142 ページ．

(29) Paule Petitier, *La Géographie de Michelet : territoire et modèles naturels dans les premières œuvres de Michelet*, L'Harmattan, 1997, p. 204.『タブロー』は，試験の課題などに使われることが多く，推薦図書とみなされていたという．

(30) Michelet, *Le Moyen âge*, p. 186.

(31) 18 世紀の末に出版された Louis Sébastien Mercier, *Tableau de Paris* が，このジャンルのモデルのひとつとなっていることを確認しておこう．邦訳タイトルが『十八世紀パリ生活誌——タブロー・ド・パリ』(岩波文庫，1989 年) となっていることからも推察されるように，同時代の世態風俗の活写という目標を掲げた著作である．

(32) Michelet, *Le Moyen âge*, p. 187.

(33) Roger Chartier, «La ligne Saint-Malo-Genève», *Les Lieux de mémoire*, tome 2, p. 2817–2850. 教育の普及，工業化，犯罪率などの統計資料が分析に付され，南と北の格差という「神話」が形成されてゆく過程を，緻密に再構築した論考である．

(34) Michelet, *Le Moyen âge*, p. 186.

(35) *ibid.*, p. 187.

(36) *ibid.*, p. 189.

(37) *ibid.*, p. 198–199.

(38) *ibid.*, p. 201.

(39) *ibid.*, p. 202.

(40) *ibid.*, p. 210.

(41) Jules Michelet, «La France devant l'Europe», *Œuvres complètes, XX, 1866–1871*, éditées par Paul Viallaneix, Flammarion, 1987, p. 654.

(42) Michelet, *Le Moyen âge*, p. 224.

(43) *ibid.*, p. 226.

(44) Jacques et Mona Ozouf, «"Le tour de la France par deux enfants": le petit livre rouge de la République», *Les Lieux de mémoire*, tome 1, p. 277.

『二人の子供のフランス巡歴——義務と祖国』の原題は, G. Bruno, *Le tour de la France par deux enfants : devoir et patrie*, 1877. 引用は以下の叢書による. *Des Enfants sur les routes*, édition présentée et établie par Francis Lacassin, Robert Laffont, Bouquins, 1994, p. 569–848.

(45) Bruno, *Le tour de la France par deux enfants*, p. 575.

(46) Jacques et Mona Ozouf, «"Le tour de la France par deux enfants": le petit livre rouge de la République», p. 278.

(47) Bruno, *Le tour de la France par deux enfants*, p. 661–662.

(48) *ibid.*, p. 765.

(49) *ibid.*, p. 738.

(50) *ibid.*, p. 753.

(51) 会場には, おどろおどろしい食人の場面が再現されていたが, あるジャーナリストが, これを演じているポリネシア人が知人であることを発見する. それは学歴のある現地人を雇用したヤラセだった, という告発記事が 1931 年 4 月に書かれている. *Les Collections de l'Histoire*, No. 11-avril 2001, «Le Temps des colonies», p. 62.

(52) Jacques et Mona Ozouf, «"Le tour de la France par deux enfants": le petit livre rouge de la République», p. 284.

(53) *ibid.*, p. 294.

(54) *ibid.*, p. 289–297.

(55) Bruno, *Le tour de la France par deux enfants*, p. 611.

(56) *ibid.*, p. 718–719.

(57) デーヴィッド・アーウィン『新古典主義』鈴木杜幾子訳, 岩波書店, 2001 年, 14–15 ページ. 文化史的な視野も対象地域の広がりも桁違いに大きい美術史の書物であり, 第 1 章「イタリア, はるかな魅惑——グランド・ツアー」第 3 章「ピクチャレスクな自然」など, 本書の執筆過程で刺激されることが多々あった.

(58) トマス『人間と自然界』378 ページ.

(59) アーウィン『新古典主義』200–201 ページ.

(60) エリック・リード『旅の思想史——ギルガメシュ叙事詩から世界観光旅行へ』伊藤誓訳, 法政大学出版局, 1993 年, 240–242 ページ.

(61) リード『旅の思想史』77–78 ページ.

(62) Daniel Nordman, «Les Guides-Joanne : ancêtres des Guides Bleus», *Les Lieux de mémoire*, tome 1, p. 1036.

(63) *ibid.*, p. 1046.

(64) *ibid.*, p. 1043.

(65)　*ibid.*, p. 1064.

(66)　Georges Vigarello, «Le tour de France», *Les Lieux de mémoire*, tome 3, p. 3801–3835. ジョルジュ・ヴィガレロ「ツール・ド・フランス」杉本淑彦訳,『思想』911 号 (2000 年 5 月), 岩波書店, 86–118 ページ.

(67)　Vigarello, «Le tour de France», p. 3808. ヴィガレロ「ツール・ド・フランス」94–95 ページ.

2 「ナショナル・ヒストリー」から「国民文学」へ——ヴィクトル・ユゴーを求めて

(68)　Thiesse, *La Création des identités nationales*, p. 131.

(69)　Marcel Gauchet, «Les "Lettres sur l'histoire de France" d'Augustin Thierry : "l'alliance austère du patriotisme et de la science"», *Les Lieux de mémoire*, tome 1, p. 811.

(70)　A. Thierry, *Lettres sur l'histoire de France pour servir d'introduction à cette histoire*, Sautelet, 1827, p. 84–85. ただし, 今日では入手困難なテクスト. 引用は以下のアンソロジーによる. これは大学の歴史学科で学ぶ学生のための, 解説付き文献集であり, 第三共和制の大学がいったんは捨て去った 19 世紀歴史哲学の流れを一望するために, 大いに役立つだろう. Sophie-Anne Leterrier, *Le XIX*[e] *siècle historien, anthologie raisonnée*, Belin, 1997, p. 103.

(71)　ウォルター・スコット『アイヴァンホー』菊池武一訳, 岩波文庫, 上巻 1964 年, 下巻 1974 年.

(72)　スコット『アイヴァンホー』下, 442 ページ. 邦訳では, race, nation が, いずれも「民族」と訳されているため, ここでは「人種」と「国民」におきかえた.

(73)　同上, 下, 334–340 ページ.

(74)　同上, 下, 444 ページ. ウォルター・スコットの時代に「民族性」(ethnicity) という概念は存在していない. したがって,「民族」という訳語があてられている英語の単語は, じつは race, nation, people などである. 語の運用と概念操作を分析しようとする場合, こうした細部に着目することも大切だろう.

(75)　Augustin Thierry, *Récits des temps mérovingiens*, introduction de Philippe Le Maître, Critérion, 1990, p. 22. 著作の全貌は, 以下の邦訳によって知ることができるが, 訳業そのものは, 1949 年になされたものである. オーギュスタン・ティエリ『メロヴィング王朝史話』上下巻, 小島輝正訳, 岩波文庫, 1992 年.

(76)　*ibid.*, p. 24–25.

(77)　F. R. de Chateaubriand, «Etudes ou discours historiques», *Œuvres complètes*, tome IV, Ladvocat, 1831, préface. 引用は, Sophie-Anne Leterrier, *Le XIX*[e] *siècle historien, anthologie raisonnée*, p. 164 による.

(78)　フュレ, オズーフ編『フランス革命事典』第 7 巻「歴史家」,「大学における革命史」の項, 93–124 ページ.

(79)　大野一道『ミシュレ伝』藤原書店, 1989 年, 281 ページ. 日本語で書かれたものとして最も充実したミシュレ研究であり, 第 8 章の全体が『革命史』の紹介と分析にあてられている.「連盟祭」については, フュレ, オズーフ編『フランス革命事典』第 1 巻「事

件」を参照のこと.

(80) Jules Michelet, *Histoire de la Révolution française*, présentation de Claude Mettra, Robert Laffont, Bouquins, 1979, p. 331.

(81) *ibid.*, p. 326.

(82) 正確には,「すべての世界史的な大事件や大人物はいわば二度あらわれる, 一度目は悲劇として, 二度目は茶番として」というヘーゲルの言葉を, マルクスが引用したもの.『ルイ・ボナパルトのブリュメール十八日』伊藤新一, 北条元一訳, 岩波文庫, 1954年, 17ページ.

(83) Pierre Nora, «"L'Histoire de France" de Lavisse», *Les Lieux de mémoire*, tome 1, p. 851.

(84) *ibid.*, p. 898.

(85) *ibid.*, p. 861–863.

(86) Camille Jullian, «Notes sur l'histoire de France au XIXe siècle», introduction aux *Extraits des historiens français du XIXe siècle*, Hachette, 1897. 引用は, ピエール・ノラ, 上記論文 p. 853 による.

(87) クレマン・モワザン『文学史再考』広田昌義訳, 白水社 [文庫クセジュ], 1996年, 123–124ページ.

(88) Daniel Milo, «Les classiques scolaires», *Les Lieux de mémoire*, tome 2, p. 2087.

(89) G. ランソン, P. テュフロ『フランス文学史』全3巻, 有永弘人, 新庄嘉章, 鈴木力衛, 村上菊一郎訳, 中央公論社, 1954–63年.

(90) Pierre Nora, «Lavisse, instituteur national : Le "Petit Lavisse", évangile de la République», *Les Lieux de mémoire*, tome 1, p. 239.

(91) モワザン『文学史再考』104–105ページ.

(92) G. Lanson et P. Tuffrau, *Manuel illustré d'Histoire de la littérature française : de l'origine à l'époque contemporaine*, Librairie Hachette, 1931.

(93) *ibid.*, p. 769–770.

(94) モワザン『文学史再考』105ページ.

(95) Daniel Milo, «Les classiques scolaires», p. 2120–2121.

(96) *ibid.*, p. 2119.

(97) ランソン, テュフロ『フランス文学史 II』294ページ.

(98) Mona Ozouf, «Le Panthéon : l'Ecole normale des morts», *Les Lieux de mémoire*, tome 1, p. 155.

(99) Avner Ben-Amos, «Les funérailles de Victor Hugo : apothéose de l'événement spectacle», *Les Lieux de mémoire*, tome 1, p. 425–464.

(100) ランソン, テュフロ『フランス文学史 II』294–295ページ.

(101) Victor Hugo, *La Légende des siècles*, édition établie et annotée par Jacques Truchet, Editions Gallimard, Bibliothèque de la Pléiade, 1950, préface, p. 3–5.

(102) *ibid.*, p. 7.

(103) ボードレール「『レ・ミゼラブル』書評」,『ボードレール全集 II』阿部良雄訳, 筑摩書房, 1984年, 376–384ページ.

(104) Gustave Flaubert, *Correspondance*, tome 3, édition établie, présentée et annotée

par Jean Bruneau, Editions Gallimard, Bibliothèque de la Pléiade, 1991, p. 188. エドモン，ジュール・ド・ゴンクール宛て，1861年11月30日の手紙.

(105) *ibid.*, p. 235. エドマ・ロジェ・デ・ジュネット宛て，1862年7月(?)の手紙.

(106) ヴィクトル・ユゴー『レ・ミゼラブル』全5巻，佐藤朔訳，新潮文庫，1967年，(五) 410ページ.

(107) ルイ・シュヴァリエ『労働階級と危険な階級』喜安朗，木下賢一，相良匡俊訳，みすず書房，1993年，92ページ.

(108) ユゴー『レ・ミゼラブル』(三) 203ページ.

(109) ユゴー『レ・ミゼラブル』(四) 53-54ページ.

(110) 同上，54ページ.

(111) ユゴー『レ・ミゼラブル』(五) 257-258ページ.

(112) ルソー『新エロイーズ』(二) 第3部，書簡22，337ページ.

(113) スタンダール『恋愛論』大岡昇平訳，新潮文庫，1970年，第1巻，第26章，70-78ページ.

(114) Balzac, *L'Auberge rouge*, *La Comédie humaine*, XI, édition publiée sous la direction de Pierre-Georges Castex, Editions Gallimard, Bibliothèque de la Pléiade, 1980, p. 89.

(115) *ibid.*, p. 107.

(116) *ibid.*, p. 100.

(117) *ibid.*, p. 102.

3 共和国の辞典——ピエール・ラルースをめぐって

(118) CD-ROM *Encyclopædia Universalis*, version 7.

(119) Pascal Ory, «Le "Grand Dictionnaire" de Pierre Larousse : Alphabet de la République», *Les Lieux de mémoire*, tome 1, p. 227-238. 短い論文なので個別のページ数は記載しないが，以下の論述は，主としてこの論文による.

(120) パスカル・オリーによれば，編者の精力に陰りが見えるのは，1872年以降であり，第6巻Dあたりが結節点にあたるという.

(121) CD-ROM *Encyclopædia Universalis*, Pierre Larousse の項による.

(122) Ory, «Le "Grand Dictionnaire" de Pierre Larousse : Alphabet de la République», p. 228.

(123) 谷川，北原，鈴木，村岡『近代ヨーロッパの情熱と苦悩』118ページ.

(124) ヘーゲル『歴史哲学講義』長谷川宏訳，岩波文庫，1994年.

(125) クシシトフ・ポミアン「フランク人とガリア人」，ピエール・ノラ編『記憶の場』1，谷川稔監訳，岩波書店，2002年，59-125ページ.

(126) Ernest Renan, «L'Islamisme et la science», conférence prononcée à la Sorbonne, 1883. 引用は Ernest Renan, *Histoire des origines du christianisme*, tome 1, édition établie et présentée par Laudyce Rétat, Robert Laffont, Bouquins, 1995, dictionnaire, p. CCLXVI. Islam の項による.

(127) *Trésor de la langue française, Dictionnaire de la langue du XIXe et du XXe siècle (1789-1960)*, publié sous la direction de Paul Imbs, Editions du Centre National de la Recherche Scientifique, 1971-94.

(128)　Ferdinand de Saussure, *Cours de linguistique générale*, édition préparée par Tullio de Mauro, Payot, 1986, p. 305.

(129)　*Quid*, Robert Laffont, 1990, p. 354. ただし『イエス伝』には，初版と異なる平易にリライトされた普及版(初版 1864)があり，両者の合算かもしれない．また，ただちに翻訳されたヨーロッパ各国の版が勘定されているかどうかも示されず，数字の根拠は曖昧だが，1 つの目安にはなろう．白水社『フランス文学辞典』には，半年で 6 万部という数字が記されている．

(130)　シュライエルマッハーの主著『福音主義教会の諸原理に基づくキリスト教信仰』(通称『信仰論』)は，1821 年に出版された．シュライエルマッハーは，伝統的な教義とまったく隔たった，意識と宗教体験との，感情的でロマンティックな神学を作ることを試みた．エミール＝G. レオナール『プロテスタントの歴史』渡辺信夫訳，白水社［文庫クセジュ］1968 年，127 ページ参照．

第Ⅲ部第 1 章で引用する W. E. ホーダーン『現代キリスト教神学入門』にも，シュライエルマッハーの提唱した「感情」や「情緒」に発する信仰論が紹介されている．いずれ詳しく検討するが，ホーダーンによれば「宗教感情」という概念自体が，プロテスタント起源であり，それも正統主義から離反した独創的な神学の産物である．

第Ⅲ部　キリスト教と文明の意識

1　知の領域としてのオリエント

(1)　Gustave Flaubert, *Correspondance*, tome 4, édition établie, présentée et annotée par Jean Bruneau, Editions Gallimard, Bibliothèque de la Pléiade, 1998, p. 531. ルルワイエ・ド・シャントピー宛ての手紙．

(2)　ランソン，テュフロ『フランス文学史Ⅲ』48–50 ページ．

(3)　Flaubert, *Correspondance*, tome 2, édition établie, présentée et annotée par Jean Bruneau, Editions Gallimard, Bibliothèque de la Pléiade, 1980, p. 30. 1852 年 1 月 16 日，ルイーズ・コレ宛ての手紙．

(4)　邦訳の決定版は渡辺一夫訳の『聖アントワヌの誘惑』であるが，その「解説」も，とりあえず「通説」を踏まえて，という書き出しになっている――「そして，彼の全作品を，一般通念に従って，写実的な系列と浪漫派(ろうまんは)的な系列とに分類する時，『聖アントワヌの誘惑』は，『サランボー』『ヘロディヤ』『聖ジュリアン伝』とともに後者に配属せしめられるとしても，しかも尚，全然別な系列の設定を要求しかねないような作品でもあり〔…〕」．フロベール『ボヴァリー夫人，他』集英社［世界の文学 17］，1976 年，509 ページ．なお，文献のタイトルとして引くとき以外は，本書では「アントワンヌ」ではなく「アントワーヌ」の表記を選んだ．

(5)　W. E. ホーダーン『現代キリスト教神学入門』布施濤雄訳，日本基督教団出版局，1969 年，310 ページ．

(6)　フロベール『聖アントワヌの誘惑』285 ページ．引用は，上記，集英社版による．

(7)　John Bowker, *Le Grand Livre de la Bible*, traduction et adaptation de Claude-Bernard Costecalde, Larousse, cerf, 1999, p. 73.

(8)　佐藤彰一，池上俊一『西ヨーロッパ世界の形成』中央公論社［世界の歴史 10］，1997 年，19 ページ．

(9) この項は以下の文献による. Henry Laurens, *L'expédition d'Egypte 1798–1801*, nouvelle édition complétée et mise à jour par l'auteur, Editions du Seuil, 1997, p. 17. なお Occident という言葉を現代的な意味ではじめて用いたのは, コンドルセであるという.

(10) Volney, *Œuvres, III, Voyage en Syrie et en Egypte, Considérations sur la guerre des Turcs*, Fayard, 1998, p. 11–12.

(11) ドゥルーズ派は近代以降, レバノン, シリアなどで歴史の表舞台に登場し, のちに見るように, ネルヴァルもオリエント旅行のさいに, この集団と深くかかわっている. カトリック系キリスト教の一派であるマロン派との抗争を機に, 1860 年代には, 英仏がこの地に介入した. ルナンがナポレオン 3 世の命を受けてシリアに赴いたのは, このときである.

(12) この点については, すでに『サロメ誕生』と題した著訳書で検討した (43–44 ページ). たとえばフローベールが, 1850 年 1 月, カイロに到着した直後に叔父に書き送った手紙には, 時の流れの停止したオリエントという主題が, 生身の経験として語られている.「注意深く物を見る人間にとっては,《発見》があるというより,《再発見》があるのです. 萌芽のかたちで自分のなかにもっていた無数の概念が, 拡大され, くっきりと見えてきて, さながら呼びさまされた思い出のような具合です. たとえば, アレクサンドリアに上陸したときは, ぼくの目の前に, エジプト彫刻の解剖模型が生きてそのまんま歩いてくるみたいな感じでした. 例の肩がしっかり張っていて, 胴体が長くて, 脚の痩せたやつですよ. ぼくらが注文して踊りを踊ってもらったりすることもありますが, あまりに宗教的 (hiératique) な性格をあらわにしているので, これはもう, 古のオリエントから来たものにちがいないと思われます. 古のオリエントはつねに若々しい, というのも, そこでは何ひとつ変化しないからですが. この地において, 聖書は, 現代の習俗を描写したものとなります.――ご存じですか, つい何年かまえには, 牛を殺すと死罪になったのですって. まるでアピスの時代みたいに!」. Flaubert, *Correspondance*, tome 1, édition établie, présentée et annotée par Jean Bruneau, Editions Gallimard, Bibliothèque de la Pléiade, 1973, p. 564.

(13) Laurens, *L'expédition d'Egypte 1798–1801*, p. 42.

(14) Robert Solé, *L'Egypte, passion française*, Editions du Seuil, 1997, p. 78. シャンポリオンは謝してこれを辞し, ルイ 18 世からレジオン・ドヌール勲章とルーブル博物館のエジプト部門学芸員のポストを受けたのだった.

(15) 第 II 部の冒頭で紹介したアンドレ・マルローのバンテア・スレイ寺院盗掘事件は, 1923 年だが, アンリ・ムオによる, アンコール・ワットの再発見は, 半世紀以上前の 1860 年. 1863 年には, カンボジアがフランスの保護領となっている.

(16)「黄色人種」という言葉は,「極東」という範疇が生まれたとき, はじめて一般的な用語として流通するようになったと思われる.『二人の子供のフランス巡歴』の図版は, その一例(本書 173 ページ). この用語は, ピエール・ロティなどの小説に頻出するが, そう命名された当事者にとっては不快なコンテクストで使われることが圧倒的に多い.

(17) François-Pierre Guillaume Guizot, *Histoire de la civilisation en Europe, depuis la chute de l'Empire romain jusqu'à la Révolution française*, quatorzième édition, Didier et Cie, Libraires-Editeurs, 1875, p. 34–35.

(18) ミシェル・フーコー『幻想の図書館』工藤庸子訳,『ミシェル・フーコー思考集成

Ⅱ』筑摩書房，1999年，20–21ページ．いくたびか改稿されたこの評論のフランス語初出は Cahiers Renaud-Barrault, N° 59, *Flaubert et la Tentation de Saint Antoine*, Mars 1967, Editions Gallimard. タイトルは *Un «fantastique» de bibliothèque* であったが，1970年にフローベール研究のアンソロジー *Flaubert*, Librairie Marcel Didier, Miroir de la critique に収録されたとき，内容もかなり手直しされて *La Bibliothèque fantastique* と改題された．

(19) Jean Seznec, *Les Sources de l'Episode des Dieux dans "La Tentation de Saint Antoine"* (première version, 1849), Librairie philosophique J. Vrin, 1940. Jean Seznec, *Nouvelles études sur "La Tentation de Saint Antoine"*, The Warburg Institute, University of London, 1949.

(20) フーコー『幻想の図書館』21–22ページ．

(21) Seznec, *Nouvelles études sur "La Tentation de Saint Antoine"*, p. 74.

(22) *ibid.*, p. 9.『古代宗教』の翻訳出版は1852年に完結した．

(23) ちなみに，つづく「オリエンタリスト」の項目には，「オリエントの言語と文献に通じた人間」という解説と「オリエンタリズムの学者」という用例だけがあり，記述は，わずか4行．たとえば文学や絵画の主題という視点は，その用法にはふくまれない．

ここで念のため言いそえれば，「オリエンタリズム」を西欧による抑圧と搾取を正当化する言説として分析したエドワード・W・サイードの論をここで引用しないのは，果てしなく復誦されることにより，いささか「紋切り型」と化した論点を，別の角度から，あらためて切り開いてみたいと考えているからである．当面の課題は，19世紀ヨーロッパにおける知の新領域を，立ち上げのプロセスを含め，実直に再構成することにある．

(24) 「読書ノート」は，以下の版で簡単に目にすることができる．Flaubert, *La Tentation de Saint Antoine*, édition de Claudine Gothot-Mersch, Editions Gallimard, folio, 1983, p. 273–285.

(25) 『ローマ帝国衰亡史』の仏訳タイトルは，当初は *Histoire de la décadence et de la chute de l'Empire romain* となっていた．ただし今日では décadence ではなく déclin という語が用いられている．

(26) ギボン『ローマ帝国衰亡史　Ⅱ』中野好夫訳，筑摩書房，1978年，255ページ．

(27) Roger-Pol Droit, *L'Oubli de l'Inde : une amnésie philosophique*, édition revue et corrigée, Presses Universitaires de France, 1989. 副題に掲げられた「哲学の記憶喪失」という言葉は，19世紀のヨーロッパが熱狂とともに受容したインド哲学が，じっさいに現代哲学の血肉となっているにもかかわらず，その事実が一顧だにされぬ今日の風潮に警告を発したものである．のちに紹介する『虚無の信仰』の場合と同様，提示するヴィジョンはきわめて刺激的だが，引用などはやや恣意的であるのかもしれないという印象をもった．

(28) Victor Cousin, *Cours de Philosophie : introduction à l'histoire de la philosophie*, Pichon et Didier, Editeurs, 1828, 1ère Leçon, 17 avril 1828, p. 3, p. 5.

(29) *ibid.*, 2ème Leçon, p. 15–16.

(30) 特筆すべきものは，1771年，アンクティル＝デュペロンによる『アヴェスタ』の翻訳，1793年，シルヴェストル・ド・サシによるパフラヴィー語(中世ペルシア語)碑文の部分的解読，1822年，ジャン＝フランソワ・シャンポリオンによるヒエログリフの謎解

きのほか，アベル・レミュザによる中国研究などであろう．

(31) ただし，これはペルシア語からラテン語への翻訳である．サンスクリット研究は，1785年にカルカッタでベンガル王立アジア協会が発足して本格的な活動がはじまり，イギリス人により『バガヴァッド・ギーター』『マヌ法典』などが翻訳された．

(32) Roger-Pol Droit, *Le culte du néant : les philosophes et le Bouddha*, Editions du Seuil, 1997. 19世紀における年代順の書誌などを含め，文献情報に100ページを割いており，ヨーロッパにおける仏教受容史に関しては必読書であろう．この興味深い著作が，文字どおり「目から鱗」の印象をわたしにあたえ，その「紹介」は無意味ではなかろうと考えて，この項の初稿を仕上げたのとほぼ同時に，邦訳が上梓された．翻訳のある書籍であれば，別の扱いが望ましいとも考えたが，おそらくこのような人文書が，すでに多くの人の目に触れたということもないだろうという判断から，全面的に書き直すことはしなかった．また，その翻訳を参照させていただいたが，日本の読者のために，章のタイトルなどは改変されているため，ここでは原著の語彙を尊重した．ロジェ＝ポル・ドロワ『虚無の信仰――西欧はなぜ仏教を怖れたか』島田裕巳，田桐正彦訳，トランスビュー，2002年．

(33) ちなみにフランス語の初出は，『トレゾール・フランス語辞典』によれば1830年，バルザックが使用したもの．なおロジェ＝ポル・ドロワ『虚無の信仰』によれば，1817年の Michel-Jean-François Ozeray, *Recherches sur Buddou ou Bouddou . . .*, には，つづりは異なるが，bouddisme という言葉がある(第I部第2章)．

(34) Gobineau, *Œuvres*, tome 1, édition publiée sous la direction de Jean Gaulmier, Editions Gallimard, Bibliothèque de la Pléiade, 1983, p. 549.

(35) *ibid.*, p. 559. cf. シェルシェールの引用は「文明批判とクレオール」の項参照．

2 セム対アーリア

(36) Jules Michelet, *La Bible de l'humanité*, préface de Claude Mettra, Editions Complexe, 1998. ジュール・ミシュレ『人類の聖書』大野一道訳，藤原書店，2001年，25ページ．固有名詞などに実証的な注が豊富についた翻訳は，見事な労作であり，引用はすべてこの版による．上記原典は，大野氏によれば誤植が多いとのことだが，入手可能で読みやすい文庫本．

(37) ミシュレ『人類の聖書』50ページ．

(38) 同上，38ページ．

(39) 同上，405ページ．

(40) ヘーゲル『歴史哲学講義』上，176ページ．

(41) ジュール・ミシュレ『世界史入門――ヴィーコから「アナール」へ』大野一道訳，藤原書店，1993年，12ページ．

(42) Flaubert, *Bouvard et Pécuchet*, édition de Claudine Gothot-Mersch, Editions Gallimard, folio, 1993, p. 412. ギュスターヴ・フロベール『ブヴァールとペキュシェ』鈴木健郎訳，岩波文庫，下巻，1955年，126ページ．

(43) ミシュレ『人類の聖書』73ページ．

(44) 同上，231ページ．

(45) 同上，304ページ．

(46) 同上，314 ページ.

(47) 同上，303 ページ.

(48) 同上，30 ページ.

(49) Henry Laurens, *Le Royaume impossible*, Armand Colin, 1990.

(50) *ibid.*, p. 15.

(51) マムルークとは，エジプトでは 9 世紀のトゥールーン朝で 2 万 4000 騎のトルコ兵が徴用されて以来，歴代の王朝に重用された奴隷軍人のことであり，富を一手に掌握し，専横をきわめたといわれる．山内昌之『近代イスラームの挑戦』中央公論社［世界の歴史 20]，1996 年，48 ページ．以下，歴史記述については，随所でこの著作を参照した．

(52) *Bulletin de la Société khédiviale de géographie*, tome 1, 1875–1877. 引用は Laurens, *Le Royaume impossible*, p. 53 による．

(53) Laurens, *Le Royaume impossible*, p. 56.

(54) Laurens, *L'expédition d'Egypte*, p. 126.

(55) *ibid.*, p. 58.

(56) Laurens, *Le Royaume impossible*, p. 66.

(57) *ibid.*, p. 73.

(58) Ernest Renan, «De la part des peuples sémitiques dans l'histoire de la civilisation», leçon d'ouverture au Collège de France, 1862, *Qu'est-ce qu'une nation? et autres essais politiques*, textes choisis et présentés par Joël Roman, Pocket, 1992, p. 197–198. なお Henry Laurens, *Le Royaume impossible*, p. 149 によれば，ルナンの用法においては「イスラミスム」と「イスラーム」とのあいだに，明確な差異化はないという．

(59) Ernest Renan, *L'Avenir de la science*, présentation, chronologie, bibliographie par Annie Petit, GF-Flammarion, 1995, p. 300, p. 514, note 128 bis.

(60) Ernest Renan, «La Réforme intellectuelle et morale de la France», *La Réforme intellectuelle et morale*, textes présentés par Henri Mazel, Editions Complexe, 1990, p. 92–93.

(61) この表現は，以下の書物のタイトルである．*Jules Ferry, fondateur de la République*, actes du colloque organisé par l'Ecole des Hautes Etudes en Sciences Sociales, présentés par François Furet, Editions de l'Ecole des Hautes Etudes en Sciences Sociales, 1985.

(62) Alain Ruscio, *Le Crédo de l'homme blanc : regards coloniaux français, XIXe-XXe siècles*, Editions Complexe, 1995, p. 34–35. 著者は，ここではじめて議会において「優れた人種と劣った人種」というスキャンダラスな用語が使われたと指摘し，ただちに当該の植民地主義者を弾劾する．これに対して，わたしたちは「人種」という言葉が，同時代の辞典のなかで，あるいはルナンの文献のなかで，いかなる科学的・思想的意味を与えられていたかを検証することが，すくなくとも不可欠であると考える．「人種」という言葉が口にされた瞬間にただちに批判することが，研究者の責務だといわんばかりの論調は，じっさい昨今ではありふれた風潮とさえいえるのだが，そうした手続きが果てしなく反復されることにより，人種主義や植民地主義をめぐる事象の理解が深まるとは思われない．

(63) Carles-Robert Ageron, «Jules Ferry et la colonisation», *Jules Ferry, fondateur de la*

République, p. 202.

(64) Jaques Thobie, Gilbert Meynier, *Histoire de la France coloniale, II—L'apogée, 1871-1931*, Armand Colin, 1991, p. 101.

(65) Laurens, *Le Royaume impossible*, p. 146. 傍点は訳者.

(66) フランソワ・ド・フォンテット『人種差別』高演義訳, 白水社[文庫クセジュ], 1989年, 5ページ.

(67) 同上, 9-10ページ.

(68) Ernest Renan, *Histoire des origines du christianisme*, tome 1, introduction générale, p. XVII-XX, dictionnaire, p. CCCXLI.

(69) Michelet, *Le Moyen Age*, p. 33-34.

(70) *ibid.*, p. 82.

(71) Gobineau, *Œuvres*, tome 1, p. 725, p. 735. フォンテット『人種差別』60ページ.

(72) Henry Laurens, *Le Royaume impossible*, p. 150.

(73) *ibid.*, p. 147.

(74) ジョゼップ・フォンターナ『鏡のなかのヨーロッパ——歪められた過去』立石博高, 花方寿行訳, 平凡社, 2000年, 166-167ページ.

(75) François-Pierre Guillaume Guizot, *Histoire de la civilisation en Europe*, p. 66-67.

(76) モンテスキュー『法の精神』第30篇「君主制の成立との関係におけるフランク族における封建法の理論」の第13章参照. 『モンテスキュー』中央公論社[世界の名著 34], 1980年, p. 551, 注1.

この問題に関しては *Les Lieux de mémoire* に Krzysztof Pomian の «Francs et Gaulois» と題した論考がおさめられている (tome 2, p. 2245-2300). 「複数のフランス」の「対立」と「分有」をいかに記述するかという歴史叙述の方法論的な問いのなかで, 今日も中心を占めるテーマの1つなのである.

(77) フュレ, オズーフ編『フランス革命事典』第2巻「人物」, 60ページ.

(78) プルースト『失われた時を求めて』全13巻, 鈴木道彦訳, 集英社, 1996-2001年, 第6巻, 482ページ.

(79) 「呪われた民」であるユダヤとのアナロジーで語られる, もう1つの「呪われた種族」すなわち「同性愛」の集団も race と呼ばれるのだが, プルースト研究の領域では常識であるはずのこの問題には触れない.

(80) 同上, 第1巻, 268-269ページ.

(81) 同上, 第1巻, 40-43ページ.

3 記述されたイスラーム世界

(82) 『アジヤデ』13ページ.

(83) *Voyages du Chevalier Chardin, en Perse, et autres lieux de l'Orient*, tome huitième, nouvelle édition par L. Langlès, Le Normant, Imprimeur-Libraire, 1811, p. 356-357. シャルダンのこの証言に関しては, 東京大学東洋文化研究所, 羽田正教授のご教示による. ちなみに「ゲーブル」という語彙は, ゾロアスター教を指すフランス語として定着した. ヴォルテールは1769年に『拝火教徒』(*Les Guèbres*) と題した劇を上演している.

(84) Dominique et Janine Sourdel, *Dictionnaire historique de l'islam*, Presses Universi-

taires de France, 1996. infidèles の項参照.

(85) 小学館『西和中辞典』1976 年.

(86) 白水社『現代フランス語辞典』第 2 版, 1998 年.

(87) Bernardin de Saint-Pierre, *Paul et Virginie*, glossaire, p. 63.

(88) *Petit Robert* 2, *Dictionnaire universel des noms propres*, Dictionnaires Le Robert, 1993. 縮刷版『文化人類学事典』弘文堂, 1994 年.

(89) フェルナン・ブローデル『地中海』I—V, 浜名優美訳, 藤原書店, 1991–95 年. 原題は『フィリペ二世時代の地中海と地中海世界』(*La Méditerranée et le monde méditerranéen à l'époque de Philippe II*) である.

(90) テレーズ・ビタール『オスマン帝国の栄光』鈴木董監修, 創元社 [知の再発見], 146–150 ページ.

(91) 樺山紘一『ルネサンスと地中海』中央公論社 [世界の歴史 16], 1996 年, 137 ページ.

(92) Franco Cardini, *Europe et Islam : histoire d'un malentendu*, traduit de l'italien par Jean-Pierre Bardos, Editions du Seuil, Points Histoire, 2002 (la première édition parue en 2000, dans la collection «Faire l'Europe»), p. 239.

ブローデルの『地中海』にも, 随所にセルバンテスに関する言及がある.

(93) セルバンテス『ドン・キホーテ　前篇』牛島信明訳, 岩波書店, 1999 年. 「解説」589 ページ. 『ドン・キホーテ』をイスラームとの接点で読み解くという問題構成に関しては, 2001 年度, 地域文化研究専攻に提出された修士論文, 三倉康博「セルバンテスとアルジェ——『アルジェの生活』『捕虜の物語』及び『アルジェの浴場』に関する研究」から大きな刺激を受けた. 膨大な文献をきめ細かく分析した秀逸な論文であり, このとき査読に参加しなければ, この章は別の形をとっていたと思う. 若手研究者である三倉康博さんの「知的所有権」を侵害しないように充分注意を払い, ここではわたし自身の展望によって論を進めるつもりである.

(94) ラ・ゴレータの要塞が攻略された経緯について,「トルコの正規軍七万五千のほか, アフリカの各地から四十万をこえるモーロ人とアラブ人が武器や弾薬を十分備えて攻め寄せたのです」とある. 『ドン・キホーテ　前篇』426 ページ.

(95) メアリ・シェリー『フランケンシュタイン』臼田昭訳, 国書刊行会, 1979 年, 第 13–14 章.

(96) フェルナン・ブローデル『地中海』III, 238–239 ページ.

(97) 「モリスコとは, 1501 年にカスティーリャ地方で, 1526 年にアラゴン王国で, キリスト教に改宗したスペインのイスラーム教徒の子孫を意味する. 彼らモリスコは, 次から次へと手ひどい扱いを受け, 教化され, 恩恵を与えられ, つねに恐れられて, ついには 1609–14 年の大追放のときに国外追放されることになる」. フェルナン・ブローデル『地中海』III, 209 ページ.

(98) カルディーニ『ヨーロッパとイスラーム』によれば, ルネサンス期における「改宗者」の問題は, きわめて重大であり, 絶望や幻滅から「トルコ人になる」という表現は, それがヨーロッパ人にとって大きな誘惑であったことを物語っているという (p. 221). ちなみに『19 世紀ラルース大辞典』にも «se faire turc» という表現が収録されており,「マホメットの信仰に入る」という意味の誤用, という解説がついている. 改宗により「トルコ人」になることは可能だが, これに対して「アラブ人になる」という発想は存在し

ない.

(99) Leo Spitzer, «Perspectivism in "Don Quijote"», *Linguistics and Literary History: essays in stylistics*, Princeton University Press, 1967, p. 61–68.

(100) *ibid.*, p. 67.

(101) セルバンテス『ドン・キホーテ 後篇』牛島信明訳，岩波書店，1999 年，第 65 章，550 ページ．本書の論点にかかわるから，一応確認しておくと，「わしらの民族の誰ひとりとして」という訳文に対応するのは，原典では ninguno de los nuestros フランス語訳では aucun des nôtres であり，「われわれの仲間」という程度の表現．じっさい「民族」にあたる語彙が含まれているわけではない．

(102) セルバンテス『ドン・キホーテ 前篇』第 9 章，80 ページ．

(103) 『ラルース大辞典』turc の項．

(104) Cardini, *Europe et Islam*, p. 209.

(105) *Petit Robert* 2.

(106) Cardini, *Europe et Islam*, p. 215.

(107) *ibid.*, p. 131, p. 221, p. 245, p. 247.「4 世紀前」というのは，十字軍の時代，トレードを中心として，カスティーリアのアルフォンソ 7 世などの保護のもとに，Robert de Ketton が行った，はじめての翻訳である．複数の言語を介したこの翻訳は，不正確ながら，長いあいだ唯一のラテン語訳として参照されていた．なお，チューリヒの神学者 Bibliander は通称であり，本名は Theodor Buchmann という．

(108) 『モンテーニュ』責任編集，荒木昭太郎，中央公論社［世界の名著 24］，1979 年，274 ページ．

(109) Cardini, *Europe et Islam*, p. 230.

(110) デイヴィッド・コーディングリ『海賊大全』増田義郎監修，増田義郎，竹内和世訳，東洋書林，2000 年．第 4 章「地中海の私掠船」は，この領域の諸問題を簡潔に概観している．

(111) ブローデル『地中海』Ⅲ，350 ページ．

(112) コーディングリ『海賊大全』42 ページ．深沢克己『海港と文明——近世フランスの港町』によれば，16 世紀後半のラ・ロシェルは，宗教戦争の荒波をこえて，自立した「都市共和国」「国家のなかの国家」と呼べるほどの黄金時代を迎えていたという(山川出版社，2002 年，100–104 ページ)．

(113) 羽田正『勲爵士シャルダンの生涯』51 ページ．

(114) 同上，170 ページ．

(115) ジャン＝マリー・アポストリデス『機械としての王』水林章訳，みすず書房，1996 年，第 2 章「文化の編制」参照．なお，国家による文化活動の顕揚と指導という発想の典型が，コルベールの創設したアカデミー・フランセーズであり，「国家(ネイション)の構成員の共通語を公式化する」任務が，ここに託されたのである．ただし，「王制の国家においては，言語は貨幣と同じようなもの」だから「流通するためには隅に君主の刻印」が押されていなければならない，というテーゼが示しているように，国王によって認知されたフランス語は，19 世紀ヨーロッパの国民国家において，国民のアイデンティティの保証となる「ナショナル・ランゲージ」とは異質のものだった(32 ページ)．シャルダンは，英国の「国籍」を取得するさいに英語の能力を問われることはなかったはずである．

(116)　羽田正編著『シャルダン『イスファハーン誌』研究——17世紀イスラム圏都市の肖像』東京大学出版会，1996年，171ページ.

(117)　羽田正『勲爵士シャルダンの生涯』98ページ.

(118)　同上，105–106ページ.

(119)　タヴェルニエは，シャルダンの父ダニエルと同世代の宝石商人で，トルコ，ペルシア，インドなどに6回も赴いている. 1676–77年に出版された見聞録は，「東方の情報に関する決定版」と喧伝され，広く読まれていた. 羽田氏によれば，この著作に対し，シャルダンはきわめて批判的だった. 同上，152–154ページ.

(120)　Barthélemy d'Herbelot, *Bibliothèque orientale : dictionnaire universel contenant généralement tout ce qui regarde la connaissance des peuples de l'Orient.*

(121)　Franco Cardini, *Europe et Islam*, p. 250. なおオリエント，レヴァントの地理的定義については，同書，p. 273参照.

(122)　Montesquieu, *Lettres persanes*, *Œuvres complètes*, tome 1, texte présenté et annoté par Roger Caillois, Editions Gallimard, Bibliothèque de la Pléiade, 1949, p. 182.

(123)　日本フランス語フランス文学会『フランス文学辞典』白水社，1974年.

(124)　たとえば，ゾロアスター教に関しては，Hyde, *Historia religionis veterum Persarum*, 1700が参照されている.

(125)　プレイヤード版にも，ムシャッリフ・ウッ・ディーン・サアディーであるとの注がついている. サアディーの翻訳は17世紀から存在するが，1704年には，伝記を添えた新訳が出版された. ただし『ザディーグ』の献辞にあるヒジュラ暦837年という日付は15世紀であり，実在のサアディーの生涯とは矛盾する. ヴォルテールの不注意か，それとも韜晦か. むろん，もともとフィクションであるのだから，こうした細部の齟齬を追求するには及ばないともいえる.

(126)　*Les Mille et un jours*は，いうまでもなく*Les Mille et une nuits*のもじりであろう.『ラルース大辞典』によれば，Moclah あるいは Moclès なる人物の作品をフランス語に翻訳したものとして，1710–12年に5巻本で出版されている.

(127)　本書第I部第3章「妄想としての類人猿」，第4章「批判の先駆者たち」参照.

(128)　ヴォルテール『カンディード』第11章，第12章.

(129)　アンドレ・ジスベール，ルネ・ビュルレ『地中海の覇者ガレー船』深沢克己監修，創元社[知の再発見]，1999年，90, 96–97ページ. フランス海軍の主力としてのガレー船団が廃止されたのは1748年，最後のガレー船が姿を消したのは1814年のことである. ガレー船の奴隷たちは陸に移されて，トゥーロンやブレストの海軍工廠で苦役に従事した(同上，30ページ). ジャン・ヴァルジャンの服役は，まさにこの形態である.

(130)　一連の宗教戦争のうち，最後のそして最大のものといわれる三十年戦争(1618–48年)を終結する条約が結ばれたのが，ウェストファリアである. 主人公が「地上の楽園」とみなす故郷の城を，戦禍で荒廃したドイツに設定したのも，著者のアイロニーであろう.

(131)　「天真爛漫な自然児」を意味する「アンジェニュ」という名がまず「カンディード」と似通っている. 主人公の青年は，カナダのヒューロン族の出身ということになっており(じつはフランス人夫婦の孤児であることが判明するのだが)，『ペルシア人の手紙』と同様に，外の世界から到来した者の無垢な視線で，フランス社会が批判されてゆく. 滑

稽なエピソードの連鎖のなかで，聖書の教えとカトリックの礼拝の矛盾，ユグノー弾圧の不条理，王権をとりまく貴族の堕落，ジャンセニストの不幸，等々が，部外者の率直な驚きを通して告発されるのである．

(132) *Grand dictionnaire universel du XIXe siècle par Pierre Larousse*, Mahomet ou le fanatisme の項．

4 非宗教性（ライシテ）の時代のキリスト教

(133) Voltaire, *Dictionnaire philosophique*, édition présentée et annotée par Alain Pons, Editions Gallimard, folio, 1994, p. 85.『ヴォルテール，ディドロ，ダランベール』中央公論社[世界の名著 35]，268 ページ．高橋安光による抄訳を参照した．

(134) René Rémond, *Religion et société en Europe : essai sur la sécularisation des sociétés européennes aux XIXe et XXe siècles* (*1789–1998*), Editions du Seuil, 1998, p. 47.

(135) 「一つの信仰，一つの法，一人の王」というフランス王制の定義においては，同じ法と国王をいだく臣民の一人一人が「実践すべき信仰」が問題になるのだから，foi という言葉が使われる．

(136) フローベールが，こうした格言的な台詞を『紋切り型辞典』に収録するときの意図は，隠れた賛意であるのか批判であるのか，じつは容易には判断しがたいのだが，アイロニーがこめられていることは確か．ヴォルテールは，ドルバックが出版した『三人の欺瞞者』の無神論に対する批判として，1769 年に「『三人の欺瞞者』の著者への書簡」のなかで，この文章を書いた．

(137) たとえば『哲学書簡』第 5 信「イギリス国教について」の冒頭を参照──「当地は諸宗派分立の国である．自由人としてイギリス人は，自分の気に入った道をとおって天国へ行く」．『ヴォルテール，ディドロ，ダランベール』84 ページ．

(138) 「人および市民の権利の宣言」通称「人権宣言」第 10 条の解釈については，René Rémond, *Religion et société en Europe*, p. 55–56.

(139) 山口俊夫編『フランス法辞典』東京大学出版会，2002 年．

(140) 谷川『十字架と三色旗』123 ページ．

(141) 同上「序章」の「ルソー的フランスとヴォルテール的フランス」参照 (14 ページ)．訳出した辞書は *Petit Robert* および白水社『現代フランス語辞典』．

(142) Flaubert, *Correspondance*, tome 3, p. 708. ジュール・デュプラン宛て，1867 年 12 月 15 日の手紙．

(143) Flaubert, *Correspondance*, tome 3, p. 720. アメリー・ボスケ宛て，1868 年 1 月 2 日の手紙．

(144) Flaubert, *Correspondance*, tome 2, p. 832. ルロワイエ・ド・シャントピー宛て，1858 年 9 月 4 日の手紙．なおジェッダは紅海に面したアラビアの港湾都市．メッカの入り口にあたる．当時，フランス領事が殺されるという事件があった．

(145) Jean-Claude Berchet, *Le voyage en Orient : anthologie des voyageurs français dans le Levant au XIXe siècle*, Robert Laffont, Bouquins, 1985.

(146) *ibid.*, p. 12.

(147) 『サロメ誕生』の巻頭におさめた論考「聖書とオリエントの地政学」でこの点は検討した．42–50 ページ．

(148)　*Grand dictionnaire universel du XIXe siècle par Pierre Larousse*, Alcoran の項. 1846 年に Kasimirsk の翻訳がシャルパンティエから出版された.

(149)　『ネルヴァル全集Ⅲ』, 594 ページ以下. なお「注解」によれば, この「補遺」は, 第 1 章をのぞき, ウィリアム・レインの『現代エジプト人の風俗習慣』(1836) の抄訳, ないしはそれに近いものであるという. 引用あるいは剽窃したものであれ, ネルヴァルが自分の署名入りのテクストとして, 問題の断章を発表していることは事実なのだから, そのかぎりにおいて読解をこころみることは許されよう.

(150)　同上, 550–551 ページ. 訳書の「中近東」「近東」という語彙は原典に従って,「オリエント」に統一した.「文明史のなかのアジア」で指摘したように, 19 世紀中葉においては,「オリエント」を「極東」「中東」「近東」の 3 地域に区分する発想は希薄だったと思われる.

(151)　同上, 708 ページ.

(152)　同上, 289–290 ページ.

(153)　同上, 157–158 ページ.

(154)　「エジプトへ!」の項を参照. ヴォルネーは「我々の法律, 我々の社会状況に甚大な影響をおよぼしている宗教思想」という言葉でキリスト教を捉えている. このような起源の探求が, 信仰に導かれた聖地巡礼とは異なるライックな仕草であることはいうまでもない.

(155)　同上, 551 ページ.

(156)　Renan, *Histoire et parole*, *Œuvres diverses*, choix de textes, introductions, chronologie et commentaires de Laudyce Rétat, Robert Laffont, Bouquins, 1984, introduction générale, p. 22. Ernest Renan, *Histoire des origines du christianisme*, tome 1, introduction générale, p. XXXVII-XLII. イエスの本質をめぐる, ミシュレとルナンの議論の比較という課題は, 当然のことながら, 福音書の読解という作業を前提とするものであり, 本書の射程を大きく越える.

(157)　大貫隆, 佐藤研編『イエス研究史――古代から現代まで』(日本基督教団出版局, 1998 年)は, 古代キリスト教から中世の宗教劇, 近現代の聖書学, 等をつらぬく歴史的展望とともに, プロテスタント, カトリック, ユダヤ教の比較論的な視座も提供する, 総合的なイエス研究史の論文集である. 加藤隆「E. ルナンから A. シュヴァイツァーまでのイエス研究」には, 以下のような書誌情報が記載されている――「『イエス伝』が最初に出版されたのは, 1863 年 6 月 24 日. その年のうちに第 10 版が出る. 1867 年に出た第 13 版はそれまでの版にかなり手を加えたものになっている. 短縮された大衆向けの版が同じ年の 1867 年に出版され, 同じ年に第 15 版が出る. 1923 年までの数字では, それまでに 205 版が出版されたと報告されている. すくなくとも, ドイツ語, 英語, オランダ語, スペイン語, エスペラント語, ギリシア語, デンマーク語, ハンガリー語, イタリア語, ポルトガル語, ロシア語, スウェーデン語, チェコ語に訳され, そして日本語にも訳されている」(108 ページ). なお, 一般に底本とされるのは, 1867 年の改訂版であり, 本書で参照する廉価で充実した校訂版 Robert Laffont の 2 巻本もこれによる. 邦訳で入手可能な E・ルナン『イエスの生涯』(忽那錦吾, 上村くにこ訳, 人文書院, 2000 年)は 1870 年の普及版の翻訳である.

(158)　Renan, *Histoire des origines du christianisme*, tome 1, p. 57.

(159) *ibid.*, p. 57.

(160) 「民数記」21–9. 神が民のなかに送られた炎の蛇に対して，モーセが神の命令にしたがって青銅の蛇を作り，災厄をまぬがれたという逸話による.

(161) Renan, *Histoire des origines du christianisme*, tome 1, p. 58–59.

(162) 原題は Place de Jésus dans l'histoire du monde である. ここで問われるのは，普遍的な歴史 (histoire universelle) ではなく，地球上のあらゆる地域を視野に入れた「世界史」なのである.

(163) 大貫，佐藤編『イエス研究史——古代から現代まで』3 ページ.

(164) Renan, *Histoire des origines du christianisme*, tome 1, introduction générale, p. XXXV. «Avant-propos de l'édition populaire de la "Vie de Jésus", illustrée par Godefroy Durand (1870)», *Histoire des origines du christianisme*, tome 2, édition établie et présentée par Laudyce Rétat, Robert Laffont, Bouquins, 1995, p. 1160.

(165) E. ルナン，J. G. フィヒテ，J. ロマン，E. バリバール，鵜飼哲『国民とは何か』鵜飼哲，細見和之，上野成利，大西雅一郎訳，河出書房新社，1997 年.

(166) Ernest Renan, «De la part des peuples sémitiques dans l'histoire de la civilisation», p. 197.

(167) Renan, *Histoire des origines du christianisme*, tome 1, introduction générale, p. XXIV-XXV.

(168) *ibid.*, p. XXV.

(169) Ernest Renan, *Histoire des origines du christianisme*, tome 2, p. 1063–1064.

(170) Renan, «De la part des peuples sémitiques dans l'histoire de la civilisation», p. 196.

(171) *ibid.*, p. 198.

(172) ミシェル・フーコー『幻想の図書館』40–41 ページ.

(173) Flaubert, *Bouvard et Pécuchet*, p. 412.

(174) *ibid.*, p. 393.

(175) *ibid.*, p. 348.

(176) *ibid.*, p. 349.

(177) *ibid.*, p. 357.

(178) *ibid.*, p. 549.

(179) *ibid.*, p. 324–325.

(180) *ibid.*, p. 61.

ゆるやかな三部作をめぐって

(1) 工藤庸子『近代ヨーロッパ宗教文化論——姦通小説・ナポレオン法典・政教分離』東京大学出版会，2013 年，pp. 209–210.

(2) Pierre Rosanvallon, *Le bon gouvernement*, Editions du Seuil, 2015, p. 218.

(3) 例を挙げるなら以下の 2 冊など. Bronislaw Baczko, *Politiques de la Révolution française*, Gallimard, 2008, Antoine Lilti, *Le monde des salons, Sociabilité et mondanité à Paris au XVIIIe siècle*, Fayard, 2005.

(4) Ghislain de Diesbach, *Madame de Staël*, Perrin, 1983, pp. 39–40, Biancamaria Fontana, *Germaine de Staël*, Princeton University Press, 2016, p. 95.

(5) Lilti, *Le monde des salons*, pp. 129–131.

(6) Lucien Jaume, *Qu'est-ce que l'esprit européen?* Flammarion, 2010, p. 9.

(7) Madame de Staël, *De l'Allemagne*, GF-Flammarion, 1968, tome 2, p. 50.

著者略歴
1944 年　浦和生まれ
1969 年　東京大学文学部卒業
東京大学大学院総合文化研究科教授（地域文化研究），放送大学教授をへて
現　在　東京大学名誉教授

主要著訳書
『小説というオブリガート――ミラン・クンデラを読む』（東京大学出版会，1996 年）
『恋愛小説のレトリック――『ボヴァリー夫人』を読む』（東京大学出版会，1998 年）
『フランス恋愛小説論』（岩波新書，1998 年）
『宗教 vs. 国家――フランス〈政教分離〉と市民の誕生』（講談社現代新書，2007 年）
『政教分離を問いなおす――EU とムスリムのはざまで』（ルネ・レモン著，工藤庸子 / 伊達聖伸訳・解説，青土社，2010 年）
『近代ヨーロッパ宗教文化論――姦通小説・ナポレオン法典・政教分離』（東京大学出版会，2013 年）
『評伝 スタール夫人と近代ヨーロッパ――フランス革命とナポレオン独裁を生きぬいた自由主義の母』（東京大学出版会，2016 年）

ヨーロッパ文明批判序説　増補新装版
植民地・共和国・オリエンタリズム

2003 年 4 月 25 日　初版第 1 刷
2017 年 5 月 18 日　増補新装版第 1 刷

[検印廃止]

著　者　工藤庸子（くどうようこ）

発行所　一般財団法人　東京大学出版会
代表者　吉見俊哉
153-0041 東京都目黒区駒場 4-5-29
http://www.utp.or.jp/
電話 03-6407-1069　Fax 03-6407-1991
振替 00160-6-59964
印刷所　研究社印刷株式会社
製本所　牧製本印刷株式会社

ISBN 978-4-13-010133-2　Printed in Japan